U0014893

用年表讀通台灣史

劉瑋琦、廖珮芸◉著

編輯說明

一、本書結合「歷史年表」與「歷史事件敘述」，在「有用」的查詢功能之外，也兼顧閱讀「有趣」的一面。

二、全書上起遠古，下迄西元二〇二一年，依據年代順序，分為六章，每章前有一總說。

三、版面上方以「編年體」的方式呈現世界的時序，用年表貫穿全書，標示西元、地區、時期，大事欄位則繫以台灣歷史事件，包括各時期文化、社會、經濟領域大事，重要人物等。

四、版面下方以「紀事本末體」的形式記載重大事件，共列有一百五十餘條，對事件的前因後果，發展脈絡作完整的敘述。每一則標題清楚，敘事明白，可與年表相呼應。

五、目次依事件年代詳列個別歷史世件敘述標題。

六、全書以時間為經，事件為緯，表現世界歷史長河的流動與演變，是一本方便查詢、適合學生與一般大眾閱讀的台灣歷史工具書。

目錄

第四章　清領時期——093

第五章　日本統治時期

史前時期：新舊石器時期、金屬器時期與原住民族

關於人類的歷史，我們將沒有文字記載的漫長時期稱為史前時期。經歷了漫長的史前時期，直到距今約四百年前，台灣人才開始使用文字，進入了歷史時期。史前時期依人類使用工具的材質區分為石器時期與金屬器時期，在台灣的石器時期如同世界上所有地區，可根據製作方式分為舊石器時期與新石器時期，然而金屬器時期卻跳過青銅器階段，直接進入鐵器階段。

台灣早在史前時期的文化就時具備國際性，來自亞洲大陸的人、東南亞地區的人以及南島文化人的祖先，在這長久的史前時代陸續地來到台灣。

大約在三到五萬年前的舊石器時期，台灣島上居住著一批從亞洲大陸來的人，當時的地球應該還處於冰河時期，從澎湖海溝發現的陸橋人遺骸與動物骨骸可知，舊石器時期的台灣人是一群追著食物而來的人。他們來到台灣後，分別居住在台灣東南沿海與西部沿海區，從台灣西部網形文化與東部長濱文化遺址出土物發現，人們以敲擊方式製作日常用的石器，食物來源於採集、漁獵與狩獵。

台灣的舊石器時期一直持續到距今約五千年前才消失，有趣的是，台灣還在舊石器文化晚期之際，大約距今六千年前，各地出現了無法與舊石器時期相連繫的文化，我們稱這個文化為「大坌坑文化」。這個文化遺址的人除了磨製的石器外，也使用陶器，最重要是開始種植根莖類農作物，有了初步的農業，我們稱這些人帶來的文化為新石器時期。從新舊石器時期這兩種無法相聯繫的文化，竟同時並存於台灣，說明新文化者是一群新移民者所帶來的，學者推論他們是一群從亞洲大陸的東南沿海乘風破浪來到台灣的住民。

大約在距今四千五百年時，又有批新移民到來。這些人為台灣帶來了稻米，讓農業成為生活於台灣的人們的生活重心。穩定的農業定居生活，使得人口增加，於是史前住民離開了濱海往內陸擴張，一個個新聚落出現，移入者在逐漸適應他們生活區的生態後，發展出不同的生產工具與文化體系，讓台灣出現了多元且複雜的史前文化。代表的文化，在台北盆地有圓山文化、芝山岩文化，東海岸一帶為麒麟文化與卑南文化。

約距今兩千多年前，台灣正式進入金屬器時代。從已遭破壞的八里十三行遺址發現了煉鐵遺跡，可知當時的住民已經有製作鐵器的能力。整個金屬器時期的台灣人與外界人群互動更加密切，在台灣不僅出現來自東南亞的金屬器、玻璃器與瑪瑙珠，還可見到東北亞與中國宋元明時期的陶瓷器，這種種足以說明台灣史前時期文化的多元性。金屬器時期是台灣最後一個階段的史前文明，有些地區的金屬器時期文明與早期原住民族的聚落「社」重疊，經考古學者的分析整理與推測，確認金屬器時期與原住民族文化有關聯。

南島語族散布在太平洋和印度洋上的島嶼，居住在台灣的原住民是南島語族的一支。學者從語言學、考古學與生物學等角度探討台灣原住民與南島語族的關係，有北來說、西來說或是台灣在地說與南來說等多種說法，之所以會有如此多種的論點出現，其實是與台灣史前時期文化的豐富與多元性有密切關係。

距今約／公元（單位：年）	地點	時代	大事
390萬-290萬	東非	舊石器時代早期	一九七四年，於東非衣索比亞發現，生活於三百二十五萬年，被稱為「露西」的阿法南方古猿。
170萬	中國	舊石器時代早期	元謀人是目前於中國發現的最古老的人類，他們已經開始使用敲擊製作的石砌，為舊石器時代的開始。
50萬	中國	舊石器時代早期	中國大陸出現北京人，瑞典的地質學者安特生在一九二一年於北京周口店發現，在這個遺址發現用火的遺跡。
45萬到19萬	台灣	舊石器時代早期	澎湖原人出現，與北京人同屬直立人，非現代人，是台灣首度發現直立人，將台灣人類活動史往前推到舊石器早期。
10萬到5萬	德國	舊石器時代晚期	一八五六年，在德國的尼安德河谷發現的尼安德人，是舊石器晚期生活於歐洲大陸上的智人。

台灣出現人類：舊石器時期的遺跡

大約在距今六百五十萬年前，台灣島出現了，不過那時台灣人還沒出現喔。那台灣甚麼時候有人呢？台灣四周都是海，台灣人從哪裡來？他們究竟如何來到台灣這個島嶼的呢？

關於這些問題，可在澎湖海溝找尋答案。考古學者在澎湖海溝發現了一塊大約四十五萬年至十九萬年前的人類下顎骨化石，它雖與北京猿人一樣是直立人，不是現代人類，不過我們還是稱它為澎湖原人。除了澎湖原人，考古學者還在澎湖海溝發現，距今約四、五萬年前被稱為「台灣陸橋動物群」的大型哺乳動物遺骸，重點是在這些動物遺骸中還發現人骨殘段與曾被砍擊過的動物骨骼化石。由於這些於澎湖海溝中發現的「台灣陸橋動物群」遺骸也在福建沿海發現，因此可以這樣想，台灣海峽曾是陸地，是台灣與亞洲大陸東南區域的動物與人類活動與遷移的重要處所。

我們知道地球在三百萬年至一萬年前處於冰河時期，當時地球大部分地區結冰，海平面比現在低很多，台灣海峽因而多次露出陸地。由於氣候變冷，動物紛紛南遷尋找溫暖的地方生活，人類應該就是在這時候為了追逐動物無意中來到台灣，並在台灣定居，

年代	地區	時期	說明
50000-40000	台灣	舊石器時代晚期	澎湖陸橋史前人出現，為智人又稱為現代人，他與被稱為「台灣陸橋動物群」的大型哺乳動物遺骸一同被發現，又被稱為「台灣陸橋史前獵人」。
50000-10000	法國	舊石器時代晚期	一八六八年，在法國發現克羅馬儂人，被稱為拉斯科洞窟的壁畫出自他們之手。
30000-15000	台灣	舊石器時代晚期	長濱文化，一九六八年由宋文薰教授帶領的台大考古學隊於長濱八仙洞遺址中的海蝕洞發現人類活動遺跡，但未發現人類遺骸。
30000-12000	中國	舊石器時代晚期	山頂洞人出現，考古學者在北京人上方的「山頂洞」進行考古挖掘時發現，在此不僅發現石器，還出土了骨針、衣服的纖維、獸骨、石珠等做成的裝飾品。
14000-10000	日本	舊石器時代晚期至新石器時期	繩紋時代是日本最早的人類文化遺址，其文物相當豐富，有石器也出現陶器，這個文化遺址的晚期出現了稻米耕作。

這與我們發現在台灣島上大約在距今三到五萬年前有人類活動的時間點相差不遠。

當天氣變溫暖，冰河融化海水上升後，低窪地區開始淹水，大約距今一萬多年前台灣海峽再度形成，台灣成為一個島，這些追著食物來到台灣的人就只好在台灣安居樂業。這些人不會種植任何東西，生活所需的食物直接取自大自然，採集、狩獵與捕魚為他們賴以維生的方式，為了能取得這些食物，他們會利用石頭敲擊製作成各種簡單的工具。這種不進行任何農業活動、以敲擊石頭製作各種工具的人類活動，我們稱為舊石器時期。

舊石器時期的台灣東部與西部都有人類居住。東部地區最著名的舊石器時期遺跡出現在台東長濱八仙洞，考古學者在這個海蝕洞中雖未發現人類骨骸，但發現許多打製石器、漁獵工具與火堆餘燼等古老人類生活遺跡。根據這些出土的遺物來看，人類大約在三萬年到一萬五千年前居住在這個天然山洞中，這些人已經會使用火，以採集、狩獵與漁獵為生，懂得用石片處理漁獲。由於這個古老人類遺址最早在台東長濱鄉發現，因而被稱為「長濱文化」。實際上，「長濱文化」並非只存在長濱，距今三萬年至五千年前的台東長濱及恆春半島的沿海洞穴中的人類遺址，都屬於「長濱文化」。

距今約／公元（單位：年）	地點	時代	大事
1萬	台灣	舊石器時代晚期	網形文化，最早被發現在苗栗大湖鄉的伯公壠，主要分布在台灣中北部。
9000-7900	兩河流域	新石器時代早期	歐貝德人的祖先在兩河流域地區開始過著定居生活，人們擁有馴化動物技術，也懂得引水灌溉技術，所以這地區的人們經濟活動以畜牧與農業為主。
7000-4700	台灣	新石器時代早期	大坌坑文化，是至目前為止台灣出現的最早新石器時期文化。
5500	兩河流域	蘇美文明	兩河流域下游的蘇美地區出現城邦文明，即是所謂「蘇美文明」。
5200-3800	印度	印度河谷文明	在今日的巴基斯坦出現了印度河谷文明。
5100	埃及	舊王國時期	埃及法老美尼斯統一上下埃及，以孟斐斯為首都，建立埃及舊王國時期的第一王朝，埃及的象形文字出現。

至於西部地區著名的舊石器時期遺跡，因為最早出現於苗栗大湖鄉伯公壠的網形地區，被稱為網形文化。網形文化主要分布於台北林口至台中新社一帶的台灣北中部的台地，這個文化的年代尚未測出，但出土的文物都在一萬年前生成的土層上，而且出土的遺物都為敲打製作的石器，說明「網形文化」屬於舊石器時代的遺址。根據伯公壠地區出土物發現，石器具備砍伐與刮削功能，可知當時的人們是以採集為主要生活方式。

台灣的舊石器時期相當漫長，一直到距今五千年前才消失，這或許與台灣的自然資源豐富，讓在台灣生活的人類一直過著採集與狩獵生活，又或者是台灣長期孤懸海外，造成在這生活的人被孤立，因此文化發展便遲滯下來。

新石器時期的遺跡

新石器時期特徵，出現了「自給自足」的農業生產模式，使用的器具有陶器與石器，不過石器的製作方式改採磨製方式，由於出現農業所以也有了聚落。

大約六、七千年之前的台灣雖還處於舊石器時期，不過台灣已經出現了新石器時期的特徵。值得關注的是，學者從舊石器的文化遺址中，找不到任何與新石器早期文化遺址關聯的遺物，在新石器早期遺址

年代	地區	時期	說明
5000-3500	希臘	邁諾安文明	屬於希臘的愛琴海文化時期，在克里特島出現一個的文明。
4770	埃及	舊王國時期	第三王朝時期的埃及，法老王開始興建金字塔。
4500-2700	台灣	新石器時代中期	在台北圓山地區出現新石器時代文化，被稱為圓山文化。
4320-4130	兩河流域	阿卡德帝國時期	來自美索不達米亞北方的阿卡德征服了蘇美地區，建立阿卡德帝國時期。
4200-3200	台灣	新石器時代中期	細繩紋陶文化，為一個文化群廣泛地分布於台灣沿海地區，具代表性者有台中清水的牛罵頭文化、台南仁德牛稠子文化、恆春的墾丁文化。
4000-3200	台灣	新石器時代中期	芝山岩文化，僅出現於台北盆地內。
3500-2000	台灣	新石器時代晚期	從高雄鳳山到屏東恆春一帶，出現鳳鼻頭文化。

層也無法發現任何與舊石器遺址有關係的物品，說明台灣的新石器時期文化不是從舊石器時期演變來。

那台灣的新石器時期如何出現呢？從新北市八里大坌坑發現的「大坌坑文化」告訴我們，在距今大約七千年到四千七百年，台灣出現新移民，這些新移民可能住在河邊、湖邊與海岸邊的台階地，他們雖以採集、漁獵為主要的生產活動，但也種植一些根莖類植物，他們使用的器具，有以石頭磨製的石器，和燒製上面以粗繩紋裝飾的陶器。這樣生活遺址，也見於亞洲大陸的江蘇、浙江與福建等地的新石器時期，所以台灣的新石器時期的出現，應該與六、七千年前有一群新住民從亞洲大陸的東南沿海一帶搭船來到台灣有關。

提到新石器早期文化，我們只會提到「大坌坑文化」，但這並不表示新石器時代早期的人類活動只在新北市八里大坌坑一帶，實際上這個文化遍布台灣各地，從臺北盆地、北海岸、西南平原與海岸、東部沿海一帶都可見到相似的文化遺跡。

大約在距今五千年前，又有一批新移民從亞洲大陸東南邊的浙江與福建來台，這些人帶來了狗和稻米、小米與豆類等穀類種植，台灣的住民不再為食物搬家，完全採取定居生活並開始養狗。台灣雖不大，不過移居各地區的人群在適應各地生態環境後就安定

單位：年

距今約／公元	地點	時代	大事
3400-2300	台灣	新石器時代晚期	台東的麒麟文化，出現許多人工雕琢的巨石遺物，又被稱為巨石文化。
3400-2300	台灣	新石器時代晚期	卑南文化，最早發現在台東卑南地區。
3400	中國	商	盤庚遷都至殷（河南安陽）之後，商人就不再遷都，在此出土了許多甲骨文，甲骨文的出現說明中國的信史開始。
3300-2612	兩河流域	亞述帝國	亞述人大約在公元前一三〇〇年來到兩河流域，並在公元前一二二五年滅掉巴比倫，建立亞述帝國，大約在辛那赫里布統治時（七〇五－六八一），建造壯麗的首都尼尼微。
3300-2000	台灣	新石器時代晚期	大湖文化出現在嘉南平原與高屏平原一帶。

下來，並發展出地方性文化，讓新石器中期與晚期出現芝山岩文化、圓山文化、麒麟文化與卑南文化等呈現區域性色彩。

圓山文化遺址，可能從距今四千五百至二千七百年間，分布在台北盆地與台灣北部沿海一帶，主要遺址在台北市圓山一帶。遺址中除了出現與大坌坑文化相似的石器外，還有許多富地域性色彩的陶器、骨角器、玉器與石器，像是出現大型農作石器、有手把陶器，還有玉玦、玉環與玉珮等精緻玉器，以及用動物骨頭製作漁獵器具。不過圓山文化遺址最著名的是出現大型貝塚，貝塚實際上是人們食用貝類後丟棄外殼堆積而成的。從圓山文化遺址來看，人們會種稻、狩獵和捕撈河湖中魚貝當食物，會佩帶玉製裝飾品，而且從墓葬發現，當時人有生前拔牙與獵人頭的行為。

芝山岩文化遺址，大約距今四千年至三千二百年間，目前僅出現於台北盆地內的芝山岩與淇哩岸。遺址最大的特色，除了陶器與石器外，就是出現許多易腐壞的木製器具、繩索、稻穀等有機物。從出土大量碳化稻穀與許多大型農具，印證了人們已經精熟稻作，而大量的動物骨骸和漁獵器具，說明當時人仍是狩獵與捕魚的高手。

麒麟文化以台東成功麒麟遺址為代表，年代約距今三千二百至二千三百年間，主要分布於花蓮新社到

年代	地區	時期	事件
3300-700	台灣	新石器時代晚期	大璘馬文化，分布於埔里盆地以及中北部山區，被認為可能是泰雅族、賽德克族與太魯閣族的祖先遺留。
3290	埃及	新王國時期	摩西率領以色列人離開埃及，回到巴勒斯坦。
3200-2521	印度	吠陀時代	雅利安人來到了恆河流域，創建了婆羅門教，與以種姓制度統治印度。
3200-300	台灣	新石器時代晚期	台灣的東埔一鄰文化為阿里山區的新石器時期文化，這個文化被認為可能是鄒族、拉阿魯哇族與卡那卡那富族的祖先。
3111	中國	西周時期	周武王自盟津（今日河南孟縣）出兵攻打商紂王，滅掉商朝。
3150-2800	希臘	黑暗時期	來自北方的亞利安人大舉入侵巴爾幹半島，邁錫尼文明遭到巨大的破壞，史稱「黑暗時代」。
3111-2770	中國	西周時期	周朝建立，首都於鎬京。

台東都蘭之間的海岸山脈東面山麓，這個文化最大特色是發現了許多人工雕琢的巨石遺物，包括岩棺、石柱、石臼、石像等，因而又被稱為「巨石文化」，這些巨石雖與生活無關聯，但具整組的概念，推測可能與宗教祭祀或儀式有關。

卑南文化主要分布於海岸山脈、花東縱谷與恆春半島，以台東卑南遺址出土資料最豐富也最具代表性，因而稱為卑南文化。年代約在距今三千四百至二千三百年間，當時的人們居住在以石材蓋的房子，建築物成排分佈，格局嚴謹，組成的聚落規模，為目前發現最大的新石器時代聚落遺址。人們日常生活用器以農具為主，農具的種類與數量最多，可見到割稻割草的鐮刀、石刀，與去稻殼的石杵等，其次是狩獵用的矛與簇，捕魚的工具卻完全不見，說明這裡是一個以農業為主的社會，人們日常生活以稻米為主食，會吃肉但少吃魚。

需一提的是，卑南人死後會採用「室內葬」，因此屋子底下有石板棺。從陪葬品發現，人們已具有愛美的觀念，他們會將玉飾品、陶環與貝鐲等不同材質的裝飾品佩帶在身上。不過並不是所有墓葬內都有豐富的玉器與陶器陪葬，有些墓葬內僅有簡單陶器陪葬，有的完全沒有陪葬物，顯示這是一個具貧富與階級制度的社會，在這存在著繁複的社會組織與統治階

單位：年

距今約／公元	地點	時代	大事
2774	義大利	王政時期	羅穆盧斯在羅馬台伯河建立羅馬城，開啟了羅馬王政時期。
2612-1461	兩河流域	新巴比倫帝國	美索不達米亞南部的迦爾底亞人於公元前六一二年攻下亞述的首都尼尼微，建立新巴比倫帝國。
2600	尼泊爾		喬達摩創立了佛教，追隨者皆稱他為佛陀。
2580-2550	波斯	阿契美尼德王朝	公元前五五九年居魯士二世建立的阿契美尼德王朝，在他死之前已經是近東最強大的帝國。
2509-2507	希臘	城邦時期	克里斯提尼提出，讓每個公民都有參政機會的政治改革，與創立陶片放逐法，自此「雅典式民主」完成。
2500-2480	中國	春秋時期	孔子開始周遊列國，發了二十年的時間回到魯國，並將大部分時間花在整理古籍，春秋一書，應該是在此時編纂完成。

級。另外，也發現了被獵頭的無頭遺骸，很可能是因為族群擴張領域、爭奪自然資源，開始出現部落間的爭戰。

卑南文化vs卑南族：新石器時代文化是不是原住民文化

台灣原住民的歌聲很美妙，出現了許多著名的歌手，像是張惠妹、蕭敬騰、徐若瑄、張震嶽等，其中張惠妹為原住民中卑南族。卑南族主要居地的台東縱谷區與恆春半島，與新石器晚期的卑南文化遺址重疊，尤其，台東市南王不僅居住著卑南族，又是新石器時代的卑南文化最具代表性的遺址，這兩種之間是否有關呢？

卑南族祖先大約在距今兩千多年前來到台灣，他們認為祖先來自一個叫做「巴那巴那樣」的地方，從族人在進行祖靈祭拜時，會朝向蘭嶼與綠島方向祭祀，說明卑南族祖先應該是從海外來到台灣。族人居住在以竹子與茅草蓋的房子，竹製品與木製品是他們的傳統工藝。至於新石器時期的卑南文化遺址中，最顯目的石製建材、石棺與玉器裝飾品，都不存在於卑南族。因此，從卑南文化的聚落型態與物質文明來看，新石器時期的卑南文化與原住民中的卑南族沒有關係。

年代	地區	事件	說明
2424	中國	周威烈王	威烈王命晉國大夫韓、趙、魏三家始受周命，列為諸侯，史稱三家分晉，這也是戰國的開始。
2367	羅馬	共和時期	羅馬出現第一位平民的執政官。
2322	印度	孔雀王朝	月護王在公元前三二二年推翻印度北部的難陀王朝（公元前四二四—前三二一年），建立孔雀王朝。
2300-1500	台灣	金屬器時期	屏東地區出現了北葉文化，可能是從卑南文化演變而來，與日後的排灣族有關係。
2273-2232	印度	孔雀王朝	阿育王在位時期，孔雀王朝強盛時期，佛教成為孔雀王朝的國教。
2221-2206	中國	秦始皇	公元前二二一年秦始皇統一天下，建立秦朝，結束了中國長達五百多年的政治紛亂。
2140-2108	中國	漢武帝	公元前一四〇年漢武帝即位，他在位的五十多年推行了許多新政，其中的「罷黜百家、獨尊儒術」，更是讓儒家思想成為兩千多年以來的中國文化主流。

既然新石器晚期的卑南文化與卑南族無關，那麼它們為什麼都取名為「卑南」呢？其實這與文字還未出現的史前文化命名有關，人們在幫史前文化遺址命名都取自該文化遺址最早被發現地的地名，或是最具代表性的地名來命名。卑南社（即今日的台東市南王里）發現的新石器晚期文化，是海岸山脈、花東縱谷等地的文化遺址中最著名的，因而被稱為卑南文化。

新石器晚期的卑南文化雖然與卑南族無關，不過學者發現，卑南文化與阿美族、魯凱族與排灣族的文化似乎有關連。根據現今卑南部落的耆老口述，卑南地區原先也是阿美族人的舊部落，由於部族與部落之間的戰爭，還有漢人移入等各種因素，讓阿美族放棄這地方向北遷徙。目前在卑南文化中發現的陶片、玉器、授獵工具與「月形石柱」，也在花蓮瑞穗一帶的阿美族居住地發現，這似乎說明阿美族與卑南文化間的關係。至於魯凱族與排灣族，居住地雖然深入中央山脈，離卑南文化遺址較遠，不過根據魯凱族的傳說，他們的祖先是來自台東卑南鄉大南山，而且這兩族的族人不僅生前住在石建材的房子，死後用石板棺，就連這兩族的舊社出土的陶器器形和卑南文化晚期非常接近。再者，我們在卑南文化遺址的墓葬中發現，這裡的社會存在著表現身分等級的階級制度，

單位：年

距今約／公元	地點	時代	大事
2023	台灣		孫權派兵出海征伐夷州，（有一說夷州可能是台灣）。
2027	羅馬	羅馬帝國時期	屋大維欲還政於元老院，元老院不但未接受，還授予屋大維「奧古斯都」稱號。
2000-400	台灣	金屬器時期	十三行文化，最早被發現在薪北市八里的十三行，這地區的人不僅會使用鐵器，還會煉鐵，為台灣史前時代唯一會煉鐵的人。
2000-400	台灣	金屬器時期	番仔園文化，分布於中部沿海地區，為中部最早的鐵器文化。
2000-400	台灣	金屬器時期	蔦松文化，分布於台灣西南沿海地區。
1992	中國	新	王莽篡漢，改國號為「新」。
1975	中國	東漢光武帝	劉秀即位，定都洛陽，東漢建立。
1904-1820	羅馬	羅馬帝國時期	進入「五賢君統治時期」，這時的羅馬帝國國力十分強盛

這種階級制度，如今仍存在於排灣族、魯凱族與阿美族，尤其是排灣族與魯凱族還存在著貴族社會將人分成「貴族、士與平民」三個階級。

基本上，大約在新石器晚期，全台各地的各種生態環境都有人的聚落，人們也針對他們所生活的環境，發展出各種複雜的文化體系，呈現了史前時期台灣文化的多元性。學者從聚落型態、分布區域與物質文化，來比對當時的聚落與現代的原住民聚落，也發現了阿里山區的新石器時期文化，似乎為今日的鄒族、拉阿魯哇族與卡那卡那富族的祖先，埔里盆地與以北的中北部山區的新石器時代遺址似乎是泰雅族、賽德克族與太魯閣族的祖先遺留。由此可知，新石器時期晚期的台灣住民，在適應了他們所處的生態環境後，創造出來多元文化體系，呈現的是台灣原住民初期文化。

十三行文化：金屬器時期文化

從距今約二千四百年至一千六百年左右的史前遺址發現，新石器時期住民仍持續他們原本的生活方式的同時，有一群外來者在這時來到台灣。這群外來移民者帶來鐵之類金屬器，也逐漸影響著生活於台灣上的人們，讓台灣人也漸漸地懂得使用與製作鐵製器具。鐵製器具的出現，代表了台灣的史前文化發生了

年份	地區	時期	事件
1880-1876	羅馬	羅馬帝國時期	羅馬萬神殿興建完成，這是古羅馬建築的結晶。
1792	中國	三國	曹操、孫權與劉備於赤壁發生大戰，史稱「赤壁之戰」，此戰役曹操大敗，戰後確定三國鼎立的局面。
1780	中國	魏晉南北朝	中國政治開始長達三百多年的動盪與南北分合。
1776-1349	伊朗	薩珊王朝	由雅利安人所建立，它是一個橫跨美索不達米亞和印度的帝國。
1726	羅馬	羅馬帝國時期	公元二八四年羅馬皇帝戴克里先建立四帝共治制度，從此羅馬帝國分為東羅馬與西羅馬兩部分。
1681-1450	印度	笈多王朝	旃陀羅．笈多一世以恆河下游為根據地，創立統治印度半島的笈多王朝。這個王朝在建築、雕塑和繪畫上有高度的成就，是印度文化上極興盛時期。
1621	羅馬	羅馬帝國時期	狄奧多西即位後，羅馬帝國一分為二，從此羅馬帝國未再合併。
1608	羅馬	羅馬帝國時期	公元三九二年，狄奧多西時基督教成為羅馬帝國的國教。

重大的變化，從新石器時期進入金屬器時期。

金屬器時期是台灣史前文化最後的階段，大約從距今二千年到四百年漢人到台灣之前，都屬於金屬器時期。目前談到金屬器時期的文化遺址，就會想到新北市的十三行文化遺址，不過台灣的金屬器時期文化遺址，也如同新石器時期文化遺址一樣，遍布台灣各地。除了北部的十三行文化遺址外，中部有台中大甲的番仔園文化，南部以台南永康的蔦松文化最著名，東部則有分布於花蓮與台東沿海地區出土的靜浦文化。

既然金屬器時期的文化遺址遍布全台且各具特色，那為何談到金屬器時期的代表文化，就馬上想到那個遭到嚴重破壞的十三行文化遺址呢？其實，這是因為十三行文化遺址出土了其他文化遺址中，不曾見過的煉鐵的殘渣與爐壁遺跡，說明十三行的人們不僅是一群會使用金屬器者，他們更是一群懂得如何煉鐵的人。換句話說，所有金屬器時期遺址的人都已經使用鐵，但僅有十三行文化遺址的人擁有煉鐵這種技術的人。

十三行文化遺址呈現，這裡在金屬器時期已經是一個有數百人的大聚落，人們生活區域在聚落的北邊，住家的旁邊會有墓地，燒陶煉鐵的生產區域在聚落的西南邊，明顯劃分工業區與住家區。

距今約／公元（單位：年）	地點	時代	大事
1545	義大利	羅馬帝國時期	公元四七六年，西羅馬帝國滅亡，歐洲進入中古黑暗時期。
1504	中國	北魏孝文帝時期	北魏孝文帝在公元四九六年將北魏的首都遷至洛陽，繼續推行漢化政策。
1500-300	台灣	金屬器時期	靜浦文化，分布於花蓮與台東海岸一帶。
1473	土耳其	查士丁尼大帝	查士丁尼登基（五二七—五六五），為東羅馬帝國君王，創造一盛世。
1471-1466			查士丁尼一繼位後就馬上任命重要法學家編法典，五二九年《查士丁尼法典》完成，五三四年重新修訂完成。

西元（單位：年）	地點	時代	大事
589	中國	隋文帝	隋文帝滅掉陳，中國從西晉以來長達三百多年的分裂終於統一。
607	台灣		隋煬帝派遣朱寬來流求（有一說，朱寬去的流求可能是台灣）。

當時的人居住在干欄式的房屋，這是一種由木頭架高，能避免潮濕與防止也受侵襲的屋子，居民已經懂得利用陶製的紡輪機之類的簡單工具來織布做衣服。他們的食物種類多樣，人們除了會種植稻米等穀類作物外，還會到河邊捕捉魚類與採集貝類，並入山狩獵鹿與豬等動物，是個懂得充分利用自己生活環境資源的人群。日常生活用器以陶器為主，從陶器質地堅硬，種類也豐富，有陶罐、瓶、盆與缽等，而且器物上有方格紋與斜方格紋等幾何裝飾紋飾，最特別的是出現人面紋陶罐，可見這時燒陶技術的精湛。至於數量不多的石器僅是日常生活用器，骨角器則為裝飾用品，鐵器則是製作成武器與生產工具。遺址出現的大量墓葬，告訴我們，這裡的人具有宗教信仰並相信有死後世界的存在，因為人們死後都是以頭向西南方位的側身半屈肢方式下葬，並用來自外地的瑪瑙、玻璃、銅器、銅錢和瓷器等物品陪葬。

十三行的人們與外界互動頻繁，他們的陪葬品，不僅有自己生產的物品，還出現島內其他族群的物品、唐宋時期的貨幣與銅器，南洋地區的玻璃珠等，說明這個文化遺址的人與外界間有了商業行為。十三行的人們可能常划船到海上或是河上，與其他地區的人進行交換或進行買賣，以獲取他們所需的生活資源與物資。而且從墓葬中出現的無頭遺骸，可知他們與

年代	地區	朝代／人物	事件
610	阿拉伯半島		穆罕默德在麥加創立了伊斯蘭教，並開始傳教。
619	中國	唐高祖	六一九年，隋煬帝在江南遇害，隋代王禪位給李淵，李淵登基為唐高祖，改元武德。
626	中國	唐太宗	唐太宗發動玄武門之變，得到皇位。
629	中國	唐太宗	玄奘法師從西安出發，西行天竺取經，日本派遣唐使到中國。
632-1258	伊朗	伊斯蘭哈里發時期	阿拉伯帝國進攻薩珊王朝，迅速地將薩珊王朝給滅掉，從此伊朗地區為伊斯蘭教的崇信者。
651	伊朗	薩珊王朝	伊斯蘭軍隊入侵波斯，波斯薩珊王朝滅亡，出現伊朗這個國家。
687	法國	梅洛文王朝	矮子丕平以法蘭克王國宮相身分，將分裂的法蘭克王國統一，這使他有「法蘭克王國的第二建立者」稱呼。
750	阿拉伯半島	阿拔斯王朝	阿拔斯王朝統治阿拉伯帝國。
751	中亞地區	唐玄宗、阿拉伯帝國	唐朝與阿拉伯爆發怛羅斯戰役，後高仙芝部下突厥人叛變，唐大敗。

其他聚落或族群之間，因為接觸發生衝突，出現戰爭與獵人頭行為。

十三行文化 vs 凱達格蘭族：金屬器時期文化與原住民文化的關聯

大約在距今約一千六百年左右，台灣的北部至東北部海岸區來了一群會煉鐵的人，他們因為在這地區取得原料方便，便開啟了在台灣的定居生活，並在這地區煉製生鐵與製造鐵器，將台灣帶進金屬器時代。這些外來者與台灣在地人一起生活，除了從在地台灣人那得到他們日常生活所需的資源，還為台灣在地人帶來的新文化元素，如教導當地原住民使用金屬材質製成的工具，呈現了外來者融入原有的在地文化體系之中，久而久之，外來者也成為台灣原住民族中的一份子。

由於史前文化沒有文字記載，也缺乏語言資料，想判斷其族群，實為件困難的事，因此想建立史前文化與原住民族間的關係，就必須從史前文化的最晚階段文化著手。台灣北部地區史前文化最晚階段的文化，被通稱為十三行文化，這個文化遺址的範圍為台灣北部沿海，台北盆地與蘭陽平原一帶，即今日的台北，淡水、基隆、貢寮與桃園等地。

我們知道總統府前面有一條凱達格蘭大道，據

單位：年

距今約／公元	地點	時代	大事
756	法國	加洛琳王朝	矮子丕平將倫巴底地區獻給教皇，史稱「丕平獻地」，此後教皇開始擁有自己的土地，教皇國出現。
794	日本	平安時期	日本天皇將首都從奈良搬到平安京（即是京都），開啟了日本長達四百年的「平安時期」。
794-1192	日本	平安時期	公家（文官）與武家（武官），兩貴族並存。
800	法國	加洛琳王朝	羅馬教宗李奧三世正式加冕查理曼為「羅馬人的皇帝」，稱為查理大帝，確立查理曼帝國繼承了古代羅馬帝國的地位。
829	英格蘭	盎格魯-撒克遜時期	威塞克斯王國統一盎格魯薩克遜七個王國，誕生了英格蘭。
843	法國	加洛琳王朝	《凡爾登條約》簽訂後，法蘭克王國分成國家，這三個國家即是日後法蘭西、德意志與部分義大利，西部以拉丁與為主，東部則說日耳曼語，形成近代法國與德國的雛型。

說，這條大道的名字來自於，台北盆地以前是凱達格蘭族居住地。據凱達格蘭族的傳說，他們的祖先從台灣東北角一帶登陸後便在三貂角附近定居，接著再沿著海岸線向台灣北部海岸前進，遷移到台灣北部淡水河沿岸遷移。經過不斷遷徙分支，凱達格蘭族人在台灣北部日漸繁衍，形成了無數聚落，因此他們也認為自己應該是十三行文化的創始者。而且台北盆地是凱達格蘭族故鄉的說法，早在日治時期就提出，且在此後將近百年的時間，這觀念一直存在，所以史前時代最後階段的十三行文化遺址，很自然就被視為是凱達格蘭族的居住地。

不過，從一六五四年荷蘭人繪製的淡水河沿岸的地形與居民分布圖來看，十三行遺址所在地的淡水河南岸並沒有任何聚落標誌。語言學者發現，台灣北部沿海，臺北盆地與蘭陽平原一帶的族群有噶瑪蘭族、凱達格蘭族、雷朗族、巴賽族（或稱馬賽）、南崁族、哆囉美遠族與猴猴族。從考古來看，十三行文化遺址的陶器，無論是以罐、瓶、缽和盆等為主的陶器或是陶器上的幾何形花紋，似乎與台北地區凱達格蘭族與蘭陽平原的噶瑪蘭族的日常生活陶器相似。而且距今約一千年至六百年（宋至明），整個北部地區的十三行文化遺址出土物也略有差異，呈現了這地區並非單一族群居住，而是多族群居，這些人彼此間互動

年代	國家	朝代／人物	事件
875	中國	唐僖宗	發生了黃巢之亂，天下大亂。
911-912	法國	查理三世	加洛琳王朝於法蘭克的統治者查理三世與維京人羅洛簽訂條約，以諾曼人臣服為條件，賜予公爵稱號。隔年，在塞納河下游出現了諾曼第公國。
911	德國	童子路易	東法蘭克王國國王童子路易過世，王國分裂，加洛琳王朝滅亡，各國選舉康拉德一世繼位，出現康拉丁王朝。
919	德國	薩克森王朝	康拉德一世過世，由薩克森公國的亨利登基，創立薩克森王朝。
960	中國	宋太祖	趙匡胤發動陳橋兵變建立宋朝。
962	德國	薩克森王朝	鄂圖一世經由教皇加冕，成為羅馬皇帝，建立「神聖羅馬帝國」。
987	法國	加洛琳王朝與卡佩王朝	加洛琳王朝的路易五世過世，法蘭西貴族擁護休卡佩為王，代表加洛琳王朝結束，卡佩王朝的建立。
1043	中國	北宋仁宗	范仲淹提出著名的「十事疏」改革意見，此稱「慶曆改革」。

密切，並非互不往來，所以在一個十三行遺址中會發現可能兩種不同族群的文物。因此生活於十三行文化遺址的人雖然並不是全與凱達格蘭族有關，而且八里十三行遺址也不一定就是凱達格蘭族遺留下來的，不過這個金屬器時期的主人，毫無疑問是現在平地原住民族群的祖先。

台灣原住民：南島語族的一份子

在漢語系的台灣人與荷蘭、西班牙等外國勢力來到台灣之前，台灣歷史舞台上的主角，是一群使用南島語系的原住民族群，所以台灣原住民是南島語族的一份子。

所謂的「南島語族」是建立在語言上的概念，而不是文化與血緣的思維上，這個語系的族群是一群生活於南太平洋與印度洋島嶼上的族群，也就是西起非洲的馬達加斯加、東到太平洋復活島、北起台灣、南至紐西蘭，廣袤區域中島嶼上生活的人，這些族群使用的語言被稱為「南島語」，因此這些使用南島語者就稱為「南島語族」。

語言學者發現，南島語的語系可區分為十大支與一千二百多種語言，位於南島語系民族分布最北端的台灣原住民語言中，竟發現了九大支與二十多種，而且在這些原住民的語言中，還發現了許多古老的南島

距今約／公元 單位：年	地點	時代	大事
1045	中國	北宋仁宗	畢昇發明了活字版印刷，此世界上最早的活字版。
1054年	君士坦丁堡	東羅馬帝國時期	基督教教會第一次大分裂，出現了以西羅馬為主的「羅馬公教」與東羅馬的「希臘正教」。
1055	土耳其		塞爾柱土耳其崛起。
1066年	諾曼第	諾曼第王朝	諾曼第公爵威廉一世占領英格蘭，建立諾曼第王朝。
1071	土耳其	阿歷克塞一世	塞爾柱土耳其人擊敗拜占庭帝國，俘虜東羅馬皇帝，羅馬教宗招募民 解放聖地耶路撒冷，該演說直接促成了第一次十字軍東征。
1074年	羅馬	格里高利七世	教宗格里高利七世召開宗教會議，頒布「教皇敕令」，要求皇帝不得干預教會事務。
1084	中國	北宋神宗	司馬光編纂《資治通鑑》完成。
1088	歐洲		歐洲的大學出現，如義大利的波羅那大學、英國的劍橋與牛津大學。
1095-1099	拜占庭	阿歷克賽一世	一〇九五年羅馬教宗召開「克勒來宗教會議」，號召組成十字軍東征，收復聖地耶路撒冷。

語系的詞彙。因此，考古學者彼得．貝爾伍德（Peter Bellwood）、語言學家白樂思（Robert Blust）曾主張「台灣是南島語系擴張的起點」，雖然此一說法尚未成定論，不過台灣在南島民族發展的重要性是不可否認。

關於台灣原住民與其他南島語族的關係，學者們從考古學、語言學、人類學等各方面討論，分別提出了中國大陸起源說、西新幾內亞起源說、中南半島起源說與台灣起源說等等。不過根據台灣考古發現，台灣南島語系族群的出現，與距今五千年前從亞洲大陸來的移民者有關。他們在台灣種植穀物並定居生活，日子久了之後也適應台灣複雜的生態環境，便逐步演變成複雜的台灣南島語系族群。經過一千多年，大約從距四千年到三千五百年，台灣的南島語族群在經歷了人口增加與聚落擴張後，具有航海能力者透過洋流與季風，順著台灣海岸往南，移居到不同的島嶼，南島語與成熟的南島文化也隨著這些人的出海離開了台灣，航向菲律賓的呂宋後，再繼續慢慢地移向太平洋上的島嶼，並往印度洋前進，最西到達馬達加斯加，最終南島語族遍布南洋群島、東南亞島嶼與大洋洲等地。

新石器晚期有群南島語族把南島語帶出台灣的同時，留在台灣的族群繼續分化出多樣性極高的台灣

年代	地區	朝代／君主	事件
1096			發動第一次十字軍東征。
1099			十字軍收復聖地耶路撒冷，並建立耶路撒冷王國。
1171	台灣	南宋高宗	泉州知府汪大猷派兵屯駐澎湖。
1192	日本	鎌倉時期	源賴朝任征夷大將軍，源賴朝於關東成立的鎌倉幕府，開啟了日本三百多年的武家天下。
1198	羅馬	教宗英諾森三世	英諾森三世當選羅馬教宗，這時的教廷的權力達到巔峰，教宗不斷插手世俗皇帝的任命權，實現了「教權凌駕政權」的觀念。
1202-1204			教宗英諾森三世發動第四次十字軍東爭，最後卻攻擊東羅馬帝國，並在軍士坦丁堡建立拉丁帝國。
1215	英國	約翰一世	約翰一世簽訂限制王權的「大憲章」。
1218-1223	中國	南宋寧宗	蒙古成吉思汗第一次西征，入侵中亞，滅掉花喇子模，並大敗俄羅斯大軍，直抵今日的窩瓦河一帶，並大掠俄羅斯東南部地區。

南島語。大約在距今二千四百年左右，台灣再度出現新的移民者，考古發現，這時的居民使用的石器、玉器、陶器、骨角器、青銅器、鐵器等器物，不但有台灣獨有的，也有類似於四周文化系統的，如大陸、印度尼西亞、菲律賓與中南半島等地的文化，呈現新移來的到來也帶來了新的文化。因此台灣史前文化應該不只有單一來源，而是從多處移居後再與當地者結合，逐漸融合成台灣住民文化，讓當代台灣原住民（平地原住民與高山原住民）的文化出現多元複雜面貌。

琉球與小琉球傻傻分不清楚：中國文獻中的台灣古名

一提到「琉球」，大家一定都想到日本琉球群島。說到「小琉球」，就會馬上聯想到位於台灣西南外海上的琉球嶼。其實，無論是「琉球」還是「小琉球」，在元朝與明朝的文獻中都是指台灣。

翻翻中國古代文獻典籍發現，從隋代開始就出現「琉球」讀音但寫法不同的國名，像是隋代「流求國」、宋代「流求」或「流球」、元代「琉球」與「瑠求」、明清「小琉球」。這麼多不同寫法的「琉球」是否都是指台灣呢？目前可確認的是，元代「琉球」與「瑠求」、明清「小琉球」都是指台灣。隋代

距今約／公元（單位：年）	地點	時代	大事
1235-1242	中國	南宋理宗	蒙古第二次西征，由拔都領軍攻打到東歐，此次西征建立東起額爾濟斯河、西到匈牙利與波蘭的欽察汗國。
1271-1279	中國	度宗、端宗	一二七一年蒙古帝國改國號為「元」。一二七六年元大軍攻下宋首都臨安，恭帝投降，南宋遺臣文天祥、陸秀夫等人繼續抗元，直到一二七九年陸秀夫背帝跳海，宋才滅亡。
1299	土耳其	鄂圖曼一世	鄂圖曼一世於一二九九年宣布建立鄂圖曼土耳其帝國。
1309	法國	腓力四世	腓力四世將羅馬教廷從梵蒂岡搬到法國亞維農，自此的七十年時間，羅馬教宗成為法國國王的人質，史稱「亞維農之囚」。
1321	義大利		歐洲文藝復興時代的開拓者—但丁於這年過世，期重要的著作《神曲》世一部以義大利方言撰寫的作品。
1335	日本	室町時期	足利尊氏在京都建立室町幕府。
1335-1349	台灣		元順帝澎湖設置巡檢司。

與宋代的「流求」與「流球」是否為台灣，至今仍意見分歧，會有不同看法，與當時人將琉球群島到台灣之間的所有島嶼通稱為「流求」有關。

雖然從隋代文獻記載，隋煬帝曾派朱寬出海探訪異俗，朱寬來到「流求」後想對這的人招撫，但流求人不理會，讓隋煬帝決定出兵攻打，隋軍是從福建福州出發，經過澎湖花嶼後再繼續航行，最後在鹿港上岸，俘虜數千流求人，此後流求正式歸順隋朝。隋軍上岸的鹿港是中部平埔族中的巴宰族居住地，「流求」這個音就是巴宰族所在地的音，所以隋代的「流求」應該為台灣，但仍有人提出流求也可能是日本的琉球的論點。至於宋代文獻中「流求」、「流球」的描述與《隋書》相似，被認為抄自《隋書》。

從元朝開始，華南地區沿海的居民已經很明確地知道澎湖與台灣，所以當元世祖忽必烈建立元帝國後，就想將帝國往海上擴展，於是就將視野望向東邊的海上國家，尤其是當澎湖納入元版圖後，視線所在的地方就是更東邊的「瑠求」。根據《元史》記載，元代曾於世祖與成宗時兩次出兵「瑠求」，世祖時因為軍隊出海後，經過幾日航行，在無法確實知道船到哪之下無功而返；成宗元大軍雖順利到達，但來台的將領覺得台灣地廣人稀，沒有經營與開發的必要性，便離開台灣。不過從《元史》中〈瑠求傳〉提到台灣

年代	地區	人物	事件
1337-1459	英格蘭 法國	愛德華三世 腓力六世	英格蘭的愛德華三世為了爭奪法國王位的繼承權，與法國爆發英法百年戰爭。
1348-1350年	歐洲		十四世紀中葉的歐洲大陸流行一場俗稱「黑死病」的鼠疫，短短的三年內奪走了歐洲兩千多萬人的性命。
1353	義大利		博伽丘完成《十日談》。
1360	薩馬爾罕	帖木兒	自稱成吉思汗後裔的帖木兒，崛起於中亞草原，征服從小亞細亞到印度德里之間的廣大土地後，建立一個信奉伊斯蘭教的帖木兒帝國，首都在撒馬爾罕。
1368	中國	明太祖	朱元璋稱帝，建立明朝。
1369	法國	查理五世	法軍向英國發動攻擊，英法百年戰爭進入第二階段。
1370	中國	明太祖	朝廷開始實施海禁令，禁止華人出海與移民。
1372	台灣		明太祖撤除在澎湖設置的巡檢司。
1378	羅馬	大分裂時期	教廷遷回羅馬，結束了「亞維農之囚」事件，但天主教教會大分裂（一三七八—一四一五）隨即開始。
1380	英國	理查二世	威克利夫將聖經翻譯成英文，首次出現英文版的聖經。

與澎湖的地理位置，所以可確定元人所提的「瑠求」就是台灣。

元代有關台灣的紀錄，最多最詳細的應該為汪大淵所寫的《島夷志略》這本書，這是一本遊記，是作者遊歷時將他所見所聞紀錄下來的書。書中詳細地描述「琉球」的地理位置、住民有獵人頭的風土習俗，還提到這個地方有硫磺之類物產，與從海外來的瑪瑙、金珠、瓷器。從汪大淵到的地方生產硫磺，可以看到海外來的瑪瑙、金珠、瓷器，可知他到的地方是台灣北部地區。由於元代文獻史書對台灣的地理位置、風俗與物產等描述十分詳細，所以學者都認同中提到「瑠求」與「琉球」就指台灣。

至於明朝時人們已經可以區分琉球群島與台灣的稱呼，從文獻記載，明太祖賜琉球群島上的統治者為中山王後，為了區分琉球群島與台灣，就稱琉球群島為大琉球，台灣為小琉球。不過，明朝中葉之後，浙江、福建與廣東等沿海居民經常往來台灣，當時這些大陸沿海居民來台灣的地點不同，因此台灣的稱呼就隨著這些大陸沿海居民接觸的地方不同，而有了小東島、小琉球、雞籠（山）、北港、東番等等稱呼。

其實，中國古代文獻中，除了「琉球」這個音的國家，被認為與台灣有關，《尚書．禹貢》的島夷、秦的瀛洲、漢的東鯷、三國時的夷州與宋代的毗舍耶

單位：年

距今約／公元	地點	時代	大事
1381	英國	理查二世	瓦特泰勒發生農民起義運動，參與者不僅是農民，也有城鎮自由民，甚至獲得了一些貴族支持，這是英國歷史最大規模的民眾暴動。
1384	英國	理查二世	牛津大學教授威克里夫對教廷惡德的不滿，因而發生反抗教宗運動。他是最早提出教會的信仰權威在於《聖經》一書。
1386	義大利		米蘭主教座堂開始興建，歷經五個世紀，到一九六〇年才完工，教築融合了哥德式、新古典式與新哥德式等建築風格。
1387	台灣		中國東南沿海的倭寇之亂，讓明太祖實行「堅壁清海」政策，將澎湖居民移回泉州與漳州。
	英國	理查二世	喬叟《坎特伯里故事集》出版，這是英格蘭文學重要的著作。
1388	中國	明太祖	浙派畫家創始者戴進誕生，早年是金銀首飾工匠，後改學繪畫，以賣畫為生，繪畫在當時影響很大，追隨者甚眾，著名作品相當多，有《達摩至惠能六代像》、《南屏雅集圖》等。

國也有人認為應該指台灣，但至今仍存在著許多不同看法。

那麼，「台灣」這個稱呼，從哪裡來的呢？目前仍是眾說紛紜。不過大都認為來自「埋冤」、「大員」與「台員」的音。關於「大員」與「台員」，一般認為與西拉雅族居住地台南的安平有關，根據荷蘭人的紀錄，住在安平的西拉雅族稱自己住的地方為「大員」與「台員」，荷蘭人就根據「大員」與「台員」的音，將自己所在的地方「安平」稱為「台窩灣」，此後就成為台灣島的名稱。至於「埋冤」，連雅堂在《台灣通史》中提到「埋冤」是閩南語「台灣」的音，這是早期漳州與泉州移民者因無法適應台灣環境病死，所以這些移民者以他們的語言說台灣是「埋冤」，因為「埋冤」這兩個字不吉利，因而改稱「台灣」。可以確定的是，康熙二十三年（西元1684年）諸羅知縣的文章中提到「萬曆年間，海寇顏思齊據有其地，鄭芝龍附之，始稱台灣。」這是直接文字以「台灣」這個名字稱呼台灣這個島嶼，代表「台灣」一名正式稱台灣這塊土地。

Formosan是誰？原住民的名稱與分類

十六世紀中葉之前，中國、日本與歐洲之間貿易往來掌控在葡萄牙人手中，這讓經常航行台灣海域的

年代	國家	人物	事件
1392	韓國	高麗恭讓王	李成桂廢掉高麗恭讓王，自立為王，李氏朝鮮建立。
1395	義大利		君士坦丁堡的希臘學者克立索羅立斯，因佛羅倫斯顯貴邀請，到佛羅倫斯講學，於是開啟復興古希臘文學。
1396	英國 法國	理查二世 查理六世	英法締結百年戰爭期間的二十年停戰協定。
1396		亨利四世	國會最後擁戴蘭特斯特家族的亨利為王，「金雀花王朝」結束，開啟了「蘭開斯特王朝」。
1399	中國	惠帝	明太祖崩後，由惠帝即位，但燕王朱棣不滿惠帝削藩，就以「清君側」為名，發動開啟了靖難之變。燕王攻進南京，惠帝失蹤，燕王即位是為明成祖。
1400	中南美洲	馬雅文明	進入了新帝國繁盛時期，托爾特克人組成馬雅聯盟，征服了馬雅地區各城邦。
1402	帖木兒帝國	帖木兒	帖木兒領大軍救援東羅馬帝國，迎戰鄂圖曼土耳其帝國，在安卡拉戰役後，鄂圖曼土耳其向帖木兒帝國稱臣。
1405	中國	明成祖	鄭和第一次下西洋，鄭和下西洋總共七次（一四〇五—一四三三）。

葡萄牙水手，曾遠望台灣島時，對於島上鬱鬱蔥蔥，隨口喊出「Iiha Formosa」也就是「美麗的島嶼」，並將它寫在標有經緯度的地圖上，從此台灣就被歐洲人稱為「Formosa」也就是「福爾摩沙」，在這島嶼上的人即是福爾摩沙人（Formosan）。

那麼誰是「福爾摩沙人」呢？十六世紀的葡萄牙人看到的台灣人，即是一群使用南島語系的原住民，只是這些「福爾摩沙人」於清時期被大量移入的漢語者稱為「番」，來自福建與廣東等地的漢人稱居住在平地的原住民稱為「平埔番」，活躍於山區者稱為「高山番」。清朝廷更以原住民是否有對官府繳稅與漢化程度等來區分他們，因而有了熟番、生番與化番的稱呼。日治時期則以高砂族（或是高山族）與平埔族來稱呼，目前習慣稱之為山地原住民族與平地原住民。

平地原住民是一群居住在台灣平原、盆地與丘陵的原住民，他們是最早接觸到外來文化者，也是最早接觸漢文化，漢語系的台灣人常稱為他們為「熟番」與「平埔番」。台灣的平地原住民群多，從日治時期開始，學者們就試圖對他們進行系統性分類，不過他們與外界接處的早，大都失去原有的語言與習俗，逐漸被台灣社會隱形化，因此各家分類都有一些出入。從南到北的平埔族有，嘉南平原到屏東平原一帶的西

單位：年

西元	地點	時代	大事
1407	義大利		熱那亞的聖喬治銀行成立，這是歐洲第一家公眾銀行。
1409	義大利		米蘭戰役失敗，佛羅倫斯原本執政的阿爾貝蒂家族失勢，梅奇迪家族逐漸興起。
1414	羅馬	文藝復興時期	教廷舉行「康斯坦斯宗教會議」（一四一四－一四一七），目的在於解決教會紛爭，和進行改革教會，最後選出馬丁五世，終於解決天主教教會大分裂問題。
1416	中國	明成祖	鄭和第四次下西洋，此次遠行到東非的肯亞，特使兩次來到中國進貢，帶來了「麒麟」（長頸鹿）。
1417	羅馬		馬丁五世當選教宗後，首先做的是解散「康斯坦斯宗教會議」，並否決宗教會議的權力高於教皇一事。
1419	義大利		喬凡尼．梅迪奇委任菲利波．布魯內萊斯基，重建聖羅倫佐教堂。
1427	中美洲	阿茲提克帝國	由特諾奇蒂特蘭、特斯科科和特拉科潘三個城邦，於此年建立的阿茲提克帝國，在中美洲最具影響力。

拉雅族，台南新營以北到霧峰一帶的洪雅族，彰化與台中的巴布薩族，於新竹、苗栗到台中大甲以北海岸線平原帶的道卡斯族，分布在臺北盆地的凱達格蘭族等。

平地原住民社會中男女有別，男子依年紀區分階級，年長者社會地位最高，需負責政治事務，成年未婚男居住於公廨之中，接受長老的差遣，需負責狩獵與保衛家園的戰爭。不過社會結構傾向於母系社會，都行招贅婚姻，家中女性尊長為家長，由女性傳承家系，因此重要的家務都是由女性家長來處理。

山地原住民族族群，日治時期總督府為了有效的治理台灣，曾花龐大的人力與物力試圖對他們進行分類，提出了台灣的高山族可分為九族，分別為泰雅族、賽夏族、布農族、鄒族、魯凱族、排灣族、卑南族、阿美族、達悟（雅美）族。此一分類在一九九六年原住民委員會成立後多有修正，至二〇一四年台灣的高山族已經從九族變成十六族，除了原本就存在的九族外，還增加原本被認為是泰雅族的太魯閣族與賽德克族，原本被認為是鄒族的邵族、拉阿魯哇族與卡那卡那富族，原本被認為是阿美族的撒奇萊雅族與噶瑪蘭族，其中的噶瑪蘭族，指的是一群從蘭陽平原移往花蓮平原西北部、花東縱谷與海岸平原生活者。

山地原住民族各族風俗習慣各有特色，如鯨面風

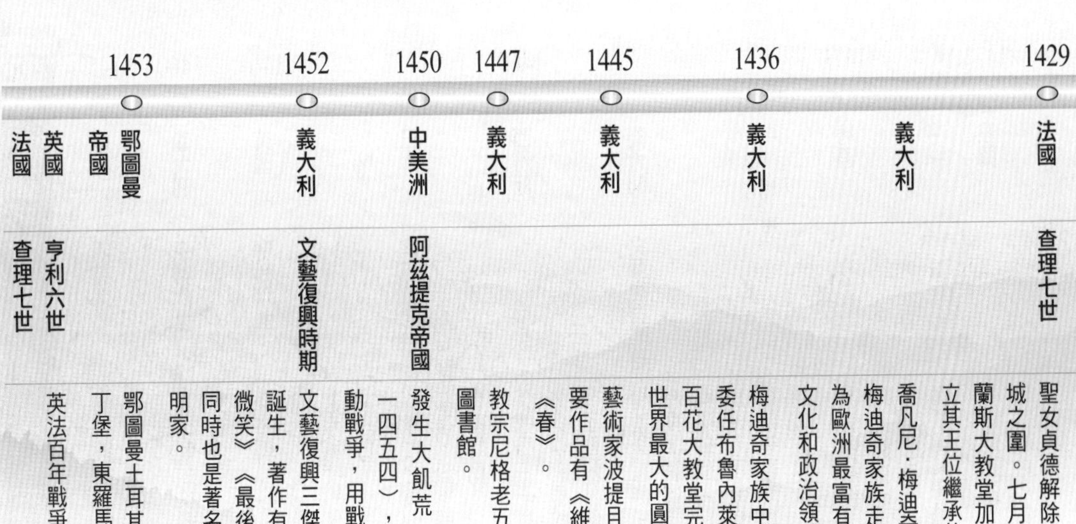

年份	地區	人物／時期	事件
1429	法國	查理七世	聖女貞德解除了法國奧爾良城之圍。七月，查理七世在蘭斯大教堂加冕為法王，確立其王位繼承的合法性。
	義大利		喬凡尼·梅迪奇過世，他帶領梅迪奇家族走進銀行業，城為歐洲最富有的家族，並在文化和政治領域展露頭角。
1436	義大利		梅迪奇家族中的老科西莫，委任布魯內萊斯基，修建的百花大教堂完工，這是當時世界最大的圓頂建築。
1445	義大利		藝術家波提且利誕生，其重要作品有《維納斯的誕生》《春》。
1447	義大利		教宗尼格老五世創立梵諦岡圖書館。
1450	中美洲	阿茲提克帝國	發生大飢荒（一四五〇—一四五四），君王不斷地發動戰爭，用戰俘祭祀神明。
1452	義大利	文藝復興時期	文藝復興三傑之一的達文西誕生，著作有《蒙娜麗莎的微笑》《最後的晚餐》，他同時也是著名的科學家與發明家。
1453	鄂圖曼帝國		鄂圖曼土耳其人攻進君士坦丁堡，東羅馬帝國滅亡。
	英國 法國	亨利六世 查理七世	英法百年戰爭結束。

俗只出現在泰雅族、太魯閣族、賽德克族與賽夏族。這些族的男性會鯨刺在額頭與下顎，女子除了額頭與下顎外還需刺雙頰，鯨面除了代表美觀外，主要也是成年的象徵。不過並不是所有男女到了某個年紀就可以鯨面，能鯨面的男子代表已經獵過人頭，鯨面女子通常是善於織布。

原住民的祭典活動

對原住民族來說，大自然變化是安身立命的指標，他們視大自然現象，是一種神力，是人與神之間的盟約，需要有各種歲時祭典，以表示他們對大自然的敬意，因此，各族會因不同生活環境與區域，發展出族群各自獨特的祭典。

對住在蘭嶼上的達悟族來說，捕捉洄遊性飛魚是年度重大盛事。每年二至三月左右，飛魚會順著黑潮北上到蘭嶼海域，直到七月再返回南方，所以這段時間，飛魚為蘭嶼附近海域主要的魚種，達悟族為了祈求飛魚豐收會舉行「飛魚祭」。飛魚祭並不是短期的祭典活動，而是長達半年在飛魚季節時所進行的各種祭儀，這些祭儀從組成漁隊的二、三月開始，一直到十月的飛魚終食祭為止，包括招魚祭、大船初漁祭、小船初漁祭、飛魚收藏祭和飛魚終食祭等。招魚祭舉行時，達悟族男子們會穿著傳統達悟族丁字褲頭戴銀

單位：年

西元	地點	時代	大事
1457	中國	明英宗	英宗被擁立復辟，代宗卒，史稱「奪門之變」。
1460	義大利	亨利六世	義大利的文藝復興運動達到全盛時期。
1461	英國	亨利六世	英國約克家族愛德華佔領倫敦，為愛德華四世，開起英國的「約克王朝」（一四六一—一四八五）。
1467	日本	室町時期	「應仁之亂」爆發，戰爭結束後，日本就進入了混亂的戰國時期。
1469	西班牙		亞拉岡王子費迪南和卡斯提爾的伊莉貝拉公主聯姻，完成了西班牙的初步統一。
	義大利	文藝復興時期	梅迪奇家族中的羅倫佐統治時期，讓佛羅倫斯的文藝復興運動進入新階段。他的宮廷聘用了波提切利和米開朗基羅等藝術家，對文藝復興的貢獻良多。
1471	德國		文藝復興時期的自畫像之父，阿爾布雷希特杜勒誕生，作品有《人體解剖學原理》與《繪畫概論》。
1473	波蘭		哥白尼誕生，他是第一位提出太陽中心說的天文學家，著有《天體運行論》一書。

盔及金片，在清晨天未亮時，面向大海用銀帽召喚飛魚，並宰殺牲禮祭拜祈願飛魚豐收。招魚祭後的隔日白天就要進行小船初漁祭，招魚祭後新月初現時舉行大船初漁祭。六、七月時飛魚汛期結束時會舉行飛魚收藏祭，表示飛魚季節已經結束，從那天起改抓其他食用魚。達悟族會將飛魚曬成乾來時用，十月舉行終食祭表示今年的飛魚就吃到這，終食祭第二天便不再食用飛魚乾。

阿美族的豐年祭也就是「小米收成」，在每年七、八月舉行，時間一到七天不等，豐年祭是阿美族的過年，是真正表現阿美族文化的祭典，原始意義為感謝祖靈和慶祝豐收的活動。按照傳統的習俗，豐年祭在夜晚揭開序幕，第一天禁止女孩子參與，最後一天則是女孩子必須全部參加，並由女孩子的歌聲做為結束。豐年祭的各項活動中，歌舞相當重要，不過豐年祭並非只有歌舞，整個祭儀分為準備、迎靈、宴靈與送靈。嚴格來說，豐年祭是男子為主的活動，包含了祭儀、教育、政治、軍事、娛樂倫理等等的訓練，而非外界認知純粹娛樂性的歌舞。

矮靈祭，賽夏族人稱為「巴斯達愛」，原為每一年舉行一次，日據時代改為每兩年舉行一次，每十年又舉行一次「十年大祭」。矮靈祭是以矮黑人「達愛」（taai）之靈為對象，為賽夏族至今少有的原始祭

年份	國家	時期	事件
1475	義大利	文藝復興時期	文藝復興三傑之一的米開朗基羅誕生，著名的作品有《大衛像》《哀悼基督》等。
1477	日本	戰國時期	平定應仁之亂，京都受到戰爭摧殘幾乎成為廢墟。
	義大利	文藝復興時期	威尼斯畫家吉奧橋誕生，其著名作品相當多，有《沈睡的維納斯》《暴風雨》等。
1478	英國	愛德華五世	政治家與社會主義學者湯瑪斯摩爾爵士，被天主教會封為聖人，其著作有《烏托邦》書。
1479	西班牙	費迪南二世	費迪南即位為亞拉岡國王，簽訂了《阿爾卡索瓦和約》和卡斯提爾王國合併，西班牙王國成立。
1483	德國		開啟宗教改革者，馬丁．路德誕生於艾斯萊本。
	義大利		文藝復興三傑之一的拉斐爾誕生，著作有《雅典學院》《西斯汀聖母》等。
1484	羅馬	英諾森八世	英諾森八世教宗頒布敕令，譴責巫術迷信，歐洲開始獵捕「女巫」運動，此獵捕「女巫」運動至十八世紀才漸漸消失，期間有上百萬的婦女遇害。
1490	義大利	文藝復興時期	威尼斯畫家提齊亞諾．維伽略誕生，又被稱為提香，他被視為現代油畫之父，作品有《維納斯的崇拜》等。

典，祭典期間族人每天從入夜到天明會不斷地吟唱祭歌以感念「達愛」的恩澤。祭典於農曆十月的月圓之夜舉行，在正式舉行祭儀前，賽夏族南北祭團的長老們會一起開會討論祭祀的活動事宜。祭典通常都是由苗栗南庄的南祭團揭開序幕，隔天新竹五峰的北祭團登場，一連三天，從入夜持續到凌晨太陽出來為主。祭典開始的月圓之夜，族人以「告靈」為揭幕，這時各氏族會殺豬來祭告「達愛」，邀請祂們前來參加祭典，之後便進行「迎靈」儀式，也就是面向東方唱第一首招請之歌。第二天舉行的是會靈與娛靈儀式，第三天就要進行「送靈」，「送靈」時會有兩位青年上山砍樹，並在上面綁芒草後，交由主祭的長老將它架在祭屋之上，這時由各族青年代表們要奮力摘下綁在樹上的芒草後再將它丟棄，最後共同搶折樹後再往東方拋去，代表正式送走「達愛」。

猴祭是卑南族歲時祭儀之首，是卑南族少年的成年禮，少年進入成年之前的陶冶訓練，主要目的是在訓練少年的膽識，並實踐團結合作的美德。參加猴祭的成員，是以十三至十八歲的男孩們為主，在舉行猴祭前夕，少年們必須做好自己的弓箭和矛，並在上面刻劃上美麗的花紋。在猴祭舉行當天，首推父母俱存的少年，到喪家開門行除喪儀式，同時為他們掃除穢氣。之後，再把放置於會所內用草紮成的猴，抬到附

單位：年

西元	地點	時代	大事
1491	法國	查理八世	查理八世與不列塔尼的女繼承人結婚，從此法國成為一個統一的領土國家。
1493	法國	查理八世	弗朗索瓦．拉伯雷誕生，《巨人傳》為其重要作品
1494	義大利	文藝復興時期	詩人與古學宗匠波立齊爾諾（一四九四年卒），以義大利融合古典文學的風格，使義大利語在文學上應用日廣。
1498	西班牙	費迪南二世	哥倫布航向美洲，抵達南美洲海岸。
1499	神聖羅馬帝國	麥西米連一世	瑞士拒絕繳納帝國「普通稅」，於士瓦本戰爭後獨立，簽訂《巴塞爾條約》。
1506	義大利	儒略二世	羅馬教宗儒略二世委任布拉曼、拉斐爾、米開朗基羅等人，興建羅馬的聖彼得大教堂。
1507	德國		佛羅倫斯的亞美立各．維斯普西出版《宇宙誌導論》書中，有一份是他在一四九七－一五〇三年與友人討論他到的新世界。這樣的內容後來瓦德斯穆勒在他的論文提到這新世界即是「亞美利加」。

近山丘的祭場，由少年們用自己製作的弓箭和矛來刺殺草猴，最後再將草紮的猴丟棄在部落之外，象徵部落在這一年之中，所有不好的東西，都隨著草猴的丟棄，一同被驅除出境。

祭儀，是台灣原住民族文化極重要的部分，原住民的祭儀種類很多，族群互異，族群內不同祭儀也呈現不同意義，總得來說，祭儀是一種敬拜神明、崇敬祖先的部落倫理與社會生活實踐的重要一環。

平埔族「阿立祖」與基督教天主教：原住民的宗教信仰

台灣原住民的傳統信仰為「泛靈信仰」，即是宇宙天地萬物皆有其靈，包含了自然界現象與祖靈等。因此，早期的台灣原住民衍生出各種山神、海神、河神、太陽神、樹神、小米神等「自然崇拜」，以及族人感念祖先渡海來台、創生起源的「祖靈崇拜」等傳統信仰面向。祖靈崇拜每個族群都不同，「阿立祖」即是南部平埔族的西拉雅族的祖靈信仰。

阿立祖又有人稱為阿立母、太祖與老祖，祂是以壺罐等容器作為他們特有的祭拜象徵物，因此阿立祖信仰又被視為一種拜壺文化。不過，西拉雅族崇拜的並不是壺本身，因為族人會在壺內插上澤蘭，他們認為澤蘭代表神靈，所以他們拜的是壺內神靈的力量，

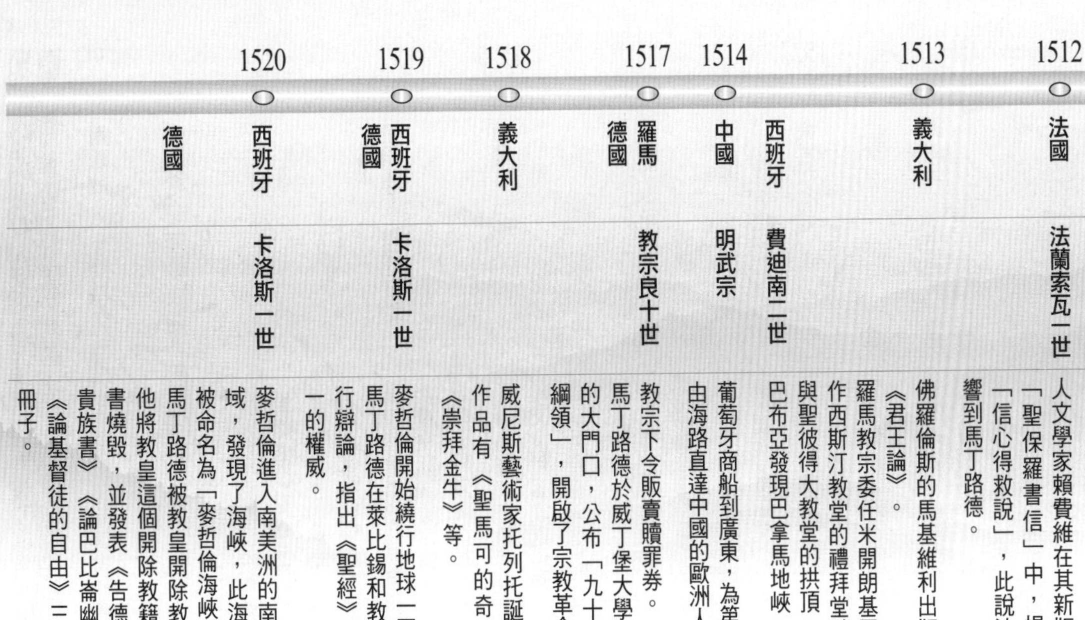

年代	國家	人物	事件
1512	法國	法蘭索瓦一世	人文學家賴費維在其新版的「聖保羅書信」中，提倡「信心得救說」，此說法影響到馬丁路德。
1513	義大利		佛羅倫斯的馬基維利出版了《君王論》。羅馬教宗委任米開朗基羅創作西斯汀教堂的禮拜堂壁畫與聖彼得大教堂的拱頂。
	西班牙	費迪南二世	巴布亞發現巴拿馬地峽。
1514	中國	明武宗	葡萄牙商船到廣東，為第一批由海路直達中國的歐洲人。
1517	羅馬	教宗良十世	教宗下令販賣贖罪券。
	德國		馬丁路德於威丁堡大學教堂的大門口，公布「九十五條綱領」，開啟了宗教革命。
1518	義大利		威尼斯藝術家托列托誕生，作品有《聖馬可的奇蹟》《崇拜金牛》等。
1519	西班牙	卡洛斯一世	麥哲倫開始繞行地球一圈。
	德國		馬丁路德在萊比錫和教會進行辯論，指出《聖經》是唯一的權威。
1520	西班牙	卡洛斯一世	麥哲倫進入南美洲的南端海域，發現了海峽，此海峽就被命名為「麥哲倫海峽」。
	德國		馬丁路德被教皇開除教籍，他將教皇這個開除教籍的詔書燒毀，並發表《告德意志貴族書》《論巴比崙幽居》《論基督徒的自由》三個小冊子。

藉由水與向（法術與咒語）能與神靈溝通，因此壺甕等容器（包括瓶、矸、甕、缸等等）內裝水稱為「向水」，借之反射出祖先靈魂的力量，更以之代表祖靈洗淨休憩之所。阿立祖祭拜的壺罐沒有任何規格與數量的限制，不過壺罐破損時不能隨意更換，必須經由阿立祖同意後才可以置換。

祭祀阿立祖的祭壇，稱為「公廨」，祭拜時會以酒和檳榔為祭品，族人除了會在平日的初一或是十五到公廨祭拜壺內向水中的祖靈，年度夜祭時更會在大公廨舉行。雖然每個部落夜祭的時間不同，不過大都是在農曆三月、九月或十月這三個月舉行。

夜祭需由祭師主持，儀式主要為「獻豬拜豬」與「牽曲敬神」兩階段，一開始的「獻豬拜豬」禮，祭師會進行「獻豬」、「請神」、「點獻豬」、「覆布」、「翻豬」的步驟。「獻豬拜豬」禮結束，獻豬被抬出廨埕，廨埕淨空出來後就要行「牽曲敬神」階段。「牽曲」主要由婦女來進行，婦女們雙手交叉牽圍成圈，邊跳邊唱著曲調哀怨悲戚的儀式歌謠，歌謠主要在於感懷先祖對後代子孫的庇祐，希望先祖不要遺忘子孫，能繼續庇蔭後代子孫。

不過，大航海時期，荷蘭人與西班牙人分別來到台灣南部與北部，這些西方人為了能真正控制台灣的原住民，先採取武力征服，接著利用傳教士傳教行宗

單位：年

西元	地點	時代	大事
1521	西班牙	卡洛斯一世	麥哲倫抵達菲律賓群島，在菲律賓遇害。
	中美洲	阿茲提克帝國	阿茲提克帝國爆發了天花（一五二〇—一五二一），讓西班牙的科爾斯特很輕易地率大軍，將阿茲提克帝國滅掉，並在特諾奇蒂特蘭的廢墟之上建起現今的墨西哥城。
	普魯士	查理五世	馬丁路德開始將聖經新約自希臘文翻譯成為德文，此版本後來稱為《路德聖經》。
1525	荷蘭		尼德蘭畫家布勒哲爾誕生，他有農民畫家之稱呼，作品有《尼德蘭箴言》《農民婚禮》等。
	印度	蒙兀兒帝國時期	成吉思汗與帖木兒的後代，巴伯爾建立了蒙兀兒帝國。
	南美洲	印加帝國	西班牙征服者從巴拿馬南下發現了印加帝國。
1528	義大利		藝術家維洛內斯誕生，他是威尼斯畫派最具代表的畫家，作品有《迦納的婚禮》等。
1531-1533	西班牙	卡洛斯一世	西班牙將領登陸南美洲，企圖征服印加帝國，經過了二年多的征戰中於在一五三三年征服祕魯之後，印加帝國滅亡。

教教化的方式。荷蘭人在南部廣設教堂與設立學校，教授基督教教義大要，很快地就讓基督教中喀爾文教派在西拉雅族的土地上傳播開來，將西拉雅族變成只有崇拜阿立祖的信仰與基督教的上帝者。西班牙於北部傳教，雖然最終目的是希望天主教能以台灣為跳板傳播到日本與中國，不過這些西班牙的神父們為北部的凱達格蘭族與噶瑪蘭族們施洗、建教堂等，可說成果也十分輝煌。不過，這些西方人統治台灣的時間只有短短二、三十年，因此當他們離開台灣後信教者人數馬上驟減，只剩下少數一些社還有教徒，大部分平埔族人又回歸只信奉他們傳統的祖靈信仰。

現今的原住民信奉基督教，則與清朝中葉來台的西方人有關。一八六一年菲律賓傳教士在屏東萬巒建立「萬金天主教」、一八六五年基督長老教會馬雅各在台南創建「新樓醫院」、一八七一年長老教會甘為霖牧師在台南傳教，一八七二年長老教會馬偕在淡水傳教與進行醫療工作。這些教會的傳教士來台不僅傳教、進行醫療工作，更深入當地居民與他們共同生活，讓原住民的信仰再度出現了變化，教堂成為原住民舉行重大的生命禮俗場所。

陳第《東番記》：十七世紀時的西拉雅族生活方式

年代	國家	君主	事件
1534	西班牙	卡洛斯一世	羅耀拉成立耶穌會，志願擔任傳教的服務推動了世界性的傳教活動。
1536	英國	亨利八世	國會通過《威爾斯法案》，將威爾斯併入英格蘭，並指定英語為其官方語言。
	瑞士		喀爾文發表《基督教原理》開始基督教改革運動。
1540	台灣		一五四〇年代，台灣中部出現一個跨部落聯盟的大肚王國（不過，學者提到在這個王國的「王」概念不同於國王）。
1547	俄羅斯	伊凡四世	伊凡四世舉行加冕典禮，此後俄羅斯君王多以「沙皇」為尊稱。
	西班牙	卡洛斯一世	文藝復興時代文學家塞萬提斯出生，著名作品有《唐吉軻德》。
1550	義大利		畫家瓦薩里首度引用「文藝復興」一詞，表明藝術史的分期。
1553	英格蘭	愛德華六世	愛德華六世過世，由亨利七世的外孫女珍．格蕾登基，不過她僅上位九日就被罷黜，稱為「九日女王」。
		瑪麗一世	珍．格蕾被廢黜後，由瑪麗一世登基為英國和愛爾蘭女王。
1554	台灣		葡萄牙船隻經過台灣海峽，稱頌台灣為「福爾摩沙」。

十七世紀初的台灣西南沿海一帶是倭寇根據地，這些倭寇橫行中國東南沿海，讓經常在浙江、福建與廣東海域作業的商船與漁夫深受其害，於是福建巡撫下令要沈有容率艦前往剿寇。與沈有容為莫逆之交的陳第得知後，以參謀的身分隨沈有容來台灣。由於明軍大勝，讓沈有容大軍在「大員」停留二十多天，受到西拉雅族的熱情招待，陳第才有機會接觸到生活於臺南安平一帶的西拉雅族，並親身體驗原住民風土民情，因而回到福建的第二年，便寫了這篇大約一千五百字的《東番記》，它的篇幅不長卻是漢人最早紀錄台灣實際狀況的著作。

根據《東番記》記載的是，十七世紀居住在嘉義南邊到屏東北邊的西拉雅族。西拉雅族是以「社」為單位的社會聚落組織，每個「社」的人數大約五百到一千左右，社與社之間彼此間互不相干涉。他們的生活環境到處都是竹林，所以他們集體居住在用竹子與茅草蓋的高腳屋裡，一般來說，同家族的人會居住在一起，因此成年未婚男會住在公廨中，公廨也是一個處理與討論族人共同事務的地方。他們十分好客，宴客時大家席地而坐，主人會拿出自己用米或苦草釀的酒，放在眾人的中間宴請客人，不過西拉雅族喝酒時沒有菜餚，酒酣之際大夥就會起來載歌載舞。

這個族群十分好戰，不過戰鬥都是約好再打，如

單位：年

西元	地點	時代	大事
1555	中國	明世宗	董其昌誕生，其畫師源董源與倪瓚等人，喜純用水墨，重要的作品相當多有《關山雪霽圖》、《秋興八景冊》等。
1557	澳門	明世宗	葡萄牙人佔領澳門，於是東方航路與香料貿易全都為葡萄牙人掌握。
1558	日本	戰國時期	發生織田信長平定尾張諸勢力的浮野之戰，這長戰役中織田信長戰勝與齋藤義隆聯盟的織田信賢。
1559	英國	伊莉莎白一世	重新頒布了被廢除的《至尊法案》，宣布女王世英國國教和教士的最高領導。
1560	法國	蘭西二世	胡格諾教派試圖綁架法蘭西斯二世，不過計畫失敗，遭到血腥整肅，激化了法國新舊教的對立，成為引爆法國宗教戰爭（又稱胡格諾戰爭）的事件之一。
	日本	戰國時期	桶狹間之戰發生，織田信長擊敗日本東海道大名今川義元，此役莫定織田信長日後成為霸主的契機。
1561	中國	明世宗	倭寇大舉侵犯台州，戚繼光率領部隊九戰九勝，取得舉世聞名的台州大捷。
	英國	伊莉莎白一世	培根誕生，他提出「知識就是力量」的口號和歸納法的理論。

果與鄰近的結怨需要戰鬥、絕不會偷襲都是約好時間地點才打，而且打完就算了不會記仇。由於打鬥是男子的責任，所以他們平時會練跑，訓練速度與耐力，而且為了表現他們是勇士，他們在戰鬥時會獵下敵人的頭，這就是我們熟悉的獵人頭習俗，戰鬥時獵下的頭，會將它剔肉存骨，並將頭骨掛在門上。

西拉雅族人的食物來源十分多元，耕作是女子的工作，他們種植稻、豆類、胡麻與甘藷等作物，不過他們採取的耕作方式是所謂的刀耕火種，就是選一塊林地放火燒，將燒過的灰燼當作肥料，再播種等待收穫。狩獵與補魚則是男子工作，雖然族人都居住在海邊但他們怕海，所以捕魚都到河邊，至於狩獵都是集體行動，禁獵時不會去授獵，獵到的食物是大家共同食用。鹿是西拉雅族人最愛吃的肉類，他們不僅吃鹿肉，也愛吃鹿腸中未消化的草，稱這種東西為「百草膏」，將吃剩的鹿肉、鹿舌、鹿鞭會一起混雜臘乾。

西拉雅族的女子會留長髮，上身不穿，下半身只會以草裙稍稍遮蔽下體，十五、六歲，就要斷去嘴唇旁的兩根牙齒表示成年。男子頭髮都長到肩膀，會穿耳洞。社會結構偏向於女性社會，行招贅婚姻，如果一個西拉雅男子喜歡某位女子，會派人送瑪瑙珠子給該女子，對方不接受的話就做罷，若接受了，男孩子就可在夜間拜訪女孩，進女孩子家留宿，等到女孩子

	俄羅斯	伊凡四世	莫斯科的聖瓦西理主教座堂落成（一五五五—一五六一）。
1562	法國	查理九世	弗朗索瓦．洛林在瓦西鎮對胡格諾派教徒展開大屠殺，法國各省胡格諾教派起事，並向英國與薩克森的新教徒求援，爆發胡格諾戰爭（一五六二—一五九八），此即是法國宗教戰爭。
	中國	明世宗	明皇帝令人抄寫《永樂大典》副本，耗時六年。
	西班牙	腓力二世	西班牙主教迪亞哥．蘭達下令燒掉所有的馬雅刻本（馬雅文明時期的文獻資料）。
1563	台灣		海盜林道乾在明朝都督俞大猷追擊下，經澎湖逃往台灣（今嘉義布袋）。明朝廷決定復設澎湖巡檢司。
1564	英國	伊莉莎白一世	英國文學家莎士比亞誕生，他的影響深遠的著作，有《亨利六世》《羅密歐與茱麗葉》《威尼斯商人》。
1571	英國	伊莉莎白一世	倫敦證券市場開始交易，開啟資本主義的新頁。
1572	法國	查理九世	八月二十四日爆發「聖巴赫特雷大屠殺事件」，舊教教徒屠殺胡格諾派三天三夜，屠殺事件蔓延到全國。

懷孕生產後，女子才可到男方家迎娶。由於西拉雅族是母系社會，所以大家都喜歡生女孩。女孩子有繼承權，男孩子沒有，不過先生喪妻可以再婚，但是妻子喪夫不能再婚。

如果一個西拉雅人的家中有人死了，會擊鼓而哭，他們不會使用棺材，而是將屍體放在地上，並在屍體周圍升起大火烘烤，等屍體被烤成乾屍後再放置屋內，等待屋子壞了重建時，再將屍體直立埋在地基之下，埋好之後再重新建蓋新房。

西拉雅族的社會對盜賊的處分非常嚴厲，會當眾被殺，所以族人沒人敢偷竊，大家都夜不閉戶。他們對年長者非常尊敬，每當耕作時期，年少者在路上遇見長者，需背對道路以禮讓長者通過，不能打招呼，他們認為如果不這麼做，上天就會不保佑，導致農作物歉收。

單位：年

西元	地點	時代	大事
1577	英國	伊莉莎白一世	德雷克開始環繞地球的航行，到一五八〇年才完成，成為繼麥哲倫之後，第二位環繞世界的航海家。
1580	西班牙	腓力二世	西班牙的耶穌會教士前往澳門，然歸途遇颱風，卻漂流到台灣。
1581	荷蘭		三級會議正式通過《誓絕法案》，宣布脫離西班牙獨立，新組成的國家，稱為「荷蘭共和國」。
1582	台灣		一艘載著西班牙與葡萄牙傳教士的中國戎克船經過台灣北部海岸翻覆，這些西方傳教士在台灣北部待了兩個多月才離開。
1583	中國	明神宗	利瑪竇抵達廣東，開始傳教。
1588	英國	伊莉莎白一世	英國擊敗西班牙無敵艦隊，英國為海上新霸主。
1590	中國	明神宗	李時珍著有《本草綱目》一書。
1592	英國	伊莉莎白一世	莎士比亞的戲劇《亨利六世》在倫敦戲院首演。
	台灣		日本的海盜侵擾台灣北部的基隆與淡水一帶沿海。
1593	台灣		日本豐臣秀吉遣使帶著「高山國招諭文書」來台灣，後因找不到人交涉無功而返。
1593	法國	亨利四世	亨利四世改信天主教，法國的宗教戰爭結束。

國際競爭時期

讓食物不易腐敗、更加美味的胡椒與八角之類的香料，中世紀以來就被阿拉伯人與威尼斯人壟斷，使得香料在歐洲成為貴族們才能享用的高級奢侈品。因此，在香料市場的龐大利益驅動下，再加上《馬可波羅遊記》一書中提到，「中國是一個遍地黃金與生產豐富香料盈野的國家。」的影響，激發位於大西洋沿岸的國家開啟海外探險活動，找尋前往亞洲地區的新航路與貿易的根據地。

葡萄牙是最先發現來到亞洲的新航線的國家，1497年達伽瑪（Gama）由里斯本出海後沿著非洲西岸往南，繞過非洲南端好望角，往西來到印度半島，佔領印度南端的果阿（Goa）與馬來半島的麻六甲。不僅控制麻六甲海峽，更以麻六甲為東西貿易的根據點，往北來到了南中國海，佔領澳門，敲啟中國通商的門戶，繼續往北到日本，才有葡萄牙船隊航經台灣海峽時，水手見到草木鬱蔥的台灣，對台灣發出「福爾摩沙」（Formosa）的讚嘆詞，讓「福爾摩沙」浮現於世界地圖上。

西班牙是接著葡萄牙之後來的，他們橫渡整個太平洋來到亞洲後，於1565年占領菲律賓群島，並以呂宋為根據地，往南往北進行擴展行動。1626年到台灣時，發現南部是荷蘭人的根據地，便佔領了台灣北部的雞籠與淡水。西班牙人希望能藉由在台灣拓展對日本與中國貿易的同時，也能對這兩個地區的人進行宣教。只是，在台灣對當地原住民的傳教雖具成果，但對中國與日本的傳教願望，直到1642年遭到荷蘭人驅逐離開台灣時仍未達成。

直到1604年才來到廣州一帶的荷蘭人，雖是最晚到亞洲地區找尋新據點的國家，不過他們卻是與十七世紀的台灣關係最密切的國家。荷蘭人初到亞洲時遭到葡萄牙與西班牙的抵制，迫使荷蘭人於1602年在阿姆斯特丹成立荷蘭東印度公司（Vereenigde Oostindische Compagnie，簡稱VOC），這是一個得到荷蘭政府受與特權的公司，可以代表荷蘭政府宣戰、訂合約、建立殖民地，與派官吏統治殖民地等。為了積極推動與明朝的貿易往來，1619年荷蘭東印度公司於巴達維亞（今日印尼雅加達）建立亞洲總部，並多次對明政府叩關想進入明市場，在不得其人之下將目標望向澎湖，1604年與1622年曾派軍隊佔領澎湖。對明政府來說澎湖是他們的版圖之一，向荷蘭人提出退出澎湖可到台灣，1624年荷蘭人來到稱為大員（今日安平）的地方，開啟對台灣三十八年的統治，從此台灣成為荷蘭往來印尼與中國、日本的重要中繼站與東亞轉口貿易的樞紐位置。

十六、十七世紀的歐洲各國在亞洲進行勢力擴張，發展貿易與殖民的國際競逐之際，日本的豐臣秀吉也想加入這場國際競逐。1591年遣使到呂宋要求西班牙對他們臣服，1593年派使者帶著「高山國招諭文書」來到台灣，卻因找不到人交涉只好將詔書原封不動地帶回。

十六世紀歐洲人在亞洲地區競逐的貿易航線，利用的是早在宋、元時期亞洲大陸沿海居民對外貿易航行的東西洋路線，這是一條在洋流與季風的幫助下，能迅速地航行於東北亞的日本與印度尼西亞的婆羅洲之間的路線，台灣與澎湖正好在這條路線上，因此當十七世紀初歐洲人競相在東亞地區進行貿易競賽與國際競爭時，台灣因其特殊的地理位置，此備受國際關注。

單位：年

西元	地點	時代	大事
1600	英國	伊莉莎白一世	英屬東印度公司成立。
	日本	織豐政權	關原之戰爆發，德川家康獲勝，此為開啟日本江戶幕府的決定性戰役。
	荷蘭		荷蘭船隻航經太平洋時，遇到颱風，漂至日本九州，此為開啟荷蘭與日本通商的契機。
1601	中國	明神宗	義大利耶穌會傳教士利瑪竇來到中國傳教到北京，並建立教堂。 荷蘭人開始於澳門海域出現。
1602	荷蘭		荷屬東印度公司成立（一六〇二—一七九九）。
	台灣		日本的倭寇以「東番」（台灣）為巢穴，明朝派軍隊來台征討。

澎湖群島：明朝中葉之前漢人主要活動區

古稱「平湖」或「彭湖」的澎湖，唐末到五代十國時，中國東南沿海的漁民就把澎湖當成他們捕魚時的臨時住所，南宋時的澎湖海域不僅有漁船會在這捕魚，更是從泉州出海前往菲律賓、印尼等東南亞商船必經的國際航線。根據《馬可波羅遊記》的描述，「泉州是當時世界上最大的商港之一，大批的商人集聚在這，貨物堆積如山」，這不僅表示泉州的繁華，更說明澎湖海域是當時熱門航線，當時的商船從泉州出海，經過兩天一夜的航行後，會在澎湖會稍作停靠進行補給，漸漸地，澎湖成為泉州商人的海外貿易中繼站。澎湖出現了來自泉州一帶的人移居，他們在這經商，不僅提供商船航海時需要的食物與修補等事項，更在這經營陶瓷等貨物的外銷。

大約在元順帝時（一三四一年），朝鮮半島與中國沿海一帶的日本倭寇（海盜）猖獗，這讓澎湖海域不僅有商人與漁民，還有隨著這些商人而來的海盜，因此元順帝為了維護澎湖一帶的治安，在澎湖設立「巡檢司」，不過海盜並未因「巡檢司」的設置而消失，反而因為元末天下大亂，朝廷無多餘力量顧及中國沿海的倭寇，讓這些倭寇更加的猖獗。

所謂的倭寇，原本是由一群不得志的日本武士組成，他們藉由從事海上貿易為名，進行海上搶劫事件，因此明朝建立之初（一三六九），明太祖曾派使者多次到日本交涉，但成效不彰，讓明太祖下了人民不准出海的禁令。然而福建與廣東一帶連年旱災，生活困頓的百姓在無法生活的處境之下也加入海盜的行列。當大陸東南沿海居民加入海盜行列後，澎湖便成盜寇的巢穴，於是洪武二十一年（一三八八年）明太

1603

台灣		陳第完成《東番記》。陳第（一五四一—一六一七），福建人。一五七三年，陳第於福建官府工作時，正是倭寇擾亂東南沿海，朝廷派軍來台征討倭寇，陳第就隨軍隊來台，《東番記》即是他在台灣所見所聞寫成的書。
中國	明神宗	因為立儲問題，爆發了「妖書案」。
英國	詹姆士一世	伊莉莎白一世過世，由蘇格蘭王詹姆士一世即位，此即是英國的斯圖亞特王朝的開始（一六〇三—一六四九）
日本	江戶時期	德川家康為征夷大將軍，江戶幕府正式開始。
荷蘭		荷蘭在爪哇設立商館，擴大在東亞貿易。

祖採取嚴厲的海禁政策，下令澎湖居民撤離澎湖，返回大陸漳州與泉州等地區居住。

明太祖為解決海盜問題，下令不准人民出海，並要澎湖人棄島。但福建地小人稠，沿海居民與澎湖居民一直以來都以海為生，這些禁令要人民放棄他們賴以生存的生活方式，自然無法被有效的被遵守。尤其是澎湖位在海峽中間，政府無力多加看管，因此被遷回的居民無收成無法生活，只好重新回到海上活動，又陸續回到澎湖，私自武裝從商，成為被稱為「海商」的海上武裝走私商人集團。這些海商在澎湖一帶海域與遠渡而來的葡萄牙人、西班牙從事走私交易，讓澎湖一帶的貿易活動一如往昔。

明成祖時最讓人津津樂道的「鄭和下西洋」宣揚國威之際，也帶來了特殊的「朝貢貿易」，即是只有接受明朝皇帝冊封的國家，才能藉著朝貢的名義與中國進行有限度的貿易。由於「朝貢貿易」限制了商品的種類、數量等，未能注意到「貨暢其流」原則，讓流通於當時中國大陸的貨物供需失去平衡，因此在物以稀為貴與人民需求之下，更造就澎湖一帶的海上商業活動盛行。

到了十七世紀初，歐洲人紛紛東來，在亞洲從事貿易活動，再加上這時明政府執行的「海禁政策」禁令日益趨緩，讓更多的漢人移居澎湖，使澎湖成為走私商人的根據地。

明代海禁政策：十六至十七世紀的台灣成為國際貿易的重要據點

明太祖朱元璋執行的各種禁海政策，未讓中國東南沿海的倭寇稍稍平息，再加上明朝各個皇帝的種種政策，讓人民生活更加困頓。因此當明朝廷的官方勢

單位：年

西元	地點	時代	大事
1604	台灣		荷蘭韋麻郎占據澎湖，此為荷蘭人第一次占領澎湖，後在沈有容勸說下，荷蘭人離開澎湖，這件事有石碑記錄之，現存於天后宮內。 澎湖天后宮創建的年代不詳，不過從出土的石碑可知，這時廟宇早已興建完成
	法國	亨利四世	法屬東印度公司成立。
	英國	詹姆士一世	和西班牙締和，結束了兩國自一五八八年以來的敵對關係。
1605	台灣		荷蘭商船至澎湖，適逢澎湖汛兵戍守期，無法登陸而離去。
	荷蘭		荷蘭東印度公司佔領安汶，壟斷印尼海域的香料市場。

力衰退下來時，一直被壓制的海上活動就隨之活躍起來。隨著各國前來要求的貿易需求大增，更多人開始違反禁令，轉而加入倭寇行列，進行走私貿易活動。十六與十七世紀的倭寇以明朝人為主，少數為日本人與葡萄牙人。他們原本出沒於福建廣東沿海，被明朝官兵追擊後逃往澎湖與台灣。

明朝政府發現，執行海禁政策反而造成沿海居民生計出問題，尤其是成祖與宣宗時已經成定制的「寸板不得下海」政策，更是無法有效地遏止中國東南沿海的倭寇出沒。嘉靖與萬曆年間曾解除海禁，允許漁民下海捕魚，也准商人們與從東南亞來到中國進行朝貢貿易者進行商業買賣，不過日本豐臣秀吉曾多次出兵攻打朝鮮與威脅澎湖，讓明朝廷除了加強澎湖的沿海警備，也不准商人們將貨物賣給日本。

然中日貿易才是當時最海上貿易主要的，因此海禁雖開放。日本無法在中國買到他們要的貨物，造就台灣成為當時第三地轉口貿易不可被取代的地位。台灣與日本位置接近，距離福建也不遠，大陸到台灣的航線，福建一帶的漁民與走私商人早就非常熟悉，不過明朝官兵卻不了解，台灣可說是中國兵威不及之地，因此台灣成為大陸海盜、走私商人與日本進行第三地的轉口貿易活動的最好地點，只要日本商人向他們訂貨，他們會將貨物運到台灣進行交貨。這時到台灣的倭寇，或是說著名的走私商人有林道乾、林鳳、吳平、曾一本、李旦、顏思賢與鄭芝龍等，他們擁有武裝保護能力，所以隨他們在台灣的人有上數千人。

十六與十七世紀出現於台灣沿海一帶的，除了大陸走私商人與日本人外，還有西班牙人、葡萄牙人與荷蘭人等。台灣在這時受到關注，自然與台灣有季風吹拂，附近海域有黑潮流經，因而成為日本往來東

年份	國家	君主	事件
1606	鄂圖曼帝國	阿麥德一世	對奧地利戰爭失敗，簽下《齊特瓦羅克和約》從此奧地利不需要向土耳其納貢，此是鄂圖曼土耳其衰落的開始。
1607	英國	詹姆士一世	英國開始在北美洲大陸殖民活動，在維吉尼亞建立殖民地。
	韓國	宣祖	李氏朝鮮正式派遣使節拜謁德川幕府，這是自朝鮮之役以來斷絕的兩國外交關係恢復。
1608	法國	亨利四世	在加拿大建立魁北克。
	英國	詹姆士一世	英國詩人彌爾頓出生，其著名的長詩著作有《失樂園》。

南亞地區的必經地點，船隻往來這條航線時的停靠港口。

曾經統治台灣三十六年的荷蘭人曾提過，「台灣真是我們公司的一頭好乳牛。」這樣一句話。荷蘭東印度公司在亞洲地區設置許多商館，這些商館相互間可連成一個龐大的貿易線，台灣是他們在亞洲轉口貿易上樞紐地位，為其他地區無法取代。在台灣，他們可以將從巴達維亞帶來的胡椒與八角等香料賣給中國商人，跟他們購買瓷器、生絲與絲綢等。再將從中國商人那購買的商品，轉賣給日本商人換取白銀，或是運回巴達維亞與荷蘭。當然台灣本地生產的稻米、糖、鹿肉等也能賣給各地來的商人，賺取的白銀可以讓他們到印度買棉布，再拿棉布去換取巴達維亞香料。根據荷蘭東印度公司的統計，亞洲各地的商館中，最賺錢的是日本商館，其次是台灣商館，不過日本商館的貨物中來自台灣的貨物不僅有台灣生產的，也有許多是從大陸運來的貨物，可知十六、十七世紀時，台灣已經躍上國際貿易舞台進行轉口貿易。

顏思齊與鄭芝龍：台灣是走私商人的天堂

一五六三年明朝廷為了解決中國東南沿海的海盜問題，重新在澎湖設置巡檢司，設置巡海游兵數百名，於春季與冬季加強防守，嚴防福建沿海至澎湖海域有海盜出現。明政府的做法讓台灣海峽上的走私貿易從澎湖轉移到台灣，這些從事海上貿易的走私商人，相互間有聯繫組成聯合海上船隊，因而被福建沿海的官員是為海盜。不過這些走私商人與福建沿海的官員私通，能從中國獲取西方人所需的貨品，而台灣因為距離大陸近，又不被明政府管轄，因而成為明朝走私貿易的天堂。這些走私商人中，李旦聲望最高，

單位：年

西元 1609

地點	時代	大事
台灣		日本德川家康派有馬晴信到台灣催促納貢一事。
德國		日本德川家康派有馬晴信到台灣催促納貢一事。
英國	詹姆士一世	克卜勒藉著火星的觀測資料，提出了克卜勒定律。探險家亨利・哈得遜發現了現今美國與加拿大的大西洋沿岸地區。
荷蘭		荷蘭與西班牙簽休戰協定，西班牙承認荷蘭的獨立地位，尼德蘭革命獲得勝利。
日本	江戶時期	荷蘭的商船首次來到平戶，並在此地開設了商館。
鄂圖曼土耳其	阿麥德一世	蘇丹阿麥德一世下令，把聖索菲亞大教堂改建成清真寺。
神聖羅馬帝國	魯道夫二世	發表宗教自由詔書，保障信奉新教的匈牙利與波西米亞的信仰自由。

不過最具知名度的則是顏思齊與鄭芝龍。

人稱「開台王」的顏思齊，是福建漳州海澄人，僑居日本時，善於理財，讓他日漸富裕，由於平日廣交朋友，為人又十分豪邁，喜愛濟弱扶傾，是當時旅日的華僑領袖，曾邀僑界二十八位重要人士組成二十八兄弟會，其中也包括了鄭芝龍。當時的日本正處於幕府時期，人民生活相當困苦，常發生反抗幕府的農民起義事件。顏思齊與二十八兄弟會參與日本農民推翻幕府的起義事件，不料消息走漏，顏思齊、鄭芝龍與其他準備參與者共兩百多人紛紛駕船逃離日本來到台灣。

他們從笨港登陸（今日北港）後，築寨居住，發現這裡地肥水美，多處未開發，決定以諸羅山（今日嘉義）為根據地，進行開墾長住的事宜，因此他將一同前來的弟兄，在今日嘉義到雲林一帶分十個寨自保，以防原住民的攻擊並進行開墾，這十個寨就是最早漢人聚集的村落。

顏思齊在台灣一方面安撫在諸羅山（今日嘉義）的西拉雅族，一方面到漳州與泉州，招募大約三千多位的流民來到笨港與諸羅山參與墾荒。與此同時，顏思齊也與泉州的走私集團組成一支擁有強大武裝的走私船隊，展開日本、台灣與大陸之間海上走私貿易。他亦商亦盜，不時到大陸沿海一帶搶劫，或進行私貨買賣，短短數年間，顏思齊的武裝船隊擁有強大武力，讓他不但能稱霸東方海洋，也能與西方來的國家相抗衡。

一六二五年顏思齊因狩獵染到傷寒病死，接任顏思齊之位，職掌武裝船隊的是鄭芝龍。鄭芝龍又名鄭一官，福建泉州人，年輕時就來到日本，十八歲時搭乘海船前往日本，定居肥前平戶從事貿易，因而結

年代	國家	在位	事件
1610	法國	路易十三	法王亨利四世過世，由九歲的路易十三世繼位，因年幼由母后攝政。
	中國	明神宗	被稱為「明末三大儒」之一的黃宗羲誕生，他有「中國思想啟蒙之父」之譽。
1611	德國		德國科學家克卜勒發明了克卜勒式望遠鏡。
	義大利		伽利略使用望遠鏡確認了太陽黑子的存在。
	中國	明神宗	東林黨爭開始。
	英國	詹姆士一世	探險家亨利・哈得遜航行到了北美洲的哈得遜灣，並宣布此地為英國所有。
1612	英國	詹姆士一世	英國艦隊在印度擊敗葡萄牙海軍，佔領了葡萄牙在印度的據點，英屬東印度公司在蘇拉特開設商館。
1613	日本	江戶時期	德川家康惟恐天主教徒的勢力擴大，頒布禁教令。日本首次派遣使節到歐洲。
	英國	詹姆士一世	英國到平戶設置商館。

識了顏思齊。不過，鄭芝龍在日本遇到他人生最大的貴人李旦，他的商業足跡遍及中國、台灣、日本與東南亞，是一位遊走於荷蘭、日本、葡萄牙與英國各國的海商。李旦對他十分信任，經常派他隨貨船到台灣、東南亞等地進行貿易。當鄭芝龍來到台灣時，李旦還將他在台灣的事業交由鄭芝龍掌管，只是李旦過世後，鄭芝龍就將他在台灣的事業占為己有，作為他開發台灣與發展海上貿易的資本。因此當鄭芝龍繼承顏思齊地位後，他擁有的海上武裝商隊的勢力迅速壯大，成為明政府頭痛人物。

鄭芝龍出沒於中國東南沿海時，福建正好連連發生大乾旱，飢民到處流竄，鄭芝龍趁機招募飢民到台生活。由於鄭芝龍打著「劫富濟貧」不許隨從擄婦女、屠殺百姓、總火焚燒，因此他招募飢民隨他來台時，很快地就招募到數萬人，這些隨他來台的飢民，也就是他的海上武裝船隊的一群。

鄭芝龍在崇禎元年接受明招撫，多次帶兵攻打在台灣的海盜，但這並不代表他放棄海上事業。鄭芝龍採用的是打擊同業競爭對手，保護自己原本的跟隨者，壟斷台海之間的商業活動，所以他坐擁船隊壟斷了海上的貿易活動，對他來說與荷蘭人、日本人的商業活動才是他主要的收入，因而與當時統治台灣的荷蘭東印度公司協商，在台海之間行走的鄭氏船隊皆不可打擊，因而讓台灣的走私貿易仍十分盛行。

高山國招諭文書：日本幕府時期對台灣的謀略

現藏於加賀前田家之尊經閣文庫的《高山國招諭文書》，是以淡黃色和紙來書寫，上頭有以金箔繪製的圖案，文末出現斗大的「豐臣」字樣，象徵它是由日本當時權力最高者所發布。

單位：年

西元	地點	時代	大事
1613	中國	明神宗	被稱為「明末三大儒」之一的顧炎武誕生，他提出以「樸學」代替「理學」的主張，《日知錄》是其重要著作。
			耶穌會傳教士艾儒略到中國，他與徐光啟是好友，曾與徐光啟到江南，並在南京教案後，在杭州傳教。
1614	法國	路易十三	法國大命之前的最後一次三級會議，此後的法國直到一七八九年之前都不再召開三級會議。
	荷蘭		荷蘭人探索了北美洲的哈德遜河和長島地區，在繪製地圖時，首次使用了「新尼德蘭」來命名這片土地。

這份《高山國招諭文書》是一五九三年時，豐臣秀吉要日本商人原田孫七郎擔任特使，將它帶給台灣的國王（當時日本人稱台灣為「高山國」）招諭文書，是豐臣秀吉要求台灣向日本朝廷納貢的文書。只是原田孫七郎來到台灣後，發現台灣根本沒有所謂的「高山國」，當然也沒有人可以進行交涉與接收這份招諭文書，所以在百般無奈下，只好將招諭文書原封不動地帶回日本。這看似烏龍笑話一場的外交事件，卻能發現豐臣秀吉將他對台灣的野心表露無遺。

實際上，從十五世紀開始，日本人就經常到雞籠（基隆）淡水，與中國走私商人進行貿易活動，十六世紀後期，明政府在澎湖恢復巡檢司的設置後，日本與明朝的海上走私活動都移轉到台灣，雞籠（基隆）與打狗（高雄）就更常見到日本商人的蹤跡。因此對豐臣秀吉來說，台灣的臣服對他來說十分重要，這不僅能展現其雄才大略的野心，還能拓展他的勢力，所以當他解決日本內亂問題後，政權穩固後便向台灣發布《高山國招諭文書》。

豐臣秀吉對台灣頒布的「招諭文書」最後無疾而終，日本也因豐臣秀吉的過世再度陷入內戰，政權再度歸德川幕府所擁有。不過，《高山國招諭文書》最後提到，「若不來朝，可令諸將攻伐之。」（如果不來對我日本國進行朝貢，我將會派將軍將領率艦前去攻打）的恐嚇用語，不僅完整地展現出他想宣揚國威的意圖，也讓周遭的國家感到不安，紛紛做出回應。明朝開始派兵進駐澎湖，並加強東南沿海的海防設備。在呂宋（今日的菲律賓）殖民的西班牙政權更準備率先攻占雞籠，以防止日本勢力南下。

德川家康掌權後，日本對外政策雖以與鄰國為善為方針，但他們對台灣的經營仍相當積極。一六〇六

1615

台灣

長崎代官村山等安奉德川幕府命令，率十三艘船艦遠征台灣，是日本首次大規模的對台用兵，但遭遇颱風，無功而回。

從日本京都金地院所藏「異國渡海御朱印帳」，可知日本稱呼台灣為「高砂國」。

日本 **江戶時期**

德川幕府為了統治武家，便定立與頒布《武家諸法度》。

中國 **明武宗**

爆發明末三大案之一的梃擊案，張差想要以木棍刺殺皇太子朱常洛。

法國 **路易十三**

法國傳教士開始在北美大湖地區建立駐地。

1616

日本 **江戶時期**

德川幕府限平戶與長崎兩地為歐洲船隻的停泊站。

中國 **明神宗**

發生中國士大夫「反邪教」運動，也就是排斥洋教的南京教案，神宗為浮言所動，下令禁止傳教，將教士都驅逐回澳門，封禁天主教堂。

歐洲

哥白尼的書與學說遭天主教禁。

義大利

科學革命時期重要科學家伽利略，因為支持哥白尼學說被審。

年，曾派探險家山田長政赴暹羅途中經過台灣，對台灣進行自然資源與人文資源的調查。一六〇九年，有馬晴信受德川家康之命，派兵赴台灣東海岸窺探，雖後來以無所獲而回，不過他們確實來過台灣，還帶了幾名原住民回日本「晉見」德川家康。一六一六年，德川家康決定出兵攻打台灣，命長崎代官村山等安，派其次子村山秋安等率領遠征兵船十三艘共四千多人遠征台灣，準備攻占雞籠。最後因天候因素，途中遇到颱雨，以船毀人亡失敗收場。雖然日本出兵攻打台灣並未成功，不過從一六一七—一六二五年，日本幕府發給在日本的華僑李旦朱印狀（出海貿易的許可證），李旦的船也每年都到台灣，說明對於日本來說，台灣確實是他們進行國際貿易活動的重要轉運站。

Formosa：十七世紀國際地圖上的台灣島

現藏於國立台灣歷史博物館的〈亞洲新圖〉（Asia Noviter Delineata），是由十七世紀時，於荷蘭東印度公司擔任製圖師的威廉．布勞（Willem Janszoon Blaeu）所繪製，這是一份拉丁文地圖，這幅地圖初版印行於一六一七年，約在一六三〇年印行於荷蘭阿姆斯特丹。這份地圖是以亞洲為主體，內容包含主要城市、國名、地理名、河川等地形為簡易山脈示意。圖上的臺灣是以三座島嶼的型態出現，上方標為福爾摩沙（I. Formosa），中間名為小小琉球（Lequeo pequero），下方則稱為小琉球（Lequeo minor）。

不過，西方人最初繪製的台灣地圖，並不是三座島嶼組成的，而是將台灣畫成一座島嶼。一五五四年稱台灣為「Formosa」的葡萄牙人手繪的地圖，台灣

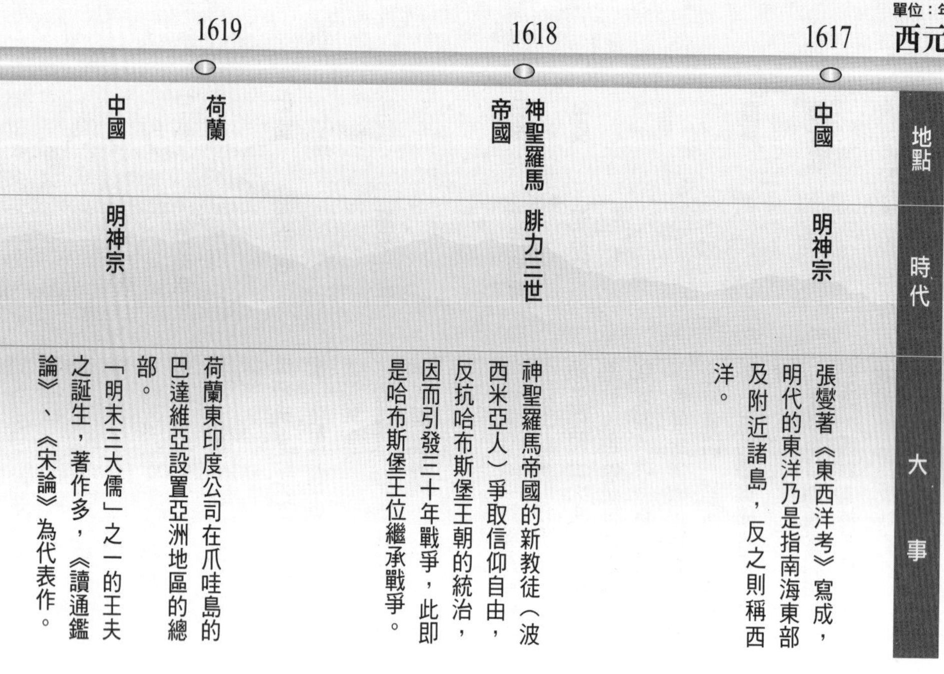
單位：年

西元	地點	時代	大事
1617	中國	明神宗	張燮著《東西洋考》寫成，明代的東洋乃是指南海東部及附近諸島，反之則稱西洋。
1618	神聖羅馬帝國	腓力三世	神聖羅馬帝國的新教徒（波西米亞人）爭取信仰自由，反抗哈布斯堡王朝的統治，因而引發三十年戰爭，此即是哈布斯堡王位繼承戰爭。
1619	荷蘭		荷蘭東印度公司在爪哇島的巴達維亞設置亞洲地區的總部。
	中國	明神宗	「明末三大儒」之一的王夫之誕生，著作多，《讀通鑑論》、《宋論》為代表作。

的位置與外型具有相當程度的精確性，在他繪製的世界地圖中，台灣是一座島嶼。只是當時的葡萄牙為了保持它們在亞洲的優勢地位，不會隨意地把這些較精確的手繪海圖流傳出去，而是將它視為機密文件，因此十六世紀由葡萄牙人繪製的這張地圖並不為世人所知。

那現在我們所見到的台灣是由三座島嶼組成的地圖，在一五六八年由費爾南．多拉多（Fernão Vaz Dourado）繪製的東印度與日本海圖中就存在著台灣。他繪製的地圖中有經緯度，北回歸線上繪製了三座島嶼。這三座島嶼雖未見到任何與台灣相關的名字，但因為在北回歸線上，而且這三個島嶼的最上面那有標記「琉球」來看，這幅地圖上的三個島嶼應該就是指台灣。至於一五九二年由荷蘭人彼得．布朗休斯（Petrus Plancius）繪製的〈東南亞地圖〉中，在北回歸線上的三個島嶼還清楚寫了兩個名字：「福爾摩沙」和「小琉球」，中間的島並沒有島名，很明確知這北回歸線上的三個島嶼就是指台灣。

歐洲人之所以會將台灣畫成由三個島嶼組成的地貌，可能是因為濁水溪、高屏溪貫穿全島，這些繪製地圖者並未上岸，而是搭船經過台灣。因此當西方海員經過臺灣海峽時，眺望台灣本島，便將寬闊的河口誤認為是海峽，造成西方人認為台灣是由三座島嶼組成的「台灣三島」錯誤印象。直到一六二五年，荷蘭東印度公司佔據台灣後，展開了開發台灣的計畫時，巴達維亞總督府命令荷蘭海員與地圖繪圖師諾得洛士（Jacob Noordeloos）合作，手繪之地圖是目前所知荷蘭人所繪製最早的台灣全島圖。當時船員駕駛戎克船（中國帆船）實測福爾摩沙島，完成了全世界首張台灣區域地圖，在這幅地圖準確將台灣描繪成一個島的

年份	地區	君主	事件
1620	英國	詹姆斯一世	搭載五月花號的清教徒，於五月抵達北美洲新大陸麻省的普利茅斯殖民地。
	中國	明光宗	神宗卒，光宗即位，爆發了明末三大案之一的「紅丸案」，光宗卒。
		明熹宗	東林黨因為擁護熹宗登基有功而得勢。
1621	台灣		顏思齊率鄭芝龍等二十六人，在笨港（今北港）上岸。
	中國	明熹宗	發生明朝末年的三大案中的「移宮案」。
	荷蘭		成立荷蘭西印度公司，壟斷西非與美洲的貿易。
1622	台灣		荷蘭攻擊澳門失利，轉而占領澎湖，這是荷蘭人第二次占領澎湖，荷蘭人準備長期佔領澎湖，要人民修建紅毛城，並在風櫃尾等建築炮臺以守海道。
	中國	明熹宗	熹宗遣使節到澳門召教士回中國製造槍砲，教禁無形解除。耶穌會傳教士湯若望來到中國。

地圖，而該圖的發行出版徹底改變世人將台灣視為三個島的誤解。

「沈有容諭退紅毛番韋麻郎等」碑文：荷蘭人第一次佔領澎湖

一九一九年（大正八年）在澎湖馬公天后宮內被發掘的「沈有容諭退紅毛番韋麻郎等」石碑，這個石碑何時刻的尚未有明確答案，不過它述說著十七世紀初的荷蘭人想將澎湖當成他們在東亞地區貿易據點的史實。

十六世紀末，初到亞洲地區的荷蘭人也想在香料、生絲與瓷器等市場佔有一席之地，然而當他們與中國交涉時，卻頻頻遭到葡萄牙人和西班牙人從中作梗，便在一六〇二年將亞洲地區活動的公司聯合組成一家由政府特許結合商人資本與政府力量的荷蘭東印度公司。公司依成立馬上派海軍提督韋麻郎（Wijbrand Van Waerwijck）率領遠征軍來到廣東沿海，試圖與明朝政府交涉時，受到在澳門的葡萄牙人干擾，毫無成果。

一六〇四年，韋麻郎獲得自馬來半島的巴大泥（Patany，在今日的泰國境內）訊息，暹羅（泰國）國王要派使臣到明朝北京朝廷進行朝貢，便決定親赴巴大泥，策劃荷蘭商團隨著暹羅朝貢團到中國進行貿易。在巴大泥時，韋麻郎認識了來自福建漳州的李錦、潘秀與郭震，從與李錦的交往中得知，如果想與中國貿易只需佔領澎湖，再買通福建稅使太監高寀即可成功。

不過澎湖是明朝的領土，明朝廷在這設置巡檢司，每年的春季與冬季會派軍隊駐守，以防止倭寇的占據。一六〇四年八月韋麻郎率艦駛達澎湖時並不是

單位：年

西元	地點	時代	大事
1623	台灣		荷蘭人於大員（今台南安平）築木柵城。
	日本	江戶時期	德川家光當任德川幕府。
1624	台灣	荷蘭統治時期	荷蘭人和明國官方達成協議，同意把設置於澎湖的要塞和砲台毀壞，荷蘭船艦駛離開澎湖，來到台灣佔領大員，建「奧蘭耶城」，台灣進入荷蘭統治時期。
	日本	江戶時期	德川幕府禁止西班牙進入日本。
	英國	詹姆士一世	首度制定專利法，刺激新發明的產生。

遊兵防汛期，所以澎湖上沒有任何駐軍，讓荷蘭人如入無人之境，在澎湖修蓋房子準備長住，並派華籍翻譯員林玉帶信函到福建要求准許開市。與此同時李錦也回到福建，準備幫荷蘭人買通福建官員，要福建官員默許荷蘭人占有澎湖的行動。

荷蘭人佔領澎湖一事，有些福建官員認為應該可以默許。不過也出現不同想法者，如閔撫徐學聚與福建總兵就反對，他們認為澎湖一旦為荷蘭人所據，將會造成海防洞開產生更多的治安問題，主張要將荷蘭人驅逐出澎湖。因此韋麻郎在澎湖的短短幾個月內，不僅見到要求他們離開澎湖的文書，也見到高寀派來要求通商禮金的使者，所以荷蘭人對於福建官府派來勸他們離開一事不為所動。

一六〇四年十一月，任浯嶼水寧都司的沈有容奉命率五十艘「滿載士兵」的軍艦出兵澎湖。沈有容軍艦抵達澎湖後，帶著曾被福建官員囚禁的翻譯員林玉與韋麻郎見面，明確表示明朝政府不允許他們佔據澎湖，如果強硬要佔領澎湖會遭到明軍攻打，而且想在明領土與明朝政府做生意，就必須要得到明朝皇帝的許可才行。明朝官員沒人可私下決定要與那些人做生意，如果荷蘭人沒有得到明皇帝的許可，就算在澎湖待上數十年也無法與中國進行貿易。並暗示著可以往東，佔領不是明領土的台灣，在那不會受到中國政府的武力攻擊，中國政府也會派商船到那進行貿易活動。

在澎湖的荷蘭將領韋麻郎面對沈有容率領的強大武力，自知軍力不如，不敢輕易與明軍開戰，因而在一六〇四年十二月中撤離澎湖。

荷蘭人佔據大員：台灣首次被歐洲人統治

1625

台灣	荷蘭統治時期	荷蘭人占台以後，在「一鯤鯓」（今日台南安平）築起了「熱蘭遮城」，以此作為統治台灣的中心。 荷蘭人以十五匹布向在台南赤崁的西拉雅族購地，並規劃興建普羅民遮城。 荷蘭人嚴禁在日本的華人到台灣經商，並對輸往日本的貨物課徵10%的關稅。 顏思齊病死，鄭芝龍繼任為首領。
英國	查理一世	英王召開他生平第一次國會會議，為了要議會同意家收稅金。
法國	路易十三	李希留提議英國、荷蘭與丹麥結成反哈布斯堡聯盟，由此三十年戰爭進入第二階段的丹麥階段。

一六〇四年離開澎湖的荷蘭人並未離開亞洲地區，直到一六二二年他們陸續在東南亞建立商館，一六一九年於巴達維亞（今日雅加達）建立荷蘭東印度公司總部，並與英國簽訂《荷英防守同盟》後，又將其視線望向東亞。由於當時中國生產的生絲與瓷器被歐洲各國貴族競相收藏，以致於荷蘭人也渴望能與中國通商，便積極尋找和中國進行貿易的根據地和中途站。

為了達成與中國的貿易目標，荷蘭東印度公司在巴達維亞總部經過幾次討論後，巴達維亞總督顧恩（Jan Pieterszoon Coen）提出可在澳門、澎湖與大員（台灣）選一建立要塞的據點。澳門擁有天然良港，又是中國沿海的小島，是荷蘭人心中最優良的位置，因此當荷蘭東印度公司於一六二二年決定再來到中國沿海尋找據點時，第一個想出兵攻打的就是早被葡萄牙佔據的澳門。然而荷蘭軍隊人數不如在澳門的葡萄牙人，此一戰荷蘭人遭到葡萄牙人強烈反擊終告慘敗。

澳門一役戰敗後，東印度公司命令雷爾生（Cornelis Reijersen）轉而攻佔在台灣海峽上的澎湖。雷爾生從媽宮澳（今日馬公）登上澎湖，構築成寨鞏固防務基地，並於一六二三年再度與明官吏交涉通商事宜，試圖要以武力與談判的方式迫使福建當局屈服。福建巡撫商周祚諭令荷蘭人退出澎湖，不被荷蘭人接受，因此繼任巡撫南居益、福建總兵俞咨皋決定採取武力驅逐荷蘭人，他們還邀請鄭芝龍一同對付荷蘭人。

一六二三—一六二四年這段期間，雷爾生也不斷地從明朝官員那獲得的訊息，澎湖是明帝國的版圖，不允許荷蘭人在澎湖進行任何活動包含通商之事，如

單位：年

西元	地點	時代	大事
1626	台灣	荷蘭西班牙統治時期	西班牙人在東北角的三貂角登陸，佔領雞籠，興建聖薩爾瓦多城，開啟了統治台灣北部的十六年光陰。 西班牙人為了要攻打在大員的荷蘭人，找尋對大員地理環境熟悉的人提供情報，繪製《艾爾摩沙島荷蘭港口圖》。 《臺灣島西班牙人港口圖》，此圖可能是在一六二六年繪製的，藏於西班牙塞維拉印度檔案館。
	英國	查理一世	思想家培根過世，著作有《培根隨筆》。
1627	台灣	荷蘭西班牙統治時期	荷蘭宣教師甘治士武斯至新港社傳教，他撰寫的〈牧師甘治士的論述〉一文，是第一位西方人對西拉雅族的描述，也是關於西拉雅族的第一手資料。 甘治士是一五九七年出生於德法邊境地區，年輕時為了躲避三十年戰爭，他前往喀爾文教派重鎮的萊頓大學接受神學教育，畢業之後選擇到東印度地區（亞洲）傳教。

果荷蘭人硬要軍事強佔澎湖，那朝廷會以強大的武力來逐出荷蘭人。不過荷蘭人可以前往東邊的島嶼，明朝人會在那與荷蘭東印度公司進行貿易活動，讓雷爾生親自到傳說已久的大員（台灣）探勘。

至於荷蘭人最後會決定離開澎湖佔領台灣，除了明朝官員暗示可以去台灣之外，還有就是早在一六一三年荷蘭東印度公司駐日本平戶商館館長就曾提出建議，占領台灣有助於跟明帝國的商業往來。而且，一六二一年時就曾獲得西班牙駐馬尼拉總督計畫要派軍隊攻佔台灣的情報。再者，來大員的考察者也在這見到來自日本的商船與中國走私商人的戎克船，讓荷蘭人確定大員也是明帝國走私貿易的轉口站，因而將台灣納入考量點。

荷蘭人雖已知明朝的態度，也對台灣進行探勘過，但他們並沒有撤離澎湖打算，明政府只好出兵驅逐荷蘭人。這時巴達維亞派新守將宋克（Martinus Sonck）來接替雷爾生位置，宋克一到後發現駐守澎湖只有八百人，明軍人數是他們的好幾倍且數量不斷地增加，自知無法久撐，便在華商李旦的斡旋下，訂下以下協議：荷蘭人退出澎湖，轉而佔領台灣，明政府允許荷蘭人在帝國內通商，明帝國的商船也可以往台灣與巴達維亞與荷蘭人做生意。

一六二四年八月二十六日，荷蘭人來到台灣，自鹿耳門（今日安平港區）登陸，於一鯤鯓（現今的安平所在）築城，取名為奧蘭治城（Orange），將它建設成一個要塞據點，開啟荷蘭人在台灣的三十八年統治。

熱蘭遮城與普羅民遮城：荷蘭人在台灣修建的城堡

1628

地區	時期	事件
英國	查理一世	英國在加拿大設置總督。
歐洲		被用來治療瘧疾的原產於南美洲安地斯山脈的金雞納樹皮，被引進歐洲。
日本	江戶時期	後水尾天皇未經德川幕府許可就授予僧侶紫色袈裟，不容此事的幕府將這批袈裟沒收，對此表示抗議的澤庵遭到放逐，此即所謂的「紫衣事件」。
中國	明思宗	熹宗過世，由於他的兒子皆早逝，因而由弟朱由檢即位，就是思宗，思宗即位之初改信基督教。
台灣	荷蘭西班牙統治時期	日本船長濱田彌兵衛率眾進入載熱蘭遮城的商館，劫持荷蘭東印度公司在台灣的長官納茲。 西班牙人在淡水興建聖多明哥城。
中國	明思宗	鄭芝龍投降於福建巡撫熊燦，被授予「海防游擊」職銜。
英國	查理一世	國王雖為了籌措對法戰爭的經費，被迫遭開國會。國會要求開會前國王要簽署《權利請願書》，國會希望以此避免國王行專制。
法國	路易十三	李希留占領胡格諾派的軍事據點，隨後頒布恩典敕令，剝奪了新教徒擔任國家公職以外的軍事與政治特權。

台南安平區一帶在一六二四年為台江內海，「台江」是海域，它為台灣本島與台灣島最外圍的七座形狀像鯤魚的小島包圍。荷蘭人進入台江後，並在此築城，在一鯤鯓島登陸（也就是現今的安平），取名為奧蘭治城，並在一鯤鯓北面沙洲的北線尾（今日台南四草）修建小城堡，由於此處的水很深，便於船進出，所以商館原本設在此地，然此地的腹地不大而且沒有引用的淡水，讓荷蘭人重新尋找新地點，在尋得赤崁一帶後才將商館遷走。不過一六二六年赤崁一帶發生瘟疫，讓荷蘭東印度公司決定在熱蘭遮城內興建一商館。

荷蘭東印度公司最初築城時缺乏磚石，僅以木板與砂土來修築。這樣的城對於以武力來進行海上貿易的來說無法滿足其要求，便決定要修築一座更大更堅固的城堡。於是從一六二七年開始，便自大陸沿海招募居民來台灣燒磚，或是從大陸沿海運磚來台灣，歷經八年的修建而成的城堡就是「熱蘭遮城」，即現今的安平古堡前身。

「熱蘭遮城」是荷蘭人統治台灣時的行政中樞、經濟重鎮與軍事重地，所以城是以石材修建，城牆四周設有碉樓，每座雕樓上都有大砲，城內有總督官邸、教堂、監獄、軍械庫、補給庫與倉庫等。

不過荷蘭東印度公司初到台灣時就發現，這是一個地廣人稀、氣候溫暖、雨量充沛、土壤肥沃的地區，十分適合農業發展，於是首任總督宋克決定除了以台灣為國際貿易的轉口地點外，還要在這進行農業生產，重新制度各種長期統治台灣的政策。一六二五年荷蘭人以十五匹布向新港社的西拉雅族換取赤崁一帶，並將商館就設在此，漸漸地中外商人開始聚集在此，荷蘭東印度公司就在那建築了宿舍、醫院與倉庫

單位：年

西元	地點	時代	大事
	中國	明思宗	即位之初就遇到長達十五年的北方旱災、蝗災與瘟疫，飢民與留民群起，社會動盪不安。
1629	台灣	荷蘭西班牙統治時期	《大員一帶海圖》由約翰・卡爾布蘭特松・布拉克繪，現藏於荷蘭海牙國家檔案館。 台南麻豆社原住民殺害荷蘭官兵，此事件在當時雖不了了之，但荷蘭人在六年後以此事件為理由，屠殺麻豆社原住民。 尤紐士來台，他以羅馬拼音記錄原住民語言，即是所謂的「新港語」。 西班牙傳教士在淡水展開傳教。
	英國	查理一世	國王與國會關係更加惡劣，國王解散國會，此後的十一年英國不曾召開國會。

等，並在城的西邊蓋一座簡單且可以防火的碉堡。

然一六二六年赤崁發生瘟疫，讓赤崁一帶發展停頓下來，直到一六四〇年代明滅亡前大陸沿海許多居民紛紛逃到台灣，荷蘭人鼓勵這些漢人居住於在赤崁這一帶，漸漸地就形成一個市鎮。於是荷蘭人在一六五三年郭懷一事件後，就在赤崁修建第二座城堡，即普羅民遮城堡，也就是現在赤崁樓的前身。普羅民遮的荷蘭語就是攝政的意思，所以普羅民遮城修建完成後，荷蘭的行政廳中心與商業中心就從熱蘭遮城移到普羅民遮城。

根據荷蘭人所寫的《新舊東印度》書中提到，普羅民遮城是一座有高大城牆圍繞的城池，這座城池內規畫著正方形的市街，荷蘭商人與中國商人都居住在這，位於台灣的海邊所以街外就臨海，城內有座很高大的城堡，這座城堡可以與熱蘭遮城堡對峙，登高可以鳥瞰城內的市街。

熱蘭遮城與普羅民遮城為荷蘭人統治台灣的根據地，荷蘭人在南台灣的所有政策，都是以這兩座城為中心發展出來的。換句話說，荷蘭人於這兩座城裡形成的組織，是台灣史上最早的政府組織。

鹿皮：荷蘭統治台灣時期重要出口商品

幕府時期的日本武士很喜歡將鹿皮拿來製作戰袍披肩的「陣羽織」，由於對鹿皮的大量需求，讓他們願意用高價向各國商人進口鹿皮，因此對當時的歐洲人來說，鹿是很重要的貿易商品。

十六世紀時的西班牙是日本鹿皮最大供應商，西班牙人將菲律賓盛產的鹿皮賣給日本與中國商人，這讓十七世紀初的菲律賓鹿幾乎滅絕，西班牙無法再提供鹿皮，讓日本人開始到其他國家尋找鹿皮。暹羅與

1630	1631-1632	1632
神聖羅馬帝國	台灣	台灣
斐迪南二世	荷蘭西班牙統治時期	荷蘭西班牙統治時期
神聖羅馬帝國將勢力擴張到波羅的海，瑞典國王擔心神聖羅馬帝國勢力的擴張，因而在法國的資助下，對神聖羅馬帝國宣戰。	道明會士艾斯奇維在淡水學習北部平埔族通用的馬賽語，編纂《淡水語辭彙》《淡水語教理書》。西班牙人設立學校，在此教導漢人與日本人，使他們日後回到自己國家傳教。	一艘由雞籠往馬尼拉的船，飄到噶瑪蘭一帶，船上的西班牙人、明朝人、日本人一共八十多人都被殺害，西班牙人從雞籠出兵討伐，未成功。

台灣的鹿皮成為供應日本商人的重要貨源，不過在荷蘭人還未統治台灣之前，原住民每年捕捉獵殺的鹿數量少於鹿繁殖的數量，因此荷蘭東印度公司統治時，台灣是全世界最多梅花鹿的國家。一六二三年荷蘭商務員維西德所寫的《蕭壠城記》中提到，「一上岸，眼前所見到的成群結隊的鹿群在我們面前跳躍。」一六二五年第一任總督宋克對巴達維亞的報告書中就提到，「在台灣每年可獲得鹿皮大約二十萬張，每年中國來的戎克船約有上百艘，從事漁業捕撈及收購鹿肉銷往中國。」其實，十七世紀中葉之前，台灣鹿皮的品質優，所以鹿皮的價格不斷地高漲，日本人仍趨之若鶩，因此荷蘭人一到台灣後，馬上就看中了台灣鹿皮生意。

荷蘭東印度公司為了壟斷台灣的鹿皮貿易，儘可能地到處收購，防止各種可能讓鹿皮外流的管道。他們除了利用各種強硬手段，要原住民交出鹿皮，或是與原住民用「以物易物」方式取得鹿皮，也透過像是李旦這樣的僑商管道，讓他們向原住民社收購鹿皮後，再轉賣給荷蘭東印度公司。不過原住民以槍矛、弓箭、網、套索等傳統方式來狩獵，鹿皮產量有限。荷蘭人為了獲得更多的鹿皮，還開放漢人來到大員一帶捕鹿，漢人以設陷阱方式捕鹿，大幅提升了鹿皮產量，當然漢人捕捉到的鹿，鹿皮全都要交給荷蘭人。

果然在荷蘭人積極推動他們的鹿皮貿易之下，台灣出口的鹿皮貿易在一七三〇年代達到最高峰。根據統計，當時每年都有十幾萬張的鹿皮輸出到日本，台灣成為日本最大的鹿皮供應者，然而在毫無限制下去狩獵鹿，很快地就讓台灣的鹿生態受到破壞，狩獵的鹿場距離大員與諸羅山越來越遠，荷蘭人也警覺到鹿群數量的減少。為了防止人民無限制地捕殺鹿，不

單位：年

西元	地點	時代	大事
1633	日本	江戶時期	首次頒布鎖國令。
	中國	明思宗	孔有德與耿仲明投降後金皇太極，使皇太極掌握火炮技術後，軍備大興。
	義大利		伽利略因支持哥白尼的日心說，被帶到羅馬受審。
1634	台灣	荷蘭西班牙統治時期	荷蘭築的熱蘭遮城擴建完成。
			西班牙人再度從雞籠出兵攻打噶瑪蘭，這次征戰相當有戰果，西班牙將勢力擴展到東北角，神父也開始到噶瑪蘭傳教。
	中國	明思宗	徐光啟編寫《時憲曆》（又稱為《崇禎曆書》）完成（一六二九－一六三四）。
1635	台灣	荷蘭西班牙統治時期	《熱蘭遮城及長官邸鳥瞰圖》作者不詳，不過彩圖是由阿姆斯特丹的約翰・李伯翁工作室彩繪，此圖現藏於荷蘭海牙國家檔案館。
			發生荷蘭人出兵麻豆，屠殺麻豆社原住民的鎮壓事件，麻豆社臣服。
			荷蘭人征討小琉求番社，展開殺戮。

再允許漢人捕鹿，並規定狩獵鹿的方式與時間作了規定，除了不允許設陷阱方式獵捕鹿，還規定每兩年要禁捕獵鹿一年，讓鹿群有一年的休息保育時間。禁獵鹿的政策雖無法讓台灣的鹿群如一六二五年荷蘭人所見的多，不過在一六五二年出現成效，台灣的鹿群數量逐漸恢復，荷蘭人又可以將鹿皮當成他們重要出口貨物。

濱田彌兵衛事件：日本與荷蘭在台灣發生衝突

十四世紀中葉之後，日本與明朝的走私商人常在澎湖與台灣進行走私活動。尤其是十六世紀晚期，萬曆皇帝在澎湖設游兵巡查後，日本人就轉向到台灣，所有的走私活動都在台灣進行，日本商船自由進出台灣各大港口，所以在雞籠（基隆）與打狗（高雄）經常可見到日本人的蹤跡。

然而，日本與中國走私商人在台灣自由進行的商業活動，於一六二四年荷蘭人統治台灣時出現了變化。因為中國走私商人帶來的貨物也是荷蘭東印度公司需要的，因此荷蘭東印度公司為了壟斷對中國的貿易，就在一六二五年嚴禁在日本的華人到台灣經商，並對從大員輸往日本的貨物課徵一〇%的關稅。荷蘭人的這項政策自然引起日本人不滿，日本人以他們早在荷蘭人來台之前，就在台灣進行商業活動向荷蘭東印度公司抗議，並提到荷蘭人的商品在日本也未被課稅，因此日本商人拒絕繳稅。日本官方也向荷蘭駐平戶商館人提出警告，要求台灣的荷蘭當局必須讓日商能在台自由貿易。在日本人強烈的抗議下，在台的荷蘭東印度公司只好停止對日本課稅一事，不過它卻成為日本與荷蘭糾紛的開端。

一六二六年，日本人濱田彌兵衛領兩艘商船來

1636

日本	江戶時期	西班牙在台灣的總督決定征服北投社、武勝灣社（今日新莊與板橋一帶），將統治擴大到台北盆地。德川幕府禁止日本人出洋，並下令海外商人返國。西洋及中國商船僅限於長崎交易。
法國	路易十三	創立法蘭西學院，藉此以國家的力量，推動藝術與科學的發展。
中國	明思宗	明水師提督鄭芝龍率領艦隊八十艘，大敗海盜劉香於廣東珠江口。
台灣	荷蘭統治時期	荷蘭東印度公司台灣總督普特曼斯於新港召集首次的地方會議，令歸順的村社代表舉行合約確認儀式。荷蘭的宣教師在新港、目加溜灣、麻豆與蕭壠都設置學校，宣教士以新港語教授原住民青少年與婦女各種相關知識與衛生知識，並導入羅馬字的讀寫識字能力訓練。

到大員，準備購買從中國來的生絲與台灣的鹿皮等商品。然而當商船抵達台灣後，發現中國的生絲因為倭寇的活動無法出海如期來到台灣，濱田彌兵衛便向荷蘭駐台的代理長官借兩艘戎克船，準備到中國沿海去裝運訂購的貨，然卻遭荷蘭駐台官員拒絕，讓濱田彌兵衛不能如期交差與返回日本，因而懷恨在心。這時巴達維亞的東印度公司總部擔心這次事件，又引起日本人的不滿，讓他們在日本的貿易活動受到阻礙，因此在一六二七年要新任的台灣長官納茲（Pieter Nuyts）赴日溝通說明。

濱田彌兵衛得知荷蘭特使要前往日本一事，便決定從中作梗，濱田彌兵衛夥同新港社頭目理迦（Dilcka）等十六人及中國通事返日後，在長崎代官末次平藏的協助下，向日本長崎政府控訴荷人之壓迫，並獲德川將軍接見，然而荷蘭代表團在日本，不僅官員們對他們態度冷漠，也無法獲得德川將軍接見，還接到驅逐令，讓納茲憤而回到大員。納茲深知赴日交涉的失敗與濱田彌兵衛作梗有關，所以在一六二八年從平戶商館得知，濱田彌兵衛再度率領二艘商船來台，隨船人員除了有四百七十位的日本人，新港社的原住民十六人與二名中國通事外，還有大批武器彈藥後，便決定以此為藉口刁難日本商船。當日本船抵達後，荷蘭人便上船檢查，將大批武器彈藥全數沒收，拘捕新港社原住民，沒收德川將軍所贈新港原住民的禮品，扣留濱田及其隨員。

被捕的濱田彌兵衛與日本人雖在幾天後就被釋放，但他們的武器全數被扣留，濱田彌兵衛對荷蘭人的這次舉動提出抗議但未得到回應，便用計綁架納茲，並要求荷蘭東印度公司與他們談判，幾經協商，達成四項協議：

單位：年

西元	地點	時代	大事
1637	台灣	荷蘭西班牙統治時期	淡水林仔社人殺死西班牙神父，西班牙在菲律賓的總督決定西班牙人離開淡水，燒毀聖多明尼城。
	日本	江戶時期	發生島原之亂。（又稱島原教案，是江戶初期發生的日本史上最大規模的人民起義與天主教教案）。
	中國	明思宗	明著名科學家宋應星（一五八七—一六六六）的《天工開物》出版。
	荷蘭		荷蘭鬱金香狂熱，為世界上最早的泡沫經濟事件。
	法國	路易十三	笛卡兒出版《方法論》。
1638	英國	查理一世	蘇格蘭因為被迫改信宗教發生叛亂。
	日本	江戶時期	日本正式進入鎖國時期，日本幕府驅逐所有外國人，嚴格禁絕天主教及其他基督宗教，直到明治維新才取消禁教。

1. 荷方以納茲之子等五人為人質，乘坐日船；日方以濱田之子等五人為質，乘坐荷船；與濱田同時回航日本，俟抵日後交換人質。
2. 釋放被捕的原住民與中國通事。
3. 歸還德川將軍贈與原住民的禮物。
4. 賠償日本因貿易受阻的損失。

當荷日的船抵達日本後，日本幕府竟囚禁荷蘭人質，封閉荷蘭在平戶的商館，禁止荷蘭在日本的商業活動。荷蘭東印度公司總部得知後，下令革除納茲在台之職，改派漢斯．普特曼斯（Hans Putmans）擔任駐台長官，並遣使赴日斡旋，但日方態度強硬，直到一六三二年巴達維亞總督決定犧牲納茲，將他引渡到日本監禁以此來消除日本的怨氣，才獲得日本再度允許荷蘭人在日本平戶的通商。

人頭稅、贌社制度與王田輸出：荷蘭人統治台灣時的苛政

荷蘭人原本是為了尋找貿易轉運點來到台灣，但到了台灣發現，已有許多的中國與日本商人在這進行走私貿易。這些人的商業往來有損於荷蘭東印度公司的經濟獲利，便意識到如果要在台灣獲得更大的貿易利潤就必須在台灣建立殖民政權。

荷蘭殖民政府是以「重商主義」思維來統治台灣，最大的目的就是要獨占台灣的所有貿易活動。在此思維下，台灣土地與土地上所有的農產品等都歸他們所有，不過在台灣的原住民對大自然並沒有致富的野心，讓荷蘭人苦無勞力下，只好以免稅、提供土地與生產工具等誘因，到大陸沿海引進漢人來台進行開墾。

荷蘭人起初雖是以各種免稅的方式鼓勵漢人來

年份	地區	時期	事件
1639	日本	江戶時期	日本禁止荷蘭與中國以外國家赴日貿易。
	中國	明思宗	徐光啟《農政全書》公開刊行。 顧炎武編著《肇域志》和《天下郡國利病書》。
1640	台灣	荷蘭西班牙統治時期	荷蘭人開始實施番社稅賦承包制。 《澎湖島及福爾摩沙島圖》原圖是由住在台灣的製圖師彼得·約翰松繪製，他繪製後再送到阿姆斯特丹，由約翰·李伯翁工作室彩繪後再出版，現藏於荷蘭海牙國家檔案館。
	英國	查理一世	為了討平蘇格蘭叛變需要軍費，國王被迫召開國會，這個國會召開不到一個月就被解散，因而稱為「短期國會」。然蘇格蘭大軍已入侵英格蘭，所以國王被迫再度召開國會，此國會被稱為長期國會。

台，但到了一六四〇年來台漢人數量愈來愈多，再加上荷蘭東印度公司要台灣總督自行籌措財源做為統治台灣的資金，便開始對來台漢人課徵人頭稅。來台的漢人，舉凡七歲以上，不論男女老少，每個月都必須繳交四分之一里耳的人頭稅，後來增加到二分之一。除了人頭稅外，還對漢人徵收「附加人頭稅」，即是居住房子的稅，修建橋樑、道路與堤防等方面的稅。

荷蘭東印度公司以免費土地招攬大陸沿海居民來台開墾，但這些土地並非來台的漢人所有。對荷蘭東印度公司的人而言，他們是代表荷蘭國王，以政府的角度來統治台灣，所以台灣土地自然歸荷蘭國王所擁有，我們稱這些土地為「王田」。荷蘭東印度公司會幫在王田耕作的人提供耕牛、農具與種子等必要工具，因此王田上的所有物產，自然為王田所有者擁有，也就是荷蘭國王所有，漢人農民耕作後的收穫都必須繳納「王田輸出」，也就是需要繳納田租與田賦兩種稅額，即是以「耕田輸租」的名義，把所有田園分為上、中、下三等則，分別訂稅率與徵收田賦、地租、牛與農具等租借項目等費用。

鹿皮是荷蘭東印度公司最主要的出口貨物之一，他們原本為了要獲得更多的鹿皮，找了許多漢人獵戶來台獵殺鹿。然而中國獵人以使用陷阱的方式狩獵的鹿不僅會因為鹿血讓鹿皮價格變差，還讓原本鹿場的鹿出現滅絕危機，因而開始訂定規定。其中一項就是一六四四年頒布的贌社制，此制度下不准中國獵人狩獵鹿，只有原住民才能獵鹿，各個原住民社會在同一天公開招標，中國商人於這天去競標，只有得標的商人才能和原住民交易鹿製品，原住民只能跟得標的贌商進行交易，東印度公司則跟贌商收贌社稅。

贌社制度的執行，表面上狩獵權再度歸懷原住

單位：年

西元	地點	時代	大事
1641	台灣	荷蘭西班牙統治時期	傳教士尤羅伯用強硬手段對付西拉雅族的女巫，將她們趕出基督教化的村落。
			荷蘭與西班牙於基隆和平島發生的戰爭，又稱「聖薩爾瓦多城戰役」。
	日本	江戶時期	荷蘭商館移到長崎。
	英國	查理一世	英國國會通過《大憲章》。
1642	台灣	荷蘭西班牙統治時期	荷蘭人率艦隊到雞籠驅逐西班牙人，荷蘭人奪取西班牙人之「聖多明哥城」。將「聖多明哥城」改名為「安多尼城」，人們稱為「紅毛城」。
			荷蘭人進攻虎尾壠社。
			荷蘭東印度公司要求，漢人要進入原住民社貿易前，必須申請許可，二年後提到，許可證的價錢必須公開標售，這就是所謂的「贌社制度」起源。
	英國	查理一世	英國發生清教徒革命（一六四二—一六四六），支持國會者稱為「圓顱黨」，支持國王者為「騎士黨」。

民，但來與原住民交易的贌商是跟東印度公司繳稅的商人，他們胸前都會掛著公司特許專利的銀牌，表示他們代表公司而來，這樣的商人往往會採取貴賣賤買的方式欺壓原住民，因而造成原住民的不滿。因此東印度公司決定讓原住民擁有選擇交易的贌商，這規定雖讓贌商無法再隨意欺壓原住民，但贌商為了得標時漫天喊價，卻在得標後面臨繳不出錢來的窘境。

總之，荷蘭東印度公司統治台灣的目的，在於獲得更多的經濟利潤。基於此前提，他們以各種優惠的誘因誘導漢人移民來台，只是來台者發現，他們要繳納的也相當可觀，除了一般的田賦外，還有人頭稅、漁獵稅、贌社稅與各種臨時稅，如此繁重的稅，壓得漢人發起反抗荷蘭人的郭懷一事件。

麻荳社事件：台灣原住民抗荷事件

荷蘭人統治台灣之初，是想以大員做為對中國貿易的跳板，但他們也看到中國的走私海商與日本人在台灣進行貿易，心想要獨佔中國市場，也就是在台灣進行的中國對外貿易全由荷蘭人壟斷。因此台灣總督便向荷蘭東印度公司總部的巴達維亞總督提出增派兵力，以打擊活動於台灣海峽活動的海盜，與其他國家的商人。

一六二九年，荷屬東印度公司的台灣長官納茨獲得麻豆社附近有海盜出沒的訊息，便派遣士兵深入麻豆社搜捕有海盜，並要麻豆社原住民協助捕捉海盜。麻豆社原住民清楚荷蘭官兵對當地不熟悉，假裝協助荷蘭士兵找尋躲藏的海盜，帶著荷蘭士兵四處奔波，讓荷蘭士兵最後無功而返。荷蘭士兵在結束搜索行動，歸途渡河時，由於溪水湍急，又沒有便橋，原住民這時又假好心的要幫士兵們拿槍並背他們渡河，荷

1643

台灣　荷蘭統治時期　西班牙人撤離台灣。

中國　明思宗　李自成攻入北京，思宗自縊於煤山。

1644

台灣　荷蘭統治時期　荷蘭人正式開始每年召開地方會議。

荷蘭人頒布贌社制度，不准中國獵人狩獵鹿，原住民與繳贌社稅的中國商人進行鹿皮交易。

作者不詳的《大員港市鳥瞰圖》，繪製的大員（安平）為一半島，與台灣隔著台江內海。

荷蘭軍隊進攻北台灣的凱達格蘭族，接著南下進攻大肚王國。荷蘭軍隊遭到巴布拉族的抵抗，征服失敗。

中國　順治　大學士希福等進刪譯《遼史》、《金史》、《元史》。

明吳三桂降清，封為平西王。

英國　查理一世　約翰・彌爾頓《論出版自由》發行。

蘭兵也不疑有他的接受原住民幫助，最後全被淹死。納茨獲知後大為震怒，但因為當時正好被日本人濱田彌兵衛的事件纏身，無法再處理麻豆原住民殺後荷蘭官兵一事，便先耽擱下來。

荷蘭官兵遭淹死一事發生後，荷蘭東印度公司沒有過問，讓麻豆任原住民以為這件事他們獲得一場空前大勝利，荷蘭人從此之後應該不敢再隨意招惹他們了，便開始不斷騷擾與荷蘭人交善的新港社，以及熱蘭遮城周遭的原住民社。麻豆社頭目在西拉雅族群中營造出一股反荷蘭的勢力，讓其他地區的原住民也開始輕視荷蘭東印度公司，更揚言要把荷蘭人從大員地區趕出去。直到一六三三年荷蘭艦隊在金門料羅灣海戰失利，一六三四年熱蘭遮城又遭到海盜劉香襲擊，讓荷蘭新長官普特曼斯為了扭轉荷蘭的東印度公司在台灣的窘境，就將六年前發生麻豆溪事件當成引爆點，向麻豆社原住民發動報復行動。

一六三五年十一月普特曼斯親自率領四百七十五名荷蘭部隊及新港社原住民二千人攻擊麻豆社。聯軍最先到達的是目加溜灣社，在目加溜灣社時荷蘭軍官向他們保證不會傷害他們後就離開，當聯軍抵達麻豆社時，原住民們以為聯軍也只是經過，不僅沒有抵抗還讓聯軍在社內紮營過夜。然而隔日聯軍要離開前竟放火燒掉麻豆社，還殺了許多麻豆社原住民，並讓新港人將其頭顱奪去。由於麻豆社原住民從未遭遇過如此殘忍的集體屠殺，讓長老從麻豆來到熱蘭遮城表示歸順，並在全體社人同意下向荷蘭投降，獻上檳榔與椰子樹苗，表示他們放棄所有土地，誠心地接受荷蘭東印度公司的統治。

荷蘭人藉著這次的軍事行動，繼續威嚇其他地區的原住民，共有二十七個社的原住民向荷蘭人投降

單位：年

西元	地點	時代	大事
1645	台灣	荷蘭統治時期	荷蘭東印度公司派兵再度進攻大肚王國，征服台南至淡水間剩餘的各村社，並毀十三個村社。大肚王與東印度公司簽約，表示臣服，依約定要參加南部地方會議，牛罵社、沙轆社等獨立。
	中國	順治	清朝頒布剃髮令。南明唐王賜鄭成功國姓朱，號稱「國姓爺」。開始設立明史館專門撰寫明史。湯若望被正式任命為欽天監監正，並且推行明末崇禎時所著作的《時憲曆》。
1646	中國	順治	明唐王在廣州，建立紹興政權，明桂王榔在廣東肇慶，建立永曆政權。鄭成功開始抗清事業。

並獻出土地，半年後，歸順荷蘭人的原住民增加為五十七社，荷蘭人至此完全控制了台灣西南部。

郭懷一事件：漢人移入台灣與漢人抗荷事件

早在一六二四年就隨著顏思齊，鄭芝龍來台的郭懷一，原本居住在笨港（北港），他雖以開拓者的姿態定居下來，不過與諸羅山一帶的原住民互動密切，讓他從原住民那獲得許多中國與日本商人最愛的鹿皮與鹿肉，成為諸羅山一帶著名的海商。一六四一年荷蘭人來到笨港一帶，得知郭懷一深得人望，便邀請他移居普羅民遮城，指定一大片原始林地交由郭懷一來開墾，並任命為大結首，授以刻有東印度公司標誌的權杖，這讓郭懷一成了漢人的領袖，當時人稱為「甲斐丹」。

荷蘭人為了開墾台灣，生產蔗糖與稻米，以各種優惠條件與獎勵項目，吸引大陸沿海的漢人來台。但漢人來台後發現，荷蘭人為了他們的經濟利益，除了訂定了許多不合理的稅賦外，還常常仗勢欺壓他們，讓來台的漢人為了生存往往只是敢怒不敢言。一六五〇年時台灣的漢人不僅稅賦又加重，收稅官吏與士兵常常利用夜晚挨家挨戶催稅之際，奪走各種家當，讓人民十分不滿。一六五一年後，台灣農作物減產，尤其是被視為重要的經濟作物甘蔗減產，讓許多原本為了種甘蔗來台的農民失業，生活頓時失去依靠而四處流浪，漸漸地出現反抗荷人統治的聲浪，發生多起武力反荷事件。

郭懷一來到台南一帶種植的農產品主要就是甘蔗，因此甘蔗減產與蔗農問題，郭懷一也深受其害。於是他在不滿荷蘭人肆意的剝削和人之下，便在一六五二年決定帶領來台的漢人農民發動反抗荷蘭人

年份	國家	朝代／時期	事件
1647	台灣	荷蘭統治時期	荷蘭東印度公司台灣長官成立孤兒院經營委員會，主要幫助的對象為台灣原住民子女。
1648	神聖羅馬帝國	哈布斯堡王朝	三十年戰爭結束，簽訂《西發里亞和約》，此和約導致奧地利哈布斯堡王朝失去大量領地，也削弱了王朝對神聖羅馬帝國境內各邦國的控制，使王朝中衰。
	法國	路易十四	三十年戰爭使法國的國庫無比空虛。馬薩林試圖將龐大的戰爭開支轉嫁到貴族頭上，引起社會上廣泛的不滿。在巴黎高等法院的鼓動下，爆發市民武裝暴動，即所謂的投石黨運動（亦稱為「伏榮特之亂」）開始。
	荷蘭		《明斯特和約》簽訂，荷蘭脫離西班牙獨立。

苛政統治。郭懷一原本計畫在利用農曆八月十五日中秋節宴請賓客時，邀請荷蘭總督與熱蘭遮城的官員來參加宴會，並在酒酣耳熱時加以殺害，再利用送他們回去的名義，攻佔普羅民遮城。但此一計畫被洩漏出去，讓郭懷一只好提早行動。手持棍棒的郭懷一起義軍，面對有精良武器且訓練有素的荷蘭軍隊，節節敗退，郭懷一在戰爭中陣亡，戰爭只維持十四天，不僅兩千名反抗的漢人也遭殲滅，很多老弱婦孺也遭到屠殺，漢人反荷運動就被荷蘭人鎮平。

郭懷一反抗事件後，荷蘭當局訓令各地荷人對漢人提高警覺，不許漢人私藏武器，並馬上加強普羅民遮城的防禦工事，在城內修築砲台，同時向巴達維亞強力要求增派兵力。再者他們認為這次大規模反抗漢人都來自福建地區，因而加強檢查從廈門到台灣的船隻，也試圖吸引廣東地區的漢人來台，同時也繼續分化在台漢人與原住民的關係。荷蘭人知道他們以少數人統治台灣，絕對不可以讓被統治的原住民與漢人合作，如果被統治者團結一起，那他們就有被推翻的可能，因此挑撥原住民與漢人的關係，成為荷蘭人統治台灣的方式。

基督教與天主教首度出現於台灣：荷蘭人與西班牙人的傳教活動

歐洲人對於他們新擁有的領地，習慣一手持槍械，一手拿聖經的方式，也就是先採取武力征服後，再展開宗教洗腦手段，因此西方的基督教與天主教，就隨著荷蘭人與西班牙人的統治，於十七世紀就在台灣出現。歐洲在十六世紀的宗教改革後，出現了基督教與天主教，荷蘭人即屬於基督教中的喀爾文教派，西班牙則是天主教的信奉者。

單位：年

西元	地點	時代	大事
1649	台灣	荷蘭統治時期	荷蘭人購一百二十頭水牛來台，水牛遂成為台灣耕種與交通工具。
	英國	查理一世	國王查理一世被處死，英國不再有王室，先是國協體制（此為共和政體），之後為攝護政體。
	瑞典	克利絲帝娜女王	笛卡兒接受瑞典克利絲帝娜女王的邀請抵達斯德哥爾摩。
	俄羅斯	阿列克謝一世	俄羅斯沙皇召開立法大會，制訂《一六四九會議法典》，強化農奴制
1650	中國	順治	清軍攻破廣州，對城中居民展開大屠殺，後世稱為「庚寅之劫」。
	法國	路易十四	貴族發起投石黨運動，密謀推翻馬薩林政府，曾一度占領巴黎。
	英國		清教徒內戰中，支持圓顱黨的克倫威爾帶領軍隊攻入蘇格蘭。

荷蘭傳教師的工作雖不僅是傳教，他們還必須擔任荷蘭地方官員的通譯，不過為了傳教，他們會在各地建教堂與設立學校。荷蘭東印度公司先後於一六二七、一六二九年派甘治士武斯（Georgius Candidius）與尤紐斯（Robertus Junius）來台進行宣教，他們以新港為中心，向附近的平地原住民傳教，這是基督教傳入台灣的開始。

甘治士武斯到新港後，為了能與當地的西拉雅族溝通，先學習新港語，並命令所有今後來台灣的荷蘭教士，都必需學習新港語，再以羅馬拼音方式來翻譯聖經、基督教理書、祈禱文等，以方便他向當地的原住民傳教。甘治士武斯去職後接著來台灣的尤紐斯則在新港設立學校，招收原住民時到十三歲的少年七十名與婦女六十名，給予他們有關基督教的各種相關知識與衛生知識。由於設置學校教化原住民接受基督教的成效不錯，因此在一六三六年之後，不僅新港地區有學校，目加溜灣、麻豆與蕭壠也都設置學校。

荷蘭人從事傳教工作，早期是在台南地區的新港、目加溜灣、麻豆與蕭壠等地，接著往南到恆春附近、往北至嘉義、彰化附近傳教，往北的傳教士以甘治士學習當地原住民語言與設置學校的方式傳教，成果不錯。但往南傳教士的素質不好，不法情事時有所聞，再加上傳教士多水土不服，以致於佈道工作受到打擊。荷蘭人一方面藉著宗教力量撫化居民，接著又以教育方式教原住民基督教義，接著從學校中甄選精通基督教義的原住民，由他們擔任教師到各社去發展教育成果非凡。

至於天主教則是由西班牙帶到台灣北部，西班牙從一六二六年進入基隆到一六四二年被荷蘭人趕離台灣為止，傳教與經商雖也是他們來到台灣的重要目

1651		
台灣	荷蘭統治時期	沈光文（一六一二—一六八八）浙江人因遇颱風漂到台灣，在台灣生活三十多年（一六一五—一六八八），他的詩文主要的主題，在於去國懷鄉，與在台灣所見事物，如《山居》《番橘》《詠籬竹》《題寧靜王齋堂》等；文章方面有《台灣賦》《東吟社序》《平台灣序》。
英國	共和時期	英國國會宣布《航海條例》的執行，規定英國及其英國殖民地的貨物進出口運輸必須由英國本土輪船來運輸，以對抗荷蘭的航海事業競爭。 克倫威爾率領軍隊進攻蘇格蘭，蘇格蘭軍隊投降。 霍布斯出版《利維坦》，對日後西方政治哲學發展奠定基礎。
日本	江戶時期	發生計畫推翻幕府事件的由比正雪之亂（又被稱為慶安之亂）。

標，但他們並沒有管理方面的行政人員，全靠來台的天主教教士與神父維持這地區的行政管理。西班牙人到台灣後，西班牙神父的傳教以雞籠為中心，逐漸發展至滬尾及台北盆地，後來擴至三貂角和蛤仔難（宜蘭）。

最早隨著西班牙軍隊來台的神父是馬地涅（Bartolome Martinez），他在一六二六年於社寮島（即今日的基隆和平島）及對岸漢人村落建了教堂，對附近原住民傳教與來台的漢人，隔年就有少數的番童入教受洗。接續而來的愛斯基委（Jacinto Esquivel）不僅冒險進入素稱強悍的基馬里社和大巴里社傳教並建教堂，也到淡水一帶最強悍的散拿社（Senar）建教堂，更進入北投一帶傳教。在淡水與北投一帶不僅對台灣北部的原住民傳教，也對漢人與日本人傳教，他在這地區設學校，並編《滬尾語辭彙》、《淡水語教理書》等作為教材教導學生教義、拉丁語、文藝、科學等。

西班牙人佔領台灣北部的十六年間，對當地原住民進行傳教，教化他們雖十分重要，但對西班牙人來說，他們希望這些歸化天主教的原住民能成為傳教士，並到中國與日本傳教。

新港文書：台灣正式進入歷史時期

國立台灣博物館的典藏資料庫中，有一份民間俗稱「番仔契」的契約文書，仔細看那份文書的格式與文字，它是以中央的日期與立契者的人名分成兩部分，左邊為拼音文字，右邊為我們使用的漢文。仔細看這份文書其實是一份土地買賣契約，左邊的拼音文字就是以羅馬字（即是所謂的拉丁字母）拼音書寫的西拉雅族中新港社語言的文字，這種拼讀新港社語言

單位：年

西元	地點	時代	大事
1652	台灣	荷蘭統治時期	漢人不滿荷蘭人過重的賦稅與罰款，由郭懷一領導下，密謀反抗，歷經十四天即遭殲滅，此為「郭懷一事件」。
	英國		英國《航海條例》的執行，英國與荷蘭的海上貿易衝突發生，因而爆發第一次荷英戰爭（一六五二－一六五四）。
	日本	江戶時期	發生寬永大饑饉。
1653	台灣	荷蘭統治時期	荷蘭人加強普羅民遮城（今日赤崁樓）工事。
	荷蘭		荷蘭人在好望角闢殖民地。
	英國	護國公時期	克倫威爾就任共和國護國主，實行獨裁統治。
	中國	順治	清廷冊封達賴五世為達賴喇嘛。 鄭成功被明桂王冊封為「延平郡王」。
	日本	江戶時期	江戶大火。 德川光國開始編纂《大日本史》，此書要到明治時期才編纂成。

的文書被稱為「新港文書」，或稱「新港文」，這是台灣原住民首次出現「我手寫我口」的文字。

新港語是以新港社為中心的台南一帶西拉雅族人所使用的語言，荷蘭東印度公司在台期間，荷蘭宣教師為了傳教以及協助政務推行，利用羅馬拼音字編纂番語字典，並以羅馬拼音字教導當地原住民書寫自己語言的文字。所以今日我們能看到以羅馬拼音字拼寫的新港語文書資料，包含了新港語字典、《聖經》、《祈禱文》、《十誡》、《馬太福音》等與基督教有關的宗教書籍與土地買賣與租借契約等。

由於荷蘭宣教師的積極傳教，讓新港社的西拉雅族人在荷蘭統治晚期有百分之八十者都信奉基督教，西拉雅族人透過荷蘭喀爾文教派教會的「教冊仔」，認識基督教與學會寫新港文字。新港社人學會新港文字後，就開始運用到他們的日常生活中，像是用來記事、記帳，還有與漢人制定彼此間的土地買賣與租佃等契約等。時至今日被留傳下來的新港文書中，約有一百五十份左右就是這些土地租借、買賣與借貸等方面的契約文書，這類契約就是我們提的「番仔契」。目前所存的番仔契都為清領時期的契約文書，最早一份是在康熙二十三年（一六八三），最晚一份是年代已是嘉慶十八年（一八一三），是荷蘭人離開台灣的一百五十年後的，這代表荷蘭人雖離開但在新港地區的西拉雅族仍然使用羅馬字拼音。

日治時期的上直次郎編輯的《新港文書》中，出現了新港社語、卓猴社語、大武壠社語、下淡水社語與茄藤社語的文書，其中新港社、卓猴社與大武壠社為西拉雅族，卓猴社與大武壠社屬於馬卡道族，這代表荷蘭統治時期並不是只有西拉雅族人有自己的文字，馬卡道族人也開始使用自己語言文字。這些平地

年代	國家	時期	事件
1654	台灣		《大臺北古地圖》是荷蘭人所繪製的「淡水及其附近村落與雞籠島之圖」，原藏於荷蘭海牙國家檔案。
1656	普魯士		勃蘭登堡．普魯士與瑞典簽下《拉比薩條約》，瑞典承認東普魯士之獨立主權。
	中國	順治	清朝正式頒布「海禁」。
	英國	護國公時期	天文學家愛德蒙哈雷誕生，他著的《彗星天文論說》，預測哈雷彗星到來時間。
	荷蘭		荷蘭佔領了斯里蘭卡的可倫坡，象徵荷屬錫蘭的開始。
1657	日本	江戶時期	日本江戶發生大火，死傷人數超過十萬人。
	英國	護國公時期	英國化學家波義耳公布了他的實驗結果，即波義耳定律 克倫威爾更新了一六〇九年英國東印度公司的特許狀，並對公司的股份分配進行了小的調整。
	普魯士		波蘭與勃蘭登堡．普魯士簽下《衛勞條約》，波蘭承認東普魯士獨立主權。

原住民族的社使用羅馬拼音拼讀自己語言文字，在台灣實具意義，因為台灣原住民長久以來都沒有自己的文字，這類拼音文字的出現，文字的出現代表著台灣的原住民開始有自己的文字，所以新港文等原住民語言的文書出現，表示台灣正式進入歷史時期。

三貂角、聖薩爾瓦多城與聖多明哥城：西班牙佔領台灣北部

早在十六世紀末，西班牙駐菲律賓總督就表現出對台灣的高度興趣，並開始嘗試探勘台灣，尤其是當日本豐臣秀吉請特使帶著《高山國招諭文書》到台灣，更讓西班牙駐菲律賓總督不安，向西班牙國王提出派兵攻占台灣，維護菲律賓與台灣之間貿易的管道。一五九七年西班牙駐菲律賓總督親率艦隊來台探查，後因遇到颱風無功而返。不過，西班牙想要擁有台灣的念頭並未因而消失，一六二一年馬尼拉商館長官又計畫要攻台，就提出擁有台灣能與馬尼拉之間相呼應。一六二四年當荷蘭人在大員（台南安平）建立據點時，讓駐馬尼拉的西班牙人十分緊張，因為台灣就在日本與馬尼拉的貿易航線中繼點上，如今荷蘭人擁有大員，將會影響西班牙與中國、日本間的貿易活動。

一六二六年西班牙人以保護中國與呂宋間的商業為名，由西班牙駐台的第一任長官巴爾德斯（Antonio Carreno de Valdes）率領艦隊來到台灣東北部三貂角的外海，他們發現這裡沒有屏障並不安全，便繼續往北走，發現了雞籠（今稱為基隆），便在北邊的社寮島（今稱為和平島）登陸，豎立西班牙國王的旗幟，舉行佔領儀式，表示西班牙國王擁有了台灣。為了防範

單位：年

西元	地點	時代	大事
1658	神聖羅馬帝國	利奧波德一世	神聖羅馬帝國皇帝利奧波德一世即位。
	法國	路易十四	法國實首相馬薩林與美茵茨選帝侯兼神聖羅馬帝國大臣約翰・菲利浦・舍伯恩的主導與協調下創萊茵同盟。
	英國	護國公時期	護國公克倫威爾之子理察・克倫威爾即護國公位，繼承其父的獨裁政策。
1659	台灣	荷蘭統治時期	麻豆設置神學院，學生必須要寄宿學校，除了要學神學外，還得學習西拉雅語與荷蘭語。 鄭成功攻打南京失敗。 鄭軍困守廈門孤島糧草匱乏，難以提供數萬大軍給養，開始思考取得另外的根據地以為整補。
	中國	順治時期	清軍攻陷昆明後，永曆帝流亡緬甸。
	法國	路易十四	路易十四與西班牙腓力四世簽定《庇里牛斯條約》，西班牙因沒有得到哈布斯堡的支援，而決定割讓邊界領土給法國以和平結束戰爭。

荷蘭人入侵，他們便在雞籠築城堡，稱為「聖薩爾瓦多城」（San Salvador，或稱聖救主城）並建砲台四座與興建天主堂。當西班牙人計畫擴大佔領地時，便沿著北海岸往西走，於一六二八年在淡水修建一座「聖多明哥城」（San Domingo，即今日淡水紅毛城的前身），在此駐紮守軍與傳教。西班牙人來到台灣北部一事，荷蘭人驚覺到會影響他們與日本、中國的貿易，因而揮軍北上。不過西班牙在淡水一帶的防禦工事堅固，因此一六二九年荷蘭與西班牙在淡水一戰，不僅讓荷蘭人想趕走西班牙人的軍事行動失敗，也讓西班牙將基隆到淡水的控制權掌握在他們手上。

掌控北部海岸的主控權後，在淡水的西班牙守將決定更加擴展他們的腹地。一六三二年西班牙人沿著淡水河往台北盆地推進，征服八里坌社（今新北市八里）、北投社、里族社（今台北松山區）與大浪泵社（今台北大龍峒）等，最後整個台北盆地皆為西班牙勢力範圍內。西班牙人統治台灣北部時，獲得台灣東北地區有金銀礦產的訊息，便以西班牙船遇風浪飄到蛤仔難（今宜蘭）附近，船上五十名船員全被原住民殺害為藉口，在一六三三—一六三四年由西班牙駐雞籠的軍隊出兵，攻打三貂角與蛤仔難，自此宜蘭一帶也落入西班牙人控制之中，可說整個北台灣地區都為西班牙人所控制。

雖然不希望中國與日本的貿易權完全被荷蘭掌控，想誘導日本與中國商人來台灣北部進行貿易，是西班牙人佔領台灣北部的目的之一，但當時管理台灣北部的西班牙人都是天主教的主教與神父，因此試圖以台灣為向日本與中國傳教的據點，對在台灣的西班牙人來說也十分重要，所以西班牙人統治台灣北部雖僅有十六年時間，但改信天主教的原住民就多達數千

年代	國家		
1660	英國	查理二世	克倫威爾過世，查理二世即位，重新恢復君主制（但不是君權神授理論，而是議會制），即所謂的司徒雅特王朝復辟。英國皇家學會設立，成為近代科學革命的基礎。
	法國	路易十四	路易十四和西班牙公主瑪麗・泰蕾莎結婚，使路易成為歐洲權力最大的國王。
	中國	順治	前荷蘭通事何斌，因與荷蘭發生債務糾紛而逃到廈門，向鄭成功鼓吹攻取台灣。
1661	台灣	荷蘭統治時期	五月初鄭成功攻打台灣，從鹿耳門登陸五日後，普羅民遮城投降，攻打熱蘭遮城十分不順利。
		明鄭時期	鄭軍與大肚王國發生戰爭，鄭成功派大軍進攻，誘殺大肚番，戰火遍及大肚社。根據楊英《從征實錄》記載，鄭成功攻入台南區，立台灣為東都，赤崁為承天府，置天興、萬年二縣，改台灣為安平鎮。

人。

西班牙退出台灣：日本鎖國政策與菲律賓南部

西班牙佔領台灣北部的目的有二，一方面，是想誘使原本到台灣南部與荷蘭人做生意的中國商人與日本商人，轉而到雞籠與淡水與他們進行貿易活動。另一方面，是希望天主教的神父與傳教士能到中國與日本進行傳教。然而十七世紀初，日本執行禁止人們信奉天主教的鎖國政策，中國為了防止倭寇騷擾東南沿海也實行海禁政策，這兩項政策都讓當時的西方人無法隨意到這兩個國家進行貿易，更不用說讓傳教士們去傳教。尤其是一六二八年之後中國沿海的走私貿易幾乎為鄭芝龍壟斷，日本更於一六三三年正式執行更加嚴禁傳教的「閉關自守」政策，此政策不僅陸續將所有的傳教士和大部分的商人逐出日本，還不允許日本人出國旅行，在國外的日本人也不許回國，這讓西班牙當初要佔領台灣的目的完全無法執行。

而且，這時期的西班牙在亞洲的殖民事務上也出現問題，無論是在台灣或是在菲律賓，都發生西班牙人死亡事件。在台灣的西班牙神父與傳教士，不僅經常因水土不服而染病死亡，也常因傳教、受洗與建教堂等事，而與原住民發生衝突，遭到原住民侵襲殺害而亡。與此同時，菲律賓南部民答那峨島上的穆斯林，不斷地發起反抗西班牙統治的暴動，讓在菲律賓的西班牙總督，不僅無法持續援助北台灣的經營與駐兵，更漸漸無暇顧及台灣，甚至還對於經營台灣一事產生懷疑，決定逐漸縮減在台駐兵。因此，在一六三六年將駐台的西班牙軍隊抽走四分之三的兵力回菲律賓，一六三八年，更將淡水的聖多明哥城毀棄，駐台軍隊全留在雞籠，並縮減雞籠的防備範圍。

單位：年

西元	地點	時代	大事
1661	中國	順治	清廷為防內地民眾與鄭成功抗清勢力聯繫，實行海禁，勒令江南、浙江、福建、廣東沿海居民分別內遷三十里至五十里，並盡燒船隻，片板不准下海，此即「遷界令」。 平西王吳三桂率大軍入緬，緬甸人執明永曆帝朱由榔以獻。 順治皇帝得到天花，駕崩，由六歲兒子玄燁繼位，年號康熙。 鄭芝龍於北京被斬首。
1661-1683	台灣	東寧王國	明遺臣王忠孝、徐孚遠、陳永華等文人隨著鄭氏軍隊來台，創作流寓文學。 目前仍存詩文集有鄭氏父子《延平二王遺集》、鄭經《東壁樓集》、王忠孝《王忠孝公集》、徐孚遠《釣璜堂存稿》、沈光文《沈光文斯菴先生專集》。

台灣北部為西班牙擁有，對於在台灣南邊的荷蘭人來說，宛如芒刺在背，所以荷蘭東印度公司駐台總督一直都懷著將西班牙人驅逐出台灣的想法。只是荷蘭人剛統治台灣時，不僅與日本之間發生貿易糾紛的濱田彌兵衛事件，在他們管轄下西拉雅族中麻豆社對他們統治多有反抗，沒有多餘的力量再對付在台的西班牙人，只能對他們多加監視。一六三六年西班牙駐台的軍隊減少、軍備縮減，讓荷蘭人又燃起要將西班牙人驅逐出台灣的想法。經過多數的偵測後，探悉北部西班牙人對守備相當鬆懈，荷蘭東印度公司駐台總督便在一六四二年派遣哈勞哲（Hendrick Harrousse）集結了十一艘軍艦和一千名以上的士兵率艦北進，對駐紮在雞籠的西班牙人發動攻擊。當時西班牙駐雞籠的軍隊與人員總共才三百多人，因此西班牙人見到荷蘭大軍的到來時，自知寡不敵眾，只能開城向荷蘭大軍投降，戰事結束，終結了西班牙人佔領台灣北部共十六年時間。

鄭氏王朝治台時期

鄭氏王朝在台三代共二十三年，鄭成功入台後半年就過世，他的孫子鄭克塽登基後兩年就降清，所以鄭氏王朝在台的重大政績都是在鄭經統治時期。不過鄭氏家族的崛起並不是從鄭成功開始，而是與鄭成功的父親鄭芝龍有關。原本是海商的鄭芝龍在1628年接受明帝國的招降，從此他脫離了海盜的身分，搖身一變成為一名打擊海盜的將領。此身分讓他以合法的方式打擊異己，將台灣海峽變成自己的勢力範圍，壯大自己的海商商隊。

1624年鄭成功於日本出生，取名「森」，「成功」之名是他二十二歲時隨父親鄭芝龍見南明唐王，唐王為他取的名字，從此他就改名為「成功」，當時唐王還將國姓「朱」賜給他，所以鄭成功又被稱為「國姓爺」。鄭芝龍降清時，鄭成功利用他父親留下的海上勢力，以金門與廈門為根據地，誓師反清復明的事業。1646年永曆皇帝於廣東即位後，封鄭成功為「延平郡王」，此封號便是鄭成功治理台灣時的稱號。鄭成功在福建沿海十多年，自知反清復明是長久的事業，便決定將台灣做為反清事業的根據地，於是1661年出兵攻打台灣。熱蘭遮城的荷蘭守軍在兵力不足、糧缺彈盡之下，又遇到鄭成功軍隊的猛攻，只好投降離開台灣。1662年，台灣進入鄭氏家族統治時期，出現第一個漢人王國。

鄭成功在今日赤嵌樓一帶建立東都明京，設一府（承天府）二縣（萬年縣與天興縣），為了解決軍民糧食短缺的問題，採取「寓兵於農」的政策，要各營與鎮的部隊在嘉南平原與高雄一帶屯田開墾。鄭成功過世後的台灣政局不穩，經過一場權力鬥爭，鄭經擊敗了他叔父鄭襲即位，成為鄭氏王朝的第二位統治者。鄭經雖延續明朝的政治體系，不過這時的台灣政府儼然是一個獨立王國，他改東都的稱呼為「東寧」，國際上都稱他為「台灣國王」。

鄭經統治台灣時，主要政策都是在陳永華的規畫下執行。陳永華一方面有計畫地移植漢式政權與漢文化到台灣，在台南出現了被稱為「全台首學」的台灣第一間孔廟。另方面積極的發展國際貿易，推動台灣與國際的互動關係，英國在1672年與台灣簽訂正式通商條約，鄭氏王朝不僅將台灣的貨物都銷往英國，還允許英國人來台居住與生活。英國人的到來，還帶來鄭氏王朝最需要的彈藥。

1674年三藩之亂發生時，鄭經見機不可失便出兵福建，然而三藩之亂最終以失敗收場，這讓鄭經只好再退回台灣，隔年鄭經就病逝。三藩之亂的十多年，鄭經一直在大陸用兵，因此在陳永華的建議下，將台灣的政事交由鄭克臧「監國」。只是鄭經去世時，鄭克臧亦被殺，台灣政權馬上落入馮錫範與劉國軒手中，他們擁護年僅十二歲的鄭克塽即位。這時的東寧王國政局不穩，人心不安，清廷決定趁機出兵攻打，派施琅率水師攻台，1683年施琅大軍攻下澎湖，鄭克塽派人帶著降書投降，東寧王朝滅亡，結束了鄭氏家族在台灣二十三年的統治時期。

單位：年

西元	地點	時代	大事
1661	台灣	東寧王國	鄭氏招募漢人來台開墾。
1661-1683			明遺臣王忠孝、徐孚遠、陳永華等文人隨著鄭氏軍隊來台，創作流寓文學。目前仍存詩文集有鄭氏父子《延平二王遺集》、鄭經《東壁樓集》、王忠孝《王忠孝公集》、徐孚遠《釣璜堂存稿》、沈光文《沈光文斯菴先生專集》。
1662	台灣	東寧王國	鄭成功趕走荷蘭勢力，定台灣為東都。
1663	台灣	東寧王國	鄭襲率官吏士卒投奔清朝。鄭經迎明朝宗室寧靖王朱術桂到台灣。朱術桂（一六一七—一六八三），擅書法，所書大字雄偉，承天府的廟宇匾額，多為所題。
	日本	江戶時期	德川家綱將軍重申《武家諸法度》禁止殉死習俗、禁耶穌教、禁公武通婚。
	神聖羅馬帝國	利奧彼得一世	虎克用顯微鏡觀察軟木塞，發現生物組成的最小部分「細胞」。
			爆發奧土戰爭，奧地利戰敗，被迫簽下《沃什和約》，奧地利須向土耳其進貢

從國姓爺到延平郡王：鄭成功的「反清復明」事業

十八歲就旅居日本肥前國平戶的鄭芝龍，在旅日期間，追隨海商李旦從事走私貿易活動。由於鄭芝龍與西班牙人、葡萄牙人、荷蘭人接觸時十分得宜，又與旅日的其他走私商人如顏思齊等人熟悉，深得李旦與顏思齊信任，在他們相繼過世後，鄭芝龍順理成章地接收了他們在台灣的勢力。因此在鄭芝龍接受明朝招撫之前，鄭芝龍已為中國東南沿海勢力最大的走私商人。

十七世紀初的福建沿海一帶走私貿易盛行，讓福建沿海的官員相當頭痛，鄭芝龍又是當時最有權勢的走私商人，因此福建巡撫於一六二八年對鄭芝龍招撫，從此鄭芝龍就成為明朝的海將。不過，鄭芝龍是以合法行為掩飾不法行為，所以他表面上是明朝打擊海盜的海將，但實際上也是一位走私商人。他帶軍隊打擊其他勢力，讓自己的商隊全攬台灣海峽上的貿易活動。一六二五—一六三〇年，福建一帶發生嚴重的乾旱，鄭芝龍建議福建巡撫將飢民移至台灣開墾，以解決乾旱引發的飢荒問題。自此台灣有了大量漢人，這些人不僅讓鄭芝龍的勢力擴張，更為鄭成功留下反清復明的基礎。

鄭芝龍旅日時，與日本女士田川氏結婚，於一六二四年出下一男孩，取名森，這位男嬰就是日後的鄭成功。鄭成功從小隨著母親田川氏定居日本，直到七歲才被父親鄭芝龍接回福建泉州府，準備考取功名。鄭成功果然不負重望，於十五歲考上秀才，後進入南京太學準備求取更上一層樓時，竟發生了一六四四年李自成攻入北京事件，明思宗自縊於煤

年代	地區	統治者	事件
1663	英格蘭	查理二世	虎克(Robert Hooke)用自製顯微鏡觀察軟木塞，發現生物組成的最小部分——「細胞」。
	奧地利	利奧彼德一世	爆發第一次奧土戰爭，奧地利戰敗，被迫簽下沃什和約，需向土耳其進貢。
	法國	路易十四	法國設置銘刻學院（Académie de Inscriptions）。
1664	台灣	東寧王國	鄭經在大陸兵敗，放棄廈門、金門據點，撤退至台灣。他改東都為東寧，天興、萬年改為州，形成獨立王國。 荷蘭人重新佔領雞籠，並重整舊城。博特率荷蘭軍從打狗登陸，鄭經提出割讓南澳島、交還戰俘，不過雙方談判最後破局，博特回到巴達維亞。 清荷聯軍於由金門出發，卻遇到颱風無功而返。 鄭經派劉國軒前往半線（今日彰化）屯田，威脅到大肚王國。 鄭經的《東壁樓集》約四百八十首詩歌，內容流露出鄭經在台所思所想（1664-1674）。

山，明朝滅亡也改變了鄭成功後半生。李自成攻入北京城，明宗室福王、唐王、魯王、桂王逃亡到福建與廣東的東南沿海地區。一六四五年，唐王在福州時受到鄭芝龍的支持，鄭芝龍安排鄭成功為唐王效力，由於唐王需要鄭芝龍的支持，也眼見鄭成功相貌不凡，便將皇室的「朱」姓賜給鄭成功，並為他取名為「成功」，自此鄭森就改名為鄭成功。因為他曾接受唐王賜姓，民間常稱他為「國姓爺」。

一六四八年，清軍南下攻到福建，唐王被俘後死於福州時，清廷見鄭芝龍握有重兵，便以高官誘惑他降服。鄭芝龍見大勢已去，也要鄭成功隨他去見清將領，鄭成功力勸不聽，鄭芝龍投降清後，便與他父親分道揚鑣。鄭芝龍投降後，福建與廣東相繼淪陷，這時鄭成功逃往金門，他聽聞母親田川氏受辱被殺，就讓鄭成功對清朝產生不共戴天之仇恨。於是鄭成功就以「忠孝伯招討大將軍罪臣國姓」文號召天下，並率領施琅與陳輝等九十多位親信大事募兵，決心抗清到底，誓師反清復明事業。他們採取鞏固海島基地與海上游擊的作戰方式，以廈門與金門為根據地。

一六四六年，桂王（永曆帝）在廣東即位，鄭成功奉明為正朔，派人到廣東向永曆皇帝上奏復興計畫書，繼續在福建沿海與清廷作戰，給予清軍極大的威脅，於是桂王在一六四八年就冊封他為「延平郡王」。鄭成功的勢力也據守在福建、廣東、浙江沿海，招收當地的人們加入他的軍隊繼續與清軍作戰。

何斌獻圖：鄭成功攻取台灣

一六五八年鄭成功統帥十七萬水陸軍北上進攻南京，與當時在長江流域的張煌聯合作戰，一度攻下長江口，攻至鎮江與南京。當時支援南京的清軍，全遭

西元（單位：年）	地點	時代	大事
1664	法國 英國	路易十四 查理二世	法屬東印度公司成立。 倫敦發生嚴重的鼠疫，連王室都紛紛逃出倫敦避難英國與荷蘭發生因爭奪海外殖民地的第二次英荷戰爭，最後荷蘭將新阿姆斯特丹給英，即是日後的紐約。
1664-1667	英格蘭、荷蘭	查理二世	發生第二次英荷戰爭，因相互爭奪海外殖民地而爆發，而後被英國被荷蘭擊敗。

鄭成功殲滅，讓南京的局勢岌岌可危。由於清軍守城拒戰，援軍不斷地來，再加上戰事曠日持久，讓鄭成功軍隊的糧食缺乏與糧食補給等問題漸漸浮現出來，鄭成功的軍隊只能無功南返廈門。

北伐失敗後，鄭成功發現僅僅擁有金門與廈門，難以與清廷做長期的對抗，而且清廷為了斷絕鄭成功軍隊獲得外界的支援，於一六五六年採取海禁政策，封鎖沿海地區居民下海，甚至還頒布「遷界」令，採取堅壁清野的政策，下令沿海五省居民撤退四十里，築邊牆為界，試圖以此阻斷鄭軍的經貿財源。海禁政策對鄭成功著實產生影響，因為沿海船隻減少，不僅讓鄭成功的收入變少，也讓他們糧食補給發生問題。

一六五〇年的郭懷一抗荷事件後，讓荷蘭人對在台的漢人多有防範，再加上荷蘭人對鄭成功的軍事與貿易活動頗有戒心，便對鄭成功的海上貿易艦隊多加阻擾。面對荷蘭人的阻礙，一六五五年，鄭成功下令所有的商船不准與台灣的荷蘭東印度公司進行貿易活動，此一策略讓荷蘭東印度公司在台灣的經貿蕭條。當時荷蘭東印度公司的台灣總督揆一（Frederick Coijett）派遣通事何斌到廈門與鄭成功和談，請求恢復台灣與福建沿海一帶的海上貿易活動。

何斌原本是在鄭芝龍麾下，清軍入關後，鄭芝龍受到明朝招撫後，何斌就與鄭芝龍分道揚鑣留在台灣，在荷蘭東印度公司的荷蘭人底下擔任通事一職。何斌來到台灣，除了促使荷蘭人與鄭成功的合作外，還私下與鄭成功互動，幫助鄭成功的船隻更方便進出台灣，鄭成功與何斌的祕密合作一事讓荷蘭人知道後，就革何斌在荷蘭東印度公司的職務，並取消他的任何權力，何斌遭此一打擊後就逃往廈門投靠鄭成功，向鄭成功獻出台灣海岸地圖，分析荷蘭東印度公

年份	國家	政權／君主	事件
1665	台灣	東寧王國	陳永華在承天府（今日台南市）建孔廟與祭典武廟。孔廟成立後，又令各里、各社設置學校，凡年滿八歲入小學。康熙派施琅、周全斌攻台不成。
	英國	查理二世	國會通過從一六六一—一六六五年制定的《克拉倫敦法規》，加強英國國教會地位。
1665	法國	路易十四	義大利藝術家貝尼尼前往法國巴黎旅行，原希望替路易十四設計羅浮宮的東部前門，但被拒絕。完成路易十四雕像（現存凡爾賽宮）。
	義大利	教宗亞歷山大七世	法國巴洛克時期重要畫家普桑逝世於義大利羅馬。

司在台灣的實力，鼓勵鄭成功策畫攻台，將台灣做為他們反清復明的基地。

荷蘭東印度公司台灣總督揆一早已經掌握鄭成功將轉進台灣一事，便向巴達維亞請求援兵，一六六〇年巴達維亞總部雖曾派大軍來台，鄭成功採取緩兵之計，並與荷蘭人交善，來消除荷蘭人的戒心。巴達維亞總部因而錯判，以為台灣不會有戰事，便將艦隊撤回巴達維亞總部。鄭成功見狀，便招集文武大臣商討征台政策，雖然多數官員仍持反對意見，不過陳永華支持鄭成功的征台策略，於是一六六一年鄭成功親率大軍自金門料羅灣啟航征服台灣。

鄭軍來到台灣沿海，沿著鹿耳門水道進入台江內海，在赤嵌一帶登陸，圍攻普羅民遮城，切斷普羅民遮城與熱蘭遮城的連接，迫使普羅民遮城守城將領開城投降。接著攻打熱蘭遮城，要求熱蘭遮城將領也投降，並提出保證可將所有財產帶離台灣，繼續留居台灣者可以擁有原本財產，荷蘭東印度公司在台可以自由從事貿易活動。鄭成功的建議雖遭荷蘭人拒絕，不過雙方兵力懸殊，再加上巴達維亞的增兵仍無法擊退鄭成功在台的軍力，荷蘭東印度公司在此一戰注定要失敗。致命的一擊，是熱蘭遮城的守軍在糧缺彈盡之際，又遇到鄭成功軍隊的猛攻，只好投降。於是一六六二年荷蘭人在鄭成功做出他們可以全都安全撤離台灣保證之下投降，結束了荷蘭統治台灣的三十八年。

東寧王國（一）：台灣史上第一個漢人政權

一六六二年鄭成功驅走荷蘭人，成為台灣的統治者，他是以延平郡王的稱號來經營台灣，台灣出現第一個漢人王國。雖然鄭成功在台灣不到一年就過世，

單位：年

西元	地點	時代	大事
1666	台灣	東寧王國	陳永華下令，每三年在萬年縣與天興縣舉行科舉考試。台灣第一間孔廟與第一間學校明倫堂於台南興建完成。
	法國	路易十四	巴黎科學院成立。
	英國	查理二世	牛頓回到鄉下老家躲避鼠疫，發明了微積分。這年，倫敦發生大火災，燒了四天才遭撲滅。
1667	台灣	東寧王國	清國與鄭氏談判。鄭經稱「台灣遠在海外，非中國版圖。東連日本，南蹴呂宋，人民輻輳，商賈流通。王侯之貴，固吾所自有，萬世之基已立於不拔」。

不過早在一六六一年他登陸台灣，攻下普羅民遮城時，就已經著手進行一些行政體制上的建立。

鄭氏王朝的朝廷原本在廈門，在這中央政府設置了吏、戶、禮、兵、刑、工六部，六部之下設有司務和協理各一員，負責佐理六部事務。至於台灣為地方政府，他改稱普羅民遮城（今日赤崁樓）一帶為東都明京，之後稱台灣為東都，設置一府二縣，府即是承天府，設治在赤崁樓，二縣就是嘉義以北的天興縣，高雄以南的萬年縣。一六六二年荷蘭人投降後，他就改熱蘭遮城為安平鎮，並在澎湖設置安撫司，從此台灣出現郡縣制度。

鄭成功率兵攻取台灣時，他命令兒子鄭經留守廈門，鄭成功死後，在台的部將擁護鄭成功的弟弟鄭襲，繼承鄭成功的位置，稱鄭襲為「護理」。在廈門的鄭經得知後，立即宣布嗣位，自稱為延平王，號「世藩」。鄭經即位後，任命周全斌為五軍都督、陳永華為諮議參軍，帶軍東來平定台灣混亂，隨後就將台灣交給顏望忠鎮守，鄭經就自行帶一些兵回廈門以防清軍來襲。

由於鄭經即位前，鄭經的堂叔鄭泰曾與鄭襲互通，所以鄭經一即位就將鄭泰逼死，讓鄭泰的弟弟鄭鳴駿率部眾投降清朝。此投降事件讓鄭軍兵力大減，因此一六六三年清軍與荷蘭人聯手攻打在廈門與金門的鄭經時，鄭軍節節大敗，金門與廈門淪陷，鄭經只能退守銅山，於是一六六四年鄭經決定退守台灣，從此台灣成為鄭氏王朝的反清復明基地。

鄭經來到台灣後，雖仍奉南明的永曆年號，但他統治下的台灣儼然是一個獨立王國。首先，他改東都的稱呼為「東寧」，從此稱台灣的政權為東寧王國。其次，於中央官制方面，他改兵部為贊畫兵部，設置

1667	1667	1667-1668
中國	英格蘭、荷蘭	西班牙、法國
康熙	查理二世	卡洛斯二世、路易十四
康熙親政。	簽定《布雷達和約》，英國在貿易權上讓步，並重新畫定海外殖民地主權。	法國和西班牙間發生王位繼承戰爭。

六科都事、諮議參軍、都吏與察言司（掌風紀與察政弊）、承宣司（司政令之公布）、審理司、賞勳司與中書科（掌管書寫簽奏）等官職。在三藩之亂時，他還在六部之上設置「總制」一職，令陳永華擔任此一職，留守於東寧，負責全台灣的事務，「總制」地位相當於宰相一職。由於鄭經長年在大陸，因此一六八〇年陳永華便請鄭經立鄭克臧為「監國」，來處理台灣方面的各項政務。

再者，地方行政區畫分上，改縣為州，天興縣與萬年縣成為天興州與萬年州，並在澎湖與台灣南北路設置安撫司。將承天府治畫分為東安、西定、寧安與鎮北四坊，坊設有管理地方民事的簽首（相當於今日的區長），近郊區分為二十四里，里設置總理下管諸社。坊里實行保甲制度，以十戶為一牌，牌置牌長，十牌為一甲，甲設甲首，十甲為一保，保置保長。舉凡人們的遷徙、職業、婚嫁與生死等都要向簽首與總理報告，每年仲春之月，再由簽首與總理彙整上報官府。至於原住民則沿用「社」，社長是由原住民的頭目擔任，管理所有與社有關的事務。

東寧王國（二）：鄭氏在台之拓墾與文教推廣

台南地區有些地名，是以「營」來稱呼，像是新營、柳營、下營與林鳳營等等，其實這些地名與鄭成功的部隊有關。鄭成功來到台灣時，首先遇到的就是軍民的糧食問題，所以他特別致力於屯墾方面的工作，這些有「營」的地名，就是當時由屯兵開墾的地方。

鄭成功為了屯墾曾頒布八大拓墾準則，這八大準則明白表示，寓兵於農是拓墾的重要手段，而且不可侵占原住民與早先台來居住的漢人的居住地。在此原則下，鄭成功在缺糧最嚴重的一六六一年時，將左先

單位：年
西元

地點 | 時代 | 大事

1668

地點	時代	大事
台灣	東寧王國	荷蘭人退出雞籠，將所有公司職員及士兵接回巴達維亞，正式退出台灣。
中國	康熙	比利時傳教士南懷仁劾奏欽天監監副吳明烜，此為清初的「曆法之爭」。

鋒等十一鎮分派到台灣南北各路進行屯墾。荷蘭人投降後，除了守城兩旅軍隊外，其餘的軍隊皆按鎮、營分地屯墾，農閒時從事軍事訓練，有警訊時則武裝應戰，無警訊時則操農具耕作。這種「寓兵於農」的屯墾政策，不僅可以解決軍隊缺糧的問題，還可促進土地開發，使漢人社會逐漸在台灣各地生根。

鄭經時延續鄭成功「寓兵於農」的政策，施行的是土地制度屬於「土地官有制」，將從荷蘭人接受過來的「王田」稱為「官田」，由屯兵開墾的土地稱為「營盤田」，由鄭氏宗族或文武百官招募佃農開墾者為「文武官田」。換句話說，土地所有者大都歸屬鄭氏家族，文武官員與軍隊將領。其中的屯田制度，無形中在軍隊與民間雙管齊下，逐漸地拓展了西部平原，為台灣開拓事業立下良好的根基。開墾從曾文溪與二層溪下游的承天府、安平鎮與其附近的二十四里開始，這些地方的開墾是由屯軍所開墾，接著以點狀方式逐漸往南到恆春、往北至基隆與淡水進行開墾。

至於文教方面，鄭成功雖十分重視，曾在廈門設置培育人才的儲賢館與育胄館，只是攻下台灣後半年就去世，對於台灣的文教建設未能有所建設。鄭氏王朝的文教事業是在鄭經時期推展，主要的推動者為諮議參軍陳永華，他向鄭經提到立國最重要的是培育人才，因此向鄭經建議要建聖廟、立學校，藉以收納人才。一六六六年台灣第一間孔廟與第一間學校明倫堂就在台南興建完成。孔廟興建後，鄭經下令各里、各社要設置學校，延聘老師來教導學子讀書。

鄭經將教育分成地方與中央，地方教育又分為初等教育與中等教育兩種，初等教育指的是年滿八歲小孩要入小學學習經史文章，中等教育則有州學與府學。中央為高等教育分為學院與太學兩種。官學每三年舉辦二次

1669 台灣 東寧王國

台南北極殿興建年代不清楚，不過廟中寧靖王匾落款在一六六九年，可知廟興建應該更早（有一說一六六一年），此廟祭祀的玄天上帝為明代守護神。

台灣府城隍廟興建，此為台灣最早的官建城隍廟。

中國 康熙

清廷遣使與鄭經和談，鄭經又強調鄭氏「佔據」台灣，是「遠絕大海，建國東寧。於版圖疆域之外，別立乾坤」，又說台灣「遠在海外，與版圖渺不相涉」。

康熙擒鰲拜，終於掌握實權。

結束清初的曆法之爭，康熙授南懷仁為欽天監監副。

1669 神聖羅馬帝國 利奧彼德一世

漢薩同盟結束。漢薩同盟活躍於十二至十三世紀，是中歐神聖羅馬帝國與條頓騎士團各城市間形成的商業和政治聯盟。漢薩一詞，在德文中意為「商會」或「會館」。

法國 路易十四

成立北方公司，享有特權，進行海外貿易。

考試，按科舉制度取儒童，州試上榜就送到府學，府試上榜就入學院，院試上榜入太學，每月按課考試一次，三年取中試者，補六官內都事。由於設置學校的目的是培育為官的人才，因此入學是當官的主要途徑，這種將學校與考試合一的文官考選制度，對於學校的普設與儒家文化的推廣可說有十足的助力。

清廷頒布「海禁政策」：山路五商、海路五商等走私貿易與對外國際貿易

鄭成功反清復明的活動區域主要是在閩南一帶，福建是一個人口稠密、山多、多丘陵、平原少的地區，因此這地區無法依靠農業養活大量人口。故靠海的地理位置，使這個地方的商人，從宋、元以來就一直活躍於海上，泉州還是當時世界上數一數二的大港口，由此可知，福建的海上活動十分發達。而且鄭成功的父親鄭芝龍，在明朝晚期就是一位活動於大陸東南沿海的重要海商，他可說控制了當時的中國航運業。因此據有福建沿海一帶的鄭成功也十分明白，他與清廷間的作戰，所需要的龐大軍費，必須依靠海上走私的貿易事業來提供，於是他不僅接收了父親鄭芝龍的海上事業，還加以擴大所進行的國際貿易範圍與對象。當時的鄭成功商船往來於日本、大員、巴達維亞、暹羅，以及東南各國等地區，輸出的貨物主要是中國各地的生絲與絲織品，與台灣的糖與鹿皮，買入的商品為鉛、銅與盔甲與武器等軍事物資。

鄭成功一直從海外獲取他們反清復明事業的重要物資，讓清廷十分頭痛。因此清廷評估後，認為短時期應該無法解決鄭成功的反抗勢力，於是就在一六五六年對浙江、福建與廣東等沿海居民頒布「海

單位：年

西元	地點	時代	大事
1670	台灣	東寧王國	英國東印度公司代表與鄭經在台灣簽定商業協定，英國從此可在台灣開商館。 鄭經與劉國軒進攻沙轆社、斗尾龍岸社，屠殺數百人，得到大肚台地以西，神岡等地，大肚王國開始衰亡。
	荷蘭		在一六七〇年於荷蘭出版的《第二、第三次荷蘭東印度公司使節出使大清帝國記》中第一編，記載台灣地理、風俗、歷史與物產，在此有五張描繪台灣原住民的風俗圖，不過製作版畫的范穆斯從未來過台灣。
	英國	查理二世	英國與法國簽訂《多佛條約》，法國每年給津貼三百萬利維，並當英國有內亂時需出兵幫助平亂。

禁政策」與遷界令，希望藉由此策略能切斷鄭成功軍隊的財源。

「海禁政策」與遷界令確實讓鄭成功的財源頓時受到阻擾，他為了供養軍隊，就以重金賄絡官兵，以方便他取得物資，並設置「山路五商」與「海路五商」兩大貿易組織，來從事國內外的各項貿易事宜，以此突破清朝廷設置的種種貿易障礙。基本上，海路五商與山路五商組織的出現，不僅讓鄭成功壟斷了明朝晚期活躍於民間的海外貿易，更讓鄭成功的商團獲取更多的利潤，清廷的海禁政策最終以失敗收場。

鄭成功的「五商」貿易組織中，「山路五商」指的是金、木、水、火、土這五個商行，其主要的任務是商品採購，這五個商行分布於京師、蘇州、杭州與山東，負責中國境內產品之買賣。而「海路五商」則是負責船舶販運的業務，設置仁、義、禮、智、信五行，這五行設於廈門專門負責外貿事宜。「五商」貿易組織的運作方式，是由山路五行收購絲綢、土產與陶瓷器等物資，交由海路五商，以鄭家的東、西洋船運往海外銷售，基本上東洋船赴日、台、菲一帶，西洋船赴南洋一帶。山路五行交貨時，可至公庫結帳再請款進行採購，至於海路五商銷售貨物後，需將款項繳付公庫。

一六六二年鄭成功佔領台灣後，一方面發展島內市場，一方面與日本、南洋和英國等國進行貿易，尤其是鄭經統治時期，為了突破清朝的海上封鎖，更加全力發展國際貿易，他曾致函東西洋各國招商，在一六七二年與英國簽訂正式通商條約，允許英國人來台貿易、居住與生活。英國人的來台不僅促進通商，還帶來鄭經王朝最需要的彈藥。不過三藩之亂後，鄭經撤出大陸，此舉讓大陸貨源減少，貿易大衰，明鄭

1671	中國	康熙	康熙命人編纂《孝經衍義》。
1671	義大利	教宗克萊孟十世	梅迪奇家族的第七代塔斯卡尼大公吉安·加斯托內·德·梅迪奇出生於佛羅倫斯。
	法國	路易十四	法國設置建築學院。
1672	英國	查理二世	牛頓當選為英國皇家學會會員頒布《寬免宣言》，給予天主教徒與非英國國教教徒宗教自由。 查理二世的繼承者詹姆士宣布加入羅馬教會。
	荷蘭	威廉三世	英國與法國聯合入侵荷蘭，這年被稱為荷蘭的「災難年」。
1672	英格蘭、法國	查理二世、路易十四	英法聯合對荷蘭宣戰，戰後荷蘭不得不將轉口貿易的地位讓出給英國。

也走向衰亡之路。

鄭經與康熙的談判：清廷多次招撫不成

當鄭成功活躍於福建沿海一帶時，清朝廷多次試圖利用鄭芝龍對他進行招撫，這段時期雙方議和或斷或續，相互之間的文書往來多達二十多次，清廷甚至以殺鄭芝龍來威脅鄭成功都不成。

一六六二年鄭成功過世，鄭經即位之初，台灣政局不穩，清廷覺得這是要台灣歸順的好時機，就要靖南王耿繼茂派遣使者到廈門向鄭經招撫。由於鄭經急於到台灣穩定台灣局勢，便派使者到北京提出「需依朝鮮例，不願意「薙髮」（指的是清朝男子的髮型，也就是將前額的頭髮全剪掉），僅稱臣納貢」的要求。這樣條件清廷不願接受，於是和議破裂。隔年清廷一方面派耿繼茂與施琅出兵攻打在廈門與金門的鄭經，一方面又要福建總督李率泰派遣使去對鄭經招撫，鄭經仍堅持要依朝鮮例，不願削髮，進貢稱臣，因此談判又告破局。

一六六五年福建水師提督施琅獲得率領投誠的官兵進攻澎湖的命令，鄭經得知此消息後，立即派兵鎮守澎湖備戰，由於施琅大軍駛達澎湖遭遇颱風，無法操舟登陸，以致於攻打澎湖的計畫失敗。此次出兵澎湖失敗，讓清廷認為台灣孤懸海上，渡海用兵不是一件容易的事，因而認為遠征台灣一勢不可輕易下決定，漸漸地，中主和派占上風，清廷再度對鄭經進行招撫措施，期盼能以談判媾和方式解決台灣問題。一六六九年，清廷任命刑部尚書明珠、兵部侍郎蔡毓榮，持詔書答應給予「藩封、世守台灣」為條件，到台灣向鄭經招撫，不過鄭經仍然堅持「不削髮」，所以招撫還是破局。基本上，在三藩之亂前，康熙多

單位：年

西元	地點	時代	大事
1673	台灣	東寧王國	沈光文設私塾教育平埔族人漢字。
	中國	康熙	賜八旗官學翻譯《大學衍義》。 吳三桂等舉兵反清，史稱「三藩之亂」（一六七三—一六八一），鄭經在吳三桂與耿精忠邀請下，帶軍隊前往福建會師，共同對抗清廷。
1674	中國	康熙	南懷仁繪製《坤輿全圖》。
	法國	路易十四	布洛瓦出版《詩藝》奠定了法國古典文學的基本規範。

次對鄭經提出招撫，鄭經每次都以「以朝鮮為例」與「不削髮」來回應，雙方也都在此問題上僵持不下。

三藩之亂發生期間（一六七三—一六八一），由於清朝廷全心應付三藩之亂，無多餘的力氣應付其他反抗勢力，而且在缺乏水師的情況下，便想對台灣的鄭經採取誘降政策，再度對鄭經行招撫。因此在康親王的推動下，在一六七七年與一六七九年向鄭經提出，只要鄭經願意帶軍回台灣，那清朝廷願意退一步答應「依朝鮮事例，可以不用薙髮，不投降，只要稱臣納貢」要求，這兩次招撫，鄭經似乎願意接受，不過後來都因馮錫範更進一步提出要沿海所有的島嶼都歸台灣所有，讓議和最終以破局收場，談判再度陷入僵局。康熙派遣施琅率水師攻台之前，還曾於一六八一年二次派遣使者來台，提出「依朝鮮例、允許不削髮、只需稱臣納貢」的招撫條件，但都沒有得到鄭氏朝廷的回應，因而讓康熙覺得，台灣方面並非真的想要進行議和。

一六八三年鄭克塽即位後，康熙再度派遣福建巡撫到台灣詢問鄭克塽，鄭氏王朝是否願意當清朝於東南沿海的朝鮮，可以不削髮、只需稱臣納貢，讓台灣成為大清王朝東南沿海的屏障，但鄭氏王朝仍未給予回應，於是康熙就決定再度派施琅出兵攻打台灣。

三藩之亂的參與：鄭經反攻大陸失敗

康熙十二年（一六七三年），清朝廷傳出要「撤藩王、收兵權」的提議，讓平西王吳三桂擔心此提議會成真，便決定起兵反清，定南王尚之信與靖南王耿精忠得知後也隨之響應，歷史上稱此事件為「三藩之亂」（一六七三—一六八一）。一六七四年，耿精忠對鄭經提出，出兵共同抗清的請求，他願意將泉州與漳州二府讓給鄭經，鄭經接受提議，就讓陳永華留守

1675

荷蘭　威廉三世

末代台灣長官揆一著《被遺誤的台灣》於阿姆斯特丹出版，此書除了詳細描述台灣的風土氣息與原住民的生活方式外，還論述鄭成功圍攻熱蘭遮城一事，與鄭成功對荷蘭人、牧師和學校教師的迫害。

《被遺誤的台灣》書中的版畫是由范登艾威爾與范巴登繪製，范巴登從未到過台灣，所以他繪製的「女巫在西拉雅族的公廨舉行祭祀儀式」的畫是根據想像。

中國　康熙

鄭經在福州被清軍擊敗，其他領地也相繼失守，鄭經只好退回廈門。

東寧王國（台灣），自己親率大軍到廈門。不料耿精忠發現鄭經的兵力薄弱，就決定背信毀約，並禁止沿海居民與鄭經往來。鄭經得知後十分生氣，帶兵攻取同安、泉州、漳州與海澄等地，控制福建沿海地區，與耿精忠對峙。後來經吳三桂的調停，鄭經才轉向廣東發展。

三藩之亂最初的前幾年，清朝軍隊無力應付，然而耿精忠與鄭經有各自的利益考量，抗清步調不一，無法真正合作，同心對付清朝軍隊。尤其是當鄭經得知，耿精忠的主要兵力往北攻佔浙江時，便趁機攻佔了原本屬於耿精忠的閩南與粵東沿海地區，頗有獨霸一方之勢。一六七六年定南王尚之信去世，清康親王帶軍南下圍剿耿精忠，耿精忠向鄭經求援，鄭經不僅不幫助，還攻打原本屬於耿精忠的汀洲。這讓耿精忠在清兵與鄭經大軍的壓力，轉而投降於清朝，並帶軍攻打鄭經，讓鄭經的戰事節節敗退。鄭經原本佔有的福建與廣東沿海等地區全都向清軍投降，鄭經只好再退回海澄、廈門與金門。

一六七八年鄭經以劉國軒與吳淑薇正副總督，帶軍攻打清兵，以迅雷不及掩耳方式，將海澄、南安、德化、永春與惠安等十縣佔領。只是鄭經的軍隊兵力不足，久攻泉州不下，最後清援軍到達，鄭經軍隊大敗傷亡慘重，只好退回海澄、金門與廈門。這時福建總督姚啟聖向鄭經提出議和，要鄭經帶軍回台灣，鄭經不肯，清廷便決定對鄭經採取攻勢，在福州造戰船積極備戰，並在福建沿海重新頒布遷界令，準備斷絕鄭經的任何支援。

一六七九年福建巡撫姚啟聖接受鄭經的降將建議，在漳州設置「修來館」，準備招降鄭經的部隊，並發布各項投降獎勵標準，如官員保留原來官職、士兵與平民

單位：年

西元	地點	時代	大事
1676	中國	康熙	康熙帝命講官進講《通鑒》。耿精忠勢窮而降，三藩叛域浙、閩、陝漸次平定。
	俄羅斯	羅曼諾夫王朝	俄國沙皇與鄂圖曼土耳其帝國發生戰爭，史稱第一次俄土戰爭。
1677	中國	康熙	吳三桂在衡州（今湖南衡陽）稱帝，年號昭武。隔年三藩之亂初步平定，取得階段性勝利。清廷遣使與鄭經和談，清將賴塔稱只要鄭經退兵，「從此不必登岸，不必剃髮，不必易衣冠。稱臣納貢可也，不稱臣，不納貢亦可也。以台灣為箕子之朝鮮，為徐福之日本」。

百姓則給與銀兩獎賞等做為利誘。此外還發布各種不實的訊息，加以挑撥離間，讓鄭經的軍隊內部產生猜疑，結果鄭經率領的軍民部隊紛紛叛逃。這時的鄭經軍隊也因糧食短缺，到處搶人民的糧食或是向人民徵收糧食，使得百姓怨聲載道，而且鄭經本身也意氣消沉。因此清朝廷見鄭經軍心散漫，就於一六八〇年調集大軍來攻打金門與廈門，鄭經軍隊潰不成軍，海澄與廈門再度為清廷所有，銅山守將也率眾投降。鄭經一見大勢已去，只能倉促帶人回台，福建沿海原本為鄭經所佔領的地方，再度歸清廷所擁有。

東寧政變：馮錫範弒君與鄭克塽即位

鄭經西征大陸失敗回到台灣後，意志十分消沉，不理政事，整天沉溺於酒色之中，將國家大事全交由已為監國的養子鄭克臧。鄭克臧戰戰兢兢地監國，讓東寧王朝的運作十分順暢，所以鄭經就下令文武奏疏等所有相關事宜，都交由監國決斷。由於鄭克臧個性堅毅，為人剛斷果決、處事明達、事事以禮法約束，因而經常斥責那些仗勢做違法事情的叔父們，所以這些叔父們對他頗為不滿。因此雖然鄭經病逝前早已下令由鄭克臧繼承大位，並令劉國軒在旁輔佐，但朝中仍出現反對且分裂的勢力。

其實，早在鄭經於大陸用兵失敗帶軍回台時，東寧王朝的政權就出現內鬥。當時東寧王國分成兩派，一派是以鄭克臧與陳永華等為主的留守者，另一派是以馮錫範、劉國軒為主的西征而回者。由於鄭經西征時，整個台灣的政務全由陳永華與鄭克臧負責，他們兩位可說掌握東寧王朝的軍政大權，讓馮錫範與劉國軒心有妒忌，尤其是貪婪且弄權的馮錫範更是不滿，就用計讓陳永華自願解除兵權，將自己所管轄的勇衛

1678
義大利
韋瓦第出生，他是巴洛克音樂的代表人物，著名曲目為《四季》。

1678-1686
法國
路易十四
建造凡爾賽宮鏡廳。

1679
台灣
東寧王國
鄭經立十六歲長子鄭克𡒉為世子，並授職監國，持「監國世孫」之印璽。

英國
查理二世
國王解散議會，並頒布《人身保護令》，保障個人自由免受無故羈押逮捕。

軍交給劉國軒。後來陳永華發覺自己受騙上當後悔恨不已，不久抑鬱而死。

陳永華去世後，柯平與楊英等其他王朝中的老臣也相繼過世，不久鄭經也猝死，王位理當由「監國」鄭克𡒉繼承，可是富有野心的馮錫範希望王位由自己的女婿鄭克塽繼承，如此自己才能繼續握有大權。為此，他不惜違背了鄭經的囑託，決定要聯合早已對鄭克𡒉不滿的反對勢力，起而發動政變，即是所謂的「東寧政變」。首先，他先去說服劉國軒，要他漠視除掉鄭克𡒉一事，經過多次的溝通，獲得劉國軒的默許。接著他便以鄭克𡒉非長子而是養子為由提出反對，並指出王位應由年僅十二歲的鄭克塽即位。此時他聯合一些早就對鄭克𡒉十分不滿意的叔叔們，請他們向董太夫人（鄭經的母親）說鄭克𡒉的不是，煽動董太夫人收監國印。董太夫人聽信謠言，傳令鄭克𡒉入內議事。鄭克𡒉不疑有他，在董太夫人住所，被這些叔叔們殺死。鄭克𡒉的妻子當時已有孕在身，他得知自己丈夫被害死，竟因悲痛欲絕也死了。

董太夫人得知愛孫被弒時，覺得非他本意，他原本只是想易改鄭克𡒉的職位，而不是將他殺死，哀傷與無奈下只好改立年僅十二歲的鄭克塽。但他也因此積鬱於懷，不久就隨著過世。由於鄭克塽即位時年紀尚輕，無法真正處理國家大事，就晉升劉國軒為武平侯，東寧王朝的軍事大事全由他主持，馮錫範以擁立鄭克塽有功，上表自封為忠誠伯，仍管侍衛兼參贊軍機，並封鄭經弟弟鄭聰為輔國公，不過鄭聰十分怯懦，實際上所有事情都取決於馮錫範，東寧王朝的政治大權，可說全落在馮錫範手中。

單位：年

西元	地點	時代	大事
1680	中國	康熙	大清總督姚啟聖、巡撫吳興祚、水師提督萬正色率清兵和平入廈門，鄭經宣布放棄金門與廈門，率領軍隊撤回台灣。
1681	台灣	東寧王國	鄭經歿，監國世子鄭克臧繼位，然被宗親鄭聰與外戚馮錫範捉拿並刺殺，是為東寧之變，後由年僅十二歲的鄭克塽繼位。
	中國	康熙	定遠平寇大將軍等率軍入雲南，吳世璠自殺，三藩之亂徹底平定。
	俄羅斯	羅曼諾夫王朝	俄國沙皇與鄂圖曼土耳其帝國簽署合約，鄂圖曼帝國承認沙皇對第涅伯河左岸地區的統治，結束第一次俄土戰爭。

施琅攻台：東寧王國滅亡

一六八一年，福建總督接獲台灣的訊息，得知鄭經因病而亡，馮錫範等權臣弄權，認為這是攻打台灣的最佳時間點。清廷便以施琅為水師提督，準備帶軍攻打台灣。鄭氏朝廷得到清軍即將來犯的訊息，就以劉國軒為總督防守澎湖，並在澎湖修築砲台，命令水師修戰船全力備戰。

攻打台灣前應該先攻下澎湖，這個戰略雖未有爭議。不過，何時攻打澎湖的時間點爭論了一年多，主要是吹東北季風時還是吹西南季風時攻打呢？姚啟聖認為攻打澎湖應該乘著吹東北風時，因為澎湖群島的大大小小港口幾乎都是向北，只有媽宮（馬公）是向南，因此趁著吹東北風攻打澎湖，可停靠的港口相當多，再由北方南下至媽宮，如此進退有據，則勝仗可期。然而施琅卻持相反意見，認為東北方吹時風勢強大，常常會發生不可預測的事，吹西南風時較風輕浪平，將士無暈眩之患。後來康熙決定信任施琅。

一六八三年（農曆六月十四日），劉國軒認為此時正值颱風季節，敵人應該不會來攻，不料施琅率兩萬多兵士及六百多艘戰船，從銅山出兵進攻澎湖，十五號清水師大軍到了八罩嶼（今澎湖望安）附近。劉國軒早已得知，此次攻打澎湖事宜由施琅全權負責，便要馮錫範嚴守鹿耳門，自己督精兵兩萬多人，兵船二百多艘來到澎湖。十六日雙方大戰，施琅兵分三路攻打，施琅親率中路大軍直攻媽宮，劉國軒獲知，急忙下令要媽宮港內所有船隻前往迎敵。這時的施琅採取急攻戰術，由於清軍的船上皆配上精良大砲，因而趁風吹時，砲火齊發，將劉國軒的海船相繼焚毀，鄭軍大敗，將領士兵死傷無數，劉國軒率領殘

1682

○ **台灣** **東寧王國** 劉國軒從澎湖安撫司返回東寧。

法國 **路易十四** 路易十四移居凡爾賽宮法國探險家在北美洲沿密西西比河而下，到達河口，他聲稱密西西比河流域的廣大土地歸法國所有，並把這一廣大地區稱為路易斯安那。

中國 **康熙** 遣郎談、彭春偵察雅克薩情形，還奏後康熙帝決定暫不進攻，派甯古塔將軍與之對壘。

兵逃回台灣，施琅佔領澎湖，可說大獲全勝。

施琅殲滅鄭軍占領澎湖，立刻安撫居民，對投降的將領都以禮相待，士兵則給予足夠的銀米，對想回台灣的降兵一律放行，並派人到台灣，以答應給予高官遊說劉國軒。當時台灣人心惶惶，劉國軒認為投降一事可行，不過馮錫範持反對意見，下令嚴守鹿耳門，並要文武官員共同商討對策，有些大臣主張南取呂宋，有些主張要死守，當然也有贊同投降，意見不一。最後劉國軒以現在軍心渙散，糧食不足，決定投降，於是一六八三年九月鄭克塽派人帶獻出延平王與招討大將軍金印、將軍銀印，以及土地戶口府庫軍實冊籍等，前往澎湖求見施琅，向他投降，結束鄭氏治台的二十三年。

康熙二十三年清朝能將台灣收入版圖，主要是施琅的戰略得宜，那施琅是何許人呢？施琅（一六二一—一六九六年），福建晉江人，他原本是鄭芝龍的部下，曾隨鄭芝龍降清，後來與弟弟施顯投靠鄭成功，成為鄭成功的得力助手、明鄭的重要將領。施琅富有韜略，然而也恃才而驕得罪了鄭成功，讓鄭成功下令誅殺施琅全家。施琅雖然逃走了，但他的父親與兄弟都相繼被殺，由於鄭成功族滅的大恨，讓施琅再次降清，成為攻打鄭氏王朝的重要人物。

清領時期

清帝國降服台灣的目的，是為了消滅在台灣的鄭氏家族勢力，並不是擁有台灣這塊土地，因而想要放棄台灣。直到施琅提出，台灣是東南沿海各省的屏障，擁有台灣才能確保台灣不會再度為反抗勢力佔據，而且可在不增加政府財政負擔與兵員人力之下擁有台灣。於是，1684年台灣正式被納入清朝的版圖，直到1895年清廷將台灣割讓給日本為止，清朝統治台灣共二一二年。

清初的台灣是一個地廣人稀、土地肥沃的地方，這讓人口多，耕地少、生活不易的福建與廣東一帶的人們都想來台。但清廷基於安全考量，對於來台的人提出諸多限制，最重要的是，不允許他們攜家帶眷來台灣。雖然清帝國給予來台者許多不合理的限制，但仍無法阻擋人們來台，有許多男子試圖偷渡來台。在台灣有句俗語，和這些偷渡的男子或是來台的男子有關，那就是「有唐山公、無唐山媽」，指的是男的祖先是來自大陸對岸，女的祖先通常為當地的平埔族女性。會有這句俗話，是因為當時漢人未婚女子相當稀少，來台未婚男子有機會結婚的話，對象都為平埔族女子。由於平埔族為母系社會，土地繼承者為女性，因此與平埔族女子結婚的男性，不僅能傳宗接代還可以得到台灣的土地。不過，並不是所有來台的男子都可以娶到平埔族女子，有些男子一輩子都沒結婚，這些人通常居無定所、好勇鬥狠，因而被稱為「羅漢腳」，成為當時社會治安上的問題。

清朝時期的台灣民亂相當頻繁，有「三年一小反，五年一大反」的說法。朱一貴事件、林爽文事件、戴潮春事件就是清時期相當著名的民亂，尤其林爽文事件是清時期在台灣發生的最大民變。民亂並非所謂反清復明的反抗事件，而是抗官事件，是由於貪官汙吏太多，經常壓榨人民引發官逼民反的反抗清人統治的事件。此外，不同群體之間為了爭田、爭地、爭用水的武裝衝突也是民亂，像是咸豐年間泉州人、同安人與漳州人曾在艋舺一帶為了爭地盤，發生激烈火拚，這種火拚，被稱為「分類械鬥」。無論是大型的抗清民亂，還是小型的地方火拚，其實都與清政府的威信喪失有關。政府無法有效處理官吏不法事件，妥善解決人民爭端，讓民間結盟風氣盛行，人民為求自保，每次遇到事情就招兵買馬，而這些羅漢腳就是參與械鬥的主要人員。

清時期的台灣雖常見民亂，不過人民仍不斷湧入台灣。人們來台開墾後，產品必須向外銷售，十八世紀初的台南是當時最重要的貿易港口，到了十八世紀末，鹿港與艋舺也相繼崛起，這代表商業貿易活動已遍布全省，出現了「一府二鹿三艋舺」的稱呼。咸豐年間的中英法《天津條約》簽訂後，台灣正式開港通商，台灣這時再度進入國際貿易領域中，外國人看上了我們台灣的蔗糖、樟腦與茶葉紛紛來台。這時來台的外國人，除了英國、法國等歐洲商人外，美國人與日本人也紛紛到來。其中，日本人更在台灣引起政治事件，著名的牡丹社事件，就是日本人以「琉球人漂流到台灣南部，被原住民殺害」為藉口，出兵台灣。此事件落幕後，讓清廷也重視台灣，對台灣的態度轉向積極。

從康熙二十四年到光緒十年之前的兩百年時間，台灣都隸屬於福建省下，來台的官員與士兵任期最長三年，任期滿不會留在台灣，馬上調回福建。不過光緒十年（1884年）爆發中法戰爭，法軍出現於北台灣一帶，此一戰爭讓清廷了解台灣地理位置的重要性，1885年台灣成為獨立的省，劉銘傳為首任巡撫。在1895年台灣割讓給日本之前，劉銘傳與他的繼承者積極建設台灣，台灣成為清朝最現代化的一省。

單位：年

西元	地點	時代	大事
1683	台灣	康熙	施琅大軍於澎湖大敗鄭氏王朝軍隊，施琅率大軍登台，鄭氏王朝投降。明朝宗室寧靖王朱術桂自縊殉國，寧靖王五位王妃相繼自縊。
	荷蘭		魯文霍克透過顯微鏡觀察到細菌的存在。
1684	台灣	康熙	廷經過一番「台灣棄留」爭論，最後康熙正式將台灣收入版圖，清廷依施琅之議，公布「台灣編查流寓則例」，嚴格規定漢人渡台禁令。施琅於台南入台灣，清廷在台灣設置一府三縣。台灣知府蔣毓英在台灣縣東安坊（台南）與鳳山縣各設一所社學，這是台灣最早的社學。
	英國	查理二世	牛頓發表萬有引力說。
1685	台灣	康熙	在台南孔廟設置台灣府儒學。首任台灣府知府蔣毓英、諸羅知縣季麒光、鳳山知縣楊芳聲共同纂修《台灣府志》為台灣最早的方志。全書共有沿革、敘山、敘川、物產、風俗、歲時、戶口、官制、人物、古蹟等十卷。

頒布人民渡台禁令（一）：雖有禁令但人民仍不斷偷渡來台

施琅以台灣可以成為大陸東南沿海四省屏障的國防觀點，說服康熙皇帝將台灣納入清版圖之中。清廷擁有台灣後，雖然取消了海禁政策，但唯恐台灣成為海盜與反清復明人士的溫床，便採取以防台方式治台措施，也就是清廷對在台的所有漢人，包含官兵都不信任。對官兵採取「班兵制」，以防範來台者叛變，除了將來台無妻室的漢人全數遣送回大陸原鄉，還頒布限制人民來台的渡台三大禁令。渡台禁令的頒布，在上述因素之外，也和經濟因素有關，當時福建與廣東兩地的糧食，無法充分供應當地民兵，因而需要台灣所產的糧食提供，所以清廷認為台灣人口如果增加勢必會對糧食的需求增加，這將會影響閩粵兩地民兵糧食的供應，因此想要台灣繼續供應糧食的方法，就是要限制台灣人口，想限制人口就必須頒布渡台禁令。

所謂的漢人渡台禁令為：1.內地人民想到台，須先在原籍地申請來台許可證，由「台廈兵備道」查明後發給許可證，出入船隻須嚴格檢查，偷渡者嚴辦，偷渡之船戶及失察之地方官，亦照法查辦。2.渡台者不得攜帶家眷，已在台者不得搬眷來台。3.潮州與惠州之地，為海盜淵藪，積習未脫，其民禁止來台。

年代	地區	人物	事件
			季麒光於一八八四—一八八五年之間於台灣，他將來台閱歷書寫成《蓉州文稿》一書。 沈光文、韓又琦等文人於諸羅（嘉義）創辦東吟社，初名「福台閒詠」，後來諸羅縣令季麒光加入才改名為「東吟社」，此是文學史上被認定的第一個台灣詩社。 徐懷祖（生卒年不詳）著《台灣隨筆》。
1685	英格蘭	詹姆斯二世	詹姆士二世即位，恢復天主教信仰。
1686	台灣	康熙	清朝下令「台灣駐防兵丁，三年之中陸續更換」，此即所謂的「班兵」制度。 諸羅知縣在新港社、麻豆社、目加溜灣社與蕭壠社（即現今台南地區），設置土番社學。 客家人開始往屏東地區開發。 施世榜開始利用濁水溪的河水，修築大埤圳，即是所謂的「八堡圳」，不過此圳修了三十多年才完成。
	法國	路易十四	當時歐洲興起中國熱，而康熙帝也對西洋科學產生興趣，因此路易十四派遣了一支科學團經海路前往中國。

「渡台禁令」的頒布雖然限制了兩岸人民自由往來，但福建與廣東兩省地狹人稠，人民生活艱困，在強大的人口壓力下，台灣的肥美土地與農作物一年可數穫，對這兩省的人們自然產生了吸引力，讓更多人士偷渡來台。就算是合法隻身來台者，在台灣生活穩定之後，也會不顧禁令，冒險偷渡家眷來台，使得台灣一直以來都有偷渡猖獗的問題。所以康熙晚年，藍鼎元與吳昌祚就提出，「渡台禁令」政策不僅無法遏止人民來台，反而因來台的人沒有家眷在旁，讓他們想從事投機違法的事，造成社會治安問題。這樣的觀點經過多年的討論，終於在雍正十年（一七三二年）有了回應，清廷允許讓在台有田產工作，且安分守己的男子帶家眷來台。不過，乾隆四年（一七三九年）閩浙總督認為，放寬渡台禁令反而讓作姦犯科者有機會來台滋事，而且移民者愈多，愈容易發生事端，因而認為應該再次禁止人民來台。所以乾隆五年朝廷再度頒布家眷渡台禁令，到了乾隆十一年才再一次放寬讓祖父母與妻子等家眷來台。不過這次以開放太久恐生弊端為由只開放一年，隔年又嚴禁渡台者攜眷。直到乾隆二十五年（一七六〇）福建巡撫吳士功上奏力陳眷禁令的弊害，朝廷才又放寬禁令，允許已經在台灣的男子可以將家眷帶到台灣，此後清廷不再對家眷是否來台一事加以干涉。基本上，關於攜眷入台的限制，清廷時而緊時而鬆，一直到光緒元年（一八七五

單位：年

西元	地點	時代	大事
1687	台灣	康熙	於福建省福州的鄉試，另編「台」字號或「至」字號，為台灣學子的保障名額，開啟台灣人參與鄉試考試。
	英格蘭	詹姆斯二世	牛頓發表《自然哲學的數學原理》，牛頓運動定律最早出現就是在此書中。
1689	法國	路易十四	孟德斯鳩誕生，他發表的三權分立說，對後世的憲法有很大的影響。
	日本	江戶時期	江戶幕府為了能有效地管理華人在日本的貿易活動，在長崎設置唐人屋敷當成居住與貿易場所。
1690	印度	蒙兀兒帝國	英國在印度東北部的孟加拉建城加爾各答。
1694	台灣	康熙	台廈道高拱乾修成《台灣府志》。
			台灣發生大地震，出現了台北湖。
	中國		樹壁和尚募款興建北港朝天宮。
	英格蘭	威廉三世	民營的英格蘭銀行創立。
	法國	路易十四	文學家伏爾泰誕生，他反對君主制度，主張言論自由。

年），清廷才正式下令取消內地人民度台的禁令，人民才可自由地進出台灣。

頒布人民渡台禁令（二）：台灣出現「羅漢腳」與「有唐山公、無唐山媽」諺語

清初的台灣是一個人少、土地肥沃的地方，讓人口多，耕地少、生活不易的福建與廣東一帶的人們都想來台。但清廷基於安全與經濟等因素的考量，頒布人民渡台禁令，其中「不允許來台者攜家帶眷到台灣」這條禁令，讓來台者都是隻身一人。雖然到乾隆年間，清廷曾數次放寬讓眷屬來台的禁令，不過並非所有來台者眷屬都能到台灣，況且多數來台者在原鄉都為單身男性。

在「渡台禁令」下，單身女子不可能申請來台，造成當時台灣的移墾社會出現陽盛陰衰的特殊現象。來台的男子之中，經濟能力較差者無依無靠，沒有家產、沒有固定工作、無法娶妻，平時遊手好閒、經常呼朋引伴、糾眾結黨一起好勇鬥狠，這樣的人在當時就被稱為「羅漢腳」。當時的台灣社會民風強悍，這些「羅漢腳」常一起滋事逞勇，成為當時社會治安上的問題。清領時期的台灣社會民亂頻繁，有「三年一小反、五年一大反」的說法，朱一貴事件、林爽文事件、戴潮春事件就是清時期相當著名的民亂。民亂通常是不同群體之間的武裝衝突，這些武裝衝突的主要

年代	地區	帝王	事件
1695	台灣	康熙	高拱乾補纂《台灣府志》，首開台灣八景詩書寫風氣。 李中素，湖北人，調任台灣府台灣縣知縣，寓居台灣至死，由於他工詩、書、畫，對台灣早期的文壇影響甚鉅。
1696	台灣		爆發吳球事件。
1696-1710	台灣	康熙	清朝初統治台灣時，來台者主要是居住在南部，不過從一六九六年，短短的十五年間，北台灣到處都可見到移民者。
1697	台灣	康熙	郁永河入台採硫磺礦，從台南一路北上至北投，沿途觀察台灣的山川文物與平埔族的風俗民情，寫成《裨海紀遊》（一六九八年完成）。 台灣知府靳治揚於台南廣設社學。
	法國	路易十四	啟蒙運動的先驅培爾編著的《歷史與批判辭典》出版，此書存在著他對封建宗教提出懷疑的觀點，並捍衛科學研究的自由。

參與者，就是這些羅漢腳，由於清時期的台灣羅漢腳充斥，民間結盟風氣又盛，因此遇到一些事，往往就會造成傷亡嚴重的械鬥事件。

當然並不是所有來台者都不會結婚沒有家庭，有些來台的幸運男子會在台灣娶妻生子，只是單身女子無法來台，所以這些幸運的單身男性結婚的對象為平埔族女子，而不是漢人女子，因而出現了「有唐山公、無唐山媽」這句俗語，「公媽」指的就是祖先，也就是說男性祖先來自大陸，女性祖先是台灣平埔族。

平埔族女子之所以會願意嫁給來台漢人，應該與漢人男子擅於耕作有關。平埔族在農事上都採取粗放耕作的方式，他們不會引水灌溉與施肥，所以一塊地工作幾年後，地力消失後就棄耕，隔個幾年，土地的養分恢復後再回來。不過來台的漢人深諳農耕技術，他們在平埔族棄耕的土地上進行耕作，還能相當豐富的收穫，讓平埔族羨慕不已，因此很多精於農事的漢人受雇於平埔族。有些平埔族在愈來愈依賴漢人男子之下，甚至出現了想招贅漢人男子為夫的想法。清領時期的台灣是農業社會，對這時的人來說，擁有一塊可耕作的土地即是一種生活的保障，這些漢人男子之所以來台灣，即是在原鄉沒有自己的農耕地。當時的平埔族為母系社會，採取的是牽手婚姻，土地繼承者為女性，所以與平埔族女子結婚的漢人男子，不僅可

西元（單位：年）	地點	時代	大事
1699	俄羅斯	彼得大帝	俄國彼得大帝開始力圖西化革新。
	奧地利	利奧波德一世	奧土戰爭結束，奧地利成功地併吞了匈牙利、克羅埃西亞與波士尼亞等地。
	台灣	康熙	發生吞霄地區的原住民反抗官府事件。
1699-1704	台灣	康熙	《康熙台灣輿圖》年代不詳，不過大致認為應該是在一六九九－一七〇四年間，學者認為可能是清廷委託西方傳教士測量臺灣地形，後由中國山水畫家據以繪製而成。是以寫實手法描繪出十七世紀末十八世紀初，臺灣西部地區由北到南的山川地形、兵備、道路與城鄉生活等景觀。
1700	俄羅斯與瑞典	彼得大帝 查理二十世	俄國與瑞典間的北方大戰開打（一七〇〇－一七二一），最後俄羅斯取代瑞典成為波羅的海的海權霸國。
1701	德國	腓特烈一世	神聖羅馬帝國皇帝將普魯士由公國升為王國，普魯士王國建立。
	英格蘭	威廉三世	播種機發明，拉開了英國農業機械化的序幕。

以傳宗接代，還能就此得到台灣的土地。因為這些男子的妻子得到土地後，他們就可以依漢人的制度，由自己的小孩來繼承母親家的財產，如此土地擁有權者就不再是平埔族而是漢人。由於清領時期的單身男子會與平埔族女子結婚，讓現今居住在台灣的多數閩南人，身上都有平埔族的血統。

唐山祖與開台祖：清代移民者對台灣產生土地認同

清初台灣是一個典型的移墾社會，來台者大都是隻身前來，少有舉家移民，更不用說全族遷來台灣。當時官府力量有限，所以他們來到台灣後，為了生存會依附在具有相同血緣關係的團體中，或是融入來自同一地區的群體之中。換句話說，來台者都會與同姓或是同鄉的人聚在一起，久而久之，就出現台灣社會就常見到的宗親會組織。

早期來台的漢人，剛到台灣時並沒有在台灣落地生根的打算，他們想在台灣賺了錢後，就回自己的家鄉，所以沒有祭祀上的問題。在台灣待了日子久了之後，就會有些人決定定居台灣，將台灣當成他們的家，在台灣結婚生子。這時就出現需要回大陸老家祭祀的問題，由於每年回大陸家鄉祭祖很不方便，而且來回一趟的花費也相當多，所以他們會聚資，共舉一位回老家祭祖者。當這些早期來台者在台灣繁衍的子孫超過了三、四代後，人丁愈來愈茂盛時，就會建祠堂祭祀祖先並設置祭祀公業（所謂的祭祀公業指的是，以永久祭祀祖先為目的，購買田地出租，收的錢做為祭祖時資金）。

當來台者或是其子孫不再回原鄉祭祖，他們會共同祭拜原鄉世代較久遠且名聲顯赫的祖先，這位祖先就是所謂的「唐山祖」。由於祭祀「唐山祖」的人，是一群居住在附近但不一定有血緣關係的同姓者。日子久了後，依附在一起的人就愈來愈多，這些依附者都是自願出資加入，所以彼此間不一定有清楚的系譜關係，他們常被稱為某個「唐山祖的宗族組織」。「唐山祖的宗族組織」的運作需要入股者繳納費用做為基金，這些基金會被拿來購地出租或放貸升息，收的錢就在每年祭祖使用。

不過，這些移民者在台灣的時間愈來愈久，就會出現許多彼此間有血緣關係的小家族。這些小家族漸漸地也都開枝散葉，經過了兩、三代，這些小家族就會基於血緣關係祭拜最早來台者，這位受到祭拜的來台第一位祖先就是所謂的「開台祖」。「開台祖」的子孫彼此間不僅有血緣關係，還有清楚的系譜關係，由這樣的子孫組成的宗族團體，就稱為「開台祖宗族組織」。開台祖宗族組織的運作，是由祖產中撥出一些錢當作「祭祀公業」，開台祖的「祭祀公業」，除了支付祭祀費用，有些家族為了鼓勵子孫參加科舉考

1701 **台灣** 康熙
下茄苳的劉卻事件，叛民攻陷縣衙，官員逃亡，是後清廷允許台灣的縣城與府城興建城牆。

1703 **台灣** 康熙
孫元衡完成《赤崁集》。
孫元衡安徽桐城人，一七〇三年任台灣輔海防補盜同知，一七〇六年代理諸羅縣知縣，一七〇七年改任台灣府台灣縣知縣。

1704 **台灣** 康熙
建鳳山縣署。
在台灣府（台南）東安坊出現台灣第一間正式書院「崇文書院」。
江日昇著《台灣外記》成書，刊行於一七一三年，此書從明天啟元年（一六二一年）鄭芝龍離開泉州到澳門開始寫，至康熙二十二年（一六八三年）鄭克塽投降，共六十多年的歷史。江日昇是一七一三年福建鄉試的解元，他的父親早逝，養父追隨明鄭將領鄭彩多年，江日昇自幼聽養父談論鄭氏事蹟，因而撰寫成書。

英格蘭 安妮女王
英國從西班牙手中取得直布羅陀。

單位：年

西元	地點	時代	大事
1705	台灣	康熙	孫元衡任職海防同知時（一七〇五—一七〇八），撰寫《赤嵌集》，歌詠山川、風俗，對台灣草木鳥獸多有記載。
	中國		教皇頒布禁令，不准中國教徒祭祖與祭孔，康熙皇帝得知後，就下令驅逐外國傳教士，將教廷特使逐至澳門。
1706	台灣	康熙	台灣知府衛台揆在台灣府（台南）設置第一間義學。
	英格蘭	安妮女王	科學家兼政治家富蘭克林誕生，他發現電，發明避雷針，曾起草美國的《獨立宣言》。
1707	英格蘭	安妮女王	英國通過《聯合法案》，英格蘭與蘇格蘭正式合併為大不列顛聯合王國。
1709	台灣	康熙	諸羅知縣奉命在半線庄（彰化）設置社學。 「陳賴章墾號」獲得墾殖大佳臘地區，大規模開發台北盆地的開始。 施琅完成《靖海紀事》。
1710	台灣	康熙	海盜鄭盡心在江浙到北台灣的海域，讓清廷在大甲以北增設防禦區。

試，還會撥款給要去參加科舉考試者，當作獎勵用。

唐山祖宗族組織雖是以祭祀唐山共同祖先為目的組織在一起，實際上這個團體是為了共同開墾時聚在一起的組織。過了幾代後，當台灣社會從移墾社會轉變成在地社會，也就是大約清朝中葉時，人們就開始以台灣人自居，不再稱自己來自大陸的漳州、泉州或是同安、惠安等地區，這時來台的子孫祭拜的對象只剩「開台祖」。這反映漢人來台久了，祖籍意識逐漸薄弱，他們對台灣這塊土地產生了土地認同感。

原鄉信仰、地基主融入與有應公祭拜：清代移民者的宗教信仰

台南的廟宇數量相當多，有「三步一小廟，五步一大廟」的說法，廟宇之所以會如此多，和這個地方是台灣移民者最早來到的地方有關。每個人在面對茫茫不可知的未來時，都會尋求宗教信託，離鄉背井的移民者更是如此。所以當他們飄洋過海來到台灣時，自然會將原鄉的宗教信仰帶到台灣。

媽祖與關帝君等的信仰，於台灣見於各族群各地區。媽祖在中國主要信奉者在東南沿海地區，祂是海上船隻航行的保護者，因此早期移民者要來台灣時，怕橫渡台灣海峽會遭遇不測，都會攜帶媽祖神像來台，當移民者到台灣時就會建廟供奉。隨著移民者在台生活遇到水土不服、疾病或是民亂而產生恐懼時，

年代	國家	統治者	事件
1711	英國	安妮女王	成立南海公司，專門經營美洲與太平洋的貿易。
	中國	康熙	爆發江南科考案。戴名世著《南山集》，後被彈劾遭處死，清初的三大文字獄案之一。
	台灣		清廷規定從大陸來台者，必須在原籍地開具證明，並在限期內回去。
1712	英國	安妮女王	世界上第一台活塞蒸汽機出現。
1713	中國	康熙	康熙皇帝下詔，要求各省各府州縣要廣設義學。
	歐洲		西班牙王位繼承戰爭結束，各國簽訂《烏得勒支條約》。
1714	德國	腓特烈一世	華倫海特發明了水銀溫度計，訂定華氏溫標。
	英國	安妮女王與喬治一世	安妮女王去世，由於安妮沒後代，就由漢諾威選侯喬治登基，稱為喬治一世，英國開始漢諾威王朝。
	台灣	康熙	西洋傳教士在台灣實地探勘三十三天，完成《皇輿全覽圖》台灣部分。

就會去廟中祈求平安，逐漸地媽祖就從原本具有海上神祉的性格，轉變成為各行各業都會祭拜的神。關帝君的祭拜之所以會盛行，與明清朝的官方都相當尊崇祭拜關公有關。尤其是清朝的皇帝對關公更加崇敬，讓祂的神威在民間廣為流傳。而且桃園三結義的關公重義氣形象，與清時期的台灣結盟風氣盛相當符合，因而也成為台灣民間主要信奉的神。

開漳聖王、保生大帝與三山國王的信仰，則屬於特定族群祖籍共同信奉的對象。開漳聖王為漳州人的守護神，唐代，陳元光奏請在泉州與潮州間設郡縣，皇帝准奏後創建漳州，漳州人感念他的功勞，就建廟祭祀祂，尊稱為開漳聖王。保生大帝又稱為大道公，是同安人的守護神，相傳祂的醫術高明，救人無數，因而建廟奉祀祂，在台灣只要是泉州人移民居住處就可見到奉祭祂的廟宇。三山國王為客家人的守護神，祂原本為潮州地區人民的精神信仰，崇拜的是潮州當地三座山——獨山、明山與巾山的山神。隨著潮州地區的客家人向外移民，三山國王信仰也隨著向外擴展來到台灣。由於台灣的移民者大都來自漳州、泉州與客家族群，這三個區域與族群者個別信奉的對象，也逐漸成為台灣在地村落的保護神。

台灣的廟宇中，以應公廟（或稱萬應公廟、萬姓公、大眾爺等等，名稱相當多）數量最多，由於這類廟隱身於街頭巷尾常會被忽略。其實這類廟中祭祀的

單位：年

西元	地點	時代	大事
1715	法國	路易十五	法國成立第一家國家中央銀行。 十八世紀初，路易十五登基，給宮廷藝術家和一般藝術時尚帶來變化，出現反繁複的巴洛克風格的洛可可藝術風格。
	台灣	康熙	來台經商的泉漳諸商旅，為了祈求海上平安，興建台南水仙宮，氣勢宏偉，嘉慶年間郊商還於水仙宮內設總辦處「三益堂」，讓水仙宮成為城西的商業中心。
1716	中國	康熙	《康熙字典》編纂完成。
	台灣	康熙	岸裡社土目阿穆請墾貓霧棟，此為開闢台中之始。
1717	中國	康熙	制定商船出洋貿易法，除了日本外，呂宋等地皆不許前往。
	德國	腓特烈一世	普魯士王國開始施行義務國民教育，這是世界上最早施行的官家。
1718	歐洲		奧地利、法國、英國與荷蘭，訂立制止同盟條約，稱為四國同盟，這個同盟簽訂的目的在於限制西班牙行動、維持《烏得勒支條約》內容。

是我們俗稱的孤魂野鬼，祂們與清領時期到台灣拓墾的「羅漢腳」有關。這些人或許水土不服病死，或是參與械鬥等因素客死異鄉。他們大都無親人，死後被草草掩埋，或是曝屍荒野，依傳統觀念，祂們因無人祭拜，會成為厲鬼出來作祟，於是善心人士會籌資建小廟來供奉祂們，這些小廟就是俗稱的陰廟。

台灣的神祇崇拜大都可以見到偶像，但「地基主」的祭拜不見任何偶像，傳統家庭會於農曆的初一、十五或是節日祭拜時，在大廳前的牆角邊，或是廚房前找個地方擺設一張矮低的桌子，以三牲祭拜或是五碗飯菜，擺設兩雙碗筷與酒杯來祭拜。人們相信這屋子的地基主作祟，會讓居住者的家庭不和睦，甚至會發生居住者生病、事業不順等種種不幸的事，所以台灣家庭會祭拜地基主。不過，台灣的所有神祉都可以在大陸找到信仰者，唯獨「地基主」祭拜不存在於大陸，這是因為「地基主」與平埔族的祖靈有關。早期移民者與平埔族的互動密切，尤其是與平埔族女性結婚的男子，他們可以因婚姻關係擁有平埔族的土地，這些擁有平埔族土地者擔心平埔族的祖靈會出來作祟，便給予「地基主」的神名開始祭祀。

異姓結拜與聯庄組織：清領時期台灣的民間組織

清初在移民渡海禁令的限制下，台灣單身男子相當多，當時官府公信力不夠、公權力不足，讓隻身在

1719 台灣 康熙 彰化地區的大租戶施世榜興建完成八堡圳。

中國 頒布《皇輿全覽圖》。

英國 喬治一世 狄福《魯賓遜漂流記》相當寫實，以致於被認為是一本介於謊言與真實的作品。

1720 台灣 康熙 位於台灣府（現今台南）的海東書院成立，為清時期的台灣規模最大的書院，它是由巡台御史兼學政張湄來興建。

張湄來的重要著作中，《瀛壖百詠》為吟詠台灣風物的詩作。

福建巡撫呂猶龍下令，在與生番的交界處立石設限，此是官方設隘之先聲。

1721 台灣 康熙 朱一貴於高雄帶領天地會人士反抗清人統治，發生朱一貴事件，事件以朱一貴遭捕後被處死結束。

在諸羅縣北部的半線地方（即今日彰化）增設彰化縣與淡水廳。

鳳山縣粵人建義民廟。

台灣的先民對環境產生不安感，所以他們會與同鄉或是同姓者聚居一起，組成一個小村落。這時的先民基於情義與相互照顧的需要，會發展出一種「擬血緣」的家庭關係，彼此間以兄弟相稱，藉著盟誓來約束成員，這些人強調的是義氣千秋，發揚四海皆兄弟的精神，企圖藉此在混亂的社會裡，互相支援，使彼此都能獲得相對的安全感。

雖然從康熙以來，清朝廷就不斷地下令阻止人們異姓結拜，認為這是社會動亂的根源。不過劉備、關公與張羽的桃園三結義，與《水滸傳》這本小說中的結義故事，早在民間廣為流傳，尤其是關公信仰不僅流行於漢人之間，更為滿清皇族推崇，因此關帝君信仰在民間社會裡更加普及，讓台灣民間的結盟風氣亦十分盛行。先民們異姓結拜後往往會以某某社或是某某會黨，即是祕密會黨的形式存在，在會黨內皆以兄弟相稱，各會黨的共同宗旨，主要是講究義氣，強調內部成員間的互助，因此會黨勢力就成為豪傑結合抗官力量的大本營。一旦發生揭竿抗爭事件時，就會演變成為民變，如發生於乾隆年間的大民變林爽文事件，就是林爽文領導下的天地會引起的抗官事件。

清代的官方行政組織之下，還設有「里」或「保」、「街」或「庄」等鄉里的基層組織。這些鄉里的組織，以自然形成的街庄為基礎架構，也就是以同一里或保內的街庄為實施的範圍。街庄中的各種事

單位：年

西元	地點	時代	大事
1721	俄羅斯	彼得大帝	俄羅斯與瑞典的戰爭結束，簽訂了《尼斯塔德條約》，俄國在此獲得波羅的海的出海口。
	法國	路易十五	孟德斯鳩在《波斯書簡》一書中，諷刺法國和歐洲的社會與制度。
1721-1723	台灣	康熙	藍鼎元著《東征集》與《平台略記》，書中對於朱一貴事件發生緣由詳細記錄，也提出當時台灣官吏的陋習與吏治的敗壞。
1722	台灣	康熙	首度劃定「番界」禁止漢人侵占番地。 台灣各地普設義學。 藍雲錦獲得開墾屏東里港的墾照，帶領漳州人士至里港開墾。
	中國	康熙雍正	康熙過世，由四子即位，為清世宗。
	俄羅斯	彼得大帝	彼得大帝制定了《帝位繼承法》，規定沙皇可以自由選擇繼承人；頒布《官秩表》建立文官制度。

務問題，如制定法規、防賊防盜與調停糾紛等，都是由街庄內的仕紳、耆老等共同處理。一般來說，鄉里中有關治盜、修築埤塘等水利建設，或是建廟等事務，無法僅由單一街庄處理，而是需要數個街庄聯合處理，於是在清代台灣的數個街庄間常有聯庄之舉。

所以，聯庄組織是聯合數個街庄組成的保安組織，一般會在這個組織內設置一位總理來處理區內的事務，另外還會設置多名董事來協助總理處理事情，總理與董事都是由區內的仕紳、耆老、墾首與保正等保舉，再由官方發給諭帖。聯庄組織為鄉治組織的核心，總理事聯庄之長，但不可以獨斷獨行，僅為合議制的首席，其職務主要是維持地方秩序、管理公共事務，推行政令與協助差役或地保執行司法事務，但對於街庄沒任何指揮權，只能進行勸諭。不過，清代中期，台灣的盜賊猖獗、分類械鬥頻傳，造成社會動盪，因此朝廷下令聯庄執行聯甲，因而要他們自籌經費，辦理肅清內賊的清庄與團練壯丁事宜。

內地化與土著化：從移墾社會到文治社會（漢人傳統社會）

清領初期的移民者，大都來自福建與廣東兩省，主要為漳州、泉州與客家人，他們來到台灣時，會一群人一起居住在與原鄉相似的環境。漳州人住在平原地區，客家人居住在靠山區，泉州人住在靠海的地

年代	地區	在位者	事件
1723	中國	雍正	正式頒佈天主教禁令，除了通曉技藝的西洋人外，全都需送往澳門安置。
	台灣		在諸羅縣北側的半線地方設置彰化縣，淡水地方設置捕盜同知。
1724	德國	查理六世	康德誕生，他的重要著作有《純粹理性批判》《判斷力批判》等書，將啟蒙運動帶到顛峰。
	中國	雍正	實行耗羨歸公和養廉銀制度實施人頭稅，用來取代向有耕地的家庭徵收家庭稅。
	俄羅斯	彼得大帝	建立俄羅斯科學院。
1725	俄羅斯	凱薩琳一世	彼得大帝過世，由他的妻子凱薩琳一世即位。
	歐洲		《維也納條約》簽訂，結束了奧地利對西班牙王位的要求權，奧地利幫助西班牙從英國取回直布羅陀。
	台灣	雍正	台南成立三郊，創立「行郊」，商業漸盛。鹿港天后宮興建，此為台灣最早奉祀湄洲祖廟開基媽祖神像的廟宇。

方，移民者在台灣過的生活就如同在大陸原鄉一樣，將大陸地區的風俗習慣與耕作方式帶到台灣。所以這時的移民者雖在台灣，但未對台灣有認同感，對外都說自己來自漳州、泉州等地，表現的是自己對原鄉的認同感，產生的是祖籍意識，大家會聚在一起祭拜大陸的古老共同祖先，也就是「唐山祖」。這時期的台灣社會到處都可以看到唐山的影子，也就是所謂的台灣社會「內地化」。

這種台灣社會的內地化，在乾隆年間更被強化。其因在於當時的台灣西部開發殆盡，到處都可以見到漢人的足跡，漸漸地各族群者因各種資源與利益分配的問題發生衝突，如漢人與原住民間的衝突，漳州人、泉州人與客家人等不同族群間的矛盾，衝突愈來愈嚴重，就出現打群架事件，即是所謂的「分類械鬥」等社會問題。當時的官府力量不足以維持社會秩序，因此當分類械鬥發生時，就會揪集同鄉者支援，加深在台的移民者群體間的關係。

大約到了一八六〇年，台灣被迫開港通商後，各國勢力不斷地進入台灣，讓台灣的貿易更加興盛。不過隨著外國人到來，他們以雄厚的資金、先進的交通，與從清政府中取得許多特權，輕易地掌控台灣的貿易活動，並衍生許多涉外事件的紛爭，如一八六八年鳳山縣民焚毀英國與法國的教堂、打狗英商與哨丁發生衝突等。當這些外國人成為台灣出現新的侵擾

西元（單位：年）	地點	時代	大事
1726	中國	雍正	《古今圖書集成》定稿。
	英國	喬治一世	愛爾蘭作家斯威夫特《格列佛遊記》成書，這是一本諷世作品。
	台灣	雍正	彰化孔廟興建，為目前保存最完整的清代建築。
1726-1729	法國	路易十五	伏爾泰這段時期都在英國，他對洛克與牛頓的思想十分的佩服。
1727	台灣	雍正	湖的戰備地位相當重要，因而設置澎湖廳。 再度禁止來台人士攜眷。 黃叔璥完成《番俗六考》。 黃叔璥（一六八二—一七五八），為首任的巡台御史，著作《台海使槎錄》與《南征紀程》等書對台灣文化的記載相當重要。 《台海使槎錄》分成兩部分，《赤崁筆談》部分，談論的是在台漢人生活方式；《番俗六考》部分，為台灣官方第一次有系統的調查及記錄台灣西拉雅族的文化，並請繪工繪製《番俗圖》。
	中國		中俄簽訂《恰克圖條約》。
	英國	喬治二世	西班牙因領土問題包圍直布羅陀，英國和西班牙不宣而戰。

者，分散了之前於台灣頻繁出現的分類械鬥的焦點。

而且這時的台灣進入清版圖也差不多一百多年，雖然仍有移民進入台灣，不過台灣的土地開發趨於飽和，移入者數量減少。再加上早期移入者繁衍了好幾代，已在台灣開枝散葉，讓人口結構出現了變化，原本的性別失衡趨於正常，無所事事的羅漢腳比例下降，台灣增加的人口來自人口的自然增長，也就是在台灣出生的人愈來愈多。這些在台灣出生與長大者的原鄉意識（即祖籍）已經轉淡了，反而對台灣新社會，也就是現居的村落產生歸屬感，慢慢形成在地的文化形式，出現了台灣的在地認同概念，人們不再說自己是「漳州人」「泉州人」等，而是出現了「府城人」「諸羅人」等說法。這些人建立的新祠堂與祭祀組織也只剩下開台基祖派的典型宗族，原本為特定族群才會祭祀的神祇，如漳州人的開漳聖王、安溪人的清水祖師爺、同安人的保生大帝、泉州三邑人（惠安、南安與晉江）的廣澤尊王等，成為超越聚落的社會組織。換言之，在清代中葉的台灣出現一群與土地產生緊密關係的生命共同體的人，這些人在寺廟信仰與宗族組織的推動，慢慢地積澱出自己的在地文化特色，形成屬於台灣的在地漢人傳統文化與社會。

從移墾社會步入文治社會：清領台灣的文教發展與科考

年代	地區	統治者	事件
1728	俄羅斯	凱薩琳一世	原籍丹麥的特國探險家維它斯・白令率領探險隊發現了在亞洲與北美洲之間的海峽，後為紀念他將這一海峽命名為「白令海峽」。
1729	法國	路易十五	伏爾泰從英國回到法國。
1731	台灣	雍正	福建總督奏請，將大甲溪以北的一切事務都歸淡水同知管轄，並將廳治移到竹塹。
1731-1732	台灣	雍正	大甲西社的頭目林武力，帶領中部地區平埔族起來抗官的暴動事件。
1732	台灣	雍正	張達京、陳周文、秦登鑑等人組成六館業戶，與岸里社番敦仔以「割地換水」方式合作開鑿貓霧捒圳。 在鳳山的吳福生發起抗清叛變。
	日本	江戶時期	關西以西地區發生大量蟲害，因而發生享保大飢荒。
	奧地利	查理六世	音樂家海頓誕生，海頓又被稱為交響樂之父，他與莫札特、貝多芬同為維也納古典時期的代表。

台灣早在明鄭時期，陳永華主導下就曾舉行過科舉考試、設學校、建孔廟等，將傳統的儒家文化帶到台灣。清初的台灣是一個移墾社會，移民者主要是質樸無文的下層民眾，社會上缺乏主導禮教的仕紳階級，所以文教活動較式微。但儒家思想是維持忠君的重要元素，為了宣揚儒家思想，在台灣展開以學校教育為中心的文教教育。清代在台灣設置的學校有府縣儒學、書院、書房、社學與義學，其中具有官辦性質的教育為府縣儒學與書院，書房、社學與義學屬於民間教育。

府縣儒學為地方政府辦的學校，清初僅在台灣與鳳山兩縣設置儒學，一六八五年才在台灣府設置儒學，至一八九〇年共設置十三所儒學，其中以「全台首學」台灣府學最重要。府縣儒學設置的目的，培養忠君之道與應考鄉試，所以入學有嚴格的限制，入學者必須經過考試，合格者才能入學。入學考試每三年舉行一次，考生必須經過縣試、府試與院試後才可入學就讀，入學者即是生員，就是所謂的「秀才」。學子在儒學中，每學期都有定期考試，考過才能獲得晉級並得以參加鄉試，鄉試優秀者可以到國子監就讀。

書院的入學沒有任何限制，人人都可以就讀，當時人們會以每個書院應考及第人數來評價對這個書院，因此書院會鼓勵學生參加考試，教學也是以研讀科舉考試內容為主。書院是界於私學與官學之間的學

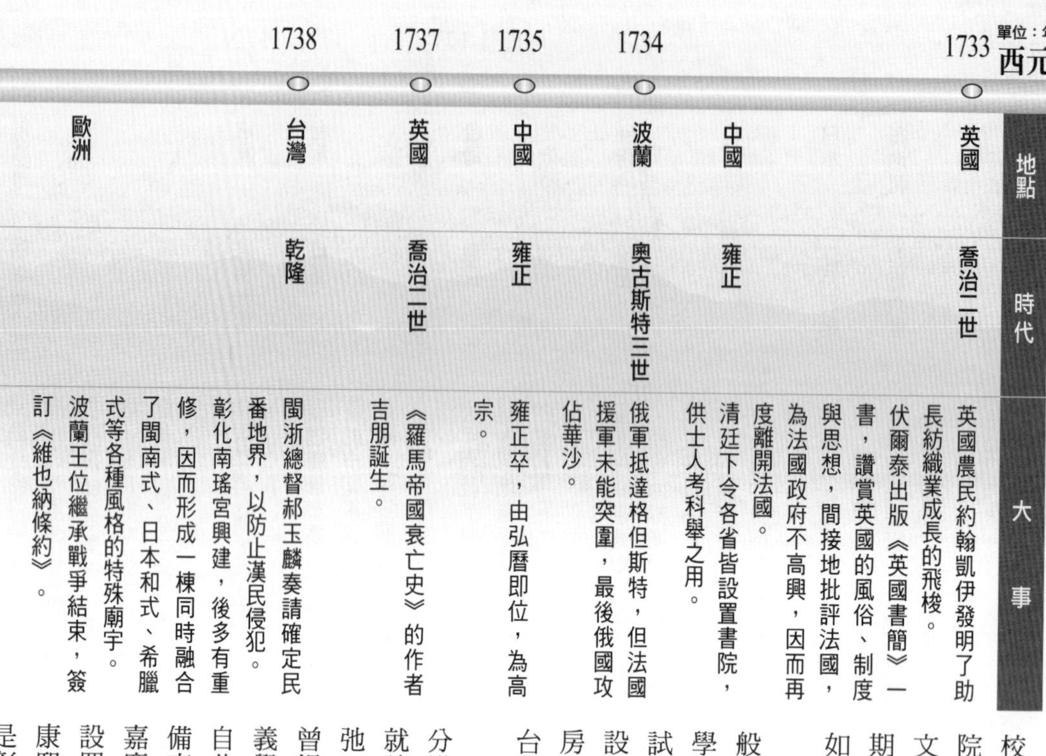

單位：年

西元	地點	時代	大事
1733	英國	喬治二世	英國農民約翰凱伊發明了助長紡織業成長的飛梭。
			伏爾泰出版《英國書簡》一書，讚賞英國的風俗、制度與思想，間接地批評法國，為法國政府不高興，因而再度離開法國。
	中國	雍正	清廷下令各省皆設置書院，供士人考科舉之用。
1734	波蘭	奧古斯特三世	俄軍抵達格但斯特，但法國援軍未能突圍，最後俄國攻佔華沙。
1735	中國	雍正	雍正卒，由弘曆即位，為高宗。
1737	英國	喬治二世	《羅馬帝國衰亡史》的作者吉朋誕生。
1738	台灣	乾隆	閩浙總督郝玉麟奏請確定民番地界，以防止漢民侵犯。
			彰化南瑤宮興建，後多有重修，因而形成一棟同時融合了閩南式、日本和式、希臘式等各種風格的特殊廟宇。
	歐洲		波蘭王位繼承戰爭結束，簽訂《維也納條約》。

校，由於台灣的官學不足，朝廷鼓勵來台官員辦書院。一六九五年，台灣知府將安東坊義學改建成「崇文書院」，這是台灣第一座典型書院。整個清朝時期，台灣設置的書院相當多，尤其是嘉慶之後書院更如雨後春筍般的出現。

完全的民間教育有書房、社學與義學。書房一般稱為私塾、學堂等，除了教學生識字讀書的能力，學生參加科舉考試更是書房教育的目的，因此科舉考試內容為主要的教材。咸豐朝時，台灣還沒有書房的設置，徐宗幹擔任台灣兵備道學政時鼓勵民間設立書房，不過書房屬於民間大都時設時廢，所以難以統計台灣曾有多少書房。

清初為了方便偏遠學生就學而設社學，社學可分漢人就讀與原住民就讀兩種，不管是哪一種，有志就讀者都可以入學。不過漢人社學在朱一貴事件後廢弛，由義學取代。平定朱一貴事件的重要人物藍鼎元曾提到，台灣應該廣設學校，從府縣到鄉村都要廣設義學，聘請品格高尚者為師教導，以轉移士習民風，自此台灣到處都設置義學，由於到義學就讀者不需準備束脩，所以很多家境清寒者會上義學，因此到乾隆嘉慶時期台灣的文教風氣就興盛起來。原住民的社學設置目的不在科舉而是教化，從台灣入清版圖之初的康熙二十五年就可以設置，在乾隆年間頗為盛行，光是彰化縣就有二十一間，不過到了道光年間平埔族快

1739

台灣 **乾隆**

泉州的移民者在艋舺興建龍山寺落成；郝玉麟立石於各個漢番邊界，厲行禁令；林朝英誕生（一七三九—一八一六），台灣府台灣縣人（今台南），乾隆朝貢生，善於水墨畫、雕刻及書法，被日本人稱為「清代臺灣唯一藝術家」。畫多為花鳥題材，受到徐渭（明代畫家）影響，作品有《墨荷圖》《墨竹圖》《雙鷺圖》等。

台南風神廟開始興建，當時的台灣道台奏請，將接官亭移到此，並興建風神廟，以保佑台海船隻安全而興建。

英國 **喬治二世**

英國與西班牙爆發了詹金斯耳朵戰爭。

1740

台灣 **乾隆**

郭錫瑠開始興築「瑠公圳」，引新店溪灌溉台北盆地。

中國

重輯《大清律曆》完成、《大清一統志》修成。

普魯士 **腓特烈二世**

普魯士的腓特烈二世即位為腓特烈大帝，十二月入侵奧地利，發起奧地利王位繼承戰爭（一七四〇—一七四八）。

腓特烈二世著有《反馬基維利》。

速漢化，平埔族都進入義學就讀，因此原住民的社學就廢除。

這些學者讀書的目的是要求得功名，清代的科舉考試有童試、鄉試、會試與殿試四種。童試是進入府縣儒學的入學考試，考試的地點在府城（台南），考生必須經過縣試、府試與院試，院試及格後才可入學稱為「秀才」，秀可以參加鄉試或是進入國子監成為貢生。鄉試是每三年於省城舉行一次，台灣未建省之前屬於福建府，所以秀才通過府縣儒學的考試後，就可到福建省城福州貢院參加鄉試，考中者就稱為舉人，習慣上稱舉人為「老爺」，考中舉人就可以出仕為官。不過台灣在清初期文風未盛，應試者很難考上舉人，所以在一六八七年朝廷為了獎勵台灣的讀書人，會多增額一名專門錄取台灣的應試者，因此開啟台灣學者參加鄉試。中舉人者可以赴京參加會試考上就是貢士，貢士可參加皇帝親臨的殿試，考上就是進士。清統治時期台灣中進士者共有三十二人，康雍乾三朝，台灣人中進士僅三人，從道光朝開始，朝廷決定給與從台灣赴京考試者一名的保障名額，讓台灣學子有機會中進士，從此文風漸盛，台灣進士輩出。

劃界封山禁絕與土牛紅線：清朝採取的漢番隔離政策

台北淡水捷運線的石牌站出口，有個「奉憲分府

西元 單位：年	地點	時代	大事
1741	台灣	乾隆	重建台南設海東書院，由府學教授授課，後來有「全臺文教領袖」之稱。
1742	德國	腓特烈大帝	在西里西亞戰爭中，腓特烈大帝和法國、西班牙等國結成反奧聯盟；奧地利與普魯士在柏林簽訂合約，普魯士獲得西里西亞，戰爭結束。
	歐洲		法蘭克福當選為神聖羅馬帝國皇帝查理七世，這是從十五世紀以來第一位非哈布斯堡王室的皇帝。
1743	奧地利	瑪莉亞特雷西亞	奧軍隊入侵法國亞爾薩斯。
1744	中國	乾隆	諭令張照、梁詩正與勵宗萬等編宮中所藏繪畫目錄《石渠寶笈》。
	歐洲		法、普魯士、巴伐利亞的結盟，和荷蘭、英國、奧地利結盟爆發戰爭，史稱第二次西里西亞戰爭爆發。
1744-1747	台灣	乾隆	六十七為滿州鑲紅旗人，他在乾隆八年（一七四三）受任巡台御史之職，隔年三月廿五日抵台，原應在乾隆十一年（一七四六）三月任滿，不料乾隆皇帝卻要他留任。

曾批斷東勢田南勢園歸番管業界」石碑。從雍正時期漢人陸續來台北盆地開墾，因而與平埔族間時常發生爭端，所以乾隆時期立下此石碑當作漢番的界線，告訴在這地區的漢人，碑以北就屬於原住民居住處，不得以進入。

清初到台灣的先民，主要目的是獲得土地進行農耕，取得土地的方法，除了向當地政府申請無主土地耕種，就是透過承租、買賣、交換、入贅，甚至以武力與欺騙等方式從原住民那獲得土地。換句話說，漢人來到台灣讓原住民的生存受到嚴重的威脅。為了保障原住民的生存，避免漢人與原住民間發生衝突，並防範漢人中的反叛者入山藏匿，清政府便決定頒布封山令與立石碑定「番界」的「漢番隔離」政策。

一七二一年台灣發生的朱一貴抗清事件平定後，朱一貴的餘黨經常出沒「番界」，於是浙江總督覺羅滿保提出施行遷民劃線的想法，並要南澳總兵兼福建水師提督藍廷珍毀屋驅逐原住民、築牆、挖深溝做為界線。後因藍鼎元強力主張不可行，最後才以「立石禁入番地」取代築牆、挖深溝的界線，也就是在台灣南北的漢人與原住民的生活區域交界處，立了五十四個石碑，來標定「番界」。

這種立石碑定「番界」，於雍正與乾隆時經歷多次重劃，尤其是在乾隆皇帝時，不僅在距原住民居住地約十至二、三十公里處立石碑，以表示漢番的界

一七四四－一七四六所著的《台海采風圖考》，為六十七任巡台御史時巡視臺灣各地，將所見所聞詳加考證與記錄。

《使署閒情》則是六十七以悠閒的筆調說明太平盛世時期的台灣風情。

一七四六－一七四七年的《番社采風圖考》，則是六十七將他在台灣親見聽聞的台灣民情風物寫下，並請繪工根據資料和現場情境繪成原住民的風俗圖，即是《番社采風圖》。

年	地區	人物	事件
1745	奧地利	瑪莉亞特雷西亞	奧地利與普魯士在德萊斯堡締和約，第二次西里西亞戰爭結束。
1746	奧地利	瑪莉亞特雷西亞	法國與奧地利在尼德蘭仍持續戰事，法國完全占領奧屬尼德蘭。
1747	中國	乾隆	命修《續文獻通考》。
1748	歐洲		奧地利王位繼承戰爭結束。最後簽訂《亞琛和約》。 孟德斯鳩著《論法的精神》出版，內容提到行政權、立法權與司法權，三權分立的思想。

線外，還會在地面挖出深溝，將挖出的土堆在溝旁，形成一條人工界線。由於土堆起來的形狀很像牛蹲坐時隆起的背，因而被稱為土牛，挖出來的溝就被稱為「土牛溝」。「土牛溝」界挖出來後，縣府就會使用紅筆在地圖上劃線標示番界經過的地，習慣上稱紅線為地圖上的無形番界，以土牛代表地表上有形的界線，二者合稱「土牛紅線」。不過當無人地的漢人開墾區的墾殖活動幾近飽和後，漢人就會想盡各種方法越過番界，將原住民的土地據為己有，所以這條「土牛紅線」於乾隆年間進行過四次番界的清釐，出現了紅、藍、紫與綠色四種顏色線的番界圖。從地圖上來看這條土牛縣，是不斷地往山區推進，可知原住民的生活空間不斷地縮小。

於是因林爽文事件來台的福康安發現，漢人侵占番地問題，所以在事件平定後，就以平埔族協助平亂仗有功，建議施行「番屯制」，就是在番社挑選壯丁當作屯丁防守生番，讓生番不會出來擾事，並將番地外未開墾的荒地交由這些屯丁開墾，開墾收入當作這些屯丁養家費用。只是屯丁駐守地距離墾殖的土地太遠，無法親自耕作，再加上平埔族也不熟悉漢人耕作方式，更無力耕作，這迫使族人會將土地違法典賣給漢人，造成土地權利流失。

單位：年

西元	地點	時代	大事
1749	台灣	乾隆	台灣歷史最悠久的南管團體鹿港雅正齋於鹿港成立，此樂團是由陳佛賜成立。
	英國	喬治二世	音樂家韓德爾的作品《皇家煙火》在倫敦首次正式演出。
1750	英國	喬治二世	從這年開始，英國倫敦取代荷蘭的阿姆斯特丹，成為國際貿易與金融中心。
	歐洲		《馬德里條約》確定西班牙與葡萄牙的邊境。
1750-1825	歐洲		這段時期的歐洲主流因為為古典主義音樂，重要的音樂家有海頓、貝多芬與莫札特。
1751	英國	喬治二世	狄德羅編的《百科全書》出版。
	中國	乾隆	清朝政府平定西藏珠爾默特那木札勒叛亂，清廷正式授權七世達賴喇嘛掌握西藏地方政權，清廷降旨由達賴喇嘛管理藏事，從此確立了黃教治理西藏的政教合一制度。

郁永河與《裨海紀遊》：第一本記錄台灣風土人情與山川文物的遊記

出生於浙江省仁和縣（今杭州市）的郁永河是位相當熱愛旅遊者，獲得福建官府的幕僚工作後，短短幾年內就將足跡踏遍福建境內各地，唯獨台灣苦無機會前來。一六九六年福州府火藥庫爆炸，五十幾萬斤硫磺火藥全部焚毀，朝廷下令福州官府需負責賠償，官員正在煩惱之際，獲得台灣北部產硫磺的訊息，就決定派人前來台灣開採硫磺。不過這時的台灣北部是個蠻荒之地，沒人願意來，郁永河得知後十分興奮，表示願意來台灣採礦。

郁永河雖然要到北投一帶開採硫磺，但他的船隻並不是直接到台灣北部，而是從廈門出發經澎湖到台灣，從台南鹿耳門上岸。郁永河一行五十五人在府城台南停留了一個多月，分水陸兩批北上，他選擇以陸路方式乘坐牛車北上。由於牛隻體力有限，每經過一個社就必須換車，這讓郁永河有了接觸各地平埔族人的機會。

郁永河首先見到的新港社、目加溜灣社與麻豆社，是一群曾受過荷蘭人與明鄭王朝統治的西拉雅族人，他發現這幾個社的生活環境不像謠傳的落後與荒涼，完全不輸大陸內地的村落，讓他對原住民的印象改觀。在麻豆社換過牛車後，郁永河開始連夜的趕

年代	地區	在位者	事件
1752	北美洲		蘭克林在雷雨天氣中放風箏，以證明閃電具有電的性質。
	台灣	乾隆	台北芝山岩惠濟宮興建，歷經十多年才竣工。供俸開漳聖王，清時期泉州與漳州人經常械鬥，因此漳州人會將廟宇蓋在山丘上。
1753	英國	喬治二世	大英博物館成立。
1755	台灣	乾隆	林成祖墾號在台北盆地興築大安圳，引大漢溪灌溉土城與板橋一帶。
1756	德國	腓特烈大帝	普魯士的腓特列大帝率領軍隊攻進奧地利屬地薩克森地區，爆發了七年戰爭。
	英國	喬治二世	英國與法國因為北美洲與印度的殖民地問題，在北美洲爆發戰爭。
1757	英國	喬治二世	英國擊敗孟加拉，印度淪為英國殖民地。
	中國	乾隆	關閉各地的通商口岸，僅留廣州一地的對外貿易港口。
1758	台灣	乾隆	清廷下令竹塹歸順的平埔族人改用漢姓，並薙髮留辮，更在公館設置祭拜會所，稱為「采田福地」。

路，沿途除了換車做短暫的休息外郁永河一行人幾乎都不休息，直到半線社（今日彰化）才停下來休息過夜。雖然趕路讓他疲憊不堪，不過他發現到半線社路上，森林蔽天到處都是鹿群，所見到的平埔族男子習慣裸體見人，女子們皮膚都很白皙漂亮，過了半線社後，路況相當的差，所見到的女子容貌也愈不佳。

郁永河一行人抵達牛罵社（台中清水）時，天氣轉壞，大甲溪的水流十分湍急，只好停下腳步。他們在牛罵社待了一個多星期。郁永河見溪流仍湍急，但想到走海路的那批人可能已經到達了，只好啟程，小心翼翼地涉水渡河繼續北上。過了後壟社（苗栗後龍）就進入山區，連爬三座高山才到中港社（苗栗竹南）和竹塹社（新竹社），沿途野牛成群，駕車的原住民說，野牛壯碩，所以拉車的牛隻，都是這些野牛。從竹塹到南崁是未開發的地帶，沿途只見成群的鹿及羌，在南崁越過小山嶺就可以看到海，沿著海岸北上便可到達八里坌社（台北縣八里）的淡水河邊。

在八里坌社，郁永河一群人改搭被稱為「莽葛」的獨木舟渡河到淡水社見漢人通事張大。隔日再從淡水社搭「莽葛」來到「甘答門」（關渡）就進入台北盆地，在這裡郁永河眼見一座廣大的湖泊，張大提到，三年前一場大地震過後，原本的盆地就成為湖泊。到了士林北投一帶，準備採硫磺的地方，郁永河要張大請平埔族為他們蓋房子方便他們取礦。只是在

西元（單位：年）	地點	時代	大事
1759	英國	喬治二世	英國軍隊在加拿大的魁北克擊敗法軍。亞當斯密發表《道德清操論》。
	台灣	乾隆	甘國寶（一七〇九—一七七六），福建福州人，一七五九年調任台灣鎮總兵，寓居台灣兩年，雅好文墨，擅長繪山水，尤善畫虎，能利用指甲、骨節、手掌等各部位畫虎形，作品有《指墨虎》。
1760	台灣	乾隆	閩浙總督揚廷璋繪製「台灣民番界址圖」，並在彰化修築土牛溝 洪丹九（一七六〇—一八四五）年誕生，艋舺人，善雕刻，呂世宜、謝穎蘇等人於板橋林家聚會時，他也多會參與。
1760	英國	喬治三世	英國取得蒙特婁，加拿大成為英國的屬地。
	歐洲		新古典主義繪畫興起於一七六〇年初，由約翰溫克爾曼發起了一場反對浮誇的洛可可風格的運動，運動宣揚回歸古希臘、古羅馬時代的簡樸。

當時這裡十分荒涼多瘴氣，因此隨行人紛紛病倒，讓他們採礦的進度緩慢，因此郁永河決定要一邊自行採礦，一邊向當地平埔族購買硫磺，就這樣經過六個月採礦工作才完成。

《裨海紀遊》（又稱採硫日記）是郁永河回福建後，將他來台時所見所聞寫成的書。全書分三卷，除了描述他到台灣的原因與航行所看到的台灣海峽景象，更多的是記錄台灣的山川地形，物產風土與土地民情，尤其是台灣西部各地平埔族的生活狀況、風俗習慣等都有詳實描述，讓我們了解清初期的台灣樣貌。

墾首、墾戶與現耕佃農：清領時期台灣特有的三階層土地所有關係

清初不斷地有人申請或偷渡來台，主要目的在於土地開墾。當時的台灣土地有些是無主地、有些是原住民的土地，也有更早期來的漢人所有土地。來台的人民可進行耕作的地，主要是無主地與原住民的土地，又以無主者的地為主。

清初台灣土地的開墾，都是以墾戶制度來拓墾。申請者必須先到土地所在的縣府廳衙門申請土地開墾的許可證，也就是「墾照」，不過墾照的取得並不是申請就有，而是要業者在一定期限內能招到願意參與的墾佃者才行，接著便可跟政府提出想要開墾地區的

年代	地區	在位者	事件
1761	中國	乾隆	《國朝宮史》編纂完成。
1762	俄羅斯	彼得三世	俄國的伊莉莎白女王過世，一月由子彼得三世繼位，他因崇拜普魯士的腓特烈大帝，便離開奧法俄聯盟，反而與普魯士聯手。
		凱薩琳二世	七月凱薩琳二世即位，在俄國施行開明專制。
	法國	路易十五	盧梭出版《民約論》和小說《愛彌兒》。
	英國	喬治三世	瓦特發明蒸汽機。
1763	台灣	乾隆	新莊地區的義學「明治書院」設置（即在今日的新北市泰山）。
	歐洲		七年戰爭結束，歐洲部分簽訂《胡貝爾茲堡和約》；美洲部分簽訂《巴黎和約》法國將加拿大、密西西比河以西的殖民地給英國。
1764	波蘭	乾隆	舉行國王選舉，因俄羅斯的賄選，選出一位親俄的傀儡國王。
	中國		乾隆皇帝命重修《大清一統志》。

土地名稱，與開墾地的地理位置（即是最東、最西、最南、最北的四至範圍）。這時官府會派人進行勘查與丈量，並在官府外公告數個月，以此避免申請地為原住民生活區域或是早就有墾戶進行開墾的土地，等到公告一段時間後，都沒有人提出異議時，也就是確認這塊地是無主人者之後，便可以讓申請者按造申請地的等級繳納稅，並發給申請者這塊墾地的所有權，以表示允許他們從事開墾。

由於當時申請開發的土地需要資金，有些地需要的資金較少，申請者就能以獨資的方式申請。不過大部分申請者申請的開墾地相當大，需要龐大的資金，因此就會以合股合夥形式來申請。無論是以個人名義申請或合股形式申請，都必須取一個名字來申請，申請的那個名字，即是所謂的「墾首」或稱為「墾號」。「墾首」擁有土地的開發所有權，即是業主，他們必須向政府繳稅，墾首通常不會親自下田工作，他們是將開墾土地當作一種事業在經營的人，所以他們會把土地分成數塊找來墾戶承租開墾，由於墾戶是向墾首承租土地，所以墾首會向墾戶收取一定的地租，這些墾首舊被稱為「大租戶」，他們收取的租金或是實際穀稻，即是所謂的大租。如果墾戶分到的地無法自己耕作完成，也會招徠更多耕佃也就是「現耕佃農」替他耕作，這讓墾戶被稱為「小租戶」。耕佃需要向墾佃繳納的地租，通常為食物穀稻，就稱為

單位：年

西元	地點	時代	大事
1765	英國	喬治三世	英國政府通過針對北美十三州殖民地的文件、許可證、期刊與書籍等課徵印花稅法
	台灣	乾隆	台北出現數十年來最大颱風，木構的瑠公圳毀於一旦，郭錫瑠之子郭元芬繼承父志，將其重新整修完成。
	俄羅斯	凱薩琳二世	俄羅斯在聖彼得堡成立自由經濟學會。
1766	英國	喬治三世	因為受到北美十三州殖民地強烈的抗議，英國國會取消印花稅，改以徵收各項進口稅代替。 化學家卡文帝斯發現氫氣。
	中國	乾隆	《大清會典》成書，相較前兩朝的《會典》增加《事例》。
	台灣		設置南北兩路理番同知，專門負責平埔族相關事務。 澎湖開設「文石書院」。
1767	俄羅斯	凱薩琳二世	召集新法典起草委員會會議，宣布女皇的訓令，嚴厲的法治主義、法律面前人人平等。 俄國禁止農奴控訴主人，但允許主人可以任意將農奴流放到西伯利亞。

「小租」。大租戶、小租戶、現耕佃農就是清領時期台灣特有的三階層土地所有關係，也就是一田兩主（或稱一田兩租），一塊土地屬於兩個主人，即是土地所有權的擁有者（也被稱業主權），一個是土地經營使用權的擁有者（也稱佃權）。

清領初期，朝廷的「理番政策」是，除了禁止漢人與原住民接觸，以免彼此發生摩擦外，還禁止漢人承租番地開墾並買賣番地，希望藉此能將番地儘量為平埔族所擁有。不過雖有禁令，但當時的漢人承租番墾殖相當普遍，因此到了一七二四年清政府便允許平埔族可以將自己的土地出租給漢人墾殖，所以漢人墾首除了能向官府申請開墾土地的墾照外，還可以向原住民租借土地耕作，漢人只需繳納番租給番社。當時的漢人稱台灣原住民為番，原住民將土地出租給漢人墾戶時，出租土地的原住民就被稱為「番大租」。

藍鼎元家族：清初南部大墾戶

在屏東里港有座將近三百年歷史的藍家古厝，主人與康熙年間平定朱一貴事件的大將藍鼎元有關。這雖然是一座具有巴洛克建築風格的閩南式建築，卻是一座能訴說清領時期台灣南部的拓墾歷史的建築物。

康熙六十年，台灣發生了抗清的大民亂朱一貴事件，清廷派南澳總兵藍廷珍和他的族弟藍鼎元帶兵來台討伐朱一貴。事件平定後，藍廷珍帶領軍隊在台灣

英國　喬治三世　哈格里夫斯發明紡紗機，並以女兒的名字來命名，此即是著名的「珍妮紡紗機」。

西班牙　卡洛斯三世　西班牙國王在王國境內驅逐耶穌會教士。

1768

歐洲　俄羅斯凱薩琳二世　爆發俄土戰爭，俄國在海陸皆獲勝。

中國　乾隆　在恰克圖重新開啟與俄羅斯的通商。

1769

英國　阿克萊特發明使用水力的水力紡紗機，因為需要較多資本及大的地方，也促使工廠制度的產生。

台灣　謝曦，福建人，來台寓居多年，擅於繪畫與書法，尤其以書法知名於世。

朱景英，湖南人，此年來台，寓居台灣約五年，工書法善隸書，能詩文，著有《畬經堂詩文集》、《海東札記》。其中《海東札記》專記來台時之見聞。

1770

台灣　乾隆　台灣縣發生黃教之亂。黃教原籍福建泉州同安福，十八世紀中移民至今日台南新化一帶定居，因統領地方抗清而知名。

駐紮一年多，籌辦台灣善後事宜，並對降眾和逃亡百姓招撫，回朝後因平定朱一貴事件的大功勞，讓他長期擔任福建水師總督。至於藍鼎元因在台期間走遍全台，讓他對台灣的地形、風土與民情相當清楚，並在雍正朝時提出許多治理台灣的建言，讓他不僅成為閩台重要官員諮詢的對象，更深得雍正皇帝欣賞受到重視，雍正年間第一次放寬眷屬入台的政策，就是出自藍鼎元等人的建議。因此平定朱一貴抗清大將的功績與威望，對藍鼎元後輩在台灣進行圈地拓墾與發展的影響力無法忽視。

台灣南部雖然是漢人來台灣時最早進行開發墾殖的地區，但屏東地區的開發較晚，直到康熙皇帝統治中期才開始有漢人到此地，在雍正年間這地區的主要活動者仍是平埔族，尤其是里港地區，不僅是平埔族活動區，更是山地原住民來到平地的主要道路。根據清初的理番政策，里港這樣一個原本屬於原住民生活空間的地區，應該禁止漢人進入的。因此當朱一貴事件平定後一年，藍廷珍等人結束在台灣的招撫工作，準備班師回福建時，軍中大約一百多位士兵想留在台灣墾殖，藍鼎元的長子藍雲錦就帶領這些士兵，來到與他的家鄉福建漳浦縣環境與農業活動十分相似的屏東縣里港鄉從事墾殖。清時期要組團到台灣進行拓墾，必須由大墾戶向官府申請許可，申請墾號者需查明「四至」（意即：東、西、南、北的地理位置）

單位：年

西元	地點	時代	大事
1770	台灣	乾隆	陳邦選誕生（一七七〇—一八五〇），福建人，曾寓居於彰化、竹塹，能詩文，善篆刻，尤工指畫山水、人物，其畫與鄭關圖並稱，作品有《指畫達摩大中堂》、《指畫壽星》。
	英國	喬治三世	在波士頓發生英軍士兵和平民發生衝突，五名平民被槍殺身亡，六人受傷，史稱波士頓屠殺，埋下日後美國獨立戰爭的種子。
1772	波蘭	斯坦尼司勞士二世	普魯士、俄國和奧地利三國於維也納簽訂協定瓜分波蘭領土，此為波蘭領土第一次被瓜分。
	中國	乾隆	乾隆皇帝決定詔開四庫館，網羅天下遺書。
1773	英國	喬治三世	波士頓茶葉事件爆發，英國政府為此封鎖波士頓港。
	俄羅斯	凱薩琳二世	自稱彼得三世的哥薩克人發動叛變，他曾提出廢除農奴，因而有許多農民隨之。
	中國	乾隆	命令劉統勳等為《四庫全書》總裁。

後，再向所屬官廳申請「墾照」。通常這些大墾戶具有一定的政商關係，因此藍雲錦父執輩的威望，與他們在朝廷與在台官員的人脈關係，可說是讓藍雲錦家族獲得里港一帶的「墾照」有關，更有助於這家族在里港一帶的其他投資事業。而且對藍家的其他族人如藍仲觀等人來到屏東里港一帶發展有助力，漸漸地藍家的勢力在里港壯大。

台灣的糖業早在荷蘭統治時期就相當發達，屏東平原地處熱帶地區，氣候炎熱潮濕正適合種植甘蔗發展糖業，所以愈來愈多的漢人到此進行甘蔗的種植，讓蔗糖業在里港地區迅速發展，里港一帶很快地就從小聚落變成人口稠密、田連阡陌的地區。乾隆皇帝時期，也就是藍鼎元的第六代嫡孫藍媽田時，藍家在里港一帶不僅有六、七百甲的田地，更是當地重要的糖商，從此成為里港地區的大望族。

陳賴章墾號：漢人第一次較大規模開墾台北

台灣的開發最早在南部，且在十八世紀初之前，台灣的主要墾殖活動也是在南部地區，北部地區雖偶爾可見到少數的漢人小集團在此地進行開墾，但大規模的墾拓活動並不存在。而且早期來到台北地區開墾的漢人，主要活動區是在淡水、雞籠、金包里、劍潭與北投一帶，尚未進入台北盆地的中心平原地帶。

然而十八世紀初期，台灣南部的人口已經漸漸

1774 英國 喬治三世

九月，在費城舉辦第一次大陸會議，北美十三州殖民代表決定停止對英國貿易，直到恢復一七六三年之前的法律。

普萊斯提勒發現氧氣。

法國 路易十五

路易十五因得到天花過世，由路易十六繼位。

俄羅斯 凱薩琳二世

俄土戰爭結束，俄羅斯獲勝，雙方在保加利亞境內的庫楚克喀那簽約，俄國獲得克里米亞半島上的金布恩等地，與土耳其領水中的商業權；俄將摩拉維亞與瓦拉西亞交還給土耳其；俄國有保護土耳其境內基督徒的權利。

1774 德國 腓特烈大帝

歌德《少年維特的煩惱》出版。描述一名帶有豐富感性和熱烈情感的年輕作家的故事。

1775 英國 喬治三世

四月，美國獨立戰爭的揭幕。

五月，在費城召開第二次大陸會議，並委任華盛頓為總司令。

英國國會宣布北美麻塞諸塞發生叛變，派軍隊鎮壓。

派軍隊平定準噶爾部的叛亂。

多起來，人口增加且土地大都已開發，讓人們逐漸有可以耕作的田地漸漸不夠的感受。而且從一七〇六—一七〇八年南部地區連續三年發生天災，出現糧食短缺的問題，糧價飛漲，讓墾戶們產生繳納租金田賦的問題，便紛紛想尋找新墾地的動機，這對清政府來說也是樂觀其成之事。所以，一七〇九年泉州人陳天章、陳逢春、賴永和、陳憲伯、戴天樞等五人合股，以「陳賴章」做為墾號，向台灣府諸羅縣官府申請開墾大佳臘地區，台灣政府為了解決日漸嚴重的缺糧問題馬上就同意。

「陳賴章」墾號申請開發的土地相當廣大，大約有五十多甲的土地，這一大片地區東邊大約起於永和與中和地區、西到八里與關渡、南至新店、北至圓山與大龍峒一帶，可說涵蓋大台北不少地區。「陳賴章」墾號的通過，開啟了福建泉州人到北台灣的開墾活動，此後，大小墾戶接連的進入台北盆地，拓墾地區從大佳臘往外發展。由於漢人從事的農業活動需要大量的水源，因此淡水河、新店溪與基隆河畔漸漸出現了漢人的蹤跡。尤其是貫穿台北盆地的淡水河畔，更是漢人主要的聚集處。十八世紀初，台北盆地的對外運輸依賴的是淡水河河運，當時的船隻可以航行到淡水河沿岸的新莊一帶，讓新莊地區出現了漢人聚集的村落，成為台北盆地最熱鬧的地方。不過這時來到台北盆地的漢人不僅聚集在新莊一帶，松山、

西元（單位：年）	地點	時代	大事
1775	中國	乾隆	令四庫館臣對所收書籍「務須詳慎抉擇，使群言悉歸雅正」。
	法國	路易十六	法國發生大飢荒。
1776	北美十三州	喬治三世	七月四日，由傑佛遜負責起草的《獨立宣言》在大陸會議發表，並正式宣佈美國獨立建國。
	英國		通過維吉尼亞的權利法案。 潘恩《常識》中提到，人生而平等，無須向英王效忠，奠定美國獨立思想的形成。 亞當史密斯發表《國富論》。 瓦特的新式蒸汽機正式啟用。
	中國	乾隆	平定四川大、小金川亂事。 命《四庫全書》館詳核違禁各書，分別銷毀。
	台灣		清廷再度廢止官員不許攜眷來台的規定。
1777	英國	喬治三世	薩拉托加大捷，成為北美獨立戰爭的轉捩點。 十一月，北美大陸會議通過《邦聯條款》成為建立美國的基準。
1778	法國	路易十六	美法簽署同盟和約，法國正式承認美國。

南港、內湖、新店等地也都有漢人在此墾殖，大量的漢人活動與作物的輸出，更加凸顯淡水河河運的重要性。因此當淡水河的泥沙淤積，讓新莊一帶河運受到影響時，人們就改聚集在新莊的對岸艋舺（今日萬華地區）。艋舺原本就是「陳賴章」墾號申請開發的地區，早有泉州人聚集，一直以來就是原住民與漢人交換物品的地方，再加上此處正好是淡水河與新店溪的交會處，當時的大船亦可直接駛至此，所以艋舺很快地就成為台北盆地的貨物集散中心，在此漸漸地出現了台北市最早的市街，艋舺一帶開始步入它的繁榮期，與台南、鹿港同為台灣重要的港口，出現了所謂的「一府、二鹿、三艋舺」。

一七〇九年「陳賴章」墾號申請開發台北盆地之前，台北盆地幾乎主要是平埔族居住的地方，然而開發經過了一百年的時間，大約到一八二〇年，台北盆地已經水田化，成為漢人生活的空間。

頂下郊拼與西螺三姓大械鬥：清領時期台灣社會不斷發生的民變與械鬥

一到過年前，電視不斷地提到台灣北中南年貨大街的盛況，台北著名的年貨大街迪化街更是無人不知。其實，迪化街的發展，起於清代的台灣經常發生的分類械鬥。

清領時期來台的移民者，主要為漳州人、泉州

年份	地區	君主	事件
1779	中國 英國	乾隆 喬治三世	恢復中俄貿易。 克隆普頓發明加速紡織工業發展的「騾機」。
1780	北美洲	英國喬治三世	西班牙和荷蘭加入美國的獨立戰爭，對英國宣戰，使得美國獨立戰爭轉變成為國際性戰爭。
1781	台灣 奧地利 北美洲 西班牙	乾隆 約瑟夫二世 英國喬治三世 卡洛斯三世	淡水廳廳治設在新竹，仕紳將「明治書院」移到新竹。 廢除農奴制度。 美國獨立戰爭結束，美國獲勝。 海地爆發黑人反西班牙殖民事件。
1782	中國	乾隆	《四庫全書》編纂完成。
1783	台灣	乾隆	清官吏於台中燒村，林爽文帶領天地會人士起而抗清，即所謂林爽文事件。
	英國	喬治三世	英國與美國在法國巴黎簽訂《巴黎和約》，英國宣布承認美國獨立。
1783	俄羅斯	凱薩琳二世	俄國派遣波將金在克里米亞創建新俄羅斯，成立黑海艦隊。

人與客家人，他們來到台灣後，都聚居在與原鄉相似的環境，因此在台灣出現許多因原鄉聚集，產生了語言、風俗、習慣等差異的村落。大約到乾隆年間，台灣西部平原大都開墾完畢，各籍墾殖的範圍愈來愈接近，漸漸出現爭地與爭水源等各項資源與利益分配問題，或是同行間又如挑夫為了地盤、搶客戶等利益衝突。這時的台灣存在著一群無家室、無妻兒的遊手好閒男子，他們平時糾眾結黨一起好勇鬥狠，當同族群人有事時，就以「講義氣」為由出來聲援，因此當社會的利益衝突愈來愈嚴重時，就會引起傷亡嚴重的分類械鬥。

清帝國統治台灣兩百多年，發生了六十多次的大規模分類械鬥，有的是閩南人與客家人的械鬥，也會出現泉州人與漳州人間的械鬥，泉州人中，又有同安人和惠安、南安人火拚，或者是同職業間的火拚等，如一八五三年在艋舺發生的頂下郊拚與一八六〇年西螺三姓械鬥，為發生於清朝中葉的南北兩大分類械鬥。

一八五三年發生於艋舺的「頂下郊拚」分類械鬥，指的是被稱為「頂郊」的泉州籍三邑人（惠安、南安與晉江）與俗稱「下郊」或稱「廈郊」的泉州籍同安人，為了爭奪淡水河碼頭上的利益時引發衝突。十八世紀中葉後，大量泉州人移居住艋舺一帶，又以三邑人與同安人為主，其中的三邑人不僅是最早落

單位：年

西元	地點	時代	大事
1784	台灣	乾隆	鹿港開港通商，與福建蚶江對渡，鹿港開始成為台灣中北部的政治、文化、經濟的重鎮。
			呂世宜（一七八四—？），福建同安廈門人，精書法，篆隸尤佳，一八三七年受板橋林家邀請來台任教多年，著作有《愛吾廬文抄》、《筆記》。
	英國	喬治三世	通過《東印度法案》將東印度公司的控制權由國會轉到政府。
1785	英國	喬治三世	所有英格蘭與愛爾蘭間的關稅。
			卡特萊特發明動力織布機，經過改良漸漸取代手工織布機。
	俄羅斯	凱薩琳二世	頒布貴族權利憲章，給與貴族隊其田莊與農奴甚大的權力，並免除貴族幾乎所有的稅收與軍役。
1786	台灣	乾隆	林爽文領導台灣天地會起事
			鹿港龍山寺藻在一六四七年興建，不過後遷到目前所在地，一七八六年才落成，被認為是現在在臺灣保存最完整的清時期建築物，廟宇最重要的是建築和雕刻。

腳於此者，也是人數較多的一群。當時，同安人對於三邑人經常佔據艋舺碼頭，還有香火鼎盛的龍山寺被三邑人壟斷，讓他們祭祀的霞海城隍無法放入龍山寺中接受祭拜等事不滿，因而常有零星的衝突發生。從一八五三年初，三邑人在大老黃龍安的允許下，以艋舺龍山寺當成他們作戰指揮中心，主動攻擊同安人，到了八月雙方人馬終於展開械鬥，同安人聯合同屬「廈郊」的漳州人一起攻擊「頂郊」的三邑人。這次的械鬥，三邑人佔著人數上的優勢並向安溪人借道攻進同安人居住的地方，還將同安人家屋全數焚毀，最後落敗的同安人放棄艋舺碼頭逃往大稻埕另闢天地，意外地促成大稻埕與大龍峒的開發。

至於，一八六〇年的西螺三姓械鬥，是居住在西螺、崙背與二崙鄉鎮的廖姓、李姓與鍾姓間的械鬥，這次械鬥起因於一匹白馬受傷事件。西螺地區的村民李龍溪有匹心愛的白馬，有一天李龍溪的兒子騎白馬外出後，將馬綁在住處附近的空地，白馬偷吃了隔壁鄰居廖雀田裡剛收成的稻穀，廖雀的兒子情急之下，揮舞手上的棍棒與鐮鉤將白馬的腿劃傷。為了一匹白馬受傷，兩家爭執不下，並弄瞎雙方兒子的雙眼。李龍溪教唆在新庄與頂新店地區鍾姓與李姓的親友，對廖姓族人展開一連串的報復，將所有姓廖的人都當成仇人加以陷害。李龍溪的報復舉動，讓居住在下新店的廖姓族人經常無辜受害。廖雀和幾位親友商討後，

1787

國家	統治者	事件
法國	路易十六	楊廷理（一七四七—一八一三），廣西人，三任臺灣知府，善書法，尤其是行書。 葉文舟，福建海澄人，此年中舉人隨著楊廷理來台任海防同知，晚年寓居台灣，擅長指墨松柏。 來自英國商業的競爭與國內的動盪、飢荒，讓法國的產業危機加劇。
美國		邦聯國會邀請代表在費城召開制憲委員會，通過美國的新憲法草案，制定了世界第一部成文憲法，同意美國為總統制的聯邦共和國。 通過《西北土地法》。
法國	路易十六	糧食短缺，發生嚴重的通貨膨脹問題。
俄羅斯	凱薩琳二世	第二次俄土戰爭爆發，俄羅斯與奧地利結盟，一起對抗土耳其。
台灣	乾隆	林爽文叛亂，閔浙總督常青無力平亂，清廷命令福康安來台平定亂事。 清廷將諸羅縣為「嘉義縣」，以表揚彰化縣民在「林爽文事件」英勇守城抵抗叛民。

一方面向南投地區的親友尋求援助，另一方面請求鄰近地區的廖姓居民派遣人丁來協助防備，準備和龍溪做個了結，最後演變成歷經三年的廖姓、李姓與鍾姓水火不容的械鬥。當時官府無法有效制止這場械鬥，三年間大大小小的衝突不下數十次，衝突較激烈時，雙方還會出動數百人以上的陣仗吶喊廝殺。最後，李龍溪被廖姓族人抓到官府，知縣也派人將廖雀抓來，要他們對這次的大械鬥負責將兩人處死。

同一族群集群居為庄，是分類械鬥經常發生的原因，不過這種同族群聚居的現象，也是清政府默許的，因為當時的官員認為，這樣一方面能避免不同族群混居造成衝突，另一方面，官府常利用兩族群的利益矛盾，分化其團結，並認為因械鬥而兩敗俱傷，能削減叛亂力量。因此，官府面對層出不窮的械鬥事件，往往採取「分而治之」的統治方式，就是使用分化、威脅與利誘等方式，讓另一群族群成為他們的義民，幫助官府對抗這些紛爭，這群義民之所以願意幫助官府，主要是為了保護他們現有與可能獲得的利益。

朱一貴事件：清領時期台灣爆發第一次大民變

「鴨母王朱一貴」的故事是大家耳熟能響的台灣民間傳奇，傳說中，朱一貴操練群鴨如練軍，他養的鴨聽得懂人話。其實，朱一貴卻有其人，康熙六十年

單位：年

西元	地點	時代	大事
1787	台灣	乾隆	大甲鎮瀾宮改建成今日規模（興建的年代不詳，不過有明確記錄是這年改建成）。艋舺祖師爺廟修建，三年後落成，供奉的祖師爺是安溪人的主要信仰神祇，曾毀於「頂下郊械」，直到一八六七年才重修，一八七五年完成。
1788	台灣	乾隆	福康安平定林爽文事件，林爽文被捕。福康安奏請採行以孰番制生番政策，在孰番在隘口防守，台灣開始有屯番制。
	波蘭		波蘭受法國大革命影響，開始一連串改革運動。
	法國	路易十六	國家財政破產，準備在凡爾賽召開三級會議。
	英國	喬治三世	英國開始殖民澳大利亞。浪漫主義詩人拜倫誕生，拜倫參加過希拉獨立運動，著名作品為《唐璜》。
1789	台灣	乾隆	林爽文事件後，清廷施行熟番屯丁制。
	法國	路易十六	凡爾賽宮召開三級會議，第三階級要求個別表決未得到同意，因而宣布召開國民會議，並發表《網球場宣言》，以此拉開法國大革命的序幕。

（一七二一年）於台南一帶發生的大規模抗清事件的主導者，就是朱一貴。

祖籍在漳州的朱一貴於一七一六年來到台灣，居住在羅漢門（今高雄內門）一帶以養鴨為業，因為他廣結善緣又任俠好客，當地人稱他為「鴨母王」。一七二〇年台灣適逢天災，謠言四起，造成人心惶惶，當時的官員只知圖利不知要安撫民心，一七二一年鳳山縣令出缺，由臺灣知府王珍自攝縣政，但王珍並未親理該縣政事，令其次子代理，王珍次子作威作福、苛斂剝削，如強徵不合理的田賦讓怨聲四起，激起民眾強烈不滿。

「官逼民反」是朱一貴事件的起因，朱一貴早就對王珍欺壓百姓不滿，於是他就與天地會的好友黃殿、吳外、翁飛虎、李勇等十六人共商抗清大計。大家認為朱一貴姓「朱」，如果擁護他為共主，就可能以明朝皇帝的後裔之名來號召群眾。果然在「大元帥朱」的旗幟下，招集到上千位曾被滿清政府壓迫的追隨者，這些人有耕田、製糖、傭工、推牛車等貧苦勞動者，也有開米店、開布店、賣魚的生意販賣者，更有貢生、武生、保長、刑房、稿房、練總、把總等生員或胥吏，背景相當複雜，大家集結一起攻佔岡山一帶。與此同時，在鳳山由杜君英帶領的另一股抗清勢力也便前來響應，兩股勢力結合，聲勢因而壯大，響應者更多。

年代	國家	人物	事件
1789	法國	路易十六	西耶士《什麼是第三階級》出版，加速了法國大革命的發展。七月十四日，巴黎群眾攻陷巴士底監獄，發生法國大革命。八月四日發表廢除封建、消除特權的「八四公告」，並在八月底發表《人權宣言》，確立法律規範與主權在民的原則。十月初，婦女們為了麵包遊行到凡爾賽宮，在群眾的壓力下，國王與國民會議成員被迫轉移到巴黎。
	美國	華盛頓總統	美國新憲法正式形成，華盛頓被美選為第一任總統。
1790	中國	乾隆	乾隆八十大壽，免除天下錢糧。
	英國	喬治三世	柏克在《對法國大革命的省思》書中展現保守理念，對英國與歐洲都造成影響。
	美國	華盛頓總統	美國將首都設在華盛頓，並開始向西部移民。
	奧地利	阿利坡二世	約瑟夫二世過世，阿利坡二世被加冕為神聖羅馬帝國皇帝。
	歐洲		浪漫主義發起於一七九〇年的德境內，盛於一八〇〇至一八五〇年，重要的音樂家有孟德爾頌、白遼士、舒伯特等。

朱一貴帶領大軍一路北上攻佔台灣府城（台南），杜君英也攻下鳳山縣，這時在諸羅縣的賴池與張岳隨之響應，清朝官員紛紛逃往澎湖。朱一貴攻下台灣府城之後，以原本的明寧靖王府邸（即今日台南大天后宮）為王宮，並立即開府庫、出示安民，並下令禁止殺掠，廣得人心。不過正當朱一貴被奉為「中興王」大封群臣之際，杜君英卻對自己僅當國公十分不滿，與朱一貴發生內鬨，無視朱一貴下令的安民與禁止殺掠，兩陣營開始互鬥相互殘殺。朱一貴的部屬為漳州人與泉州人為主，杜君英部隊除了漳州與泉州人外，還有來自粵東的客家人，由於杜君英為客家人，讓漳州與泉州人紛紛投靠朱一貴，最後演變成閩、客對立，讓在屏東的客家族群備感威脅，紛紛組成自衛隊。因此當派福建水師提督施世驃（施琅之子）和南澳總鎮兵藍廷珍率兵趕赴台灣時，客家自衛隊自然就成為清軍的義民，成為攻打朱一貴大軍的另一支生力軍，於是，朱一貴被俘。朱一貴與同志們都被送於北京，受審並磔死於異邦。滿清再度重掌台灣的統治權，不僅參加武裝起義者也先後就縛，更波及無辜的民眾甚多。

朱一貴事件後，清廷有鑑於事件起因在吏治不良、民怨叢生而起，台灣遠在海外，朝廷常無法即時與正確地掌握有關訊息，因此，康熙皇帝決定增設巡台御史一職。

單位：年

西元	地點	時代	大事
1791	英國	喬治三世	加拿大分為法語區的下加拿大與英語區的上加拿大。
	法國	路易十六	路易十六與皇后瑪麗決定逃離法國，但在瓦倫被截回。法國新憲法產生，法國成為君主立憲國家。
	台灣		淡水八里坌開港，與福州五虎門對渡。
1792	中國	乾隆	頒布《欽定西藏章程》。
	波蘭		俄羅斯女王凱薩琳二世派軍隊占領波蘭華沙，普魯士也進軍波蘭。
	法國	路易十六	反法國大革命的普奧同盟成立，法國的立法議會通過向奧國宣戰，並組成全國性志願軍。八月，發生了第二次革命，法國成為共和國，第一共和建立，建立革命政府，成立國民公會。九月，廢除君主立憲，改為共和政體，路易十六被拘提在寺院，發生「九月屠殺」。十二月，路易十六上斷頭台。
	英國	喬治三世	佩因發表《人權論》受到柏克的批評與挑戰。惠特尼發明軋棉機，能迅速地分離棉籽與棉絮，使得棉花的產量大增。

大甲西社事件：大肚番王部落勢力的衰落

清領初期的台中、彰化與南投一帶有個大肚王國，其統治下的族群有拍瀑拉族、巴宰族、巴布薩族、洪雅族等。大甲西社是清代北路平埔族蓬山八社之一，其所在的位置就在今日台中大甲一帶，為道卡斯族的鹿場與居住地。

清朝初期對原住民的統治極為消極，尤其是康熙晚年的朱一貴事件後，更採劃分界線策略，禁止漢人入番界，並設置土目與通事管理平埔族是否繳納規定的賦稅等事務，只是當時的官員往往會對平埔族要求過多的賦稅與差役，激起族人反抗。雍正九年（一七三一年）的大甲西社事件，就是大甲西社的頭目林武力不滿官府過多的要求勞役，與對族裡的婦女過分的使役，便結盟蓬山八社燒毀淡水海防同知衙門，殺傷衙役兵丁，引發大規模的暴動。

當時負責征討大甲西社動亂為台灣道倪象愷，他的下屬為求立功，竟將前來幫助官府運糧的五名大肚社與沙轆社（今台中大肚區）壯丁斬首，謊稱這五人是大甲西社的「作亂生番」，想藉此邀功勞獲賞。此事引起這些平埔族們不滿，群體到彰化縣城抗議，偏偏處理此命案的彰化知縣祖護罪犯，不僅不秉公處理還將人釋放，因而激怒了大肚社族人，於是聯合大肚番王部落中的大肚、沙轆、水裡（今台中龍井區）、

年代	國家	統治者	事件
1792	俄羅斯	凱薩琳二世	俄土戰爭結束，在耶賽（今日羅馬尼亞境內）締結條約，土耳其承認俄國併吞克里米亞，俄國必須交出比薩拉比亞與摩拉維亞，但可以取得布格河到聶斯特河之間的黑海沿岸土地。
1793	波蘭	斯坦尼司勞士二世	俄國與普魯士要求波蘭取消新憲法，並進行第二次瓜分波蘭。
	法國	第一共和	由羅伯斯比掌權，施行恐怖之治，許多政治人物被送上斷頭台。英、荷、西、奧普、薩組成「第一同盟」對法宣戰。
	中國	乾隆	英國使節馬嘎爾尼來華，要求通商。
1794	波蘭		由科斯修科發起革命起義，建立革命政權，發表農民解放宣言，此革命政府很快就被俄普奧鎮壓。
	法國	第一共和	廢除基督教，以「理性崇拜」取代，採取新曆法。發生熱月政變，羅伯斯比上斷頭台，恐怖時期結束，廢除革命法庭及政治社團。

牛罵（在今台中市清水區）與吞霄社（今苗栗縣通霄鎮）等十多社，大約兩千餘人攻擊倪象愷住宅，圍攻彰化縣府城與牢獄，焚燒附近數十里民房，漢人百姓逃散。事件擴大後，其他各社如蓬山社（今大甲）、貓羅社（今彰化縣芬園）、岸裡社（今台中市神岡區）、水裡（今台中龍井區）等平埔族社也起而響應，至此大安溪到大肚溪之間，也就是大肚王國領域內的各社都陷入動盪之中。

面對此一抗爭引發的暴動事件，清軍疲於奔命，直到福建總督派台灣總兵王郡親征，並從大陸徵調官兵六千多名，以及銀錢、米糧、軍火、器械征討此次的動亂。王郡採「以番制番」之策，巴宰族中的岸裡社得到重用，清軍在岸裡社部分原住民的協助扭轉劣勢，襲破阿束社，接著攻打水里社、牛罵頭社及沙轆社，最後投降的是吞霄社、大甲西社、貓盂社、苑裡社等。事件的領導者大甲西社的林武力在抵抗失敗時，率眾沿著大甲溪與大安溪進入生番界，無奈清軍窮追不捨，最後遭到逮捕被殺，事件才告結束。

事件後，清廷首先將參與抗清的各社改名，如大甲西社改名為「德化社」、牛罵頭社改為「感恩社」、沙轆社改稱「遷善社」、貓盂社則是稱作「興隆社」，並且建了一個「鎮番亭」於彰化東郊的瞭望山（即八卦山），並改山名為「定軍山」。接著官府派岸裡社壯丁繼續追捕逃往山區的沙轆社與大甲社的

單位：年

西元 1795

地點	時代	大事
波蘭	斯坦尼司勞士二世	俄普奧三國第三次瓜分波蘭，波蘭被徹底瓦解，東布羅夫斯基帶領波蘭軍隊繼續抵抗。
法國	督政府時期	法國制定新憲法，組成督政府。拿破崙恢復巴黎秩序，也開啟他的政治之路。拿破崙帶領軍隊突破「第一次同盟」，讓普魯士與西班牙等國與法國締和。
台灣	乾隆	徐澍（生卒年不詳），浙江人，善工筆人物花鳥，曾來台觀察各番社的風土民情，將其所見繪成完成《台灣番社圖》。
	乾隆、嘉慶	莊敬夫（生卒年不詳，僅知為乾隆、嘉慶時期），台灣縣人（台南），雖是武舉人，卻為當時重要的畫師。擅長水墨畫，畫作多為大幅松鹿圖，畫的落款常用烏江、松園、丹霞，作品有《福祿朝陽》等。
	乾隆、嘉慶、道光	林覺（生卒年不詳，僅知乾隆、嘉慶、道光時期），台南人，職業畫師，被日本人稱為「清朝最傑出的畫家」，擅長花鳥畫，作品有《西瓜圖》《蘆鴨圖》等。

族人，這樣的追捕行動不僅造成中部地區的平埔族恐慌驚恐逃竄，開啟以巴宰族的岸裡社為首的新時代。

林爽文事件：清領時期台灣最大的民變

原籍為福建漳州人的林爽文，隨著父親來台後，定居在彰化縣大里杙（今台中大里），從事土地開墾，家境漸漸富裕，成為一方的巨富。由於林爽文慷慨好義，成為地方上的豪強，並加入「天地會」成為北路的領袖。在清代，朝廷禁止任何有組織的結黨結社，頒布禁結社令，祕密結黨視同謀逆，無論首從都必須問斬，所以這段時期官府因結黨結社而被追捕正法的人數相當多。

乾隆五十一年（一八七六年）諸羅一帶原本為天地會成員的楊光勳與楊媽世兄弟為了爭產，竟各自結社械鬥，於是台灣知府就下令緝捕滋事份子，讓諸羅一帶的天地會黨員紛紛被捕。由於天地會的盟約中存在「有事相互救援」條例，漸漸地中部近山區的天地會成員開始舉兵抗清，使得彰化知縣也下令抓拿天地會成員，天地會成員紛紛逃往林爽文居住處。當時台灣知府孫景燧、彰化知縣俞峻、副將赫生額、游擊耿世文等人率軍前往追捕天地會成員，彰化知縣俞峻竟在大墩一帶放火燒村，恐嚇威脅無辜婦孺，一時間無辜者死傷不少、百姓流離失所，讓林爽文決定率眾起事。

1795-1820　台灣　嘉慶

張朝翔（生卒年不詳，僅知乾隆、道光時期），台南人，擅長書法，尤善大字，今日台南大天后宮，壁上石刻浮雕「龍唫虎嘯」，即出自其手。

嘉慶時期，來自泉州府的吳岸等人，開始大約在嘉慶年間，台北鶯歌尖山附近就開始造窯場燒陶，開啟鶯歌百餘年的陶瓷歷史，使得鶯歌成為全台最大的陶瓷藝品區。

1796　台灣　嘉慶

吳沙帶領漢人進入蘭陽平原開墾。

林覺（一七九六—一八五〇），籍貫不明，有台南、嘉義與泉州三種說法，善繪花鳥、人物、山水、走獸等題材，其人物、山林水石的繪圖筆法與題字之書體，頗有揚州八怪之一黃慎風格，作品有《四季山水》《雄雞》。

中國

乾隆退位為太上皇帝，永琰即位，為嘉慶帝。

白蓮教在湖北、陝西與四川等地起事，被稱為川楚教亂。

英國　喬治三世

英國醫生金納發明牛痘疫苗，有效的防治天花。

林爽文帶數十名壯漢夜襲大墩縣府殺死知縣與文武官員，隨即進佔彰化縣城。與此同時，竹塹的天地會成員也響應林爽文的行動攻下竹塹聽，一時間，台灣中北部都為天地會成員所控制，林爽文被大家推為大盟主，建元「順天」，設盟主府於彰化縣署。彰化的情勢穩定下來後，林爽文便率領大軍往諸羅前進，攻下諸羅，這時南投等地也隨之響應，天地會獲得大勝。林爽文起事，短短幾天就攻陷全台，清廷的據點只剩下府城，林爽文陣營氣勢如虹。

林爽文起義的消息傳到鳳山，以莊大田為首的天地會數千名也隨之回應，莊大田率南路起義軍攻下鳳山縣城後，南、北兩路義軍乘勝進兵台灣府城（今台南市）。不過正當林爽文軍隊攻打府城之際，鹿港泉州義民林湊等人突然率眾襲擊彰化縣城，大殺漳民並且焚燬民房，林爽文得知後，不得不緊急率領部隊回防，暫停攻府城行動，給了清軍喘息的機會。這時海防同知楊廷理兼府事便在台南召集府城人，以「義勇」為名，替滿清政權修城柵並協助清軍防守台灣，讓林爽文久久無法攻下台南。

林爽文大軍在台灣的發展，讓乾隆皇帝大為吃驚，多次派大軍前來鎮壓，經歷數月都未能成功，最後乾隆改派陝甘總督福康安來台，林爽文大軍的情勢才發生變化。由於彰化一帶漳州人與泉州人經常發生爭執，引發的械鬥事件不斷，因此福康安就利用漳州

單位：年

西元	地點	時代	大事
1797	法國	第一共和	拿破崙瓦解第一聯盟，在法奧的《康波富密歐和約》中，奧地利必須承認於米蘭建立阿爾卑斯共和國，在熱內亞建立利古里亞共和國。奧地利必須將奧屬尼德蘭給法國，將原本屬於威尼斯的愛奧尼亞島給法國。奧地利可以獲得威尼斯與威尼西亞。
	英國	喬治三世	莫茲利發明車床。車床可使鋼材依照設計圖樣裁製成各種機器組件，使機械製造更加便利。
1798	法國	督政府時期	拿破崙率領軍隊遠征埃及。法國海戰上受挫於英國，法軍與法國本土的聯繫被英國切斷。 英、俄、奧、土耳其成立對法戰爭的「第二聯盟」。
1799	中國	嘉慶	釋莫文廟，臨雍講學。
	法國	督政府時期	拿破崙發動霧月政變，取得政權，推翻督政府，組成臨時政府，起草新憲法；根據新憲法，拿破崙被選為第一執政。 現實主義作家巴爾札克誕生，他的著作有《人間喜劇》《高老頭》等作品。

人與泉州人間的緊張關係，漳州人與客家人間的問題，要求泉州人與客家人當義民，一起打擊屬於漳州人的林爽文，果然清軍在義民的幫助下，林爽文大軍連失敗，占領的地方也逐漸被清軍收復。最後林爽文帶領親信軍隊退入集集、埔里與水沙連等地，並遭好友出賣，林爽文被抓解送到北京處決，歷時一年三個月的抗清事件才告落幕。

瑠公圳、八堡圳、曹公圳與貓霧捒圳：清領時期重要的水利措施

清時期的台灣主要農作物是稻米，稻米的種植需要大量水源，所以早期開墾處都是在用水方便的河邊、水潭與池沼區，不過隨著人口的增加，用水方便地區的土地被開發殆盡。這時為了在取水不方便的地區繼續進行田地開發，農民就必須合力興建水圳等設施，以利儲水與引水。

現今在台大校園內可見到一個石碑，刻著「瑠公圳原址」，瑠公圳是清乾隆時期台北地區最重要的水利工程。乾隆年間從彰化到台北進行拓墾的郭錫瑠，看著現今中山、松山與大安一帶是一大片旱地，心想或許開水圳可讓這一大片旱地成為水田。經過勘查後，著手進行引新店溪上游青潭溪水灌溉的工程，不過引水工程並非十分順遂，他們在進行水圳開鑿時，常遭到居住在這一帶的平埔族攻擊，郭錫瑠就在

年份	國家	年號／政權	事件
	義大利	維克多亞蒙德	物理學家伏特發明世界第一個電池，又稱為伏特電池。
	中國	嘉慶	乾隆駕崩，嘉慶派人去抄和珅家，並賜死和珅。
1800	中國	嘉慶	清廷抓拿白蓮教教主劉之協。
	法國	第一共和	建立法蘭西銀行，透過保護關稅、鋪設新街道，逐漸恢復工商業盛況。
1801	英國	喬治三世	英格蘭、蘇格蘭、威爾斯與愛爾蘭正式合併為大不列顛與愛爾蘭聯合王國。
	法國	第一共和	拿破崙在馬陵谷之役擊敗奧地利軍隊。 法國與奧地利簽訂幾乎摧毀神聖羅馬帝國的《呂乃維爾條約》。
1802	法國	第一共和	拿破崙成為終身第一執政，並有權指定繼承人。 拿破崙與英國簽訂《亞眠條約》，英國放棄所有殖民地，法國放棄埃及，反法第二聯盟瓦解。
1803	英國	喬治三世	英國再度向法國宣戰，英國聯合俄國、奧地利與瑞典組成第三同盟。 十月，英法的特拉法隔海戰中，英國大獲全勝。
	法國	督政府時期	拿破崙大軍於十一月攻下維也納，十二月在奧斯特里茲之戰，大敗奧俄聯軍。

地勢較高處建一座「鼓亭」派人看守，若有平埔族來襲就擊鼓示警，這也是「古亭」地名的由來。為了減少與秀朗社住民的衝突，郭錫瑠娶平埔族公主潘氏為妻，並僱用秀朗社住民開鑿水圳。一七五三年，郭錫瑠便與大坪林一帶的墾戶蕭妙興一同進行大坪林大潭引水工程，但這個引水工程相當艱困，直到一七六二年（乾隆二十七年）鑿通石腔圳路後，這段經過今新店、景美、公館、松山等地的水道工程總算完工。這段大圳原稱「青潭大圳」或「金合川圳」，現今我們稱為「瑠公圳」，是為了感念郭錫瑠開對大圳恩德。

彰化的八堡圳開鑿於康熙四十八年，是台灣古老埤圳之一，它是由施世榜發起與募款，經歷十年的時間興築完成。當時施世榜見彰化平原雨季氾濫成災，乾季水源稀少，田地無水可用，於是決定修建水圳，以解決灌溉用水問題。水圳興建之初的工程並不順利，後得到一位自稱「林先生」老翁的教導，大圳才得以開鑿完成。此圳開鑿後灌溉彰化平原一半以上的地方，可說是清代全台規模最大的水利工程。

豐原一帶原是平埔族岸裡諸社與貓霧捒社的居住地，這地區雖有廣大的平地，但這些拓墾的農地水源不足，使得農作物的收成不好。雍正十年（一七三三年）岸裡社通事張廣京覺得廣大的土地因為缺乏水源灌溉，任其荒蕪很可惜，於是決定進行開圳取水的工程，他找陳周文、江又金等六人組成六館出資興建

單位：年

西元	地點	時代	大事
1803	中國	嘉慶	安南國王阮福映上表請求改國號為南越，此後安南改稱越南。
	台灣		海盜蔡牽侵襲台南鹿耳門。
	奧地利	法蘭茨二世	《神聖羅馬帝國代表最後議定書》中除了梅茵斯，其他的教會封地都分割併入各鄰近諸侯國。
1804	法國	督政府時期	拿破崙稱帝，他被稱為「拿破崙一世，法蘭西人的皇帝」。
		第一帝國	十二月，在巴黎聖母院，拿破崙被教皇庇護七世加冕為皇帝，結束第一共和，進入第一帝國。 開始編寫《拿破崙法典》（一八〇四—一八一〇）。
	中國	嘉慶	川楚教亂結束。
	台灣		彰化社番潘賢文率族人至蛤仔難，與漢人爭地。
	西班牙	卡洛斯四世	海地宣布脫離西班牙獨立。
	奧地利	法蘭茨二世	拿破崙稱帝，讓英奧俄再度聯盟，出現反俄的第三同盟。
1805	奧地利	法蘭茨二世	拿破崙在奧斯特里茲之役大敗奧俄聯軍，攻下維也納，奧地利與法國簽訂《普萊斯堡條約》。
	法國	第一帝國	拿破崙在米蘭被加冕為義大利國。

大圳。張廣京採用「割地換水」方式合資興建，也就是跟岸裡社土官立下約，同意將祖先傳下來的土地做為抵付開鑿水圳的資金，也就是以地權換取水權。立好約後，六館業戶便從朴子籬口築埤，引大甲溪水灌溉，此即是貓霧捒圳。水圳完成後，就以漢八平埔二的比例分水灌溉。貓霧捒圳剛興建後，可灌溉的田地千餘甲，到乾隆晚年灌溉地區不在只是豐原一帶，還擴展到今日台中的北屯與南屯一帶，讓台中地區出現許多水田。

台灣南部的開發雖最早，不過高雄鳳山的曹公圳開鑿則相當晚，是在十九世紀時由鳳山知縣曹謹修築。曹謹任職鳳山縣知縣時發現，下淡水溪（即今日高屏溪）雖然水量充沛，但打狗這一大片廣闊的平原區沒有任何水利設施，所以一遇乾旱就沒有收成，於是派人修築一條從下淡水溪引水灌溉的水圳。歷經兩年的時間，這段灌溉水圳完成，清廷派台灣知府熊一本前來勘查，他對曹謹讚譽有加，就將這段水圳命名為「曹公圳」。幾年後，原本的水圳水源不夠，曹謹又開一新圳，之後就將舊圳稱為「曹公舊圳」，新圳則稱叫做「曹公新圳」。

吳沙開墾與噶瑪蘭廳設置：噶瑪蘭收歸版圖

清朝統治台灣的前一百年，先民主要移墾的地方是在台灣西部平原區，乾隆年間，台灣開發與日俱

年代	國家	統治者	大事
1805	英國	喬治四世	法軍於特拉法革之役被英國軍隊殲滅，使英國保有海上霸權。
	台灣	嘉慶	海賊蔡牽自稱鎮海王，攻入台灣鳳山。
			台北大龍峒保安宮興建，到一八三〇年落成。廟宇在二〇〇三年曾獲得聯合國教科文組織頒布的保護榮譽獎。
1806	台灣	嘉慶	浙江提督李長庚，於台灣大破海盜蔡牽船隊。
	奧地利	法蘭茨二世	拿破崙解散神聖羅馬帝國，成立鬆散的德意志邦聯。
	法國	第一帝國	拿破崙在《柏林詔令》中提出建立「大陸系統」，禁止歐陸國家和英倫三島進行貿易活動。
			十月，普魯士君王腓特烈威廉三世和法國在耶那與奧斯塔特戰役都大敗，拿破崙在西普魯士成立西發里亞王國
	德國	腓特烈威廉三世	普魯士與薩克森訂立《波森和約》，薩克森加入萊茵邦聯。
			費希特發表《告德意志民族書》激發德國國家主義。

增，西部地區幾乎開發殆盡，漢人逐漸往後山移動，蛤仔難（今日宜蘭一帶）是東部地區最早出現漢人的地方。

台灣東北方的蛤仔難，三面環山、東臨太平洋，蘭陽溪流經廣大的蘭陽平原，萬頃良田早就引起漢人注意，只是這裡的平原區住著噶瑪蘭族與山裡居住泰雅族皆相當兇悍，讓想進入蘭陽平原開墾的漢人最後都以遭原住民殺害收場，像是清乾隆三十三年（一七六八年），林漢生曾試圖冒險進入蘭陽平原開墾亦遭殺害，直到嘉慶元年（一七九六年）吳沙帶領墾民進入蘭陽平原開墾，才讓漢人立足於宜蘭。

乾隆三十八年（一七七三年）吳沙從福建漳州移居台灣，在三貂嶺一帶與噶瑪蘭族的三貂社進行買賣。因為生意的關係，吳沙常到宜蘭，他發現蘭陽平原平坦肥沃，卻無人耕作，有了到此地拓墾的想法。與此同時他也獲得淡水富戶柯有成、何績、趙隆盛等人的資糧援助，於是他召募來自漳州、泉州與客家的移民者組成拓墾隊伍準備前往蘭陽平原開墾。由於吳沙講義氣、守信用，名聲很快就傳開，漸漸地歸附他的人愈來愈多，於是他就以三貂社為基地，興建房宅、修築道路和橋樑，做為拓墾宜蘭平原的準備工作。

嘉慶元年（一七九六年），吳沙率漳泉粵三籍移民一千餘人，鄉勇二百餘人與能說番語者二十三人

單位：年

西元	地點	時代	大事
1807	俄羅斯	亞歷山大一世	在波蘭與法國的戰爭大敗，與拿破崙簽訂《提爾塞德條約》，反法的第四聯盟瓦解。
	法國	第一帝國	俄國承認華沙大公國存在。拿破崙發表《米蘭詔令》。嚴格規定大陸禁運措施。派軍隊入侵葡萄牙。
1807	英國	喬治三世	重建波蘭，組成華沙大公國。爆發英土戰爭。英國軍艦襲擊美國船隻乞沙比克號，造成二十一位美國船員傷亡，兩國關係頓時進入緊張狀況。
	美國	傑佛遜總統	美國通過禁運法案，回應與英國在印地安人、邊界爭議與貿易競爭上的衝突。富爾頓發明汽船，在美國哈德遜河試航成功。
	德國	腓特烈威廉三世	廢除農奴制度與莊園制度，允許中產階級購買土地。
	台灣	嘉慶	武隆阿（？—一八一二），滿州正黃旗，曾因海盜蔡牽騷擾台灣沿海而來台，此年被派來台任台灣總兵，在台任職長達十二年之久，愛書法尤善於行書，作品見於中港慈裕宮「允王惟後」匾額、大肚永和宮「克配彼天」匾額。

的拓墾農民，浩浩蕩蕩地來到噶瑪蘭北部的烏石港，他們在今日頭城一帶築土圍進行開墾，稱作頭圍。由於吳沙經常與噶瑪蘭族進行商業往來，因此當他帶領移墾隊伍初到蘭陽平原時，噶瑪蘭族並不以為意，不過當他們發現吳沙的意圖時立即發起攻擊，雙方經過激烈的交戰後，吳沙只好暫時退回三貂社。隔年，蘭陽平原一帶因天花大流行，噶瑪蘭族死了不少人，吳沙知道一些治療天花的藥方，主動送藥給得病者，此舉讓他與噶瑪蘭族關係再度和好，吳沙趁此機會再度組成拓墾團體，再度來到頭圍。這次吳沙為了避免與噶瑪蘭族再度發生摩擦，禁止跟隨他到東部地區的農民私下開墾，採取集體的土地開拓，並將墾民組織成隊，十數人為一結、數十結為一圍等形式，形成嚴密而有系統的開墾群體，且每開發一處就築土圍，來防堵噶瑪蘭族的侵擾。

吳沙入墾頭圍的兩年後，積勞成疾病逝，由侄兒吳化繼承他的開墾工作。吳化帶領移墾隊伍從頭圍向外發展，很快就出現二圍、三圍、四圍、五圍（今日宜蘭）、員山、湯圍、柴圍、大湖圍等廣大地區。這時大量的漢人移入，讓原本的墾地也逐漸不夠，於是吳化將移墾隊伍改編並擴張，出現了所謂的「九結首」（漳州系的吳、楊、林、簡、林、陳、陳、陳七姓，泉州系的劉姓，粵系的李姓）主力軍，並帶領這支移墾大軍渡過蘭陽溪，開墾溪北一帶。在漢人愈來愈多

年份	國家	統治者	事件
1808	德國	腓特烈威廉三世	頒布《市政法》，中產階級可以透過被選出的市議員施行地方自治。 德國大文豪歌德發表《浮士德》，歌德同時也是日耳曼浪漫主義的代表人物。
	西班牙	卡洛斯四世	拿破崙以保護西班牙為藉口，派大軍進入西班牙西班牙發生反法戰爭。
	中國	嘉慶	英國藉口保衛澳門免遭法國占領，派軍隊占領澳門，遭清廷逼退。
	法國	第一帝國	英國以不斷輸入物資與游擊戰方式支持西班牙的反法運動，讓拿破崙軍隊在「半島戰爭」困了七年。
1809	英國	喬治三世	英土戰爭結束，雙方簽署《達達尼爾條約》。 英國與奧地利等國組成反法第五聯盟。
	奧地利	法蘭茨二世	阿斯本之戰，查理大公讓拿破崙吃到敗戰，但法國很快就讓奧地利嘗到敗戰，雙方因而簽訂《申布倫和約》，奧地利割讓土地成為內地國。

的情況下，最後噶瑪蘭人被迫遷到其他地方另謀生路。

嘉慶十三年（一八〇八年）吳化等人，趁閩浙總督方維甸巡視台北艋舺時，前往呈繳住民戶口清冊，希望將蛤仔難編入清政府治下，方維甸轉呈北京清廷「奏請噶瑪蘭收入版圖」，朝廷派人查後就在嘉慶十五年（一八一〇年）核准設「噶瑪蘭廳」，將宜蘭劃入大清帝國版圖之內，廳治設在五圍（今日的宜蘭市），並特授南路海防兼理蕃同知楊廷理為噶瑪蘭通判。

「熟番」遷徙與漢化：平埔族的大規模漢化

清領時期，官府與移入台灣漢人都稱台灣原住民為「番」，大約在康熙五十年代，官府根據原住民是否向官府繳納賦稅，區分為「生番」與「熟番」。康熙六十一年還開始在靠近「生番」活動的關鍵要地豎石為界。不過閩粵移民來到台灣，主要是進行土地墾殖，他們除了會在無主進行開墾外，還會向平埔族租借土地開墾，有些人甚至會與平埔族女子結婚居住一起，讓平埔族逐漸接受漢化。且從清初，朝廷就開始在平埔族居住處廣設社學，從原住民社學在嘉慶年間逐漸成為漢民義學，可知這種種被動與主動的做為都讓平埔族漢化。

平埔族在面對漢人拓墾的衝擊，尤其是他們的

單位：年

西元	地點	時代	大事
1810	俄羅斯	亞歷山大一世	俄國宣布退出大陸系統，與英國恢復彼此間的商業往來
	德國	腓特烈威廉三世	頒布《調整詔令》，以土地生產所得的三分之一交給領主，以解除農民為領主所服的勞役。
	中國	嘉慶	設立柏林大學。 下令查禁鴉片。
1811	中國	嘉慶	禁西洋人潛居內地，並禁止人民信奉天主教。
	台灣		彰化北管樂團梨香園由楊應求創立，這是現存台灣歷史就悠久的北管。 謝琯樵誕生（一八一一—一八六四），福建人，書畫皆擅長，畫作以花鳥、樹石與蘭竹等題材最多。一八五一年曾受友人邀請來台講學作畫；一八五七年寓居台南，於海東書院傳授書畫；一八五九年北上寓居板橋林家，在大觀義學教授繪畫技藝，並與萬華一帶的文士往來，後又受霧峰林家之邀，到霧峰傳藝，在台流寓四年，直到一八六〇年才回大陸，對台灣的繪畫影響深遠，重要的作品有《蘭石》。

土地被漢人以各種方式佔據時，有些族會採取集體遷徙的方式，藉以遠離漢人並擴大自己的生存空間。清時期平埔族的遷徙有四次較受到矚目，分別是潘賢文帶領中部平埔族到噶瑪蘭地區、噶瑪蘭族往花東尋找新天地、中部平埔族入墾埔里、南部原住民往花東遷移。

嘉慶九年（一八〇四年），以潘賢文為首的中部地區平埔族，集體遷移至噶瑪蘭平原。當時的潘賢文在廣東籍的鍾興雅鼓舞下，準備前往蘭陽平原拓墾，雖然官府不同意潘賢文的拓墾行動，他仍執意行動，組織一支結合巴則海族、道卡斯族與洪雅族的跨社群集團，越過中央山脈抵達蘭陽平原，與當時在蘭陽平原的吳化開墾隊伍相遇。當時蘭陽平原發生漳泉械鬥，這批來自西部的平埔族也捲入械鬥，他們依附在泉州人這邊，結果大敗，潘賢文與隨他東來的部眾因殺人被抓遭處死。至於他們在羅東一帶剛開墾的土地則被漳州人奪走，只好在噶瑪蘭番社周邊較差的區域活動，直到同治年間才與噶瑪蘭人共組開墾集團，入墾接近生番地界（即員山與三星）建立新居地。

嘉慶十九年（一八一四年），郭百年等漢人為了尋找新天地，開始以有組織有計畫方式侵墾原住民的居住地。他們開始先假藉埔里族社通事、土目與官府等身分，用計強奪埔里社的土地，奪地後就築土圍與木城，並廣招佃農進入埔里開墾，讓埔里社族人只好

1812

台灣　嘉慶　清廷在宜蘭設置「噶瑪蘭廳」，首次正式對台灣東北部的宜蘭進行直接統治。

葉化成（一八一二—？），福建人，一八三五年中舉人，與呂世宜、謝琯樵同時曾受板橋林家邀請來台任教，他擅書畫，尤擅長水墨山水畫，可惜留下來的作品極少。

法國　第一帝國　拿破崙集結七十萬大軍遠征俄國，最後失敗。

美國　麥迪遜總統　美國趁英國參與歐洲的半島戰爭，向英國宣戰，發生美英地按次獨立戰爭。

英國　喬治三世　英國名將威靈頓成功的從拿崙手中解放西班牙馬德里。

1813

歐洲　俄、普、英、奧、西班牙、瑞典組成抗法的聯合勢力，發動與法對抗的解放戰爭。

法國　第一帝國　萊比錫戰役，奧普俄聯軍擊潰拿破崙大軍。

中國　嘉慶　天理教首領麟清率領華北眾教起事，史稱葵酉之變。

中嚴販運鴉片煙律，並定食用者罪。

德國　腓特烈威廉三世　簽訂《卡利什條約》，波蘭歸俄國所有，普魯士愛國之士群起激憤，要求腓特烈威廉三世隊法宣戰。

依靠在依眉社生活。郭百年以欺騙的方式強取埔里社土地一事，三年後為官府得知後，郭百年雖遭杖罰，耕佃亦遭到驅散，將埔里社土地歸還埔里社，不過事件後，埔里社為了自衛以對抗山地原住民的出草與漢人非法侵墾，就在道光二十一年（一八二三年）透過水社的中介，引進來自彰化、台中、南投、苗栗等中部地區平埔族進入埔里墾佃。然而這些參與移墾埔里的平埔族非全社搬到埔里，他們的原居地仍有族人居住，所以這些遷徙到埔里的平埔族經常往來於兩地，也由於這次中部平埔族的遷移，讓埔里成為台灣族群最複雜的地區。

一八一〇年，「噶瑪蘭廳」設置後，噶瑪蘭族就成為必須對清廷納稅與服役的熟番，再加上漢人的進入讓噶瑪蘭的生活環境出現變化，傳統的社會文化也產生改變，這種種讓噶瑪蘭族的生活更加困難，於是噶瑪蘭族開始向外尋找新天地。於是在道光二十年（一八四〇年）有一群噶瑪蘭人就往花蓮地區移動，他們就在太魯閣族與撒奇萊雅族之間未有人居住的區域住下來，成為花蓮平原上的另一股勢力，史稱「加禮宛」。只是沈葆楨「開山撫番」政策的施行，讓漢人、清軍與原住民的衝突更加劇烈，導致加禮宛人遭清軍流放，於是除了今日的花蓮新城外，東海岸、花東縱谷上都可見到加禮宛人建立的新聚落。

南部地區的平埔族從十八世紀開始，就因政府的

單位：年

西元	地點	時代	大事
1814	台灣	嘉慶	郭百年侵墾埔里盆地，被官府驅逐。
	歐洲		英俄普奧簽訂《儲蒙條約》，決定繼續對法國作戰到底，並不單獨和法國締結和約，此後拿破崙節節敗退，聯軍攻入巴黎解決法國問題。
1814	奧地利	法蘭茨二世	拿破崙戰敗後，召開維也納會議，會議掌握在奧地利首相梅特涅手中，奧地利獲得威尼斯與米蘭。
	德國	腓特烈威廉三世	得境內成立一個德意志邦聯。
	西班牙	費迪南七世	費迪南七世復辟，重建耶穌會與異端裁判。
	法國	第一帝國	三月，聯軍進入巴黎，軍隊在楓丹白露逼退拿破崙，拿破崙被送往厄爾巴，第一帝國結束。
			法國由波旁王朝的路易十八即位，路易十八隨即頒布憲章，成立以英國為範例的兩院制。
		路易十八	英、俄、普、奧簽訂《巴黎和約》，要求法國領土回到一七九二年的狀況。
	美國	麥迪遜總統	八月，英軍攻佔美國的首都，一位美國律師在此戰役中譜出美國國歌。

剝削讓他們日益貧困，只好釋出土地，往其他地區遷移。像是原本居住在東港溪南的馬卡道族往恆春半島移動，他們以水牛、豬隻與山地原住民族交換土地，然恆春一帶早有漢人定居，讓部分族人往東部地區找尋生機。再者，原居住在台南玉井的「四社熟番」，也因漢人與西拉雅族的入侵，向楠梓仙溪、荖濃溪流域地低海拔山地帶四散，這群人在十九世紀在布農族的帶領下，越過中央山脈，往花東縱谷的關山、池上與玉里一帶，與當地的阿美族一起生活。至於早在十七世紀就與外界接觸的新港社、麻豆社等西拉雅族則是往近山的平原或低海拔山區移動，如向今日台南的新化、大內與東山地區遷移，十九世紀時他們也隨著「四社熟番」一起往東部地區移動，並在東部地區建立新天地。

金廣福公館：清中葉閩客合作開發新竹一帶丘陵地

沈葆楨來台之前，清廷不希望漢人在台灣的拓墾活動，侵擾到原住民的居住地，便採取「漢番隔離」政策。只是移入的漢人愈來愈多，可供開墾的土地愈來愈少，讓漢人不僅侵占平埔族的土地，還向山區拓墾，開始侵占山地原住民的土地，產生嚴重的「漢番」衝突。所以在這個「分類械鬥」頻繁的時代，往山區進行拓墾的漢人便拋開族群的成見，採取的就是

年份	國家	君主	事件
1815	台灣	嘉慶	郭尚先（一七八五—一八三二），福建人，來台多年並在八里坌建館授徒，多年後後回福建科考中進士，工篆隸，善行楷，亦能畫蘭，但傳世甚少。
1815	美國	麥迪遜總統	美國與英國締結《根特永久和約》英國接受美洲局勢原狀，美英戰爭正式結束。
	英國	喬治四世	國會通過《穀物法》使勞工的權益受損。
	俄羅斯	亞歷山大一世	沙皇亞歷山大一世邀請普、奧在巴黎簽約，組成「神聖同盟」。
	奧地利	法蘭茨二世	《維也納會議法案》重新確立五強均勢。十一月，奧地利邀請英國、俄羅斯與普魯士組成「四國同盟」。
	法國	路易十八	拿破崙離開厄爾巴回到巴黎，拿破崙再度稱帝，稱為「百日復辟」，路易十八逃亡根特。英奧俄普再度聯軍，在滑鐵盧一役，拿破崙大敗，被放逐到聖海倫娜島。
1816	西班牙	費迪南七世	阿根廷自西班牙手中獨立。
	中國	嘉慶	英國派阿美士德訪華，因不行跪拜禮，而取消會面。
	德國	腓特烈威廉三世	頒布《調整詔令》，地主為補償損失，理性經營的大地產為流行。

以不同族群間的合作方式進入山區，如新竹一帶近山區的漢人採取的是閩客合作方式，「金廣福」是台灣早期墾拓事業中少數閩客合作的特例。

今日新竹北埔的「金廣福公館」雖是一棟不起眼的四合院建築物，但它卻是清時期閩客合作開發台灣山區的證據。「金廣福公館」為二進一院的客家雙堂屋，其構造簡潔，不尚華麗，特別的是，在這座四合院的半人高石板牆基、五十公分以上厚度的土牆與厚重的木門上都可發現槍眼（射口），表現出強烈的防禦性質。「金廣福公館」並不是住宅而是辦公室，它是「金廣福墾號」總公司所在地，金廣福墾號的出現與朝廷鼓勵漢人進入新竹山區墾殖有關。

道光十五年（一八三五年）時，淡水同知李嗣鄴諭示粵籍的姜秀鑾及閩籍的林德修、周邦正，共同設立閩粵合股之武裝拓墾組織，也就是俗稱「金廣福大隘」或「金廣福墾號」，開拓竹塹東南山區的土地。「金廣福」的「金」是指合夥或吉利之意，取其發財多金之意，「廣」是指廣東，「福」是指福建。「金廣福墾號」成立後，周邦正與姜秀鑾採分工合作方式進行，由於閩籍的周邦正在竹塹城內，主管衙門的公事與會計事務，因此實際上的墾殖活動是由粵籍墾戶首姜秀鑾進行，他率領閩粵兩籍佃農數百人進駐墾區，擔任守隘防番和實際開墾的任務。

清時期漢人逼近山區時，常與原住民發生衝突，

單位：年

西元	地點	時代	大事
1818	德國	腓特烈威廉三世	頒布新稅法與關稅法，出現關稅同盟，克服德意志地區內三十八個不同關稅體系的問題。
	中國	嘉慶	廓爾喀遣使入貢。
	台灣		曹敬（一八一八—一八五九）誕生，淡水八芝蘭（今士林）人，好詩文，又精於書法、繪畫、雕刻，尤其擅長人像，作品《曹敬詩文略集》。
1820	西班牙	費迪南七世	西班牙發生革命，軍隊在卡地茲叛變，保守派投降。
	法國	路易十八	貝里公爵遭暗殺，政府修改選舉權內容，遭自由派人士反抗，出現燒炭黨。
	義大利	費迪南一世	諾拉的叛變，迫使國王採取憲政。
			義大利民族運動從薩丁尼亞皮蒙特與北義大利蔓延。
			西西里島追求脫離王國獨立。
	中國	嘉慶	中國新疆境內的回族在英國的支持下，開始侵擾新疆。
1821	西班牙	費迪南七世	西班牙於中南美洲的殖民地紛紛脫離西班牙獨立。
	土耳其	瑪哈穆德二世	爆發希臘獨立戰爭。
		道光	

這讓清政府會在漢與番界處設置「隘」，以隔離原住民與漢人。姜秀鑾帶領墾佃進入山區開墾時，同樣也面臨侵犯當地原住民的土地問題，並經常與當地原住民產生衝突，於是就出現「隘」這種武裝防衛機構。由於設隘讓漢佃的安全有了保障，於是就出現「隘設墾隨」的現象。因此當時姜秀鑾從樹杞林（竹東）前進北埔，在北埔、峨眉、寶山等地新設三十六處隘寮，形成一個大防禦線，稱為「大隘」。那設在北埔的「金廣福公館」不僅是三十六處隘寮的辦公室及指揮中心，也是招收墾佃及徵收隘租的行政中心。

姜秀鑾曾多次統率隘丁，與賽夏族發生過大大小小的戰鬥，雖然墾民傷亡無數，不過這也讓「金廣福墾號」在進入新竹東南邊山區的幾年後，開墾出數千甲田地，歲入稻穀數萬石，墾殖區也日漸廣大，從原本僅在今日之北埔鄉、寶山鄉、峨眉鄉等地進行墾殖，到清朝後期，已經擴展至今的苗栗縣南莊鄉與三灣鄉一帶，換句話說，竹苗近山區的廣大區域，都為金廣福墾號墾殖區。

郊商的崛起：清領時期台灣與大陸間的商業活動

台灣在清朝雖是一個以農業為主的移民開墾社會，不過也是因為台灣特殊的人文環境，讓台灣與大陸間的商業往來密不可分。台灣有大量的農作物，如糖、稻米與鹿皮等須輸往中國大陸，大陸則會將紡織

中國	台灣	法國 路易十八
朝鮮遣使者前來請求更正《皇朝文獻通考》朝鮮史事失實處。 英國要求在新疆貿易，未得到允許。	林沾梅（一八二一—一八六八），新竹人，出身豪富，卻無膏粱子弟之氣息，工詩善書、其仕女畫最工，花卉有惲南田筆意，作品有詩集《潛園琴餘草》。 黃本淵（生卒年不詳），台南人，道光元年制科取孝廉方正，善書法，有書法家曾稱黃本淵係過去台灣最傑出之大書法家，「神」、「氣」、「骨」三全，惜作品傳世稀少。 蒲玉田（生卒年不詳），福建人，道光年間來台遊學，善長工筆人物與花鳥，作品有《乘風破浪圖》、《登岸圖》等。 鄭觀圖（生卒年不詳），福建人，道光年間客居於淡北，是大陸第一位寓臺職業畫家，工於書畫，善繪花鳥，與陳邦選合稱「八閩藝壇雙璧」，時人尊為「南陳北鄭」，作品有《雙兔圖》。	拿破崙病逝於聖海倫娜島。

品、藥材等物品輸到台灣。因此，商人為避免惡性競爭，大多為同業共同扶持，或是採聯合同一地區的商人組成幫會，這在台灣則稱作「郊商」或「行郊」。

「行」即是行商，通常指的是批發商。「郊」就是「行郊」，其源自於中國古代的「行會制度」，是指某一種行商為謀共同利益的組合，類似今日的商業公會組織。不過，十八世紀前半葉台灣的「郊」，除了同業公會的「郊」，如布郊、藥郊與糖郊等之外，還有一種就是以交易港口為團結中心的，也就是專屬貿易船運業，如泉郊（專門跑泉州的船行組合）、廈郊（船專門航行到廈門者）。

在台南的水仙宮內有一塊乾隆三十年一七六五年）所立的「水仙宮清界碑記」，為台灣最早有「行郊」二字的文字記錄，不過「行郊」大肆林立發展要到乾隆四十九年（一七八四年），官方正式開放彰化鹿港與泉州蚶江為對渡口之後。清時期的台灣著名的郊商組織有府城三郊、鹿港八郊與淡水三郊。

一七二三年至一七三五年間的台南府城相繼成立三個郊商，分別是北郊蘇萬利（乾隆三十年），南郊金永順（乾隆三十七年）以及糖郊李勝興（乾隆四十五年）。台灣的糖業相當發達，早在十七世紀就是重要的國際貿易商品，到了十八世紀初，台灣已有專門進行糖業交易的商人，這些商人集團稱為糖郊。

北郊與南郊是以貨物運送到大陸所在地為區分，當

單位：年

西元	地點	時代	大事
1822	西班牙	費迪南七世	凡戎娜會議中決議由法國派兵鎮壓西班牙叛變，費迪南七世取回政權後，對革命分子施行嚴厲的報復行動。
	葡萄牙	約翰六世	約翰六世自巴西返回執政，頒布《自由憲法》。 巴西宣布脫離葡萄牙獨立。
	中國	道光	清朝下令海口各關嚴格稽查鴉片。
1823	法國	路易十八	介入西班牙的內政。
	美國	門羅總統	發表門羅宣言，主張歐洲人治歐，美國人治美，互不干涉。
	台灣	道光	孫爾準（一七七二—一八三二），江蘇人，任福建巡撫，巡閱台灣，一八二五年任閩浙總督時，平定彰化盜賊，治閩最久，閒暇時作書，擅長行草，著有《泰雲堂集》。
1824	台灣	道光	艋舺地位日益重要，與台灣府、鹿港並稱為「一府二鹿三艋舺」。 彰化開設「文開書院」。 曾茂西，福建人，道光年間遊台，為水墨畫家尤其精通畫人物、翎毛走獸，作品有《秋塘野梟》。

時是以福建福州為分界，府城郊商的貨物要運送到福州以北者稱為北郊，貨物運到福州以南者稱為南郊。嘉慶元年，府城三郊捐資興建水仙宮，並成立「三益堂」做為總理三郊事務的辦公室。北郊是由二十多間商家行號組成，以蘇萬利商號為代表，從台灣輸出品以糖、龍眼乾、樟腦等為主，輸入品則有寧波綢緞紫布、四川的中藥材等。南郊為三十多間商家組成，以鍾姓粵籍人士創立的金永順商號為代表，從台灣輸出者為豆類食品，米、魚翅等，輸入品則為廈門的藥材與瓷器、泉州棉布與香港廣東的洋布雜貨等。

鹿港八郊指的是鹿港八大郊商，分別為泉州金長順、廈郊金振順、簸郊金長興、油郊金洪福、糖郊金永興、布郊金振萬、染郊金合順、南郊金進益等。其中的泉郊與廈郊是一種同鄉組織的性質，所以有許多不同貿易類別的同鄉從業者加入。由於乾隆皇帝曾開放鹿港至泉州這條航運，因而鹿港這地區成為泉州人聚集區，因此鹿港八郊中又以泉郊的規模最大且最具領導力量。

位處大漢溪、淡水河和新店溪交會處的艋舺，曾因地理位置優越，讓這個碼頭成為郊商的命脈。當時，在這的郊商有泉郊（又稱頂郊）、北郊與廈郊（又稱下郊），又以主要前往泉州進行貿易的泉郊人數最多規模最大，前往廈門做生意的廈郊規模最小。不過廈郊與泉郊經常為了碼頭的使用發生爭執產生分

1825		
法國	查理十世	彭廷選（一八二四—一八六六），居新竹，道光二十九年貢生。善書畫，工詞章，作品有《竹里館集》、《傍榕小築詩文稿》。 通過《賠償法》，補償在革命時期貴族喪失土地的損失。
英國	喬治四世	英、法、俄在納瓦里諾摧毀土耳其與埃及艦隊，簽署《倫敦條約》中，英、法與俄共同支持希臘獨立。 歐康尼爾重新發起民族主義的愛爾蘭天主教協會，威爾頓內閣廢止《宣誓法案》。

1826		
台灣	道光	葉王（一八二六—一八八七）誕生，第一位在台灣燒製交趾陶者，作品相當多，遍布台灣各大廟宇，今日學甲慈濟宮有「葉王交趾陶文化館」。

1827		
中國	道光	伊犁將軍攻下喀什噶爾城。
台灣		英國商人來到滬尾（淡水）販售鴉片。

1828		
俄羅斯	尼古拉一世	俄國發動土耳其戰爭。 文學家托爾斯泰誕生，著有《戰爭與和平》、《安娜卡列尼娜》、《復活》等作品。

類械鬥，尤其是一八五三年這兩派人馬的分類械鬥，讓同安人在林右藻率領下離開艋舺往大稻埕發展，他組織廈郊「金同順」後便前往香港、福州與廈門招商，之後更進一步聯合艋舺泉郊「金晉順」與北郊「金萬利」，組成淡水三郊。

清初期，台灣與大陸間的貿易港口主要為台南鹿耳門與廈門。隨著貿易日漸頻繁，移民者愈多，港口不僅在台南，從鹿港八郊與淡水三郊的出現，代表與大陸的開放港口漸多，有了中部的鹿港與北部的八里坌。

一府二鹿三艋舺：清領時期台灣政治與經濟由南往北的發展

台灣的發展是從南往北，這正好可與台灣一句俚語「一府二鹿三艋舺」相呼應。一府指的是台南市，這個城市從十七世紀荷蘭統治台灣開始（一六二四）到清光緒十年（一八八五）的兩百多年時間，一直是台灣的政治中心。荷蘭東印度公司統治台灣時期，主要活動區域在嘉南平原，並在台南大員（即安平）與赤嵌建立熱蘭遮城（安平古堡）與普羅民遮城（赤嵌樓），他們就在這兩座城內管理台灣。由於荷蘭人來台灣的目的在於殖民台灣的經濟活動，所以當時的台南商業活動興盛，有了人群聚集的市街，是台灣的政治與經濟中心。一六六一年鄭成功取台灣，將荷蘭人

單位：年

西元	地點	時代	大事
1829	希臘	奧圖一世	倫敦會議同意希臘獨立，由巴伐利亞的維特斯巴赫家族的奧圖一世擔任希臘國王。
	英國	喬治四世	歐康尼爾主張廢除一八〇一年愛爾蘭與英格蘭的合併法案。
	台灣	道光	王獻琛誕生（一八二九—一八八九），台南人，參加科舉但未及第，善於畫蟹，作品有《墨蟹》。
1830	英國	喬治四世	受到法國七月革命影響，英國發生改革國會運動。
			世界第一條鐵路出現在英國，接通了史托克頓與達靈頓兩地的交通運輸。
	俄羅斯	尼古拉一世	波蘭發生抗俄事件，華沙暴動。
			尼古拉一世開始將邊界往波斯、印度與中國等方面擴展。
1830	法國	查理十世	眾議院對查理十世的政府投下不信任案，查理十世下令解散國會，重新選舉。
			查理十世頒布《七月詔令》，人民紛紛上街抗議，發生七月革命。查理十世逃亡英國，路易腓力即位為法王，法國進入第二帝國時期。
	荷蘭	威廉一世	

擊退後，台灣進入明鄭時期，這時的人也都聚集在南部地區，台南市即是承天府，為當時的政治與經濟中心。一六八四年台灣進入清版圖時，直到一八八五年台灣建省之前，台灣的政治中心都在台南市，當時的台灣府衙門就在台南，所以台南有府城之別稱。清初內地人們來台，大都從廈門到安平與鹿耳門上岸，鹿耳門或安平是台灣對外的正口，尤其是安平，在鹿港開港之前，所有往來於中國、日本與南洋等地的貿易船隻，均取道於安平，府城商業相當的繁盛。

二鹿即彰化鹿港。鹿港的發展與「渡台禁令」的頒布、台灣的開墾活動北移有密切關係。清時期頒布「渡台禁令」後，官府為了杜絕偷渡來台者，會派專員於台南港口進行稽查，因此私自來台者都不從台南的港口上岸，而是改從其他口岸進入台灣。乾隆時，台灣土地開墾活動已北移到中部與北部平原，這時偷渡者便在中部找尋其他偷渡口，「鹿港」距離大陸沿岸相較中部地區的其他港口近，這使得鹿港就這樣成為台灣中部與大陸往來的重要港口。乾隆四十九年（一七八四年），清政府仿鹿耳門及廈門模式，就在鹿港設立專員管理，開放從泉州到鹿港這條航線，鹿港正式開港通商。此後鹿港行郊雲集、商務發達，迅速成為中部第一大港。

三艋舺指的是今日台北市萬華區。乾隆時期，已有大量漢人進入台北盆地，八里坌（今日新北市八

年代	地區	君主	大事
	中國	道光	比利時獨立。清廷下令各省禁止種植鴉片。
	台灣		北管彰化集樂軒創立，亦由楊應求成立（楊應求在彰化地區還成立繹如齋和月華閣，只是這兩個北管樂團成立時間不確定）。 宜蘭最早的北管「宜蘭總蘭社」成立，其原名為「福祿大鼓班」，到一八六〇年才改名，以演奏鑼鼓為主。
1831	台灣	道光	「金廣福墾號」成立，開發新竹北埔一帶山區。
	奧地利	法蘭茨二世	燒炭黨在教皇國北部起事，遭到奧地利軍隊平定。
	俄羅斯	尼古拉一世	俄國派兵平定波蘭抗俄事件。
	法國	查理十世	雨果《鐘樓怪人》出版。
1832	俄羅斯	尼古拉一世	波蘭被貶為俄國的一省。
	英國	喬治四世	英國通過《一八三二改革法規》，取消衰廢市鎮選區，將空席分配給新興城市，使得中產階級獲得投票的權利，兩大黨改名為保守黨與自由黨。
	奧地利	法蘭茨二世	奧地利統治下的義大利地區，馬志尼組成少年義大利黨，推動民族統一和國家復興運動。

里）是台灣北部的重要門戶，清政府在無法抑制來台者從八里坌上岸，就將此正式設口岸，正式開港通商，出現了福州五虎門到八里坌這條航線，這讓來台灣北部的人愈來愈多。位於大漢溪、新店溪及淡水河交匯處的艋舺雖僅是河港，不過它因水運優越，台北盆地的大大小小聚落，如松山、景美、新店、新莊、板橋等地的貨物都集中於此，大陸來的貨船也可直接停靠於此，因為便利的水上交通，讓艋舺成為台北盆地的貨物集散中心。到咸豐年間（十九世紀）艋舺地區的水上商船密布，陸地上人煙稠密，奠定艋舺為台灣北部的商業貿易重心，因而有「一府二鹿三艋舺」之稱。

天津條約下的台灣開港：台灣再度進入國際貿易領域

清於鴉片戰爭吃敗戰，讓西方各國知道利用戰爭就能輕易地獲得他們想要的結果。於是一八五七年，英國就利用亞羅船被誤認為海盜船而被搜捕，法國利用馬神父在廣西西林傳教被殺為藉口，挑起戰爭，英法兩國聯合攻佔廣州，要脅清與英法美俄四國談判，並於一八五八年簽訂《天津條約》。

《天津條約》條約中提到，台灣港（安平港）與淡水為通商口岸，並准許外國人來台從事貿易，隨後又增列北部雞籠（基隆）與南部打狗（高雄）兩個

西元（單位：年）	地點	時代	大事
1832	台灣	道光	張丙等天地會黨然於嘉義發動抗官作亂。周凱，浙江人，因仍任署台灣道，在台期間呂世宜亦在台灣，因而常在海東書院聚會，一時稱盛，擅長書畫，作品有《內自頌齋詩文集》。
1833	台灣	道光	福建提督擒拿天地會黨人，張丙等人的起義遭平定。
	英國	喬治四世	英國國會廢除奴隸制度、通過工廠法。
	德國	威廉一世	發生法蘭克福警衛哨所攻擊事件，由大學生策畫政變，遭到強力鎮壓。維赫恩建立收容無人照顧的青少年機構。
1834	台灣	道光	鄭用鑑在新竹接任明志書院，長達三十多年（一八三四—一八六七），影響了北台灣的文風，著作有《靜遠堂詩文鈔》。鄭用鑑（一七八九—一八六七），一八二五年中貢生，一八二六年禮部複試，御前殿試第七名，不過他終生不任官。
1835	中國	道光	兩廣總督盧坤、水師提督關天培奏請增修廣州炮臺，廣東定《防範洋人貿易章程》。

港口。台灣開港通商後，各國陸續在各口岸設置海關與領事館，以保護通商與僑民的權益，英國首先在淡水設置駐台副領事館，隨後也在打狗設置副領事館。海關與領事館設置後，外國商行就紛紛在台灣設立洋行，做為進行國際貿易的場所。英國人之所以一開始就將駐台副領事館設在淡水，跟淡水逐漸成為樟腦與茶葉的輸出港有關。

樟腦是十九世紀台灣出口的重要商品，當時的台灣是一個盛產樟腦樹的地方，全世界的樟腦有百分之七十至八十都來自台灣。台灣的樟腦品質好，所以早在台灣還未開港通商之前，西方人就頻頻造訪台灣購買樟腦，只是當時來台購買樟腦的西方商人都進行非法的走私交易，如今台灣開港通商了，西方人可以正大光明地在台灣進行樟腦的買賣。台灣的樟腦樹，主要生長在中部以北的山區，其中北部山區的樟腦都是藉由淡水河運送，所以樟腦的集貨處與出口港就在淡水。

除了樟腦外，茶葉也是當時重要的出口商品。台灣雖有原生茶樹，但台灣原生茶種不太適合飲用，現今的台灣烏龍茶則是嘉慶年間先民帶來台灣，當時的福建先民將武夷山的烏龍茶仔帶到台灣北部山區種植，開啟了台灣的烏龍茶種植。台灣北部山區多雨潮濕，很適合茶樹生長，一年四季都可以收穫，產量極豐。當台灣開港後，英國怡和洋行（Jardine.Matheson

年份	地區	在位者／年號	大事
	台灣		在桃竹苗一帶出現為了紀念義民們義行的祭祀活動，由十五大庄輪值祭祀，這就是義民節普渡的起源。
	奧地利	斐迪南一世	斐迪南一世即位。
1836	中國	道光	湖南地區發生白蓮教起事，很快就被平定下來。
	日本	仁孝天皇	發生天保飢荒。
1837	日本	仁孝天皇	大鹽平八郎向官府請願救濟災民遭拒，聯合農民與災民起義，史稱「大鹽平八郎之亂」。
	英國	維多利亞女王	英國國王威廉四世過世，由姪女維多利亞女王即位。加拿大發生暴動，後為英國平定。
	台灣	道光	鳳山知縣曹瑾引水灌溉，稱為「曹公圳」，隔年「曹公圳」完工。 台北開設「學海書院」。 鄭用錫（一七八八—一八五八），新竹人，道光三年（一八二三）中進士，為全台首位進士，一八二九年曾任明治書院山長講習，一八三四年赴京任官，一八三七年辭官。工詩文，歸隱後（一八三七—一八五八）就在新竹修築北郭園終日與友人吟詩做文章，詩作與古文著作漸多，全收於《北郭園詩鈔》，另附錄有：〈勸和論〉、〈北郭園記〉等。

& co）就派人到台灣來收購烏龍茶的粗製品，由於茶樹都種植在北部山區，茶農收成後會將茶葉送到大稻埕進行粗製，因此茶業也都從淡水出口。

至於蔗糖是唯一在南部出口的農產品，由於甘蔗這種熱帶經濟作物，種植地在南部的平原地區，所以出口港在南部。其實早在十七世紀荷蘭東印度公司統治台灣時，蔗糖就是台灣重要的出口商品，當時的蔗糖是從安平出口到世界各地。在清朝統治台灣的一、二百年的時間，從嘉南平原到屏東平原都可見到甘蔗田，因而讓打狗與安平皆為台灣蔗糖的出口港。只是安平港後來因泥沙淤積，大船漸漸無法停靠後，讓打狗的出口量就逐年增加，成為主要的出口港。

開港通商後，台灣的茶、樟腦與蔗糖出口相當興盛，這些貨品的生產需要大量的人力，讓農業社會中的多餘勞力得以緩解，而茶與樟樹都種植在丘陵區，也促進山區的開發與新市鎮的出現，總之隨著出口貨品的增加，加速這些產品的產量，進而促使台灣的社會商品經濟的發達。值得注意的是，茶與樟腦的產地主要在中北部，讓台灣的經濟與政治重心逐漸北移，可說也改變了台灣的政治與經濟環境。

茶葉與大稻埕的崛起：貴德街是台北最早洋樓街，為清領時期外商落腳處

大稻埕的開發與咸豐年間在艋舺發生的分類械

西元（單位：年）	地點	時代	大事
1838	英國	維多利亞女王	英國出現「反穀物法同盟」，發生「民憲運動」。
1839	土耳其	瑪哈穆德二世	埃及總督阿里愈獨立事件，引發了近東危機。
	中國	道光	英艦在虎門外穿鼻洋挑釁，水師提督關天培率部迎擊。林則徐在廣州查毀英商鴉片兩萬多箱，並禁止英國商人在中國進行貿易。
1840	德國	威廉一世	禁止使用九歲以下的童工。
	台灣	道光	南管於鹿港的鹿港聚英社，據說於這年由施抽舍先生創立。士林舉人潘永清（一八二〇—一八七三）在芝山岩開漳聖王廟的文昌祠開設義學。詹道薪，道光二十四年中舉人，擅長花鳥畫，重要的作品《花鳥》。
	中國		中英因為鴉片問題爆發了戰爭，史稱鴉片戰爭，英軍北犯，占領定海。英軍直抵天津，直隸總督琦善與義律在大沽口會談，琦善向英人妥協。英軍氣焰，竟將林則徐、鄧廷楨交軍機處嚴加議處。琦善擅自與義律訂定《穿鼻草約》，私許割讓香港，開放廣州，賠償煙價。

鬥有關，在這場械鬥中輸的同安人在林右藻的率領下前往大稻埕另闢住所。咸豐元年（一八五一年）的大稻埕，僅有為了躲避海盜，從基隆來的林藍田在這開設三間店鋪，所以當林佑藻等同安人的到來，大稻埕才逐漸發展起來，且成為之後台北盆地其他區域的同安人，在械鬥中輸了之後投靠的地方。短短幾年內，大稻埕一帶處處可見大商巨舖。台灣開港通商時，艋舺已因淡水河淤積，大船無法靠岸，所有進入淡水河的船都停靠在大稻埕，舉凡北部地區的茶葉、布料、南北貨或是中藥材等貨物都集中於大稻埕，讓大稻埕取代艋舺成為台灣北部的商業中心，因此外國商人來到台北後也都落腳於此，現今靠近大稻埕碼頭的貴德街，在十九世紀末不僅是外國人居住地，也是茶葉商聚集處。

大約在嘉慶年間，台灣北部開始有移民者在靠近盆地的山區種茶。道光朝時台灣生產的茶葉就開始出口，只是當時台灣出口的茶葉都只是粗製品，必需出口到對岸的福州，在那進行茶葉的精製加工之後才會出口到世界各地。所以淡水剛開港時，從大稻埕出口的茶都是粗製品，直到一八六四年蘇格蘭商人陶德（John Dodd）來到台灣後，才轉變台灣茶的命運，讓台灣茶成為國際上熱門商品。

陶德起初來到台灣的目的是為了進行樟腦的生意，不過當他進入台灣北部山區收購樟腦時，發現北

年代	國家	在位者	大事
1841	英國	維多利亞女王	英國國會通過《聯合法》，統一上下加拿大。
	法國	第二帝國	馬克思於巴黎從事工人團體活動，這是他從事社會運動的開始。
	中國	道光	清廷拒絕承認《穿鼻草約》，使得英政府派軍隊攻陷廣州與廈門。
	台灣		英國艦隊數度出現台灣外海。
1842	中國	道光	英軍兵臨南京，清被迫簽下《南京條約》，此條約為中國不平等條約的開始。
	英國	維多利亞女王	出現第一次全國性的大罷工。頒布法令，禁止婦女在礦場工作。
1843	中國	道光	清朝與英國簽訂《虎門條約》，又名中英五口通商章程。
	普魯士	威廉一世	維赫恩訓練男性教會志工。
1844	中國	道光	中國分別與美國和法國簽訂《望廈條約》與《黃埔條約》。
	希臘	奧圖一世	批准希臘憲法。
	英國	維多利亞女王	出現為貧民窟人民服務的基督教青年會。
	美國	約翰泰勒總統	摩斯發明了有線電報。
	法國	第二帝國	法國重要作家大仲馬《基度山恩仇記》出版。

部丘陵區的環境很適合種植茶樹，並深信台灣產的茶能在國際上賣得好價錢。便派李春生到福建安溪帶回茶苗，以收成悉數買下與貸款給農民等方式，鼓勵在木柵一帶的農民種植茶樹。起初陶德也是將收購的茶葉先在台灣粗製，再送到福州與廈門精製，不過，陶德與柯爾（Crawford Kerr）於一八六七年在大稻埕合夥設立「寶順洋行」後，就決定要自行建置茶葉精製場，以擺脫福建茶商的管控。隔年，陶德就到廈門與福州聘請精製烏龍茶的技工來大稻埕製茶，並在一八六九年將在台灣精製的茶，以「福爾摩沙烏龍茶」（Formosa Oolong tea）為品牌外銷美國，深受美國人喜愛，就此打開臺灣烏龍茶外銷大門。大稻埕也在短短的三、四年間，出現了六家從事精製茶葉的外銷洋行。光緒元年（一八七五年）後大稻埕製茶業陸續有華商加入，且在十年內，大稻埕一帶成為茶商聚集地，在這從事茶葉買賣的店家已多達兩百多間。

茶葉貿易迅速發展，造就大稻埕一帶商人的驚人財富，也將異國風格的建築帶進大稻埕地區，這時在大稻埕開始出現給外商居住的仿南洋地區的兩層樓的殖民地式建築，如今日南京西路西段的中西合璧式街屋，就是一八六七年板橋林家曾捐資興建，供外商居住的「六館街」。而光緒十年（一八八四年）台灣建省後，台灣首任巡撫劉銘傳更請板橋林家與李春生合資修建建昌街（今貴德街北段）與千秋街（今貴德街

單位：年

西元	地點	時代	大事
1845	中國	道光	清朝政府分別和比利時、丹麥簽訂五口通商章程。
	英國	維多利亞女王	愛爾蘭發生大飢荒，使得社會危機更加嚴重。
1846	英國	維多利亞女王	廢止穀物法，推動自由貿易政策。
1847	台灣	道光	陳亦樵（一八四七—一八九一）誕生，本名維樞，鹿港人，為彰化邑庠生、著名畫家。自少精習詩書，生平好繪事，尤擅長花鳥。傳世作品相當少，有《野菊山鳥》與《菊花水鴨》。
	中國		耆英與瑞典、挪威簽訂五口通商章程。
1847	英國	維多利亞女王	規定婦女與青少年每日工作的最高時數。
	法國	七月王國	爆發了經濟危機，布朗組織下層中產階級和勞工要求國家保障工人工作。吉佐下令禁止舉辦宴會。
1848	台灣	道光	黃元璧誕生（一八四八—一九二〇），彰化人，精通經史，善為詩文，長於書畫，亦兼治金石，其於書法擅行草，畫專工蘭竹，可惜傳世作品稀少。

南段），並在街道兩旁興建洋樓出租給外商使用。

淡水牛津學堂與淡水馬偕醫館：近代西方傳教士再度進入台灣

來到淡水可發現兩座被稱為馬偕的外國人銅像，馬偕（George Leslie Mackay）是誰呢？他是十九世紀後期來到台灣的一位加拿大籍的長老教會傳教士。其實。淡水處處可見到馬偕的蹤跡，如淡水教會禮拜堂、淡水中學、牛津學堂與馬偕醫館等。

馬偕並不是最早來到北台灣的西方傳教士。早在十七世紀時，就有許多西方傳教士來到台灣，當時在淡水也是可見到西班牙神父在此宣教且成果輝煌。然隨著台灣進入明鄭時期與清領時期，基督教再度沉寂，直到咸豐年間簽訂的《天津條約》，傳教士到中國各地傳教都獲得保障，在台灣北部進行傳教者以馬偕最著名。

馬偕在一八七一年從打狗上岸來到台灣後，先到阿里港（屏東縣里港鄉）拜會李庥（Rev. Hugh Ritchie）等多位牧師，在他們的陪同下，於一八七二年三月搭船來到北台灣，在滬尾（淡水）上岸後便隨同他們南下到桃園與新竹一帶進行考察。最後馬偕決定以滬尾做為他傳教的根據地，便獨自一人回到滬尾，建立北部第一間教會——淡水教會，展開他的佈

國家	統治者	大事
中國		清廷重申不准法人擅入內地傳教。
法國	第二共和	發生二月革命，巴黎成立臨時政府，為了解決失業問題，設置國家工廠。六月國家工廠虧損連連，所以政府決定關閉工廠，巴黎人得知後群起暴動，史稱「六月暴動」。十一月頒布新憲法，讓成年男子都可以參與普選，成立一個由普選產生的總統所組成的共和政體，此為第二共和，第一任總統為路易拿破崙。
英國	維多利亞女王	馬克思與恩格斯合著《共產黨宣言》。
奧地利	斐迪南一世	三月，維也納發生暴動，梅特涅流亡英國。五月，出現第二次暴動，國王最後召開制憲帝國會議，頒布新憲法，廢除農奴。
	法蘭西斯約瑟夫一世	十一月，召開帝國會議，新任首相逼迫國王斐迪南一世退位，由法蘭西斯約瑟夫一世繼位。
德國	威廉四世	柏林街頭發生巷戰，威廉四世調動軍隊，建立自由派內閣，承諾召開國民會議為制憲參考。
美國	波爾克總統	美墨戰爭結束，墨西哥戰敗，承認德克薩斯為美國的領土，並割讓加利福尼亞、內華達與猶他等地給美國。

道工作，他的足跡不僅遍及整個大台北地區，還來到噶瑪蘭。

馬偕佈道初期也如同其他傳教士一樣，存在著無法與台灣人溝通的語言問題。為了解決語言問題，他每天花五、六個小時的時間，與附近的牧牛小孩相處，跟這些小朋友學習台語。就這樣經過五、六個月，他終於可以用台語佈道。不過外來宗教對於台灣傳統社會的信仰與習俗帶來的大衝擊，讓台灣人心中孳生的排外心理，因此馬偕在佈道時常遭到群眾的辱罵與投石。還好他並不會因此就退縮，所以那些曾羞辱過他的人最後都成為虔誠的信徒。

馬偕除了將基督教再度帶入台灣人心中，他還將近代的教育與醫療帶到台灣。馬偕為了緩和人們對他的敵意，常常免費為當地民眾治病，當時的台灣最常見的疾病是瘧疾，他就將他帶來台灣的奎寧，拿來醫治那些得病者。不過他最厲害的是牙科，常為台灣人治牙病與拔牙，據說馬偕親手拔過的牙齒有兩萬多顆。馬偕的醫療工作成果斐然，求診者愈來愈多，後來得到華雅各（Ringer）醫生的協助，與來自美國的捐款，讓他在教堂旁另設一間滬尾馬偕醫館。宣教與醫療的同時進行不僅化解台灣人對基督教的排斥，也將西方的醫療帶入台灣。

馬偕在台灣也努力於現代教育的推廣，一八八二年他在紅毛城東北方，即在今日的真理大學裡創建

單位：年

西元	地點	時代	大事
1849	台灣	道光	林占梅（一八二二—一八六八），家族初居台南，後移居新竹，一八四九年於新竹修築的潛園，成為當時新竹文人主要活動據點之一，著作有《潛園琴餘草》。
1849	法國	第二共和	法國路易拿路崙派兵前往羅馬，阻止義大利革命分子的行動，並恢復教宗的地位。
	義大利	維克多伊曼紐二世	加里波底冒險進攻聖馬利諾。
1850	美洲		美國與英國簽訂《克萊頓布威爾條約》，兩國共同在巴拿馬地峽開鑿一條貫穿太平洋與大西洋的運河。
	奧地利	斐迪南一世	在奧地利的領導下，普魯士答應簽訂《奧爾米次條約》，在法蘭克福重建德意志邦聯。
	中國	道光	洪秀全於廣西金田起義，建立太平天國。
1851	法國	第二共和	路易拿破崙發動政變，宣布解散立法議會，重新草擬憲法。
	德國	威廉四世	在《柏林合約》中放棄對什列斯威與荷斯坦的統治，丹麥藉此獲得此地。
	英國	維多利亞女王 咸豐	倫敦舉行第一次萬國博覽會。

「理學堂大書院」，這個學院又稱為「牛津學堂」。此學堂除了教授神學外，舉凡歷史、天文學、地質學、醫學、音樂與體育等學科也都進行授課，後來牛津學堂遷移到台北關渡，改名為台北神學院。除了神學院，最重要他還設置女子學堂，由於當時台灣人一直有著「女子無才便是德」的傳統觀念，馬偕為了幫助台灣人突破這樣的想法，就在「牛津學堂」旁設置「淡水女學堂」，這個女學堂即是今日的淡水中學前身。

郭德剛、洪保祿、馬雅各、甘為霖以及巴克禮：南部地區的傳教士以及其貢獻

落腳於屏東萬巒的「萬金聖母聖殿」是一座西班牙古堡式建築，每年的耶誕節，這裡濃厚的耶誕氛圍讓許多人前往朝聖。這座教堂是台灣最古老的教堂，它是一八五九年來到台灣的郭德剛神父創建的。

一八五八年《天津條約》簽訂後，外國人可以合法地在中國傳教的消息一傳出，羅馬教廷在一八五九年立即派道明會玫瑰聖母會省的神父來台灣，郭德剛與洪保祿是最早被派到台灣的天主教神父。他們從廈門出發抵達打狗，準備在台灣進行傳教工作。然而他們的傳教工作屢遭官府的刁難與驅離，甚至還被官府囚禁，直到他們於高雄前金區落腳之前，足跡踏遍台南與高雄各處。一八六〇年，他們以六十二塊龍銀買

年代	國家	時期	大事
1852	中國		洪秀全的太平軍攻克南京，定為都城，改稱天京。
	美國		史托夫人《黑奴籲天錄》出版，此書討論當時的黑奴制度殘暴。
	法國	第二共和	路易拿破崙根據新憲法，將法國總統的任期改為十年，並將總統的職權擴展大無限大，並成立元老院。
		第二帝國	路易拿破崙利用公民投票，將共和國改為帝國，路易拿破崙稱帝，自稱拿破崙三世，法國進入第二帝國。
1853	台灣	咸豐	台北的艋舺發生「頂下郊拚」分類械鬥，三邑人獲勝，同安人逃往大龍峒與大稻埕。
	中國		爆發上海小刀會事件，天地會分支小刀劉麗川占領上海。
			太平天國頒佈《天朝田畝制度》。清廷准許各地設卡抽取「厘金」，就地供應鎮壓太平軍的軍費。
	日本	江戶時期	美國海軍軍官培理率軍艦進入東京，要求與日本建立外交關係與開港通商。
	義大利	維克多伊曼紐二世	加富爾被任命為首相，藉由自由貿易政策、司法改革與教會法律，領導義大利邁向統一。

下現今高雄前金區的「玫瑰聖母聖殿主教座堂」所在地，展開天主教在台灣的傳教之路。高雄的這間教堂興建完成後，郭德剛就決定往其他地區進行佈教，於是他進入屏東萬巒一帶傳教，並以步行的方式，往來高雄與屏東兩地傳教，直到兩年後才在萬巒興建這座著名的「萬金聖母聖殿」。郭德剛神父在傳教之際，發現台灣棄嬰很多，因此在一八六六年於台南成立台灣第一所孤兒院，開啟了天主教在台灣的孤兒救助工作。

台灣開港之後，不僅天主教神父來台傳教，幾年後基督教的牧師也紛紛到台灣，到南部的基督教牧師，在佈教的同時也會從事行醫或是教育工作，當時來到南台灣宣傳基督教福音者，都為蘇格蘭長老教會者。一八六五年，醫學博士馬雅各（James L. Maxwell）等多位牧師在長老教會的安排下，來到台灣府城台南進行宣教工作並從事醫療義舉。當時人民排外的心態相當嚴重，所以馬雅各一開始在台灣的宣教並不順利，人們傳言教會是會挖人眼、製作殺人藥的地方，因此教會人士經常遭到人民的攻擊。在台南傳教的馬雅各更遭到官府驅離，輾轉到今日的高雄旗津一帶繼續他的行醫佈道工作。直到一八六八年，馬雅各才在英國商人必麒麟的協助下重新回到台南，此後在台南的行醫與佈道工作才漸漸順利。今日台南的新樓醫院就是馬雅各在一八六八年創立的醫館，這時

單位：年

西元	地點	時代	大事
1853	俄羅斯	尼古拉一世	天主教與東正教教士在耶路撒冷發生衝突，尼古拉一世對要求保護耶路撒冷東正教徒的權力，遭鄂圖曼帝國拒絕，引發克里米亞戰爭。
1854	台灣	咸豐	美艦抵達基隆附近，調查台灣煤礦資源。台灣首廟天壇興建，隔年完工。
1854	日本	江戶時期	日本與美國簽訂《日美親善條約》，同意開放長崎以外的下田與涵館，並給予美國最惠國待遇。
1854	中國		清廷與英法美三國訂立《上海海關徵稅規則》，三國領事各派一人管理，主持稅收，上海海關至此由外人完全控制。
1855	法國	第二帝國	法國舉辦巴黎萬國博覽會。
	台灣	咸豐	許南英（一八五五—一九一五），台南人，光緒十六年進士，擅長畫梅。
1856	法國	第二帝國	與英國聯合發動侵略中國的戰爭。克里米亞戰爭結束，法國與英國召開的巴黎和會中，要求俄軍退出黑海。

的馬雅各在台灣多年，台語相當流利，讓求醫者人數漸多，也開啟南台灣近代的西方醫療基礎。

至於，邊傳教邊推廣教育工作者有甘為霖與巴克禮。一八七一年，來到台灣的甘為霖喜歡到尚未有傳教士前去傳教的地方，他的足跡來到台灣中部與澎湖一帶，更經常往來於鄉村與原住民部落。甘為霖不僅會到偏遠鄉鎮傳教，更注意到台灣的盲人受教育的問題，於是，一八八九年他開始從事盲人教育，兩年後更在台南設置「訓瞽堂」的盲人學校，開啟了台灣特殊教育。在一八七五年來到台灣的巴克禮牧師在台灣最大的亮點也是教育方面，當時台灣文盲相當多，為了宣傳福音，他在來台的第二年就設立了台南神學院，培育台灣本土的傳道師與牧師，創辦教會公報推行白話字，晚年更以白話字翻譯「聖經」。雖然二次大戰的開打，讓聖經的印行遭到阻礙，不過於巴克禮八十四歲時白話字聖經還是印行完成，他這一生可說對台灣神學教育貢獻相當大。

羅妹號事件與李仙得：美國商人誤闖恆春半島引發國際事端

台灣開港通商後，來到台灣的外國商船相當多，由於台灣夏季有颱風，冬季東北季風吹時風浪大，不熟悉台灣海峽海象的外國船隻，經常因風浪大在台灣沿海觸礁。一八六七年，一艘美國商船羅妹號

年代	地區	統治者	大事
	歐洲 中國 台灣	咸豐	法國併吞阿爾及利亞。 法國與英國發動英法聯軍。 台北艋舺三大廟宇之一的青山宮興建，此廟為泉州三邑人的王爺信仰中心，一八五九年落成。 李種玉誕生（一八五六—一九四二），台北三重埔人，一八九四中貢生。精書善文，尤工楹聯，台北各大寺廟之聯額題識，多出其手。
1857	台灣 印度	蒙兀兒帝國時期	彰化開設「道東書院」。 蒙兀兒帝國的末代皇帝遭到英國殖民當局流放，結束蒙兀兒帝國。
1858	英國	維多利亞女王	英國廢除東印度公司權力，印度的統治權移轉到王室，並在印度設置印度部長。
1858	中國	咸豐	清與英法簽訂《天津條約》與俄國簽訂《瑷琿條約》，《天津條約》條約中提到要台灣開港。
1858	台灣		允許宣教士來台傳播基督教。 郭彝誕生（一八五八—一九〇九）台南安平人，以墨梅聞名。

（Rover）從福建汕頭出發，在航向牛莊的途中遇到暴風雨，船被暴風吹到台灣南部海域時，在今日屏東的七星岩附近觸礁，船因而沉沒。遇難的船員搭上救生艇漂到恆春半島附近上岸，但沒想到上岸後就遇到當地原住民，被當作侵略者而遭殺害，僅一位汕頭籍的水手僥倖死裡逃生，他逃到打狗（今日高雄）告知官府。

美國政府得知後，立即派駐華公使浦安臣（Burlingame）照會總理衙門，要求查辦此事件罪犯，並防止類似事件再度發生。這時美國駐廈門領事李仙得（Le Gendre）得知後趕赴福州，請求閩浙總督吳棠協助，讓他在台灣官府的幫助下，與原住民頭目就「自由航行問題」進行討論，以謀將來航行的安全。只是台灣兵備道吳大廷以「生番凶悍，不歸清國官員管轄，恐生番帶給他更大麻煩」為理由，拒絕出兵協助李仙得，並要他別前往恆春一帶。李仙得在得不到台灣官員的幫助下，只能自行前往與原住民頭目談判，果然在恆春附近李仙得一行人慘遭突襲，他只好先返回廈門。這年五月美國政府以調查羅妹號事件為由，派海軍上將貝爾（Henry. Bell）率兩艘艦隊到恆春一帶，實際上是要貝爾摧毀當地原住民居住地，並嚴懲殺害羅妹號船員者。沒想到貝爾率領的軍隊遭到原住民埋伏，艦長麥肯吉（MacKenzie）上校戰死，這讓美國的態度轉趨強硬。

西元 單位：年	地點	時代	大事
1859	法國	第二帝國	路易拿破崙介入奧薩戰爭，法國取得尼斯與薩伏衣。蘇伊士運河開工。
	義大利	維克多伊曼紐二世	爆發奧薩戰爭，薩丁尼亞語法國的聯軍在馬真塔與索爾費里諾獲勝。
	英國	維多利亞女王	達爾文發表《物種起源》，拓展演化演說。馬克思發表《政治經濟學批判》一書。
	台灣	咸豐	聖多明哥會派遣郭德剛神父到台灣傳教，神父在打狗遭誣陷入獄，出獄後就在高雄前金地區傳教。
1859	台灣	咸豐	基隆地區的北官與義軒（也就是現今暖暖靈義郡）成立，成立之初，適逢北管子弟團體發生派別鬥爭，為避免捲入鬥爭，因此改名「靈義郡」。吳尚霑，台南人，咸豐九年的舉人，擅長書畫及篆刻。嘗師事詔安謝琯樵，習畫梅蘭竹菊，以蘭最為精湛，今傳世作品多是「墨蘭」。
1860	台灣	咸豐	《北京條約》，規定台灣開放淡水及安平港為通商口岸，外國商人與傳教士可入台。

清廷見到美國政府態度強硬，驚覺事態嚴重，唯恐開罪美方，便命令台灣總兵劉明燈率五百名士兵向恆春出發。這時李仙得為了監督清官吏答應處理羅妹號事件的承諾，再度搭船到台灣。他與台灣官憲總兵劉明燈等人所率領的五百名士兵至柴城一帶（今屏東車城鄉），李仙得發現，清軍與原住民都不願意為了羅妹號一事動武，就自行偕同六位「通事」前往恆春與十八社大頭目卓杞篤交涉，最後雙方達成口頭協議：

1. 同意歸還船長杭特夫婦的骨骸及所劫物品，
2. 允諾將來如果有船隻遇風失事時，船難者可以用「紅旗」示好，並當作信號來求援，原住民對使用「紅旗」者登岸後不得加以殺害。

雙方就在一八六八年二月簽訂《南岬之盟》的平等條約下，羅妹號事件始告落幕。

成功拿到盟約的李仙得透過這次談判深入原住民部落，甚至學會說台灣話，因此得到「台灣番界通」的稱號，也因為這個稱號讓他成為日本在牡丹社事件中應付清廷與原住民的顧問。據李仙得的紀錄，清國曾要求與卓杞篤締結與《南岬之盟》同樣的條約，卻遭到拒絕，這是因為卓杞篤表示絕不和詐欺與不守信用的漢人締約。

樟腦事件：台灣樟腦進出口落入英國人手中

1861

中國

蘇格蘭長老教會來台，因台灣通行「閩南語」，便將台灣納入廈門宣教區，並將台灣南部交由英國長老教會負責，北部由加拿大長老教會負責。

郭德剛神父在高雄興建「玫瑰聖母堂」，並成立高雄教區。

西螺、崙背一帶爆發廖、李、鍾三姓械鬥。

英法聯軍入北京燒毀圓明園，咸豐逃往熱河，之後簽訂《北京條約》。

法國 第二帝國

法國與薩丁尼亞約定出兵協助奧薩戰爭。

法國出兵攻下倫巴底後，不願見到薩丁尼亞統一義大利，便與奧地利討論停戰協定。

義大利 維克多伊曼紐二世

加里波底率領紅衫軍從西西里遠征那不勒斯，並將那不勒斯獻給維克多伊曼紐二世。

義大利的中部與北部邦聯經由公民投票後，加入薩丁尼亞王國。

奧薩戰爭中，薩丁尼亞獲得倫巴底。

美國 林肯總統

林肯當選，南方各州退出聯邦政府，組成「美洲邦聯國」，選戴維斯為總統。

南北戰爭正式開打。

十九世紀時，世界各國對樟腦的需求大增，台灣樟腦生產量幾乎占全世界一半以上，在台灣未開港通商之前，就常有外國人來台進行樟腦走私，《天津條約》簽訂，雞籠、滬尾、台灣府與打狗成為通商港口，台灣樟腦的貿易出口量更是逐年大幅成長。然而當時樟腦進出口掌握在英國洋行之手，主要由怡記洋行與鄧德洋行所控制，華商無法在樟腦買賣上與其競爭。於是，同治二年（一八六三年），清廷就設局將樟腦改為官辦，實施專賣制度，由官府收購樟腦再轉售洋行，此一專賣制度的施行引起各國洋行聯合反對，尤其是英國人更加不滿。英國駐安平領事曾向台灣兵備道吳大廷提出抗議，要求廢止樟腦專賣制度，英國公使亦向總理衙門提出抗議，清廷並未加以理會。

一八六七年英國怡記洋行的代表必麒麟（William A. Pickering），獲得一筆來自美國需求樟腦的大訂單，讓樟腦的價格暴漲。必麒麟無視清政府推行的樟腦專賣，與梧棲港的蔡姓宗族簽約，祕密收購中部地區的樟腦並囤積，再度開啟怡記洋行於台灣的樟腦事業。一八六八年蔡姓宗族派人入山收購樟腦屢遭官府查扣，讓必麒麟親自前往梧棲港調查並指揮收購樟腦一事。一八六八年六月，必麒麟在梧棲港進行祕密收購樟腦時，遭到清廷查緝，他在拒捕下舉槍傷擊清廷官兵，事態一再惡化，讓英國與清國關係陷入緊張。

單位：年

西元	地點	時代	大事
1861	俄羅斯	亞歷山大二世	俄國開始農奴制度的改革。
	中國	咸豐	清廷設置總理各國事務衙門。 咸豐卒，同年慈禧太后與恭親王發動政變，輔政大臣或死或貶，由太后垂簾聽政。
	台灣		實施樟腦專賣政策。 陳輝煌成立羅東的福蘭社，這是宜蘭地區最早的北管曲館（傳統村莊的子弟練琴作曲的地方）。
1862	台灣	同治	台灣中部地區發生戴潮春率領八卦會會黨群眾發起的抗清事件。 朝廷頒布全台團練之制。 郭德剛神父在屏東蓋「萬金聖母聖殿」。 陳肇興，彰化著名詩人，人稱詩史，一八六二年戴潮春事件時曾離開家鄉避難道集集，事件後返回彰化故居，著有《陶村詩稿》，末兩卷的《咄咄吟》描述戴潮春事件時奔波流離的經歷。 陳心授（一八六二—？），新竹人，精通經史善於書畫，作品有《關羽畫像》。 滬尾正式開港。

英國在台領事吉必動（Gibson）向清政府提出抗議，雙方也曾經過多次談判。然英國在談判中未達到他們想要的廢除專賣目的，而且英國人認為台灣官員已威脅在台英國人的人身安全，於是決定用武力壓迫清廷屈服。一八六八年十月，駐香港的英國司令凱波爾（Halley Keppel）接獲英國總領事要求後，命令海軍中校茄當（Lieutenant Gurdon）率領「阿爾及利亞號」及「布斯達號」二艘軍艦，前往打狗與清官員談判。由於雙方觀念落差大，談判終告破裂，這兩艘艦隊就轉往安平港，並對安平開砲，打算攻佔安平以作補償。由於英軍趁夜襲擊清軍，清軍潰敗，駐守於安平的水師江國鎮畏罪自盡，不久安平陷落。當時府城仕紳為求安保，派安平紳士黃景祺出面協調請求撤兵，英軍要求四萬銀元做為保證金，台南仕紳湊足四萬元給英軍，英軍承諾不砲轟府城，並撤出安平。

英國砲轟安平後，英國代表再度要求台灣官員與他們進行談判，並威脅如不重新開啟雙方的談判，英國軍隊將會攻下整個台灣。果然在英國的威脅下，台灣官員被迫答應重啟談判，並配合英國官員制定樟腦章程：

1. 廢除樟腦官辦，訂立外商採運章程。
2. 鹿港同知及鳳山知縣開革。
3. 賠償外人一切損害共一萬七千餘元。

此章程的簽訂，代表清放棄了樟腦的官辦，從此

1862-1995

中國

宜蘭地區的北管樂，因使用不同樂器與祭祀不同神，分裂為西皮與福祿兩派，這兩派互相競爭，進而衍生出械鬥事件，發生第一次西皮福祿械鬥（一八六一—一八七四）。

京師同文館開始，附屬於總理各國事務衙門，初以培養翻譯人才為主，以利開展洋務運動。

德國 **威廉一世**

威廉一世任命俾斯麥為首相。

法國 **第二帝國**

雨果花了十七年時間寫成的《悲慘世界》出版。

台灣 **同治**

台灣的陶藝工藝，以同治與光緒年間燒製的葉王陶最具價值。

余玉龍（生卒年不詳），福建人，曾於同治年間遊台，工隸書，擅墨梅，作品有《墨梅（四屏）》。

1863

台灣 **同治**

板橋的林維讓與林維源兄弟設置大觀義學。

莊正（生卒年不詳），福建人，板橋林本源園一八六三年建大觀社，聘為講席。善書法，作品有「大觀書社碑記」。

雞籠正式開港。

美國 **林肯總統**

林肯發表《解放宣言》宣布美國各州黑奴都獲得自由。

俄羅斯 **亞歷山大二世**

波蘭起事反抗俄國亞歷山大二世統治。

台灣的樟腦進出口徹底落入英國手中。

牡丹社事件（一）：日本開始將視野朝向台灣

一八六八年，日本推動明治維新運動後，國力變強，然廢藩制縣卻讓諸侯們原本所眷養的武士無發展的空間，因此對外擴張成為替這些武士找尋發展的舞台。一八六七年美國商船羅妹號在屏東七星岩觸礁，逃生上岸的人遭原住民殺害事件，最後以美國領事在清朝大員陪同下與原住民簽訂條約終告結束，不過清廷的舉動表示自己對原住民無管轄權，這成為日本對台灣發動「牡丹社事件」基礎。

同治十年（一八七一年），二艘宮古島船與二艘八重山船在完成對琉球王國納稅的回程途中，遭遇暴風雨，遭暴風吹走的宮古島船隨著海流漂到台灣琅嶠附近（今日屏東縣滿州鄉）。船上六十六人上岸後，有五十四人遭到當地原住民殺害，其餘十二人獲得社寮居民劉天保、楊友旺、宋國隆等人的救助，才得以脫險，後經由台灣官方轉送福州。一八七二年，閩浙總督文煌與福建巡撫王凱泰連銜奏准遣送他們返回琉球。

琉球人被殺害事件，福建巡撫雖然要台灣鎮道認真查辦，但他表示要以懷柔方式處理，這表示清廷對此事不聞不問，因而給日本一個插手的機會。琉球自明代以來就是中國的藩屬國，日本在明治維新之前

單位：年

西元	地點	時代	大事
1864	俄羅斯	亞歷山大二世	俄國平定波蘭，併吞土耳其，英俄的對立關係因而升高。
	英國	維多利亞女王	英法德義四國工人代表在倫敦成立「國際工人聯合會」，即所謂第一國際。
	德國	威廉一世	普魯士與奧地利發動丹麥戰爭，同年的維也納會議，要求丹麥交出什列斯威及荷斯坦，由普奧共管，埋下普奧戰爭的引子。
	中國	同治	曾國荃大破天京，洪秀全自殺，太平天國滅亡。
1864	台灣		安平和打狗正式開港。 施少雨（一八六四—一九四九），福建人，二十歲時來台，居住在鹿港，受教於陳弈樵與沈瑞舟，擅長墨牡丹，作品有《墨牡丹中堂圖》、《梅花寫生圖卷軸》等。
	朝鮮	高宗	李熙登基為高宗，由其父親興宣大院君攝政。
1865	台灣	同治	格蘭長老會的馬雅各醫生從打狗（高雄）入台，到台南傳教與行醫。 英國商人陶德來台考察商務。

採取鎖國政策。基本上，日本與琉球之間是無任何關連，因此當日本政府見琉球人民在台灣被殺，認為得到插手琉球事件的千載難逢機會，所以鹿耳島參事大山綱良就向台灣問罪，並得到外務卿副島種臣、參議西卿隆盛等人的贊同。而且日本政府為了強化日本插手琉球人被殺的合理性，就在一八七二年冊封琉球王尚泰為其藩主，以此表示日本與琉球間關係密切，同時照會各國公使，申明琉球為日本所有，以此做為侵台之藉口，在這時國際間盛傳日本將出兵台灣。

與此同時，日本還派特派外務卿副島種臣為全權大使，外務大丞柳原前光為副使，一同前往北京試探中國態度，要清政府懲處台灣番民，並質問「生番」「熟番」的區別。清總理衙門大臣雖以「生番殺害琉球人一事，我們已經知道，但台灣與琉球都屬中國藩屬，不煩日本過問，藩屬國人相互殺害，裁決權在我國，與日本無關」告知，但他又以「生番是我化外之民，問罪與否，聽憑貴國辦理」「政教不及，野蠻無主」等說法，答覆日本特使與陪同來的美國人李仙得。與此同時，日本又有四名秋田縣的縣民漂到台灣東部海岸遭到殺害，這種種給予日本侵台的大好機會。

於是，日本出兵至台灣，各國此時也表明保持中立態度。日本以西鄉從道為都督，率領日軍三千六百餘人從長崎出發來到台灣，在今日屏東車城南方登陸

年代	國家	人物	事件
	美國	林肯總統	南北戰爭結束，確定了黑人的公民權利，林肯遭到暗殺。
	英國	維多利亞女王	布思在倫敦的東區建立保護勞工組織。
	奧地利		修道士孟德爾以碗豆為實驗，奠定遺傳問題的研究基礎。
1866	台灣	同治	陶德在北台灣試種茶樹，改良茶葉品種，隔年決定在艋舺投資茶館與加工製作茶葉。
			郭德剛神父來到台南傳教，並成立孤兒院，擔任社會救助工作。
1866	德國	威廉一世	俾斯麥以奧地利違反協定，出兵占領荷斯坦為由，發動普奧戰爭。
			西門子製造出第一台發電機，開始了蒂工業革命。
	俄羅斯	亞歷山大二世	沙皇廢除農奴制度。
1867	台灣	同治	美國商船羅妹號觸礁沈，船員在恆春上岸遭原住民殺害，稱為羅妹號事件。
			美國駐廈門領事李先得，和原住民族長卓杞篤締結災難救助條約《南岬之盟》。
	日本	明治維新	日本幕府時代結束，最後的幕府將軍德川慶善還政於當時的天皇，年號明治，從此日本進入「明治維新時代」。

後，兵分三路進攻牡丹社。日軍雖死傷五百多人，但他們採迂迴包抄戰術，打敗原住民，占領牡丹社。清廷得知，才知事態嚴重，趕緊派船政大臣沈葆楨為欽差大臣，讓他來台全權處理日本出兵台灣一事。

沈葆楨與福建布政使潘蔚一同來台，潘蔚與日本都督西鄉從道會面，提出原住民各社歲輸「蕃餉」證明此為中國版圖，讓日本無話可說，沈葆楨則在府城興建砲台，派兵分駐枋寮與東港，並請調淮軍的精銳部隊來台，準備備戰，雙方對峙形勢緊張，有戰爭一觸即發的可能。這時各國擔心戰爭會讓他們在台的商業產生問題，因而態度轉變對日本多有責難。由於日本出兵台灣時正值酷暑，讓日軍在南台灣遭遇各種蚊蟲害之苦。日本見狀後，認為改採以戰逼和的方式才為上策，便決定以撤兵換取賠償，派大臣與清廷進行談判。

牡丹社事件（二）：清政府對台政策從消極改積極

一八七四年，日本派內務卿大保利通為全權代表，到中國展開談判。雙方就「番」界問題爭執許久，日本還曾一度加強戰備，增派正規軍赴台，以此脅迫清廷，並暗中請英國公使居中調停，最後中日雙方終於簽訂合約。合約中提到：

1. 清國除了給予撫卹銀十萬兩，日本在恆春一帶

修築道路與建設雖可留給清政府使用，不過清得給予日本四十萬兩的補償金，

2.清國必須承認日本這次出兵台灣為「保民義舉」，此條協議等於承認琉球為日本的屬地。根據此條約，一八七五年日本就阻止琉球向清國朝貢，並在一八七九年趁著執行「廢藩制縣」政策，將琉球改為「沖繩縣」。

日本出兵台灣，讓清廷驚覺台灣的重要，便派沈葆楨來台處理一切事務。沈葆楨一到台灣，首要工作就是加強台灣的備戰，為此他聘請外國人監修安平地區的砲台，即是現在的億載金城。牡丹社事件後，清廷讓沈葆楨在台灣進行一些重要的建設。

首先，為行政區劃分的調整，台灣的西部雖早在乾隆時期就已經開墾完成，且在咸豐年間也已經出現了「一府二鹿三艋舺」，代表當時北台灣已經相當繁榮，但到同治晚年，台灣的軍政文教重心仍在南部，因此沈葆楨治台奏請在北台灣這增設台北府，並增設淡水縣、宜蘭縣、新竹縣。

其次，為了台灣長治久安，積極進行開山撫番工作。所謂開山，即有計畫的開發山區，所以他廢除漢人入番界的禁令，擴大漢人屯墾。撫番就是促進番民漢化，在此他決定利用軍隊拓展此一任務。由於台灣中央長達三百多公里的山區高峻，因此他在台灣分別開通北路、中路、南路三條通道，加強前山與後山的

單位：年

西元	地點	時代	大事
1867	德國	威廉一世	俾斯麥廢除德意志邦聯，組織北德同盟。
	奧地利	法蘭西斯約瑟夫一世	奧地利與匈牙利簽訂妥協憲章，建立奧匈二元帝國，帝國參議會解散後，頒布十二月憲法。
	英國	維多利亞女王	英國通過第二次改革法案，使工人獲得更多的選舉權。 英國國會通過英屬北美條列，出現加拿大自治領地。 馬克思在倫敦完成《資本論》。
	瑞典		科學家諾貝爾發明炸藥。
	俄羅斯	亞歷山大二世	泛斯拉夫會議在莫斯科召開。
1868	台灣	同治	馬雅各在台南創立醫管，即是現今的新樓醫院。 台灣南部爆發數起天主教相關的教案，讓許多傳教士離台。 英國因樟腦糾紛，砲轟安平港。 吳望蘇誕生（一八六八—一九三二），彰化人，書法效法鍾繇、王羲之，遠近聞名，求書者甚眾。
	日本	明治維新	日本天皇開始推動西化，史稱明治維新。
	俄羅斯	亞歷山大二世	托爾斯泰發表《戰爭與和平》。

1869 台灣 同治

英國茶商陶德在台北迪化街製茶，並將台灣茶以「福爾摩沙烏龍茶」品牌推銷，深得外國人喜愛。

台北靈安社（北管）在大稻埕創立，它被譽為台北五大軒社之首，此社曾經是台灣唯一學福祿的軒社。

楊浚（生卒年不詳），福建人，咸豐二年舉人，同治八年（一八六九）來臺，為板橋林本源家庭教師，同知陳培桂聘纂《淡水廳志》，九年因家遭祝融，匆匆歸里，他善於詩作，有寓臺第一詩人之稱，作品有《冠悔堂詩鈔》、《冠悔堂駢體文鈔》等。

1870 英國 維多利亞二世

溝通地中海與紅海的蘇伊士運河竣工通航。

台灣 同治

施梅樵（一八七〇—一九四九），鹿港人，喜吟詠，工書法，作品有《捲濤閣詩草》、《鹿江集》。

中國

兩江總督馬新貽遭刺身亡，此為清朝末年四大奇案之一「刺馬案」。

爆發天津教案，各國脅迫清廷嚴辦此案件。

聯繫。他以邊開山路邊招撫番社的模式進行，如有不服者就以武力討伐。

繼沈葆楨之後來台者為丁日昌，他對台灣的重要性素有認識，早已是清廷心中經營台灣最適當人選。丁日昌就任閩浙巡撫時就提到「台灣吏治暗無天日」，所以來台後，首先進行的是整頓台灣吏治。整頓的對象不僅地方衙役，還包含了台灣各縣、廳的高級官員，凡有官員蒙混造報清冊、查案殃及無辜，或是收受書吏契稅中飽私囊、遇事訛詐欺壓鄉里等等都嚴加查辦，由於他對貪官汙吏一律嚴懲，讓這些貪吏一時之間斂跡。與此同時，他更將各廳縣稅契陋規全都裁革，並要撫署出示勒石，以表示永遠禁絕。治於賦稅徵收上，他更要求查抄叛逆田產等徵收要核實，並免除繁瑣稅目的徵收。

在撫番方面，分為教化、撫卹與征剿三部分，其中的教化為丁日昌所重視，他要求要廣設義學教原住民子弟識字，並鼓勵參加科舉考試。為此，他在台灣府的歲試中錄取淡水廳原住民童陳寶華，首開原住民登進仕途之路，並奏請額外酌定名額保留給原住民。撫卹方面，主要是避免原住民流離失所，培養其自力更生的能力，因此他教導原住民耕種，還命令地方官員調查原住民土地的利用與漢番界址處，了解何處為無人開發土地後便廣招漢墾民入山區開發。對於不願接受招撫者則主張征剿。

西元（單位：年）	地點	時代	大事
1870	法國	第二帝國	普法戰爭爆發，普魯士攻進巴黎，拿破崙三世在色當一役大敗被俘，戰爭結束，法國大敗。
	德國	威廉一世	俾斯麥利用西班牙王位繼承問題，發動普法戰爭。
	義大利	維克多伊曼紐二世	義大利取得羅馬，完成了義大利的統一，義大利的首都設在羅馬。
1871	台灣	同治	甘為霖來台傳教，創設嘉義教會，前往鄉村與原住民部落進行傳教。
1871			李霞誕生（一八七一—一九三八），福建人，十七歲起便受聘於各地寺廟，描繪人物壁畫，日治時期曾來台客寓二年，與新竹地區藝文人士往來密切，擅翎毛、山水，尤擅人物，作品有《四美圖》《鍾旭夜歸》。
	法國	第三共和	第二帝國時期結束，法國宣布成立第三共和政府。法國巴黎發生了巴黎公社事件，建立第一個無產階級政府，不過這個政府最後以被鎮壓結束。

至於防務方面，他曾酌裁台灣部得利的營兵，徹查各營空額、整頓軍紀，對於官員指揮不力，縱容部屬無力整頓、或聽任部屬貪贓、擾民、或軍紀渙散、或營私舞弊等都加以革職或降職。最後是交通建設方面，籌辦鐵路電線是丁日昌重視的，鐵路的建設因為經費龐大未能進行，不過電線的架設在他一來台灣就馬上進行，完成了台灣府城到旗後（今高雄），台灣府城到安平這兩條電線。

戴潮春事件：清朝歷時最久的民變

戴潮春家族為彰化四張犁的巨富，家族世代擔任北路協署稿書（書記），不過他的上司經常向他勒索一事讓他十分不滿便離職。閒賦家中的戴潮春加入中部地區的地下組織「八卦會」，由於他平時熱心公益，很快地就成為該會的領袖。戴潮春藉著替清政府訓練地方自衛隊，維護地方安寧為名，在地方上辦理團練，這種鄉勇的地方治安力量，受到地方官員重用，讓戴潮春更是聲名大噪，「八卦會」在短時間內增加了數萬人。

同治元年（一八六二年），分巡台灣兵備道孔昭慈深怕戴潮春的勢力坐大，親自到彰化縣坐鎮，準備指揮整頓八卦會會眾。當時的八卦會總理洪某做了一些違法情事，遭孔昭慈緝捕與處決，並令淡水廳同知前來協助掃蕩。當時淡水廳同知聯合霧峰林日成與

年代	國家	人物	事件
1871	德國	威廉一世	德意志帝國統一建國，威廉一世在巴黎凡爾賽鏡廳登基為德意志帝國皇帝。
	日本	明治天皇	日本廢除封建制度，解除了人民遷徙的限制，由國家資助海外留學與任命歐洲人當作顧問。
1872	德國	威廉一世	馮特的「生理心理學原理」詳細討論人類思想與行為的物理基礎。 奧德俄三帝於柏林簽訂「三帝同盟」。
	日本	明治維新	推行普遍徵兵制度。
	中國	同治	《申報》創刊於上海，它所倡導的「獨立」精神為中國報業樹立了座標。 李鴻章創辦輪船招商局，是洋務派創辦的最早的民用企業。
	美國	辛普森格蘭特	世界上第一個國家公園黃石國家公園成立。
1872-1873	台灣	同治	加拿大基督教長老會牧師馬偕來台，並決定在淡水佈道，創立淡水教區與五股教區。
1873	法國	第三共和	法國總統蒂埃總統去職，由馬可麥洪當選為總統。

林奠國的鄉勇一同掃蕩，沒想到掃蕩部隊在大墩時，林日成突然倒戈，將淡水廳同知殺了，林奠國退回霧峰。林日成的倒戈讓八卦會勢力更加壯大，身為領袖的戴潮春只好繼續與清兵對抗。

戴潮春帶領八卦會黨員攻下彰化縣城，除了分巡台灣兵備道孔昭慈自殺外，其他官員皆為八卦會黨員所殺。戴潮春攻下彰化縣後，南台灣各地的勢力紛紛加入戴潮春陣營，在各地支持下，戴潮春自立為東王，並以「大元帥」自居，分封林日成、陳弄、洪欉為南王、西王、北王，設置中央政府各機關，開倉放糧安撫百姓，得到更多農民的支持，儼然成為獨立王國。

台灣的抗官事件，清廷都利用閩客與漳泉間的分類械鬥與對立，分化反抗勢力，大大削弱人民的反抗力量，如林爽文事件是以漳州籍人為抗清主體，結果清廷就利用泉州人，讓他們成為清政府的義民。因此屬於漳州人的戴潮春在起義之初，就提出「連合二屬」的概念，即吸收泉州人與客家籍加入領導集團，以爭取這兩籍族群的認同與支持。可惜的是，族群問題早已深植眾將領意識中，所以起義後不久，漳、泉對立的問題就頻繁出現，使「連合二屬」的概念無法真正推行，讓部分泉州籍的部將離去投靠清軍。幫助清軍的泉州籍人士愈多，就讓戴潮春部隊在攻打泉州人密集的地區時就格外辛苦，如攻打泉州人聚集的

單位：年

西元	地點	時代	大事
1876	德國	威廉一世	德國首相俾斯麥主導，讓德國威廉一世、奧地利的法蘭西斯約瑟夫一世與俄國沙皇亞歷山大二世簽訂以孤立法國為目標的三帝同盟。
1874	台灣	同治	日本以一八七一年琉球人在南台灣的恆春遭原住民殺害為理由，出兵攻打南台灣，爆發牡丹社事件。 九月，日清簽定《北京專約》解決此事端。 沈葆楨來台，清國對台灣的經營轉為積極，清廷在台南建延平郡王祠，祭祀鄭成功與一百四十位鄭氏諸臣。
1875	台灣	光緒	沈葆楨提出開山撫番政策，在沈葆楨的奏請和監督下，總兵吳光亮開通八通關古道；排灣族歸順讓官府賜姓。 清廷取消內地人民渡台耕墾禁令，台灣正式全面開放。 台灣的行政中心除原有的台灣府以外，另置台北府，轄淡水、新竹、宜蘭三縣及基隆廳；另設置恆春縣，東部設卑南廳，南投地區設埔里社廳。 李學樵，光緒初年生（活耀

鹿港時，因泉州人堅守抵抗，雙方對峙許久，讓分巡台灣兵備道洪毓琛能向英商德記洋行借款，成立籌防局，從容地部屬反攻計畫，並獲得泉州人幫助。

一八六三年福建水師提督吳鴻源率軍隊由安平登陸，漸漸取得優勢。隨後，清廷再派分巡台灣兵備道丁日漸，以及出身於台灣霧峰林家的福建陸路提督林文察等率大軍來台，並得到仕紳林占梅的鄉勇軍配合。清軍收回彰化縣，讓戴潮春的反抗勢力逐漸潰敗，各地反戴潮春部隊的鄉勇軍紛紛加入清軍陣營中，戴潮春被抓後立即斬首。戴潮春死後，八卦會黨員僅剩下林日成還據守在他的家鄉，林文察率領鄉勇軍前去攻打，經過幾天的抵抗，林日成終究不敵，最後自殺。林日成的死，代表歷時三年的亂事平定，可說是清代抗官民變中歷時最久一次。

中法戰爭：突顯台灣的重要性

牡丹社事件過後十年，外國軍隊再度於台灣出現。可笑的是這次來的法國軍隊，竟是為了越南問題來到台灣北部。越南自古以來就是中國的藩屬國，只是從十九世紀開始，西方勢力進入中南半島後，越南成為法國的目標，法國分別於一八六二年與一八七四年跟越南簽訂條約，以取得法國在越南的通商、傳教等權利，並試圖將其勢力由越南北部擴展到雲南一帶。

於日治時期），台北人，工詩善畫，學習八大山人與石濤的風格，尤以畫蟹、菊、竹聞名。

年份	地區	統治者	事件
1875	中國		馬嘉禮案件發生，英國勢力開始侵入西藏。英國借馬嘉禮案強迫清政府簽訂《煙臺條約》。 左宗棠督辦新疆軍務討伐阿古柏，收復新疆兩路。
	法國	第三共和	法國頒布《法蘭西第三共和國憲法》確認法國執行的資產階級民主制度與法國的共和國體制。
	英國 土耳其	維多利亞女王 阿布杜勒哈米德二世	埃及因為財政困難，出售蘇伊士運河股票給英國。 土耳其帝國內的波斯尼亞與赫最哥維納二省的斯拉夫農民起而反抗土耳其的統治。
1876	台灣	光緒	巴克禮博士創立台南神學院，培育本土傳道師與牧師，推行白話字並新編羅馬字《新約聖經》。 東部長老教會創立。 億載金城建立，台灣第一座西式砲台社於此。
	土耳其	阿布杜勒哈米德二世	鄂圖曼土耳其蘇丹頒布該國第一部憲法。
	英國	維多利亞女王	埃及北邊的亞歷山大港發生排外暴動，英國派海軍砲轟，並占領埃及。
	歐洲		第一國際瓦解。 貝爾發明電話。

光緒九年（一八八三年）法國出兵攻占越南，越南向清廷求救，清廷派劉永福率領他的黑旗軍來到河內向法國宣戰，開啟了中法越南戰爭。戰爭初期雙方在北越發生多次衝突，清軍皆吃敗戰，這時國際間已有傳聞，法國軍隊要占領台灣，這讓李鴻章迫於情勢與法人簽訂《天津條約》。但清廷對此合約十分不滿，於是戰爭又起，只是這次戰場不在越南，而是在中國東南沿海地區，尤其台灣更是直接受到攻擊。

法國選擇攻擊台灣，應該與台灣有煤礦又沒有外國勢力界入有關。早在中法開戰之前，法國軍艦就曾藉口購買煤礦抵達基隆，刁難在基隆的清官吏，藉此尋找開戰的機會。清廷有鑒於兩國關係愈來愈惡劣，旋即派劉銘傳來台灣督辦軍事防務。劉銘傳視察北部地區的軍備後，提出清軍的守備不足，無法面對法軍的全面進攻的看法，因此對於基隆與滬尾的防守，劉銘傳提出基隆距台北城遠，而且基隆就在法國軍艦的射程內，防守上十分困難，因而決定要棄基隆守滬尾，於是就摧毀基隆一帶的煤礦區並拆除機器，將所有設備轉移到滬尾。

光緒十年（一八八五年）八月，法國東洋艦隊司令長官孤拔（Anatole Courbet）與副提督李士卑斯（Lespes）率艦隊來到基隆，破壞防禦設施，並占領基隆街道與煤礦，以此向清廷施壓，限次日午前八時交出雞籠砲台，法國人的做法開啟了台灣保衛戰。隔

單位：年

西元	地點	時代	大事
1877	台灣	光緒	台灣府（即在今日台南）歲試中錄取淡水廳原住民陳寶華，此為第一位番秀才
			清政府在台灣架設台灣至旗後的電線
	俄羅斯	亞歷山大二世	俄羅斯以解放巴爾幹半島上的基督徒為名義，發動俄土戰爭。
	美國		愛迪生發明留聲機
1878	台灣	光緒	馬偕將他傳教重心轉移到蘭陽平原。
			噶瑪蘭族聯合撒奇萊雅族與清兵對抗，發生加禮宛事件。
	德國	威廉一世	德國召開柏林會議，以解決近東問題。
	俄羅斯	亞歷山大二世	俄土戰爭結束後，簽訂《聖斯提發諾條約》。
1879	台灣	光緒	台北府城興工。
	英國	維多利亞女王	英國大軍入侵祖魯，國王賽特韋佑遭放逐，祖魯王國被分成十一塊，交由十一位酋長管理，從此祖魯王國陷入內戰。
	歐洲		德國與奧匈帝國簽訂兩國同盟。

日，基隆炮台在法國艦隊砲轟下全毀，法兵四百多人從大沙灣上岸後，遭遇到清軍守將蘇得勝、孫開華與章高元等率兵阻擋。由於法軍人數不敵清軍，在援軍未到前，只能先退回再度回到艦上，採取長期封鎖基隆港的策略。

不過，孤拔發現封鎖基隆無法對清廷產生威脅，但如果想要與清廷談判，法國軍隊就不能撤離台灣，於是在這年的十月初，法國軍艦同時出現在基隆與淡水。劉銘傳立即採取棄守基隆的策略，將清軍主力移到淡水，因而讓在淡水沙崙上岸的法軍遭到清軍埋伏，以失敗收場退回海上。至於成功拿下基隆的法軍決定往台北府前進，於是法軍向暖暖一帶挺進，沿著五堵、六堵到七堵，清軍雖節節敗退，最後法軍抵達基隆河邊，卻因河水驟漲無法抵達台北府。法軍在台灣北部陸上戰爭陷於膠著之下，就決定北自蘇澳南到鵝鑾鼻的海岸線全面封鎖，此舉果然讓台灣蒙受嚴重影響，造成沿海漁民與商人的生命財產都受到損失，各項交易停止，讓台灣的物價騰漲。

然而，這時的孤拔也注意到，台灣的風土與氣候讓法國軍隊處於不利的狀態，在台的法軍染上霍亂者日漸增多，折損戰力甚大，便決定率領一支軍隊轉而攻打澎湖，於是一八八五年三月底法軍將澎湖風櫃尾半島的時裡澳、媽宮城及砲台完全占領，擬作久據之計，備修建軍港。法軍雖占據澎湖，孤拔卻重傷

年份	地區	人物	事件
1880	台灣	光緒	長老教會傳教士馬偕在淡水的滬尾偕醫館成立，這是台灣北部最早的現代西醫醫院。 台北開設「登瀛書院」。
	美國	海斯總統	愛迪生發明了電燈。
	俄羅斯	亞歷山大二世	平斯克參加了愛猶太人運動，希望能在巴勒斯坦建立猶太人殖民地。
1881	中國	光緒	中國與俄國簽訂《中俄改訂條約》。
	俄羅斯	亞歷山大二世	亞歷山大二世遭到暗殺，由亞歷山大三世即位為新沙皇，設置祕密警察機構。
	德國	威廉一世	俾斯麥為首相（一八七一—一八九〇），他的政治原則是根據德國利益要求，設計了所謂的「俾斯麥體系」。
1882	台灣	光緒	馬偕在淡水創辦的新試教育學堂「理學堂大書院」完工與開學，此為今日「台灣神學院」前身。 岱齡（生卒年不詳），盛京人（今瀋陽）光緒八年任台灣安平水師協鎮台，善寫草書。
	中國		清廷與俄國簽訂《中俄伊犁界約》與《中俄喀什葛爾界約》。
	歐洲	亞歷山大三世	義大利、德國與奧地利簽訂三國同盟。
	俄羅斯		沙皇採取威權獨裁統治的方式，開始對猶太人採取集體迫害。

不治，最後病死於澎湖。孤拔的死讓法國急於與清議和，最後法公使與李鴻章簽訂《中法天津條約》結束這場戰爭，合約中清廷放棄對越南的宗主權。

中法戰爭結束後，清廷更加感受到台灣在戰略地位上的重要性，因此戰爭結束後，在左宗棠等大臣的提議下，台灣從福建省獨立出來，成為一個省份，劉銘傳為第一任台灣巡撫。

劉銘傳與台灣省城：台灣建省

一八八四年中法戰爭，法國軍艦不僅從基隆登陸，還封鎖了台灣與占領澎湖，讓清廷再度認知到台灣的重要性，為了加強台灣的防務，命令劉銘傳來台督辦台灣軍務。戰爭結束，清廷了解台灣的危險與重要性，便在光緒十一年（一八八五年）詔諭台灣改設行省，劉銘傳為首任的台灣巡撫。

劉銘傳擔任巡撫時，發現台灣的府與縣管轄的區域太過廣大，認為有重新規畫的必要。於是在光緒十三年（一八八七年）提出，如從戰略地位、軍事防務與平衡南北政務來考量，應該將台灣府城設於足以控制台灣南北的中部地區最適合，便決定把行政中心從台南移到中部的彰化縣橋孜圖（今日台中市），在那建立省城，並稱它為台灣府，周圍的地方稱為台灣縣，將原本的台灣府與台灣縣改稱成台南府與安平縣。雖然台灣府在中部，不過府城尚未蓋好，而且中

單位：年

西元	地點	時代	大事
1883	台灣	光緒	余饒理來台創立「長老教會」中學，即今日的台南長榮中學，這是台灣第一所中學。
	中國		中國為了宣示自己在越南的宗主權，向法國宣戰。
1884	台灣	光緒	馬偕設置的淡水女學堂落成，此為台灣女子教育之始 中法戰爭開打，法國艦隊砲轟雞籠，封鎖台灣，台北城的城牆及五座城門興建完成，為清代台灣興建的最後一座城垣。 鄭如蘭，（一八三五—一九一一）新竹人，父親早逝，為母親獨自撫養長大，鄭用錫是他的伯父。鄭用錫在北郭園主持的「斯盛社」，鄭如蘭在一八八四—一九一一年間擴大，並成立北郭園吟社。鄭如蘭詩作以古體詩最多，目前內容所存以交際應酬詩篇較多，次為個人詠懷、題畫、詠物諸作，著做為《偏遠堂吟草》。
	英國	維多利亞女王	內閣擴大選舉權，使鄉間居民都有投票的權利。

部地區的交通還沒建設好，所以劉銘傳將巡撫暫時駐於台北城。只是台中的這個府城建設一直都未完成，因為光緒十七年（一八九一）台灣巡撫改派邵友濂，他一到台灣後，就以台灣府交通不便等理由，將府城移到台北府。

台灣設省後，設置了土地調查、新田開墾、鐵路、汽船、電燈與電信等各類總局，並著手各項改革事業。所有的建設都需要經費，劉銘傳就對各項租稅課以重稅以做為建設所需的財源，主要著重在清查地畝與重定賦則。為此，劉銘傳首先在台北與台南設置清賦總局，親自督率丈田量賦工作，讓田賦收入大大增加，不過也因為查稅，引起保守派的不滿與抗議，因而讓他被免職。儘管如此，劉銘傳在台進行的稅改，讓他為台灣建設了鐵路與電信等交通設備，加強台灣的軍備與為台灣帶來新式教育。

劉銘傳一上任發現，台灣的南北的聯繫相當不便，為了解決南北聯繫的交通問題，就計畫興建一條從基隆到台南的鐵路，可惜他只修築基隆到台北這段後就離職，台北到新竹則是由接任的邵友濂修築。電信設施則是延續沈葆楨時的計畫，在台北設置郵政總局，並架設基隆、淡水、台北至台南的陸上電線外，還鋪設由淡水到福州、安平到澎湖的海底電線，不僅方便島內連繫，也加速台灣與內地海外的通訊快速。

台灣建省與台灣軍備位置的重要性有很大的關

1885

台灣　光緒　法國軍隊攻佔澎湖媽宮港，六月開始議和，簽訂條約，中國失去越南的宗主權，法國退出台灣，台灣建省，省會設在台中，劉銘傳為首任的巡撫。

巴克禮牧師在台南創立《台灣府城教會報》，此為台灣第一份發行的報紙。

中國　中法戰爭結束，清與法國簽訂中法《天津條約》。

法國　第三共和時期　越南咸宜帝與輔政大臣調離順化京城，並發布《勤王詔》號召越南人反抗法國的殖民統治。

德國　威廉一世　卡爾賓士發明汽車，隔年取得專利權，世界第一輛汽車開始出售。

1886

中國　光緒　中英簽訂《緬甸條約》，清廷失去了對緬甸的宗主權。

台灣　劉銘傳著手清賦事業，創設保甲制度。

甘為霖前往澎湖傳教，開啟澎湖宣教大門。

宜蘭地區發生第二次西皮福祿械鬥。

法國　第三共和時期　法國發生布朗危機，此危機是保皇黨與右翼勢力藉由軍人獨裁，意圖顛覆共和政體的運動。

係，劉銘傳初到台灣時就發現台灣的軍備設施不夠，因此建省後軍備與陸海防建設自然是重要的，增加兵員與軍備西化是劉銘傳重視的，於是在台北設置機器局來自製槍砲，在基隆、滬尾、澎湖、安平與旗後設置砲台。此外，劉銘傳全力推行新政，需要大量的洋務人才，為了解決人才需求問題，他在大稻埕的六館街創辦西學堂與電報學堂，只可惜在邵友濂上任後，這兩間教授新式教育的學校就遭裁廢。

劉銘傳擔任台灣巡撫時，知道安定台灣秩序「撫番」是最基本的工作，尤其是北路的山區原住民。於是他親自坐鎮於台北撫指揮，並在大嵙崁設置撫墾總局，於各蕃界要地設置撫墾局，以開路征剿為撫番的方法，對於願意接受朝撫的原住民，每月給勇餉與口糧銀，不願意接受朝撫則給予討伐。由於劉銘傳曾親自到大嵙崁招撫泰雅族時發現此地樟腦樹茂密，為了樟腦資源，從一八八六—一八九二年，清軍聯合台灣仕紳，多次出兵大嵙崁地區的泰雅族蕃社，戰場涵蓋新北市三峽區至桃園市復興區。雖然清廷都以現代槍枝與火箭等優勢的火力襲擊泰雅族，於各大戰役中逼迫泰雅族人投降，但終究仍無法阻止泰雅族的出草行動。

甲午戰爭與馬關條約：台灣人從清朝人變成日本人

日本自明治維新後國力強盛，清朝成為日本口

西元（單位：年）	地點	時代	大事
1887	台灣	光緒	宜蘭地區發生第三次西皮福祿械鬥事件。蔡九五誕生（活躍於一九一〇年之後），台北人喜歡繪畫，花鳥、走獸無不擅長，中年專心畫魚，竟能創一格，作品相當多，有《躍鯉圖》。
1887	台灣	光緒	台灣正式建省，劉銘傳向清廷上《台灣郡縣添改撤摺》，在其中提及添設台灣聽縣，並獲得請廷接受，自此台灣出現台北、台灣、台南與台東直隸州。劉銘傳在台北設立西學堂與番學堂、樟腦收歸官辦、籌辦台北到新竹間的鐵路、福建到台灣間的海底電報線完工，並在大嵙崁設立「撫墾總局」，大嵙崁番抵抗官府，劉銘傳率兵征討。
1888	中國 德國	威廉一世	光緒帝開始親政。俄國與德國祕密簽訂《再保條約》確保德國與俄國關係，俾斯麥推動地中海協定，保護地中海與土耳其。
1888	德國	威廉二世	威廉二世即位，俾斯麥失勢。
1888	台灣	光緒	開辦台灣郵政；並在台北設置小型蒸氣燃煤發電機，為時月餘，為台灣發電之創始。

中的肥羊，因而存在著「台灣占有論」的擴張策略，尤其是「牡丹社事件」後，他們對台灣更是視為囊中之物。因此，一八八七年日本就曾制定「清國征討策略」，先攻佔台灣、吞併朝鮮、進軍滿蒙，進而滅亡中國、征服亞洲、稱霸世界。

位於中日之間的朝鮮，就成為日本前往中國與佔有台灣的跳板，日本屢屢為了一些小事出兵朝鮮，並獲得與清國在朝鮮共同行動的權利。因此光緒二十年（一八九四），朝鮮發生東學黨之亂，東學黨人要求朝鮮政府改革弊政，並反對外國勢力干涉朝鮮內政。清國依《清日天津條約》共同出兵朝鮮的約定，在出兵朝鮮平亂時就會照日本一同出兵，只是清國沒想到此次事件會成為日本與清國發生戰爭的導火線。東學黨亂事變平息後，日本不僅不願撤兵回去，還迫使朝鮮與清斷絕藩屬關係。於是日本以不宣而戰的方式對清用兵，他們的海軍在豐島外海擊沉清朝運兵船，陸軍又突襲駐牙山與平壤的清軍，讓中日雙方正式宣戰，史稱「甲午戰爭」。

然無論是平壤戰場或是黃海戰役，清廷都慘遭挫敗，清在自強運動時創建的北洋艦隊在這次戰役中被擊潰了，這讓清廷承認失敗，尋找西方列強從中協調，有意與日本議和。一八九五年，清廷派李鴻章為全權大臣，與日本首相伊藤博文、外務大臣陸奧宗光在日本馬關（今稱下關）的「春帆樓」會面，正式開

年代	國家	在位	事件
1889	台灣	光緒	甘為霖開始盲人教育，發明點字印字機，印點字聖經。
1889-1916	法國	第三共和	各國勞工聚集在巴黎，召開第二次大會，史稱第二國際，會議中通過《勞工法》與《五一節案》。
1890	德國	威廉二世	俾斯麥下台。
	台灣	光緒	劉銘傳去職。
1891	台灣	光緒	台北到基隆的鐵路完工，此為台灣第一條鐵路。邵友濂接任台灣巡撫、唐景崧出任台灣布政使。甘為霖在台南設立台灣第一所盲人學校。
	俄羅斯	亞歷山大三世	俄國興建西伯利亞大鐵路（一八九一—一九〇三）。
1892	台灣	光緒	胡傳的《台灣日記與稟啟》，是他來台擔任營務處總巡、鹽務總局與台東知州時撰寫，第三卷對後山的原住民有深入的介紹。
1893	台灣	光緒	台北到新竹的鐵路完工。唐景崧於台北創立「牡丹吟社」，參加此詩社者有施士洁、丘逢甲、汪春源、林啟東、黃宗鼎等 知名文人。隔年，唐景崧修葺臺南道署斐亭，創斐亭吟社。
	中國		清廷與英國簽訂《中英藏印條約》。

啟和談。日本要求割讓台灣與澎湖給日本，李鴻章則要日本先停戰再談，雙方雖經過多次的談判仍無法有共識，因此戰爭再度興起。

日本出兵台灣沿海地區，並開始對台灣展開攻擊。台灣的軍備雖然從一八七四年沈葆楨來台到一八八五年建省時第一任巡撫劉銘傳都有建設，仍不敵日軍強大的武力，因此澎湖很快地就被日軍占領，以此威脅清廷，直到清廷代表李鴻章從會談現場返回下榻旅館途中遭到爆漢的襲擊，日本為了表示抱歉，隨即答應清廷要求，願意停止戰事，並經過英法與俄的協調，簽訂了《馬關條約》。主要內容為：

1.中國承認朝鮮「完全無缺之獨立自主」。

2.中國割讓遼東半島（後由俄、德、法三國干涉而由中國附加三千萬兩白銀贖回）。

3.割讓台灣島及所有附屬各島嶼、澎湖列島給日本。

4.中國賠償日本軍費白銀二億兩；開放沙市、重慶、蘇州、杭州四地為通商口岸。

5.日本國民得以在中國通商口岸任意從事各項工藝製造，並任意進口機械，其產品免稅，還享有設棧存貨的便利。

6.日本軍隊暫行占領威海衛。

關於台灣問題，李鴻章曾向日本提到「台灣的民風強悍，瘴癘之氣嚴重，人民愛吸鴉片」等，希望日本能打消要台灣的念頭。而伊藤博文回應李鴻章，台灣狀況的這些狀況，他們不以為意，以此表示日本想要占領台灣的意志堅定，於是《馬關條約》簽訂後，台灣人成為日本的國民。

單位：年

西元	地點	時代	大事
1894	台北	光緒	吳鴻業（生卒年不詳，僅知為清末），台北萬華人，善於畫蝶，作品有《百蝶圖》、《彩蝶四屏》。
			朱俊英（生卒年不詳，僅知為清末至日治），淡水縣人。曾就讀登瀛書院，能詩善書，參加「萃英吟社」，對台北孔廟重修，尤多貢獻。
			邵友濂奏請將省會改設在台北。
	中國		中日甲午戰爭爆發，最後清廷輸。
			孫中山在檀香山創立興中會。
1895	中國	光緒	廣州起義失敗，陸皓東等人被捕就義。
	台灣		甲午戰爭後簽訂《馬關條約》，台灣割讓給日本。
	台灣	台灣民主國	五月台灣民主國成立，唐景崧為總統，唐景崧得知日本登陸，連夜逃回大陸。
		日治時期	六月日軍入台北，台灣總督府成立，日本正式接收台灣，在台灣發生反日本統治的乙未戰爭。
	美國	克里夫蘭總統	十月，劉永福逃至廈門，巴克禮飲日軍入台南，台南免於戰亂，但從此為日本統治。
	瑞典		化學家諾貝爾在巴黎立下遺囑，在其死後用其大部分遺產設立諾貝爾獎。

日本統治時期

一八九五年中日《馬關條約》簽訂後，台灣與澎湖成為日本的領地。消息傳出，台灣士紳拒絕接受台灣割讓給日本的決定，並於1895年5月25日成立「台灣民主國」。只是當日本軍隊進入基隆時，「台灣民主國」的總統唐景崧逃回大陸，首都台北處於無政府狀態下，陷於混亂之中，台北仕紳商議的結果是引日軍入城維持秩序，因此日軍在毫無抵抗下進入台北城，6月17日舉行「始政式」，台灣正式為日本統治。

「台灣民主國」的總統官員都逃離了，反抗者僅剩農民與地主。由於義勇軍都是與土地有較深的連結者，他們善於利用家鄉地形來對付日軍，阻擾日軍前進，他們都是為了保鄉衛土與日本軍進行武裝對抗。這場反抗戰爭發生於乙未年，因而被稱為「乙未保衛戰」。不過乙未保衛戰最後都因義勇軍不敵日本現代化軍隊，失敗收場。

日本是以「無方針主義」為原則進行統治，雖然不強迫台灣民眾立即改變原有風俗，但為了能迅速建立現代化國家，採取的是中央集權的統治方式。日本在台灣設立台灣總督府，以武力控制台灣後，為了穩定台灣的社會秩序，除了設置派出所，還將警察結合保甲制度，用以全面的掌握社會。而且為了進行各項建設，曾著手戶口、土地、交通、習俗、產業、山川地理與自然資源等國土調查，與推動各項專賣制度與貨幣統一工作。1899年，日本統治台灣四年後，台北自來水道工程完成，台灣銀行正式創立，鐵路縱貫線也開始動工。1904年更在台灣發行金本位制的台銀券，將台灣的貨幣與日本幣制完整的結合。基本上，二十世紀前半期的台灣已經建立了嚴密的各級政府、司法與警察機構、戶政制度、農會系統與金融體制等，而且大規模的農田水利、公路與鐵路交通、電力與輸送系統等基礎建設也完成。

為了顧及台灣的產業發展與社會制度的穩定，台灣總督府也透過公學校，積極推廣初等教育，並推行六年義務教育。這不僅讓台灣人的識字率提高，也能進一步接受西方文明、基礎科技思維與新的思想觀念，進而改變台灣舊有的文化與價值觀，使得台灣社會產生相當程度的質變。台灣人接受新式教育的洗禮，讓台灣人開始覺醒，尤其是1920年代，西方的民主自由思潮席捲亞洲時，台灣與日本共同沐浴其中，於是台灣知識份子，如林獻堂、蔣渭水與蔡培火等，驚覺殖民統治的不平等待遇，便透過文化協會、台灣民眾黨、新文協等組織的活動，提出不同於殖民政府的理念，可說「台灣意識」已經逐漸在年輕人的心中萌芽。雖然1930年代，日本軍閥抬頭，總督府便開始禁止結社，限制各種政治言論的發表，不過「台灣意識」仍繼續在台灣年輕人的心中，表現在當時的台灣文學與藝術。

單位：年

西元 1895

地點	時代	大事
中國	光緒	廣州起義失敗，陸皓東等人被捕就義。
台灣		甲午戰爭後簽訂《馬關條約》，台灣割讓給日本。
中國	光緒	俄國聯合德法逼迫日本還遼。
		廣州起義失敗，陸皓東等人被捕就義。
台灣	台灣民主國 日治時期	五月台灣民主國成立，唐景崧為總統，唐景崧得知日本登陸，連夜逃回大陸 六月日軍入台北，台灣總督府成立，日本正式接收台灣，在台灣發生反日本統治的乙未戰爭。 十月，劉永福逃至廈門，巴克禮飲日軍入台南，台南免於戰亂，但從此為日本統治。 十一月樺山總督向大本營報告全島敉平
美國	克里夫蘭總統	古巴的哈瓦那港發生緬因號戰艦爆炸事件。
法國	第三共和	法國併吞馬達加斯加。 盧米埃兄弟放映人類史上第一部電影。

唐景崧、丘逢甲與劉永福：台灣民主國的成立與瓦解

一八九五年三月，《馬關條約》雖尚未簽訂，然清廷即將把台灣割讓給日本的消息早已傳開。這時不僅台灣人民的民心浮動，康有為等朝野多數人士更是激昂憤慨，反對簽訂將台灣割讓給日本的合約。以丘逢甲為首的台灣仕紳們更電呈光緒皇帝，提到要誓死守禦台灣。正當台灣官民為了台灣未來前途堪憂，清朝廷卻都未向台灣官民交代台灣即將割讓給日本一事，僅電詔台灣巡撫唐景崧，要他撤回大陸，將台灣的全部財產交給日本處理。

唐景崧得知俄、德、法等西方列強有意干涉《馬關條約》的內容，因而與張之洞等朝中大臣商議後，覺得應該讓列強認為要保護自己在台灣的利益，所以得出兵台灣。甚至有人認為，台灣或許可暫時成為法國保護地，藉以阻止日本人占領台灣。然而，西方列強未如唐景崧等人所希望地阻止日本取得台灣，在各方人士多方奔走後，台灣還是割讓日本。

為了保護台灣，台灣的仕紳與商人等推丘逢甲為代表，聯合林朝棟等政府官員，策畫台灣自清國獨立的行動，於是，號召權威人士共同連署創建「台灣民主國」，並在一八九五年五月，拜訪甫上任的巡撫唐景崧，發表「台灣民主國」獨立宣言，一同推舉唐景崧為民主國的大總統，副總統為丘逢甲，劉永福為南部總司令大將軍，將首都定在台北城，展現了台灣人民自決的態勢。於是十九世紀末在台灣出現一個以「永清」為年號，以「藍地黃虎旗」為國旗的台灣民主國。「台灣民主國」雖是一個獨立國家，不過從台灣仕紳向清廷報備獨立的電文，與唐景崧就職宣誓的

1895

俄國	亞歷山大三世	俄國聯合德國與法國逼迫日本歸還遼。
英國	維多利亞女王	英國國會大選，保守黨獲勝，此後約有十年的時間都是保守黨當政。
朝鮮半島	高宗	在日本策動下，朝鮮高宗宣布脫離清冊封體系獨立，改「朝鮮國」為「大朝鮮國」改「國王」為「大君主」。
瑞典		化學家諾貝爾在巴黎立下遺囑，在其死後用其大部分遺產設立諾貝爾獎。
奧地利	弗蘭次·約瑟夫一世	知名建築師奧托·華格納（Otto Wagner）出版《現代建築》（Moderne Ardhitektur），展現了基本的分離派思想。華格納也是建築師職業化進程中的先驅。
日本	明治二十八年	一八九五年台灣總督府成立，台灣各地均有武裝抗日的事件，各地官員與警察難以發揮原本功能，所以暫時中止民政，實施軍政。中央派軍隊進入地方，進行武力鎮壓。

內容中可以看出，台灣的獨立非本意，台灣民主國建立的目的，在於阻止日本侵占台灣，所以是一種抗日的手段。

台灣民主國成立五天後，日本軍隊從台灣北部的澳底上岸（今日新北市貢寮），在當地居民的指引下，日軍越過三貂角攻下基隆一帶後，立即往台北方向前進。台灣民主國總統唐景崧得知日軍攻佔基隆後，雖電催於中部的丘逢甲與林朝棟等北上救援，不過他也與民主國的重要大臣，以視察北部兵備為由前往淡水，在英國人掩護下，從淡水搭乘德國商船逃走回到廈門。唐景崧從就職到逃走僅有十天，副總統丘逢甲也在日軍抵達前，偷偷從中部港口逃離台灣前往廣東的嘉應州，林朝棟則暗渡漳州，台灣民主國僅存活十四天就滅亡了，這時僅剩下劉永福於台南一帶繼續力撐殘局。在日軍登台五個月時，除了台南之外的台灣其他地方都淪陷了。日軍重重包圍台南，居住在台南的英國基督教長老教會傳教士巴克禮，與地方仕紳為了讓台南免受戰火殃及，就勸劉永福離開台灣。劉永福見大勢已去，只好由安平搭乘英國商船從台南逃到廈門，全台淪陷。

日軍進入台北城：日本宣布正式統治台灣

一八九五年五月，日本政府公告批准「馬關條約」後，仍擔心列強會干涉台灣成為日本領土的一部分，而且對於台灣內部的反抗日漸形成也相當憂慮，就決定迅速進行接收台灣的儀式。日本總理大臣伊藤博文任命海軍大將樺山資紀為台灣首任總督，要他準備前來接收台灣事宜。不過，樺山資紀啟程前，得知台灣部分官民已經組成武裝隊部積極備戰，為了確保台灣的治安，於是指派駐於旅順大連的北白川宮能久

西元	地點	時代	大事
1895	台灣	明治二十八年	一八九五年五月日本依據〈台灣總督府臨時條例〉，發布了台灣重要的警政人事命令，並且實施〈台灣人民軍事犯處分另〉，處分最高刑責是死刑，以此確保總督府的統治與執行權力。
	台北	明治二十八年	一八九五年六月，在大稻埕設立了「大日本台灣病院」。
	台灣	明治二十八年	一八九五年第一任台灣總督樺山資紀到任後，先測量台北地區的陸地面積，繪製《台灣早先地形圖》。 一八九五年十一月，總督會更透過了〈台灣住民刑罰令〉和〈台灣住民治罪令〉，結合軍警與司法審判兩種權利，賦予了警察和憲兵搜查和逮捕的權力，建立了充滿軍事特色的中央集權式警察體系。 一八九五年，陳澄波出生。

親王率領近衛軍團前來沖繩與他會合，組成一支強大軍隊一同抵達淡水外海。

日本政府原本希望在台北城進行交割儀式，但李鴻章等清官員礙於台灣民眾還無法接受，深怕交割儀式會在台灣引起暴動，因此在取得日方諒解後，便在基隆外海的「橫濱丸」見上舉行簽訂儀式，經過此儀式後，台灣與澎湖正式成為日本領地。交接儀式結束後，早已從澳底上岸的日軍在軍艦的掩護下，攻下基隆市，兩天後樺山資紀也登陸，將台灣總督暫時設在基隆海關內，日軍接著便沿著鐵路，往台北方向前進。

日本接收台灣之初，是採取武力鎮壓的方式，可是於一九二六年落成的日本明治神宮外苑「盛德記念繪畫館」內，有一幅一九二三年台灣總督府邀請石川寅治繪製「台灣鎮定」油畫，這幅畫描繪的是一八九五年時日本軍隊接收台北時的情況。在畫中，台灣人手持「日章旗」歡迎從台北北門入城的日軍。

其實，日本軍艦才抵達基隆時，台灣民主國的總統與官員早已連夜逃回大陸。所以台北城內早已無人問政，處於無政府狀態。被遺留在台北城內沒薪餉可領的中國士兵開始搶劫，讓原本應該保護人民的士兵成為暴徒，到處殺人搶劫，居民的身家受到威脅。大稻埕因有英、德兩國的艦隊保護僑民較為安全，其他地方時有暴民流氓縱火搶劫，尤其是商業活動繁盛的艋舺受害頻傳。

這時的台北居民也都明白，現在的台北城內敵人是自家人而非日軍，紛紛都期待日軍盡快進入城內，以維護台北的治安。台北的仕紳李春生、李秉鈞、吳聯元、陳舜臣等聚集在龍山寺商討對策，最後一致認為，如果想要收拾此一「亂局」，就得請日軍進城

1896		
日本	明治二十九年	一八九六年三月三十一日，日本國會公布第六十三條法律，該法稱為「應於台灣施行法令相關之法律」，簡稱為「六三法」。這條法律賦予當時台灣總督，制定適用於台灣法令的權利，台灣總督可以在台灣發布具有法律效力的命令或律令。不用事先奏請主管機關，也不用等待天皇裁決，就能立即發布。
台灣	明治二十九年	一八九六年三月，臺灣總督府公布「臺灣總督府直轄諸學校官制」（敕令第九十四號），設立「國語傳習所」。 一八九六年六月，首相伊藤博文訪台，視察全台。 一八九六年六月，首相伊藤博文訪台，後藤新平當時身為衛生局長，隨著首相訪台參與考察。一八九六年七月，後藤新平邀請英國人巴爾敦（W. K. Burton）來台擔任總督府衛生工事顧問。

鎮壓才行。於是擬妥文件，由自願擔任與日軍連絡的年僅二十九歲辜顯榮前往水返腳（即今日汐止）與基隆，告知日軍台北狀況並請求日軍及早入城維持秩序。日方在得知台北城狀況後，立即派一支軍隊來到台北城，日軍在北門前，獲得居住於城外的陳姓婦人幫助，很快就入城並接收台北城。

一八九五年六月十一日，日本的近衛師團長北白川宮能久親王以騎馬之姿，在幕僚陪伴下從北門進入台北城。三天後，台灣總督樺山資紀在近衛師團迎接下進入台北城，並將朝時期的台灣省布政使司衙門改為總督府，並在六月十七日舉行始政式，正式宣布日本在台灣的統治。

鄉土保衛戰：台灣人為保衛鄉土奮力抵抗日軍的到來

日本軍隊雖然很迅速地佔領了基隆與台北城，但這並非表示日本佔領台灣時，台灣居民都持歡迎的態度。實際上日軍離開台北後，於台灣各地的接收行動並不順利，各地民眾紛紛自發性組織抗日義勇軍分守防禦，抵抗日本的接收。根據中國農民曆一八九五年為乙未年，因此發生於這年的抗日武裝衝突都稱為乙未戰爭。

日本總督於台北舉行始政式後，近衛師團派出一支數千人的軍隊南下到新竹，原以為這支軍隊的接收行動會如同接收台北一樣順利，卻沒想到遭到在桃竹一帶的客家族群頑強抵抗，即便是日軍已經攻入新竹城，以胡嘉猷、吳湯興、姜紹祖、徐驤為首的客籍義勇軍仍在民眾的幫助下繼續與日軍對抗。其中以新竹十八尖山義勇軍與日軍的對抗最為激烈。最後姜紹祖戰死後，吳湯興領導的客籍義勇軍退回苗栗。日本在

單位：年

西元	地點	時代	大事
1896	台灣	明治二十九年	一八九六年公佈了總督府製藥所官制，賦予官方製造鴉片煙膏的權利。日人將延平郡王祠改為開山神社。
1896	台灣	明治二十九年	一八九六年「大日本台灣病院」改名「台北病院」。一八九六年，台灣總督府在民政局下設置「臨時土木局」，聘用東京帝國大學工學部的長尾半平擔任局長。長尾半平和濱野彌四郎合作，規劃和指揮一八九九年到一九一〇年之間台北市的改造計畫。丘逢甲《嶺雲海日樓詩鈔》《柏莊詩草》出版。丘逢甲（一八六四—一九一二）台灣彰化人，出生於台灣府淡水廳，十四歲考取秀才，二十六歲中進士，不過他以侍親為由回台，曾在台中「衡文書院」講學，但日本接收台灣時就離台，擅長書法與詩作，是台灣著名的詩人。

獲得增援兵力後，就由北白川宮能久親王親自領軍直擊苗栗，炮擊苗栗尖筆山後進占苗栗，自此以客家人為主的北台灣反抗終告結束。

佔領苗栗後的日軍隨即南下，攻占大甲、葫蘆墩（即今日豐原）與台灣府（即今日的台中），之後旋即渡過大肚溪來到彰化的八卦山砲台一帶。當時台灣知府黎景嵩仍據守在彰化城，劉永福部將吳彭年、吳湯興與徐驤等人，則防守於彰化與台中交界處的大肚溪沿岸與八卦山一帶。八月二十七日，日軍開始進攻八卦山砲台及彰化城，對義勇軍猛烈砲擊，展開了日本接收台灣初期最慘烈的八卦山之役。八月二十八日清晨，日軍便以強大兵力攻擊八卦山砲台，經歷了幾個小時的激戰，雖然日軍少將山根信成陣亡，不過義勇軍的吳湯興、吳彭年等也戰死，最後日軍終於攻下八卦山砲臺，彰化城也淪陷。

攻下彰化後，日軍轉往鹿港並在此處暫停下來，構築南進兵站基地，準備接下來的南部平定戰。日軍一路南下直到彰化才遇到激戰有較大的傷亡，不過對進入台灣的日軍來說，最大的敵人不是反抗軍，而是台灣的氣候與環境，瘴癘、霍亂等讓日軍傷亡嚴重，再加上據守於台南的劉永福帶領著南部的義勇軍，可能會讓日軍遭遇頑強抵抗，因此，日本政府要乃木希典率領一整支師團的增援部隊前來支援。

為了擊破南部劉永福的頑強抵抗，日軍採取三面攻擊的包圍戰術，等待一切部署準備完成後，對台南與安平的居民、外籍人士發出避難通知與警告後，便要開始攻擊台南。這時在台北的樺山總督親函劉永福呼籲他歸降，居住於台南的仕紳也為了保護居民免受戰火，就與長老教會傳教士巴克禮一同去說服劉永福，讓劉永福認清戰局，趁夜搭船離開台灣，日軍最

1896

國家	年號	事件
中國	光緒	清朝與俄國簽訂密約《中俄密約》，租借旅順與大連給俄國，讓俄國的勢力進入中國的東北地區。 直隸總督兼北洋大臣的李鴻章乘「聖路易斯」號郵輪抵達紐約，開始對美國進行訪問。 孫中山在英國倫敦蒙難，被中國駐英大使館人員拘捕。
台灣	明治二十九年	國會公布並施行「六三法案」 總督府設立「撫墾局」，處理原住民事務。
日本	明治二十九年	內台航路（日本到台灣的海運航線）開設，在日「台灣賣卻論」囂塵甚上。
希臘		現代的第一屆奧運於雅典舉行。
英格蘭	查理二世	虎克(Robert Hooke)用自製顯微鏡觀察軟木塞，發現生物組成的最小部分——「細胞」。
奧地利	利奧彼德一世	爆發第一次奧土戰爭，奧地利戰敗，被迫簽下沃什和約，需向土耳其進貢。
法國	路易十四	法國設置銘刻學院（Académie de Inscriptions）。

後以和平不流血方式進入台南，日軍接收台南後，大致完成領有台灣的軍事活動。

日軍雖以不流血方式接收台南，但乃木希典率領的軍團在枋寮登陸後行經茄苳腳（現今屏東縣佳冬鄉），遇到六堆客家義勇軍之左堆軍，發生了激戰，此即為步月樓戰役，最後日軍以優勢的軍力，擊垮六堆客家義勇軍。

簡大獅、柯鐵虎與林少貓：日治初期的抗日活動

台灣民主國瓦解後，於台灣的抗日行動都屬於地方，領導者主要是基於保衛鄉土的情感進行的抗日活動，如號稱「抗日三猛」的北部簡大獅、中部柯鐵虎與南部林少貓。

簡大獅，台北人，因為氣憤日本來到台灣後，妻、妹、嫂、母皆因日人無禮而遭被殺，便在一八九五年十二月於淡水一帶招募義民千餘人進行武裝抗日行動，他們經常在金包里（今日新北市金山）與石門等地狙擊日軍，也曾在一八九六年，和林李成、陳秋菊等人一同圍攻台北城。不過，一八九八年迫於情勢，曾短暫歸順日本，只是不久後，簡大獅又率眾繼續抗日行動，由於他槍擊後藤新平派去勸降的人，惹惱了日本人，日本總督府就開始對他展開圍捕行動。簡大獅被通緝後便逃往廈門與同安，想在那繼續進行台灣的抗日行動，台灣總督兒玉源太郎得知簡大師藏身處後，向清廷要求引渡簡大獅，雖然簡大獅向清廷表示效忠，但他還是遭到清廷交給日本駐台軍隊，並於一九〇〇年遭到日本處決。

柯鐵虎，在一八九六年以中部地區的大平頂（大約在雲林與彰化交界處）為根據地，並將這地方改名為「鐵國山」，進行抗日活動。一八九六年六月，日

單位：年

西元 1897

地點	時代	大事
台灣	明治三十年	一八九七年四月，長尾半平和濱野彌四郎向台灣總督提出「台北及其他地方關於衛生工事設計之意見」，認為在規畫地下水道時，應該與道路擴建工程合併規劃，才能讓市鎮規劃更加完備。 一八九七年，在台北病院內設立了「醫學講習所」。 一八九七年一月以律令第二號公布《台灣阿片令》，三月又訂定《台灣阿片令施行規則》，規定禁止私人買賣鴉片，實施鴉片專賣。 五月八日，「住民去就決定日」台灣住民的國籍選擇最後期限。 南部發生林少貓抗日。
台灣	明治三十年	鳥居龍藏前往蘭嶼進行調查研究。 一八九七年三月，日本國會通過了〈台灣銀行法〉，一八九七年十一月在台灣成立了「台灣銀行創立委員會」，展開銀行成立的準備工作。

軍以一個軍團的兵力在此進行圍剿，柯鐵虎等義勇軍潰逃四散，柯鐵虎退入樹林中，並聯合附近的抗日軍隊繼續抗日行動。日方在束手無策下，於一八九七年台灣總督派辜顯榮來勸降，柯鐵虎自知軍備與糧食不夠，無法進行長久的抵抗，便在一八九九年歸順日本。不幸的是他在一九〇〇年因身染重病後病死，日方得知後亦立即被軍隊剷除中部地區的殘餘反抗勢力，此後中部一帶的抗日勢力完全消滅。

林少貓又被稱為「小貓」，鳳山縣阿緱（今屏東縣屏東市）人，他為南部地區最具代表性的武裝抗日勢力。一八九七年他率眾攻打鳳山與潮州一帶，並進攻台南新化日本憲兵隊，擊殺日本軍警多人。一八九八年又與客家人林添福率眾攻打潮州辨務署，殺死署長後離去。當時林少貓不僅對付日本軍人，就連幫助日軍的台灣人也是他的敵人。一八九六年南部望族陳中和提供廣大的土地給日軍興建守備隊的宿舍，林少貓認為陳中和為叛台者，就率眾突襲陳中和的公司，搶奪公司的物資，讓陳中和舉家避走廈門。

兒玉源太郎就任台灣總督後，決定對台灣的反抗者改採懷柔政策，因此兒玉源太郎請南部士紳代替日方，出面與林少貓談判，經過多次的斡旋，日本答應林少貓提出的十項要求，一八九九年林少貓接受招降，於阿緱舉辦歸順典禮，並在鳳山後壁林（今高雄市小港）經營農商，開墾了百餘甲的水田。直到台灣各地抗日活動大抵敉平後，台灣總督府便決心剿滅林少貓，就在明治三十五年（一九〇二）藉故進軍後壁林，少貓及其部眾在炮火猛攻後身亡。

住民去就決定日：台灣住民的國籍選擇最後期限

根據一八九五年清國與日本簽訂的《馬關條

1898

中國　**光緒**　列強在中國進行勢力範圍的劃分。

瑞士　召開第一次世界錫安主會議。成立世界猶太復國主義者組織。

台灣　**明治三十一年**　日本首相伊藤博文派任兒玉源太郎擔任台灣第四任總督，後藤新平是其重要輔佐，擔任民政官。
一八九八年，兒玉源太郎為了提高治安的穩定度，特別制定了《保甲條例》，輔助警察監督地方。規定各地成立保甲，以十戶為甲，十甲為寶，每個甲設立一個甲長，任期兩年。
後藤新平成立「臨時台灣土地調查局」，引入近代新式技術重新測量田園，替之後的土地調查做準備。
一八九八年三月成立「台灣鐵道敷設部」，規畫鐵路與建整體計畫，同年十一月改組更名為「台灣總督府鐵道部」，後藤新平身兼鐵道部長。

約》，台灣成為日本的一部分，不過日本曾經根據《馬關條約》第五款規定：「本約批准互換之後，限二年之內，日本准中國讓與地方人民願遷居讓與地方之外者，任使變賣所有產業退去界外，但限滿之後尚未遷徙者，酌宜視為日本臣民。」根據此條款，兩年後（一八九七年）的五月八日即是「住民去就決定日」。

因此台灣第一任總督樺山資紀，在一八九五年十一月十八日公布台灣與澎湖島的居民退去條款：

1. 台灣及澎湖島居民希望遷離台灣地區而居住在其他地區者，其為歷代居住者及暫居者皆一視同仁，必須記載年齡、籍貫、地址與不動產等項目，於一八九七年五月八日以前向台灣總督之地方官廳提出申請，隨行家屬以同樣辦理。
2. 即使曾參與土匪叛亂或抵抗日軍者，歸降交出兵器後，亦准離台。
3. 離台者所吸帶的家產晉皆免繳關稅。
4. 自本條款批准換約日期啟兩年內設為寬限期，期限屆滿後，台澎居民須遵照日本國情成為日本帝國臣民。

也就是，允許這兩個島嶼上的居民，可以在兩年內自己選擇是否要當日本人還是清國人，是要留在台灣或是遷往他處，如果拒絕接受日本統治，希望居住在台灣以外地區，也就是選擇遷往他處的人，可以變賣所有不動產與產業後離台，留在臺灣的人民則取得日本國籍。

雖然根據這項條款，不願意被日本政府統治的台灣人，可以自己選擇離開台灣。但實際上，當時能離開台灣的人相當少，這是因為居住在台灣的漢人，雖然都是來自大陸對岸的福建漳州、泉州等地閩南人，

單位：年

西元	地點	時代	大事
1898	台灣	明治三十一年	總督府將國語傳習所改名為「公學校」，相當於現在的小學，專供台灣人就讀。台灣總督府公布了《台灣公學校令》，將上學年紀往下延伸，規定八—十四歲的孩子都可以上學，可以申請公學校，修業年限為四年。公學校學制的建立，是後來台灣小學制度的前身。
1899	台灣	明治三十一年	公布「匪徒刑罰令」。
	美國	克里夫蘭總統	美國併吞夏威夷。美西戰爭爆發，西班牙戰敗，承認古巴獨立。簽訂《巴黎和約》，沒國獲得菲律賓、波多黎各等地。
	義大利	亨伯特一世	無線電之父馬可尼（Guglielmo Marconi）發明無線電報。
	俄羅斯	尼古拉二世	社會民主工黨成立，烏里揚諾夫化名列寧在黨派的刊物《星火報》上散播革命理念。

與廣東的惠州、潮州等地客家人的子孫，但這些人的先民早在一、二百年前就來到台灣，來台的時間相當遠，他們早已紮根於台灣，在大陸地區不僅已經沒有親人也都沒有居住地。所以大部分的台灣人都只能留在台灣，因此依據統計，公布此規定後，選擇離開台灣者約有六千人，只佔台灣人口的〇．二五%，這些離台者都是在大陸有財產的士紳階級。從居住在來看，離台者有台北人、台中人與台南人，但以台南人居多，這可能與台南本來就是台灣政治與經濟重鎮，台南人與大陸地區常有互動，具有較深的民族意識。

到了一八九七年五月八日，台灣居民不管願意與否都成為日本的國民，在清時期就居住在台灣的外國人與曾離台再度回到台灣的台灣人，都擁有居住台灣的權利。台灣人取得日本國籍後，發現可以利用「日本國籍」來救援在清國「出事」的人，因此，就出現部分清國人為了取得日本國籍，就假冒自己是台灣人的現象。

鎮壓抗日的作為：從三段警備制到匪徒刑罰令

日本統治台灣的初期，台灣民眾的武裝抗日事件層出不窮，各地的游擊抗日行動，讓日本當局疲於應付。因為清國留下的大量武器，使得各地的抗日起義行動，已經對治安造成影響，日本第一任總督樺山資紀與第二任總督桂太郎，不斷地出動軍隊施行武裝鎮壓，付出龐大的費用，但成效並不佳。

一八九六年新上任的台灣第三任總督乃木希典便提出，台灣文化與習慣都跟日本不同，如果只是一味地以激進方式鎮壓，無法平息台灣人反抗日本人的心態，那麼日本想要統治台灣終將失敗，為了能永久居住在台灣，必須充分地把握台灣的風俗民情，排除妨

中國	光緒二十六年	光緒推行戊戌變法，後被囚於瀛台，六君子被殺，史稱戊戌政變。 清廷開辦經師大瘸糖，為北京大學的前身。
德國	威廉二世	著名德國哲學家、語言學家、詩人尼采逝世於德國威瑪。
台灣	明治三十二年	台北病院在一八九九年升格為「台灣總督府醫學院」 一八九九年三月，日本政府修改了〈台灣銀行法〉部分條文，以日本先以一百萬日元為基礎，認購台灣銀行股份。一八九九年六月，終於正式成立「株式會社台灣銀行」，並在一八九九年九月二十六日，台灣銀行開始對外營業，開始發行台灣銀行卷。
台灣	明治三十二年	一八九九年，在台灣的日本人，荒井泰治、賀田金三郎、金子圭介、山下秀實等十一位商人，集資成立了「臺灣貯蓄銀行」，資本額為十五萬日圓，這是臺灣第一家民營銀行。

礙統治的因素，良好的美俗應該加以保護，如此方能達到施政的實效。因此，一八九七年乃木希典參考法國人殖民阿爾及利亞的統治方式，在台灣執行「三段警備」的統治。

所謂的「三段警備」統治，即是將全台分成三界：安全界、不穩界與危險界。安全界，是安全性較高的平地村落與市街，這樣的地方由警官執行警備，並培養民兵補充警備任務。不穩界，指的是偶而會有土匪或原住民出沒的地區，這樣的地區由警官與憲兵共同警備。危險界，以山區為主，有土匪與凶惡的原住民的地方，此地區則是有軍隊在此長駐，與憲兵隊共同執行警備治安。為了執行「三段警備」，培育民兵組織的民兵是很重要的工作，因為民兵的主要工作是在應付土匪抗日的叛亂和原住民的襲擊與維持治安，即是雇用台灣人維持台灣的治安，如此可以減輕日本警備的壓力，也可以節省逐漸增加的軍費問題。

三段警備是由軍隊、憲兵與警察三者來執行，但執行單位又分屬不同單位，所以常因缺乏溝通，彼此間不僅無法充分發揮功能，還造成一些弊端。因而在第四任台灣總督兒玉源太郎時，經過民政長官後藤新平的調查規劃後提出，處置土匪（台灣義民軍）應該是要利用保甲制度，徹底的調查當地土匪性格與實力，進而採取預防措施，而不是加以討伐，所以應該減少軍事的干預，提高警察的功能，便將此業務轉至警察機構，三段警備被廢除，一八九八年十一月公佈「匪徒刑罰令」。

所謂的「土匪」與「匪徒」針對的是台灣人民的武裝反抗，台灣總督認為凡是有抗日破壞行為之住民與土匪的暴亂行為者都是「匪徒」，對於這樣的人一概不妥協，得徹底討伐，不過對日本投降歸順者，

單位：年

西元 1899

地點	時代	大事
台灣	明治三十二年	一八九九年，開始實施鹽專賣，民間仍然可以製造粗鹽，但由專賣局收購，再由配銷系統販賣。 一八九九年總督府公布「台灣樟腦及樟腦油專賣規則」，由民政局下轄的樟腦局實施專賣，民間生產的樟腦油都統一由樟腦局收購銷售。 賀田金三郎得到後籐新平的信賴，一八九九年，依照「關有林地預約賣渡規則」，向台灣總督府提出「台灣東部地區開發計畫書」，一八九九年十一月獲得核准。在一八九九年建立了「賀田村」，在日本本地招募願意前往台灣的移民。
英國	維多利亞女王	發生波爾戰爭，英國放棄「光榮獨立政策」。
美國	麥金利總統	提出中國門戶開放政策，與德國瓜分薩摩亞群島。 小說家海明威誕生，著有《戰地鐘聲》、《老人與海》等作品。

將會給予寬大的處置。因此在「匪徒刑罰令」下，凡以抗日或是擾亂社會秩序為目的的匪徒首謀或指揮者，將不會被詢問其理由，都會被處以死刑，附從者與協助者都會被處以無期徒刑。涉及到「對抗官吏、軍隊，破壞建築物、船車、橋樑、通信設施，掠奪財物、強姦婦女」等情節，則不論首從，全部處以死刑，未遂犯也視同正犯，藏匿匪徒或幫助匪徒逃脫者，則處以有期徒刑。

自一八九八年施行「匪徒刑罰令」後，討伐抗日起義行動有法律依據，對事件的司法審判也較快速，經判有罪後也可立即執行，此後大規模的抗日行動和起義活動大致趨於平靜，台灣各地的治安轉好，開始各地的經濟發展。

六三法、三一法與法三號：日本統治台灣的政治依歸

進入一八九六年三月之後，日本政府認為各地武裝抗日的事件漸平，接收台灣的局勢已然確定，反抗聲勢漸少，所以廢除了軍政，進入民政時期。不過，由於台灣民情和日本不同，適用日本國內的法律並不一定適合台灣風土人情。要援用哪個法律來統治台灣，成為當時日本議會討論的問題。

一八九六年三月廢除軍政後，在一八九六年三月三十一日了制定第六十三條法律，該法稱為「應於台灣施行法令相關之法律」，簡稱為「六三法」。這條法律賦予當時台灣總督極大權利，台灣總督可以在管轄區內，發具具有法律效力的命令，不用等待日本議會表決，也不用等待天皇公布。此法公布之後，台灣總督享有立法大權，而且集行政、司法、立法、軍事權於一身，彷彿皇帝一樣，形成專制統治。

1900		
台灣	明治三十三年	一九〇〇年，提出〈台北城內市區計畫圖〉，確認了拆除台北城垣的政策，並計畫將台北改造為現代化城市。一九〇〇年十二月，三井投資成立「台灣製糖株式會社。」一九〇〇年，樟腦局在台北南門工廠成立，開始生產各式改良樟腦，此後台灣的樟腦市場都由樟腦局直營。
台灣	明治三十三年	三井財閥成立台糖會社。
中國	光緒二十六年	爆發義和團事件，慈禧太后下令對各國宣戰。八國聯軍占領北京。
德國	威廉二世	頒布《民法典》。物理學家普朗克提出了著名的量子理論。佛洛伊德發表《夢的解析》、巴布洛夫發表《條件反射》。

「六三法」推行之後，許多日本議員覺得這個法令牴觸日本憲法對於立法的規定，因而認為此法不宜永久存在。日本議會後來同意，為此法訂下三年有限期限的規定。也就是說，此法是基於統治方便性考量而生的權宜法。

雖然有這三年一期的有限規定，但是一八九九年、一九〇二年、一九〇五年，日本議會仍然三度通過了延長「六三法」的期限，一直到一九〇六年四月十一日發布法律第三十一號的「三一法」，「六三法」才在一九〇七年十二月三十一日走入歷史。

「三一法」和「六三法」的差別有三點。第一，廢除台灣總督府評議會的設置。第二，規定台灣總督府頒佈的律令不能違反日本法律與勒令。第三，「三一法」有限期限延長為五年。後來，「三一法」實施後經過兩次延長，一直到一九二一年十二月三十一日才廢除，改為「法三號」。

「法三號」的產生，是因為日本在進入大正民主時期之後，日本首相原敬調整了對台灣的統治策略。「內地延長主義」成為新的統治方針，也就是改以「同化」為原則，希望將台灣人同化為日本人。一九一九年九月，首任文官總督田健治郎上任之後，日本議會認為適用於日本的法律，也可以適用於台灣。在一九二一年三月十五日，制定公布法律第三號，簡稱「法三號」，有條文五條，附則一條。認為在日本本土的法律也適用於台灣，原本台灣總督的律令則退居輔助位置。台灣總督的律令只能在特殊、緊急情況，而且在沒有日本法源和律令可參考的原則下，才可以發布律令，作為補充。

總而言之，「六三法」是指台灣總督握有行政、立法、司法和軍政大權，權力極大，不用顧及日本法

單位：年

西元	地點	時代	大事
1901	台灣	明治三十四年	一九〇一年，兒玉源太郎為了解決地方治安的混亂，重整了警察系統，將總督府的警保課改設為警察本署，設立了「警視總長」一職。他的權力相當大，當地方行政事務涉及警察業務時，警視總長可以直接下令各地的警察廳，直接執行業務。一九〇一年，後籐新平聘任在日本具有高知名的農業專家新渡戶稻造，來台擔任總督府殖產局長。新渡戶稻造在一九〇一年提出《農業改良意見書》，內容包括七項改良方法、十一項保護農業獎勵方案，以及十四項糖業設施改良意見。
	台灣	明治三十四年	台灣總督府專賣局成立。創建台灣神社。新渡戶稻造發表《糖業改良意見書》、日人興建台灣首座近代化糖廠。
	英國	愛德華七世	英國女王維多利亞逝世。

律規定。而「六一法」是指台灣總督在制定法律時，要以日本法律為主，不能違背日本憲法規定。「法三號」則是進一步限制台灣總督的立法權力，只有在日本法律制定不足的情況下，台灣有特殊需求時，才能制定在台灣推行的法律。從「六三法」到「三一法」再到「法三號」，總督的權力一步步受到限制，越來越小。

台北醫專與台北帝國大學醫學部：日治時期的台灣醫學與衛生教育

台灣自明清以來就是瘴癘區域，盛行各種瘟疫，再加上台灣習俗上「信巫不信醫」，導致台灣早期的醫療資源普遍缺乏。一般民眾生病時會求助於巫，迷信偏方，或者尋求本土的中醫體系，熬煮草藥服食。直到日治時期，藉由日本人之手，終於引進了西方醫療體系。

日本政府在一八九五年接收台灣後，大批日本軍隊不大能適應台灣多變潮濕的氣候，紛紛生病住院。如何建立台灣的公衛系統，如何建立台灣的醫學教育，成為當時在台執政總督府思考的難題。

日人渡台後，一八九五年，在大稻埕設立了「大日本台灣病院」（今天台大醫院的前身），隔年一八九六年改名「台北病院」。山口秀高擔任院長，以醫療訓練班的方式，培養醫師。休業兩年，結業後參加內務省醫術開業考試，合格者就能成為台灣的執業醫師。在一八九七年，在台北病院內設立了「醫學講習所」（又稱「土人醫師養成所」），定期舉辦活動，宣導醫學觀念。隨著熟悉日語的台灣人越來越多，日本人意識到必須建立專門的醫學專校，所以「台北病院」在一八九九年（明治三十二年），又被

中國 **光緒**

八國聯軍後李鴻章與各國簽訂《辛丑條約》。

澳洲

澳大利亞聯邦成立。

瑞典

第一次諾貝爾獎頒獎，獎項包括物理、化學、醫學、文學及和平獎。

台灣 **明治三十五年**

一九〇二年，台灣總督府發布「糖業獎勵規則」，確立了在台灣發展糖業的經濟政策。從此糖業成為台灣農村重要的產業，先後成立了許多製糖工廠和製糖株式會社。

在一九〇二年，先成立「臺灣製糖株式會社」，負責橋仔頭（今天的高雄橋頭）的甘蔗種植事業，建立「橋仔頭製糖所」，這是全台灣第一座新式糖廠，開始生產砂糖。

一九〇二年，總督府參事持地六三郎提出了《蕃事對策意見書》，在意見書中提到原住民是劣等人種，依照生存競爭的原則，應該將其滅族或同化。

改制為「台灣總督府醫學院」。招收各級公學校畢業生，並由台北醫院的醫生負責教導他們醫學知識，是當時台灣最高學府。正因如此，這也被台灣醫界視為台灣正式醫學教育的開始。

一九一九年，「台灣總督府醫學校」再次升格為「台灣總督府醫學專門學校」，堀內次雄擔任校長，採取日本人台灣人共學的入學政策。一九二二年又改名為「台北醫學專門學校」，簡稱「台北醫專」，學制比照日本國內醫專，招收中學畢業生。在當時日本人限制台灣人考取法律政治學系的背景之下，攻讀醫學院，成為當時台灣許多讀書分子和精英的首選。台北醫專培育了許多台灣後來歷史上的重要人物，譬如：第一個醫學博士杜聰明、台灣文學之父賴和、台灣運動之父蔣渭水等。

與其同時，一九二八年，「台北帝國大學」正式成立。剛成立的台北帝國大學只有文政和理學兩個部門，並沒有醫學相關科系。當時全臺灣醫學系的第一學府仍舊是「台北醫專」。不過由於台灣各界一直認為「台北醫專」必須升格為「醫科大學」，各方討論後，一九三五年二月，「台北帝國大學」合併「台北醫專」，改制為「台北帝國大學醫學部」。

「台北帝國大學醫學部」招收對象是三年制的高等學校畢業生，修業年限是四年，畢業後可以取得醫學學士學位，同時也有具有醫師資格醫學部的課程規劃，前兩年是基礎醫學，穩固學生的醫學專業知識；後兩年是臨床醫學，重視臨床經驗的習得，以便日後能應用在實際的病例上。

一九四五年隨著日本戰敗，「台北帝國大學」也改名為「國立台灣大學」，「台北帝國大學醫學部」更名為「國立台灣大學醫學院」，當時由杜聰明擔任

單位：年

1902 西元

地點	時代	大事
台灣	明治三十五年	台灣總督府於一九〇二年，委任林獻堂擔任霧峰參事和區長。
日本	明治三十五年	一九〇二年，張我軍出生。 一九〇二年，梁啟超在橫濱創刊《新民叢報》。 一九〇二年，廖繼春出生。
英國	維多利亞女王	南非的波爾戰爭結束，英國主權獲得承認。 維多利亞女王過世，由英愛德華七世即位。
英國 日本	愛德華七世	簽訂《英日同盟》密約，加深日本與俄國的衝突。
德國	威廉二世	總理畢羅推行新關稅稅率，物價被哄抬，造成民眾的憤怒。
中國	光緒二十八年	清廷下詔廢除八股文，改試策論。 與俄國簽訂東俄交收東三省條約，約定俄軍於十八個月內陸續撤離。
奧地利	弗蘭次·約瑟夫一世	維也納分離派舉辦了第十四屆展覽「貝多芬特展」；主要展品有德國雕塑家馬克斯·克林格爾（Max Klinger）的《貝多芬雕像》，克里姆特創作的《貝多芬橫飾帶壁畫》。此次展覽遭到了反猶情緒的攻擊。

院長。一九四七年醫科由四年制延伸為五年或六年制，直到七十年代才改為七年制。

設置國語傳習所、推動技職教育與台灣子弟內地留學：日治初期教育政策

日本在治台初期，因為會講日文的台灣人不多，這造成了政令推廣的困擾。因此總督府在台灣各地設立了「國語傳習所」，急需培育台灣人的日文溝通能力，此處所謂「國語」，指的是日本語。

最早一間「國語傳習所」設立是在一八九六年，設立地點有：台北、淡水、基隆、新竹、宜蘭、台中、鹿港、苗栗、雲林、台南、嘉義、鳳山、恆春、澎湖等十四個地方。學校依照學生年齡的不同，分成甲乙兩科。

甲科招收十五—三十歲的學生，以日文學習為主。一年分上下兩個學期，修業半年就可以畢業。這比較類似日文講習，以訓練能供總督府需要的翻譯人才。

乙科招收八—十五歲的學生，學制和日本學校相同，修業科目有日文、歷史、地理、數學等，修業四年才能畢業。這一科目主要是培養學齡兒童的日文能力，類似學校的基礎教育。

國語傳習所在剛設立的時候，參加的人數並不多，不過總督府以免學費為號召，修習甲科的社會人士還可以領取生活費用。後來因為台灣人日常生活使用日文的需求越來越高，所以參與國語傳習所的學生也越來越多。

「國語傳習所」是一個總督府設立在各地的教育機構，有教育的目的，同時也有拉攏人心的意圖，希望能同化當時的台灣人，降低台灣人的抗日情緒。國

國家	統治者／紀年	事件
台灣	明治三十六年	一九〇三年，賴和離開傳統私塾，被送到彰化第一公學校（今天的中山國小）入學就讀。一九〇三年，顏水龍出生。
美國	老羅斯福總統	哥倫比亞國會拒絕美國開鑿運河。美國承認巴拿馬獨立，並派兵阻止哥倫比亞平亂，取得巴拿馬運河開鑿權。萊特兄弟發明史上第一架飛機「飛行者一號」。
中國	光緒二十九年	黃興、宋教仁成立華興會。俄國拒絕自東北撤軍，各地出現反俄風潮，要求清廷對俄開戰。
英國	愛德華七世	在倫敦召開第二次社會民主工黨大會，分裂為孟什維克派與布爾什維克派。
俄羅斯	尼古拉二世	西伯利亞大鐵路完成。發生對猶太人集體迫害的基什涅夫慘案，同時中產階級組織「解放聯盟」。
法國	法蘭西第三共和國	居里夫人發現並提出鐳。為後世放射學產生重大的影響。
義大利		高更逝世於法國大溪地。首相焦利蒂實施改革。

語傳習設立的時間其實不長，只是一個過渡階段，從一八九六年到一八九八年二月改制公學校之後，就被公學校所取代了。處左右的分教場。即便如此，國語傳習所的重要性仍舊不可抹滅。國語傳習所在全盛時期，全台灣總共有四十多個單位。

首先，國語傳習所算是台灣近現代西方教育的開端。它是後來日治時期公學校的前身，也是台灣光復後中小學校的前身。再者，國語傳習所的教育目的，是以提高學生的日文能力和培養台灣人一般生活能力，並不是為了科舉考試，這和清代時期台灣的舊式書院教育方式差別很大。這種轉變為台灣人帶來了新的氣象，也有了接觸新式教育的機會。

一八九八年總督府將國語傳習所改名為「公學校」，相當於現在的小學，專供台灣人就讀，在台灣的日本人則進入「小學校」就讀，兩個學校的教材不同，「公學校」比較簡單。當時優秀的台灣子弟在就讀「公學校」，畢業後，有幾種升學途徑。第一種進入「國語學校」師範部（也就是後來的師範學校），擔任公學校的教員。第二種進入「台灣總督府醫學校」，畢業後可以成為醫師。而第三種則是選擇赴日留學，這些台灣子弟的能力必須非常優秀，才能和在台灣當地的日本人子弟競爭，從升學考試中脫穎而出。

除了國語傳習所之外，當時日本人也在台灣開始推動「實業教育」，這是日本教育體制的用語，類似我們現在的技職教育，以培養各種產業技術人才為目的。當時台灣的實業教育推行方式有兩種，第一大類是設立在公學校之內，下轄兩項，第一是公學校的實業教育，第二是國語學校實業部，包含農業、工業、糖業和林業。而第二大類則是講習制度，培養臨時需

單位：年

西元	地點	時代	大事
1904	台灣	明治三十七年	因為製糖業的發達，在短短幾內之，一九〇四年時台灣財政已經完全自主，不需要日本補助。在後籐新平主導下，一九〇四年完成了台灣的土地調查，並製作了四百六十四幅二萬分之一的地形圖，被稱為《台灣堡圖》。
	日本	明治三十七年	一九〇四—一九〇五年之間發生了日俄戰爭
	俄羅斯	尼古拉二世	發生日俄戰爭，日本勝利。
	英國	愛德華七世	英法簽訂《英法協約》。
	法國	法蘭西第三共和國	設立西非總督區。
1905	台灣	明治三十八年	一九〇五年，日治政府公布第三回「台北市區計畫」，這份計畫書指出希望台北在二十五年後，也就是一九二九年，能成為容納十五萬人口的大型都市。一九〇五年，在完成土地調查之後，後籐新平進行了全台的戶口普查。一九〇五年實施菸草專賣。

要的技術人員。

專賣制度的確定：鴉片、樟腦、鹽與酒等的專賣

台灣總督府在一八九七年開始，在台灣推行專賣制度，最早被納入的是鴉片專賣，繼而逐漸擴大專賣項目，納入鹽、鹽滷、樟腦、菸草、酒、酒精、火柴、度量衡器和石油，晚期總共有十項專賣項目。

鴉片在台灣流行的時間可以上溯到荷蘭統治時期，當時台灣民間普遍認為鴉片是一種治療風土病的藥物。直至清朝統治末期，鴉片已經躍升台灣輸入額的一半，台灣的財政收入有一半是依靠一片的關稅，可知當時台灣鴉片的數量之多。日治時期，日本人以「漸禁鴉片」作為主要政策，先在一八九六年公布了總督府製藥所官制，賦予官方製造鴉片煙膏的權利。隔年，一八九七年一月以律令第二號公布《台灣阿片令》，三月又訂定《台灣阿片令施行規則》，規定禁止私人買賣鴉片，鴉片買賣由政府專營，任何人未經許可不得輸入、製造、買賣或持有鴉片。經過認定為鴉片癮者，才能得到特許，發可許可證，得吸食鴉片。至此，確定了鴉片專賣制度。

一八九七年實施後，第一次調查後且核發的鴉片吸食證約有五萬張，全台灣實施鴉片專賣後，持有特許吸食者約有十萬人，不過這個數字持續增加。一九〇〇年，通過動員保甲系統的調查，全台灣吸食鴉片的人達到十六萬九千人。吸食鴉片人數的最高峰，約在一九〇八年，當年統計發出的鴉片吸食許可證高達二十二萬張。之後隨著鴉片吸食者的自然死亡，人數逐年減少。

隨著鴉片專賣的建立，專賣收入經常超過稅收，成為總督府重要的財源之一。一九〇一年，總督府設

一九〇五年成立了嘉義銀行和彰化銀行，這兩個銀行都是台灣的地主們利用政府收回大租權的公債補償金，所成立的民營銀行。

一九〇五年，楊逵出生。

1906

俄羅斯	尼古拉二世	第一次俄國革命爆發。
北歐		挪威脫離瑞典獨立。
德國		德國與法國在北非的利益衝突，引發的第一次摩洛哥危機，德皇親訪丹吉爾，宣稱摩洛哥的蘇丹具有獨立主權。
日本	明治三十八年	日俄戰爭結束，日俄簽署《樸茨茅斯》條約，日本獲得南庫頁島部、旅順、餅成為朝鮮與南滿州的保護國，日本成為國際新強權。
義大利		實施鐵路國有化。實施勞工保護及社會保險政策，並承認工會的合法性。
中國	光緒三十一年	廢止科舉制度。
台灣	明治三十九年	第五任台灣總督佐久間左馬太到任後（一九〇六－一九一五年），他任期內最重要的政策便是：掃蕩生蕃，進行「五年理藩計畫」。

立專賣局，統籌各項專賣事業。根據統計，一八九七年第一年鴉片專賣的收入就高達一百六十四萬元，占總督府經常門歲入五百三十二萬元的三〇．五八%。而十年後的一九〇七年，專賣收入是二千八百八十五萬元，占五五．二六%，可見專賣收入對總督府財政的重要。

正因如此，專賣事項也逐次擴大品項。總督府在一八九九年，開始實施鹽專賣，民間仍然可以製造粗鹽，但由專賣局收購，再由配銷系統販賣。一八九九年總督府也公布「台灣樟腦及樟腦油專賣規則」，由民政局下轄的樟腦局實施專賣，民間生產的樟腦油都統一由樟腦局收購銷售。一九〇〇年，樟腦局在台北南門工廠成立，開始生產各式改良樟腦，此後台灣的樟腦市場都由樟腦局直營。

一九〇五年，也逐步實施菸草專賣。起初，菸葉由專賣局提供，委託民間加工菸草。一九一〇年，專賣局台北菸廠完工後，停止民間生產菸草，全權由菸廠進行生產與銷售。

稍晚，一九二二年總督府以律令第三號公布「台灣酒類專賣令」，嚴禁民間私自釀酒，由政府直營。而啤酒也自一九三三年開始，由政府專賣。專賣酒品必須特別申請許可，酒的販售價格也有明確規定，不許隨意漲價。

自從一九二二年推行酒專賣之後，酒、樟腦、菸草三類並列為三大主要的專賣品。而自鴉片吸食人數下降之後，這三大類專賣品的收入也逐年上升。一九二四年後，這三類專賣品的收入躍升第一，在一九四四年的營收更超過一億元。

單位：年

西元	地點	時代	大事
1906	台灣	明治三十九年	一九〇六年四月十一日發布法律第三十一號的「三一法」。 一九〇六年，後籐新平成功擴編基隆港口，讓基隆港可以容納萬噸輪船。 一九〇六年，陳植棋出生。
	法國	法蘭西第三共和國	法國德雷福事件結束。
	德國	威廉二世	阿爾赫西拉斯會議中對摩洛哥問題做出的決議，讓德國更加地孤立。 德國建造主力艦，使得英德之間的海軍軍備競賽加劇，促使英國與俄國和解。
	美國	老羅斯福總統	發生舊金山大地震
	義大利		勞動聯合會成立，民族主義興起。
1907	台灣	明治四十年	一九〇七年，石川欽一郎首度來台，於台北師範學校任教，他被視為是臺灣近代西洋美術的啟蒙者，同時也是台灣學校美術教育的開創者，讓台灣學生得以接觸西方美術教育。 一九〇七年，林玉山出生。

兒玉源太郎與後藤新平（一）：展開各項調查事業

甲午戰後後，日本和滿清政府簽訂了《馬關條約》，將台灣與澎湖割讓給日本。起初，日本採用剿殺與撫卹並用的政策，前三任台灣總督分別是：樺山資紀、桂太郎和乃木希典。日本在治理台灣上遇到了許多困難。當時總督乃木希典相當沮喪，甚至提出建議，將台灣賣給法國。

當時日本重要內閣大臣兒玉源太郎提出反對意見，他認為台灣是日本南部的屏障，軍事價值相當大，若將台灣賣給法國，並不符合長期利益。他認為並不是台灣不好治理，而是治理方式不恰當，自願請纓前往台灣，擔任總督等管理職。後來，一八九八年日本首相伊藤博文果然派任兒玉源太郎前來台灣，擔任台灣第四任總督。兒玉源太郎在擔任台灣總督任內（一八九八－一九〇六），同時也身兼日本數個官職（日本內閣陸軍大臣、軍務大臣、文部大臣）。

接任台灣總督的兒玉源太郎，一改前任總督的治理方式，整肅貪吏，在他任內，淘汰下來的不適任官吏與閣員，多達一千零八十人。不過，身兼多職的兒玉源太郎，經常往返台日之間，一九〇三年日俄戰爭爆發後，他還擔任滿洲軍總參謀長。他在台灣的停留時間並沒有很長，許多政務都委任民政官後籐新平處理，因此這段時間也被稱為「兒玉、後藤時代」。

後藤新平擔任民政官時期，秉持「生物學原則」，認為詳盡的戶口調查與土地調查是治理地方的關鍵，唯有確認戶籍和地籍，才能達到有效施政。因此，他先在一八九八年成立了「臨時台灣土地調查局」，從一八九八年到一九〇四年，進行了為期六年

地區	年號	大事
		一九〇七年，林獻堂在日本和清末維新運動的領袖梁啟超會面之後，開啟了林獻堂參與近現代政治活動的新頁。
		一九〇七年十二月三十一日，「六三法」走入歷史
		一九〇七年總督府根據戶口調查結果，出版了一系列統計報告書，比較重要的有《臨時臺灣戶口調查要計表（街庄社別居住及戶口等）》。
		一九〇七年發生「北埔事件」。這起事件是由蔡清琳所策劃，造成當地台灣人死傷慘重。一九〇七年十二月，北埔還開臨時法院審理此案，此事件共有九人被台灣總督府判處死刑，有期徒刑或處分者有九十七人。
英國	愛德華七世	《英俄協約》簽訂。
歐洲		召開第二次海牙會議；英、法、俄組成協約國。
中國	光緒三十三年	英國人斯坦自敦煌運走大批文物。

的土地調查計畫。他引入了近代新式技術來重新測量田園面積，將田園空間做一個明確的丈量，替後來台灣的土地開墾史提供了重要的資料。後來，在一九〇四年（明治三十七年）完成了台灣的土地調查，並製作了四百六十四幅二萬分之一的地形圖，被稱為《台灣堡圖》。

所謂土地調查，就是每一筆土地都需要丈量和登記，因此找出了很多隱田。根據吊打，新增田園二十六萬甲，約佔全部田園六十二萬三千餘甲的四一．二％，相當驚人。有田產就必須交稅，隱田的清查，大幅度增加了政府田賦的收入。

完成土地調查之後，一九〇五年（明治三十八年）後籐新平進行了全台的戶口普查。戶口普查的重要性在於了解台灣社會有多少人，以及人力資源的分布。這次調查動員了七千四百零五人，以街庄為最小的調查單位，根據實地走訪調查，統計全台共有三千零七十一個街庄鄉社，戶數為五十八萬五千一百九十五戶，台灣總人口為三百零三萬九千七百五十一人（不過這次調查並未計入生番人數）。一九〇七年，總督府根據這次戶口調查結果，出版了一系列的統計報告書，比較重要的有《臨時臺灣戶口調查要計表（街庄社別居住及戶口等）》。

一九〇五年戶口調查，建立了台灣清楚的戶籍資料。在當時的戶籍紀錄中，除了記錄基本的姓名、性別、人種、戶長是誰、職業之外，也可以清楚地查看每個人是否接種疫苗、有沒有纏足、有沒有吸食鴉片，有沒有身心殘障狀況。透過這些紀錄，政府對於各地人民有更清楚的了解，也提高了掌控性，更易於治理。這份資料是台灣二十世紀初期重要的聚落與人口普查重要史料。

單位：年

西元	地點	時代	大事
1908	台灣	明治四十一年	一九〇八年四月二十日，台灣縱貫鐵路全線完工，這條縱貫鐵路全長四〇八．五公里，時間還比當初預定的提早兩年完成。 一九〇八年，郭雪湖出生。 一九〇八年，李石樵出生。
1908	巴爾幹半島		俄羅斯與奧地利溫為奧地利吞併了元土耳其在巴爾幹半島的領土，產生衝突。引發波士尼亞危機。 保加利亞宣布脫離土耳其獨立。
	德國	威廉二世	波士尼亞危機讓德國獲得威望，為了對奧地利保持忠誠，德國外交上的自由空間受到限制。
	美國	老羅斯福總統	福特汽車推出T型車，帶動汽車大量生產和普及。
	中國	光緒三十四年	光緒帝與慈禧太后卒，由溥儀即位。
1909	台灣	明治四十二年	一九〇九年，賴和當時十六歲，他考進台灣總督府醫學校（後來的「台大醫學院」），和杜聰明、翁俊明等是同班同學，蔣渭水是低他一屆的學弟。

兒玉源太郎與後藤新平（二）：推行各項現代化建設

後籐新平認為台灣雖然是日本的殖民地，但根據他篤信的生物學原則，也必須大幅提升農業、工業、衛生、教育、交通、警察等各項建設發展，才能有長遠的發展。所以除了完成土地調查和戶口普查之外，他進一步發展各項交通新建設。

首先，他在一八九五年擔任台灣總督府衛生顧問時，發現台灣的衛生狀況非常糟，難怪容易發生痢疾。所以他邀請英國籍技師巴爾頓（W. K. Burton）來台，規畫下水道的細節，首先完成台北自來水道的工程，之後陸續於全台各縣市興建下水道設施。全台幾乎都有下水道工程，甚至比日本本土的一些城市更早完成。

而下水道的工程，也積極進行，後藤上任後，即公布下水道規則，之後台灣各市街都有下水道的設施。台灣下水道工程甚至領先日本本土的一些城市。

同時，後籐新平也著手規畫興建自來水工廠，這是台灣歷史上第一次擁有自來水工廠。一九〇五年，台灣有兩處自來水廠，供水人口可達三萬五千人。一九三四年自來水廠擴增至八十三處，供水人口更高達一千一百零五千人。

後籐新平也相當重視道路、鐵路、港灣等交通建設。清代時期的台灣，道路狀況普遍不好，有些村莊之間甚至只有三十公分寬的小路，很難通行。在後籐新平的規畫下，一．八公尺寬的道路，全台有五千五百公里；超過一．八公尺寬的道路，全台有二千九百公里；而超過五．四公尺寬的道路，全台有八百公里；超過七．二公尺寬的道路，全台也有八十

年份	國家	統治者	事件
1909	俄羅斯	尼古拉二世	義大利與俄國簽訂協約，決定讓巴爾幹半島維持現狀。
	德國	威廉二世	畢羅因為財政改革問題無法解決，最後下台。
	土耳其	鄂圖曼帝國	發生「少年土耳其」革命活動。
	日本	明治四十二年	伊藤博文於哈爾濱被刺身亡。
1910	台灣	明治四十三年	一九一〇年，編列了高達一千六百零三萬的「治藩費」，重整軍隊，分別進駐台北和台南，進行為期四年（一九一〇—一九一四年）的進攻計畫。 一九一〇年，專賣局台北菸廠完工，停止民間生產菸草，全權由菸廠進行生產與銷售。 一九一〇年，屏東地區成立了台灣商工銀行。 一九一〇年建立「吉野村」，面積差不多一千兩百多甲。吉野村甚至可以說是當時全台灣最具規模的現代鄉村，後來日本採取移民滿洲政策時，吉野村還成為參考借鑑的楷模。

公里。透過這些基礎建設，台灣各地通行的交通狀況獲得極大改善。

緊接著後籐新平也重整了全台的鐵路建設。在清朝統治期間，曾經鋪設了從基隆到新竹約一百公里的鐵路，但是品質不好。後籐新平上任後，一八九八年三月成立「台灣鐵道敷設部」，規劃鐵路興建整體計畫，同年十一月改組更名為「台灣總督府鐵道部」，自己身兼鐵道部長。主張鐵路國有制度，並且追加了三千萬日幣，興建全台灣縱貫鐵路。

縱貫鐵道的規畫與建造，由鐵道首任技師長谷川謹介擔任，並從日本延攬眾多人來台修築鐵道。長谷川謹介是日本第一期建造鐵路的專業人才，曾在日本建設京都和大阪鐵道。歷經許多努力，終於在一九〇八年四月二十日，台灣縱貫鐵路全線完工，這條縱貫鐵路全長四百〇八．五公里，時間還比當初預定的提早兩年完成。

這條台灣縱貫鐵路的興建，不僅縮短了各城市的往返時間，對台灣的經濟發展貢獻更是巨大。而在台灣相當有名的阿里山森林鐵路，也是在後籐新平任內興建。當時阿里山上的樹木群都需要依賴阿里山森林鐵路的運輸，轉賣到日本。

同時，後籐新平也擴大了基隆港建設。基隆港在清末，只是一個能容納一百噸以下小船的港口，而高雄港則不能讓船進港。一九〇六年，他成功擴編了基隆港口，已經可以容納萬噸輪船。一九一八年，高雄港經過改善，在一九一八年每年進出港口的輪船數量來到每年四百艘，貨物吞吐量有四百萬噸，高雄港已經成為亞洲大港。

單位：年

西元	地點	時代	大事
1910	台灣	明治四十三年	蔣渭水一九一〇年考進台灣總督府醫學校（今台大醫學院前身）。 一九一〇年代，台灣總督府擬定了「官佃溪埤圳計畫」，想要在曾文溪的上游官佃溪附近修築水壩，灌溉附近嘉南平原數十萬甲的田地。
1910	日本	明治四十三年	日本併吞朝鮮，簽下《日韓併合條約》。 在台灣和朝鮮兩地推動稻米增產計畫。
	美國	老羅斯福總統	建立泛美聯盟。
	俄羅斯	尼古拉二世	托爾斯泰逝世于俄羅斯阿斯塔波沃。
1911	台灣	明治四十四年	一九一一年辛亥革命爆發後，身在台灣的蔣渭水還發動台灣名眾捐款，支持中國革命。 一九一一年二月八日，阿里山鐵路開通。
	歐洲		德、法與英國在摩洛哥為利益問題，引發第二次摩洛哥危機。

警察、保甲與壯丁團：日治時期的台灣警政

日治時代台灣的地位是殖民地，因而總督府在台灣設立了一套特別的警政系統，為的是能有效控制各地的治安。

一八九五年五月日本依據〈台灣總督府臨時條例〉，發布了台灣重要的警政人事命令，並且實施〈台灣人民軍事犯處分令〉，處分最高刑責是死刑，以此確保總督府的統治與執行權力。因為當時除了台北以外，台灣各地還是有不少抗日活動，內閣總理伊藤博文便將台灣總督府定位為軍事型單位，執行軍令法。一八九五年十一月，總督會更透過了〈台灣住民刑罰令〉和〈台灣住民治罪令〉，結合軍警與司法審判兩種權利，賦予了警察和憲兵搜查和逮捕的權力，建立了充滿軍事特色的中央集權式警察體系。

一八九六年三月，因為台灣各地區逐漸平定，四月開始進入民政時期，日本政府頒布《六三法》，台灣總督具有立法權，可以獨自頒布具有法律效力的命令。看起來由軍政轉為民政，但台灣總督具有的權力還是相當大，集立法、司法、行政三權於一身。

在清代，台灣各地原有保甲制度，起初是一個地方的自衛組織，保護地方安全。一八九八年，兒玉源太郎為了提高治安的穩定度，特別制定了《保甲條例》，輔助警察監督地方。規定各地成立保甲，以十戶為甲，十甲為寶，每個甲設立一個甲長，任期兩年。保甲的主要任務是調查戶口、監視出入者、預防傳染病、修橋補路，同時為了使保甲制度發揮作用，還訂定了「刑罰連坐責任」。

同時，也在保甲中特別挑選十七至四十七歲的成年男子組成「壯丁團」（後來改成十七至四十歲）。

年代	地區	紀年	事件
			法國成為摩洛哥的保護國，德國取得喀麥隆做為補償，義大利佔領的黎波里與佐澤卡尼索斯群島。因德國派出軍艦航向亞加的爾，使英國轉向與法國親善。
	日本	明治四十四年	收回關稅自主權，解除對外不平等條約。
	摩納哥		摩納哥獨立，並頒布憲法，實行君主立憲制。
	土耳其	鄂圖曼帝國	發生意土戰爭，義大利入侵土耳其，佔領的黎波里。
1912	台灣	民國一年	一九一二年，台灣總督府新廳舍動工。 一九一二年，台灣商工銀行先與臺灣貯蓄銀行合併為台灣商工銀行，這也是台灣金融史上第一起發生的銀行合併案。之後，台灣商工銀行又和嘉義銀行整併，台灣商工銀行資本額越來越大，成為當時民營銀行的翹首。
1912	巴爾幹半島		保加利亞、賽爾維亞與希臘結盟，進攻土耳其。土耳其戰敗，引發了第一次巴爾幹戰爭。

壯丁團的主要任務是協助警察，鎮壓抗日份子，以及推廣日語、改良風俗、破除迷信等。總而言之，保甲與壯丁團的任務是協助警察，平常有固定的軍事操練和消防訓練等。這形成了台灣警政系統中的特殊機制，這個制度一直延續到一九四五年日本戰敗才廢止。

另外，兒玉源太郎為了解決地方治安的混亂，重整了警察系統，一九〇一年，將總督府的警保課改設為警察本署，設立了「警視總長」一職。他的權力相當大，當地方行政事務涉及警察業務時，警視總長可以直接下令各地的警察廳，直接執行業務。

再者，一九〇一年，興起一股廢縣置廳的地方改革風氣，總督府決定廢除原本各地的縣廳與辦務署，直接將全島分為南北兩廳，每廳下設支廳，由中央管理。全台直接分成南北兩個警察管區，分別設立警察區長，各廳的警務課長也由警部派人擔任。不只支廳廳長都由警部擔任，屬下官吏也都是警察，廳以下的各級警察官員都具有警察身份。警察監管警務和地方上的一般行政事務，權力相當大，警察成為地方行政和治安的執掌者。從上而下，全面警察化。後來，雖然一九〇二年發布《三一法》，取代《六三法》，但基本上台灣的指揮體系仍然維持原貌，警察握有極大權力。

設立台灣銀行：台灣財政獨立與確立台灣現代貨幣制度

在日本來台之前，台灣並沒有銀行，清代時的金融機構是一種類似「媽振館」的組織，是源於英文merchant。這種組織主要是由商人所組成，介於洋行與本地商人之間，做為仲介各國資金與商品的一種媒

單位：年

西元	地點	時代	大事
1912	歐洲		德奧義三國續訂三國同盟。
	義大利		墨索里尼領導的革命派崛起。
	德國		通過擴大軍備方案，列強隨之進行軍備競爭。
			娜芙蒂蒂半身像被德國考古學家博卡在埃及阿瑪納遺址發掘出土。
1913	台灣	民國二年	一九一三年九月，發生「羅福星事件」。當時新竹聽大湖支聽有批槍枝遺失，警察循線查訪各地，破壞羅福星的組織。一九一三年十二月，羅福星逃到淡水準備前往大陸，卻被日本警察捕獲。當時羅福星帶有黨員名冊，日本警察便依照名冊逮補眾多人士。後來，日本總督府在苗栗成立臨時法院，審訊參與人士。一九一四年三月三日宣判，五百七十八人獲不起訴，有四人受到行政處分。起訴的人士當中有二十人被判死刑，二百八十五人被判有期徒刑。羅福星為首的二十位核心分子，判處死刑，從容就義。

合服務，兼有國際貿易和金融的功能。

日治初期，由於前三任總督忙於鎮壓台灣島內的抗日活動，而且又缺乏治理殖民地的實際經驗，在行政和軍費上累計了龐大的支出費用，無法提出具體的金融政策。不僅台灣總督府無力負擔，還得依賴日本國內提撥補充金救援。補充金緩不濟急，而且提撥時間僅至一九〇四年，台灣如何要在財政上達到自給自足，是歷任總督的執政難題。

一八九七年三月，日本國會通過了〈台灣銀行法〉，一八九七年十一月在台灣成立了「台灣銀行創立委員會」，展開銀行成立的準備工作。隔年，一八九八年第四任台灣總督兒玉源太郎上任，後藤新平擔任民政局長，兩人都有個共識：要進行財政改革，提出了「二十年財政獨立計畫」。後藤新平依序提出幾個重大變革：成立台灣銀行，開辦事業公債以支持各種交通建設的費用，課徵地方稅，創辦專賣事業，並且建立台灣現代貨幣制度。這幾個措施雙管齊下，一九〇五年，台灣便不在需要日本中央提撥補充金，台灣在財政上達到真正的獨立自主。

一八九九年三月，日本政府修改了〈台灣銀行法〉部分條文，以日本先以一百萬日元為基礎，認購台灣銀行股份。一八九九年六月，終於正式成立「株式會社台灣銀行」，並在一八九九年九月二十六日，台灣銀行開始對外營業，開始發行台灣銀行券。最初的營業資本額是五百萬日圓。最早台灣銀行位址在大稻埕，直到一九〇三年才遷移到現址。台灣銀行主要的角色是：整理幣制、發行鈔票和穩定物價。

台灣銀行發行的銀行券有經過幾次改版，可以分為幾個類別：銀券、金券、改造券、甲券、乙券、台灣印刷券、台銀背書券等。其中，銀券是一八九七年一九一三年，當時的台北廳農務主任平澤龜一郎，和同北總督府農業試驗場的磯永吉技師，發現了台北大屯山山麓的竹子湖。磯永吉認為那邊土壤很適合種植稻子，於是就先選擇此地作為改良稻種的實驗區。

一九一四－一九一八年，爆發第一次世界大戰。

一九一四年，呂赫若出生。

一九一四年，賴和從台灣總督府醫學校畢業，開始行醫生活。

一九一四年，台灣總督府選定東京帝國大學土木科畢業的八田與一，任命為台灣總督府土木部技師，

一九一四年，蔣渭水在學校內鼓吹醫學院學生加入「台灣同化會」。蔣渭水從醫學院畢業成為醫生後，積極參與政治活動。

一九一四年，蔡培火加入「台灣同化會」，正因為加入這個組織，他丟了教師的工作。他在林獻堂的資助下前往日本留學，考上東京高等師範學校，也加入了「新民會」，擔任《台灣青年》的編輯。

最早發型的版本，而金券是一九〇三年經過總督府建議，改版銀券，改為與日本流通相同的金卷。

除了台灣銀行之外，台灣也有幾間民營銀行陸續成立。一八九九年，在台灣的日本人，荒井泰治、賀田金三郎、金子圭介、山下秀實等十一位商人，集資成立了「臺灣貯蓄銀行」，資本額為十五萬日圓，這是台灣第一家民營銀行，總行位於台北城內西門街一丁目三十九番戶。「臺灣貯蓄銀行」是台灣金融史上第一間民營銀行，也是後來第一銀行的前身。

除了臺灣貯蓄銀行之外，一九〇五年也成立了嘉義銀行和彰化銀行，這兩個銀行都是台灣的地主們利用政府收回大租權的公債補償金，所成立的民營銀行。一九一〇年，屏東地區成立了台灣商工銀行。而一九一二年，台灣商工銀行先與臺灣貯蓄銀行合併為台灣商工銀行，這也是台灣金融史上第一起發生的銀行合併案。之後，台灣商工銀行又和嘉義銀行整併，台灣商工銀行資本額越來越大，成為當時民營銀行的翹首。

進行台北都市計畫：現在的台北市雛形

一八九五年六月七日，日本近衛師團佔領了台北，六月十七日總督府宣布政權轉換開始，台北城進入一個全新面貌。

一八九五年五月，第一任台灣總督樺山資紀到任後，先測量了台北地區的陸地面積，繪製《台灣早先地形圖》。在這份地圖中，我們可以看到臺北城城垣內的規畫是嚴謹的矩形，但是台北城外緣的艋舺（今天的萬華區）和大稻埕（今天的大同區）街道，並不是完整的棋盤型，而是以網格狀向外開散為主。

一八九六年六月，首相伊藤博文訪台，後籐新平

單位：年

西元	地點	時代	大事
1914	台灣	民國三年	一九一四年，林獻堂、蔡培火、蔡惠如等人與日本伯爵坂原垣退助，在臺北創立的「台灣同化會」。 一九一四年，台灣遭遇嚴重颱風，為農民帶了嚴重的災情，農作物損害嚴重，甘蔗產量減少，米價飆漲，農民的生活變得相當困難。
1914	台灣	民國三年	一九一四年，磯永吉擔任米質改良農務技師，由他主導整個台中州農事改良計畫。在他任內，他與末永仁合作，進行了台灣在來米稻種的改良研究。
	非洲		除賴比瑞亞和衣索比亞，全非洲都成為歐洲國家的殖民地。
	義大利		墨索里尼煽動群眾發動罷工，此次行動被稱為「紅色星期」。
	巴拿馬		巴拿馬運河經過十年修築終於開通。
	全球		奧地利皇儲裴迪南大公在塞拉耶佛遭刺殺事件，奧地利對塞爾維亞軒站，之後引發第一次世界大戰。

當時身為衛生局長，隨著首相訪台參與考察。後籐新平先後赴台北、新竹、高雄、澎湖等地考察衛生狀況與地下水道的普及程度。一八九六年七月，後籐新平邀請英國人巴爾敦（W. K. Burton）來台擔任總督府衛生工事顧問，任命日本人濱野彌四郎為總督府民政局技師，著手規畫全台衛生調查，和設計台北市地下水道、自來水供給事項。一八九六年，台灣總督府也在民政局下設置「臨時土木局」，聘用東京帝國大學工學部的長尾半平擔任局長。長尾半平和濱野彌四郎合作，規畫和指揮一八九九年到一九一〇年之間台北市的改造計畫。

一八九七年四月，兩位技師向台灣總督提出「台北及其他地方關於衛生工事設計之意見」，認為在規畫地下水道時，應該與道路擴建工程合併規劃，才能讓市鎮規畫更加完備。第一個著手改善的地方是台北市，一八九八年先設立了台北市區改正委員會，並起草規畫方案。

一九〇〇年，提出〈台北城內市區計畫圖〉，確認了拆除台北城垣的政策，並計畫將台北改造為現代化城市。台北府城的設計原先是防禦性考量，屬於封閉性城市，但經過後籐新平團隊的考慮，認為歐洲巴黎等大城都朝著拆除城牆，改造成現代化城市的方向前進，所以他們也延續這個方向。一九〇四—一九六〇在之間，陸續拆除台北城垣。並且，在一九〇四年開始，在拆除城牆後的土地上，陸續興建三線道路，闢路工程延續至一九一一年才全部竣工。

自此而後，台北城內與城外的交通不再受到限制，交通四通八達，人員出入不受限制。街道布局呈現內北縱向與東西向，台北城由封閉型態的舊式城市，逐漸轉為一個對外開放的新城市。台北城也因為

1915 民國四年

以德奧土同盟國，對英法美中日等協約國作戰。

台灣

一九一五年二月二十六日，臺灣總督府以「妨害治安」之名強制解散「台灣同化會」。

一九一五年，發生噍吧哖事件，又稱為「安來庵事件」和「余清芳事件」。這起事件是日治時期規模最大的宗教團體抗日活動，參與人數眾多，持續時間最長，動員人數、被捕人數、被判刑人數也最多。

全球

義大利加入第一次世界大戰，對抗奧地利軍隊。

中國

袁世凱稱帝，八十三天後宣布瓦解。

日本提出「二十一條要求」逼中國接受。

蔡鍔組成護國軍。

阿拉伯半島

鄂圖曼帝國境內阿拉伯民族，開始反抗土耳其人統治的民族解放鬥爭。又稱為阿拉伯起義。

這個風貌的改變，成為北台灣都市中心。

一九〇五年，日治政府公布第三回「台北市區計畫」，這份計畫書指出希望台北在二十五年後，也就是一九二九年，能成為容納十五萬人口的大型都市。當時總督府內的建築師都很年輕，從各方面入手，如：鐵道、郵便所、電信、汽船、林蔭大道、下水道、醫院、學校、和大型公共建設，試圖將台北打造成一個國際性的大都會。正因為日本人的積極開發，當時曾有美國記者大衛森（James W. Davidson）報導，台北是除了上海外國租界地之外，全中國最現代化的城市之一。

新渡戶稻造：台灣新式製糖業發展

除了交通建設之外，後籐新平也相當重視台灣的製糖業。一九〇一年聘任在日本具有高知名的農業專家新渡戶稻造，來台擔任總督府殖產局長。後籐新平和新渡戶稻造是舊識，新渡戶稻造於德國取得農業經濟博士學位，但因身體不好，原本不願來台赴任，後籐新平花費了兩年的時間才勸服他。

新渡戶稻造認為，農業和工業對於一個國家同等重要，唯有鞏固農業，國家才有興盛的可能。他赴任後，先花了半年的時間，訪查全台農村，他認為台灣農業的重心在製糖產業。在此之前，台灣農民種植甘蔗的技術並不好，產量時好時壞，有些人還以為蔗糖業已經走上末路。

新渡戶稻造在一九〇一年提出《農業改良意見書》，內容包括七項改良方法、十一項保護農業獎勵方案，以及十四項糖業設施改良意見。總督依據他的建議，於一九〇二年六月公布「糖業獎勵規則」。七項改良方法分別為：改良甘蔗品種、改善栽培法、興

單位：年

西元	地點	時代	大事
1915	德國		愛因斯坦發表《相對論》。
	中國		袁世凱過世，黎元洪擔任總統，開始北洋軍閥大混戰時期。
1917	台灣	民國六年	一九一七年（大正六年）八田與一向臺灣總督府提出「官佃溪埤圳計畫」。
	中國	民國六年	一九一七年一月胡適發表〈文學改良芻議〉、二月陳獨秀發表〈文學革命論〉。
	全球		德國於第一次加世界大戰中使用無限制潛艇攻擊美國船艦。當年四月，美國參戰。
	中國		護法政府在廣州成立，中華民國加入第一次世界大戰。
	芬蘭		宣布脫離俄羅斯獨立。
	俄羅斯		發生二月革命與十月革命，皇室被推翻，共產政權成立。俄國成為共產國家。由布爾什維克人掌權，俄羅斯正式退出第一次世界大戰。
1918	台灣	民國七年	一九一八年，赴日留學的蔡培火創立了「啟發會」，邀請林獻堂擔任會長。「啟發會」創立目的是廢除「六三法」，並組織了一連串的廢除六三法運動。

建灌溉設施、擴大蔗園面積、開墾蔗作適地、改良製糖法和改良壓榨方法等。十一項保護農業獎勵方案，則是：提高砂糖輸入關稅、施行退稅、開發交通利於搬運、擴大銷路、公定蔗價、發展糖業教育、促進產業工會組織、出版蔗作及製糖改良之刊物、實施甘蔗保險、保護牛畜、獎勵酒精等副產品之開發。十四項糖業設施改良意見分別是：頒布糖業獎勵法、成立臨時台灣糖務局、在臺灣南、中、北部設立糖務支局、培育技術人員、派技術人員前往爪哇採購蔗苗、購買八重山島及本島的外國品種作為育苗用、在臺南地區設苗圃、設置甘蔗試作場、鼓勵小型壓榨機之購入及試驗、促進糖業工會組織之成立、獎勵新開墾蔗作地、開發水利，以利改善栽培法、編制事業計劃書，提供資本家作參考、勸誘大企業家參與糖業等。

從國外進口了適合台灣氣候的甘蔗品種，以這些新品種為主，放棄原先種植的品種。同時改進栽培方式，獎勵施肥，依照氣候不同，分別種植能在不同時期成熟的品種，讓台灣一年四季都有可以收成的甘蔗。

同時，新渡戶稻造參考了前往巴黎參加萬國博覽會時，考察歐美各國製糖設備的經驗，逐步淘汰舊式製糖機器，改建為現代化的大型製糖工廠。在一九〇二年，先成立「台灣製糖株式會社」，負責橋仔頭（今天的高雄橋頭）的甘蔗種植事業，建立「橋仔頭製糖所」，這是全台灣第一座新式糖廠，開始生產砂糖。雖然起初生產的糖粒不大，正是台灣糖業向前邁進的一大步，也是台灣糖業第一次企業化經營。

緊接著，台灣各地都開始興建地大型糖廠，萬華、宜蘭、新竹、竹南、苗栗、壽豐、光復、馬蘭；南台灣的糖廠數量更多，地點更分散。根據統計，全

1918

美國		一九一八年，高雄港每年進出港口的輪船數量達到每年四百艘，貨物吞吐量有四百萬噸，高雄港已經成為亞洲大港。
		一九一八年一月，美國總統威爾遜倡議「民族自決原則」，認為殖民宗主國要尊重殖民地原本的民情，不該以武力鎮壓殖民地，應該要以更開明的態度包容與治理。
中國	民國七年	一九一八年五月，魯迅發表〈狂人日記〉。
全球 德國		第一次世界大戰結束。爆發十一月革命，威廉二世宣布退位，德意志帝國滅亡。
波蘭		波蘭復國，得到同盟國之助，成立波蘭共和國。
匈牙利		奧匈帝國瓦解，匈牙利成立第一共和國。
土耳其		凱末爾出現領導土耳其民族運動。

台糖廠最多時期，曾經高達四十六間製糖工廠，十四間製糖會社。新的耕種方式加上新的製糖技術，大幅提高了台灣的製糖產業產銷能力。一九〇〇年砂糖產量是三萬噸，經過後籐新平的製糖改善技術，產量來到六萬噸，到一九〇四年時台灣財政已經完全自主，不需要日本補助。製糖產業的發達，在一九三七年時產量更高達一百萬噸。

製糖產業也成為台灣在日治時代、光復時代的主要產業，成為台灣經濟支柱，帶動台灣經濟起飛。正因為新渡戶稻造對於台灣製糖產業的貢獻，很多人都認為他是「台灣糖業之父」。

掃蕩生蕃與五年理蕃計畫：佐久間總督就任最重要的施政課題

所謂生蕃，指得是居住在台灣山區的原住民。清代治理台灣時，雖然有實施「開山撫蕃」的計畫，但效果並不好。日治初期，根據日本對於台灣蕃族的調查，顯示台灣當時有一半以上的面積都由生蕃居住與控制。因此，如何解決這個問題成為佐久間左馬太任內的主要的施政方向。

以往生蕃和漢民居住地之間，會設有隘勇線，減少兩者的衝突。不過日人來台之後，逐漸收回對所有隘勇線的控制權，這個控制權也意味著日後將全面進入掃蕩生蕃的階段。

一九〇二年，總督府參事持地六三郎提出了《蕃事對策意見書》，在意見書中提到原住民是劣等人種，依照生存競爭的原則，應該將其滅族或同化。這個看法後來受到當時日本總督兒玉源太郎的認可，並訂為理蕃的主要政策。台灣總督府於一九〇三年，先成立了理藩的機構「蕃務掛」，歸屬於警察本署。意

單位：年

西元	地點	時代	大事
1919	台灣	民國八年	一九一九年一月四日，台灣第七任總督明石元二郎發布了第一次《台灣教育令》，這，總共有六章三十二條和附則。《台灣教育令》第一條，定義了這個法源地適用性：「在臺灣之臺灣人之教育根據本令。」 一九一九年三月亞洲朝鮮爆發了爭取獨立的「三一運動」。
1919	台灣	民國八年	一九一九年十月二十九日，田健治郎成為台灣第八任總督。 一九一九年，「公共埤圳官佃溪埤圳組合」成立，八田與一率領技術人員共八十人負責此專案。 「台灣總督府醫學校」升格為「台灣總督府醫學專門學校」。 台灣總督府在一九一九年成立「臺灣電力株式會社」，成立的目的即是興建日月潭水力發電廠。

思是說與蕃務相關的部分，都轉移到警察監管。由這個政策，可以推知後來更為強勢的武力進攻舉動。

第五任台灣總督佐久間左馬太到任後（一九〇六—一九一五）年，他任期內最重要的政策便是：掃蕩生蕃，進行「五年理蕃計畫」。他以激進的方式，以龐大的武力進犯各部落。他不只是指導者，他親身參與各種事前的場地探勘、親與戰事，還曾經親自殺死頭目的兒子，在理蕃這件事上，可以說是親力親為。

五年理蕃計畫分為幾年分段施行。

一九〇九年，蕃務總長大津麟平擬定一個五年計劃，稱為「甘諾政策」，原本希望以各種利誘條件，讓他們心甘情願降伏，但效果不彰。隔年，一九一〇年，編列了高達一千六百零三萬的「治蕃費」，重整軍隊，分別進駐台北和台南，進行為期四年（一九一〇—一九一四）年的進攻計畫。

這四年的計畫，以幾個方面為主。

第一，持續開發蕃地，進行調查，整理檔案。總督府認為之前治蕃不利，就是因為對於蕃地的位置、四周的交通網不夠熟悉。因此，他們以原先的隘勇線為基礎，開發蕃地四周道路，作為日後進攻之用。

第二，自一九一〇年開始，總督府強化對於隘勇線的控制，而且積極往山林內挺進，使個部落的蕃地越來越小。這個手段，除了控制生蕃活動範圍，也能逐漸完成開發山地的目的，控制當地的經濟元素。另外，也逐漸將這些土地劃為公有地，將其所有權歸於日本政府。

在五年理蕃計畫中，有幾次較為大型的武力征伐。第一次是一九一〇年五月，日本人朝著合歡方面

1920

全球

一月巴黎和會召開。六月二十八日簽訂《凡爾賽條約》，宣告第一次世界大戰的結束。

國際聯盟盟約獲全體通過，正式成立。

台灣　民國九年

一九一九年，殷海光出生。

一九二〇年，蔡培火在《台灣青年》一卷四號發表了重要的〈我島と我等〉一文，提出了「台灣是台灣人的台灣」這個重要主張，這個看法也成為台灣民族運動的中心概念。

台灣　民國九年

一九二〇年十一月，到日本學習飛行的謝文達學成歸國，回台進行台灣第一個訪鄉飛行活動，蔣渭水等人集結了全台各校學生，在總督府台北醫學校（今台大醫學院）舉辦歡迎會，與各界進行文化交流。

一九二〇年，連雅堂出版《台灣通史》上、中冊出版。次年，下冊出版。

的隘勇線，往前推進。第二次是一九一三年六月，奇拿餌藩的征討。第三次是一九一四年五月的太魯閣戰役。佐久間左馬太親自參與太魯閣戰役，並將它視為必須在任內完成的目標。太魯閣戰役的困難度在於東台灣山勢高聳，日人以強大的武力挺進，大規模進部落，在當地部落造成巨大的死傷。

經過這五年理藩計畫，大致上控制了台灣各地的生藩，再加上日本國內開始有反對聲浪，覺得佐久間左馬太的手段太殘忍，因此後來接任的下一任台灣總督安東貞美，上任後就立刻廢除了藩務署，表示終止與藩人之間的戰爭。不僅不再攻擊藩社，也改採同化主義的方式，希望能將藩人同化為日本人。

北埔事件與羅福星事件：日治時期客家人的抗日活動

日軍初到台灣，各地興起不少抗日活動，後來逐漸平息，一九〇二年到一九〇七年之間，地方甚少出現抗議聲浪。不過，一九〇七年之後，仍有幾起比較大的抗爭活動，值得一提。

首先，需要談到的是一九〇七年的「北埔事件」。這起事件是由蔡清琳所策畫，他原本擔任基層員警，但因為與其他警員發生衝突而被免職，心懷不滿，所以趁機慫恿當地的原住民賽夏族人與北埔鎮民何麥榮，宣稱他已經與清朝取得聯繫，只要他們攻擊日人，清軍會馬上派兵前來支援。

一九〇七年十一月十四日，蔡清琳率領約一百五十多人，先攻擊地方警察，進而攻入北埔之聽辦公室，殺死了北埔支聽長渡邊龜作，以及五十七名日本職員，轟動一時。台灣總督府聽到消息，非常吃驚，立即派遣數百名軍人警察前往鎮壓。這時，蔡清琳慫

單位：年

西元	地點	時代	大事
1920	日本	民國九年	一九二〇年一月十一日，蔡惠如在東京成立了「台灣新民會」，林獻堂擔任會長，蔡惠如擔任副會長，東京的台灣留學生紛紛加入社團。大家一起同心協力，目的在於從事政治社會的改革運動。
1920	全球		國際聯盟正式成立，總部設於瑞士的日內瓦。
1921	台灣	民國十年	一九二一年，蔡瑞月出生。 一九二一年十二月三十一日「三一法」廢除，改為「法三號」。 蔡培火在一九二一年加入了「台灣文化協會」。 一九二一年一月三十日，林獻堂等一百七十八個人連署，第一次向日本帝國議會提出「台灣議會設置請願運動」，這個活動的精神是：設立台灣議會，制定適用於台灣本土、適合台灣本土民情的法律，保有台灣的民族性。雖然遭到日本議會駁回，但是消息傳回台灣，台灣許多人受到鼓勵，希望台灣總督田健治郎能接受。

愚的這些二百多位的支持者，發現清軍並沒有如期前來，才發現他們被蔡清琳騙了。原住民非常生氣，便殺害了蔡清琳。

眾多日本軍人和警察來到北埔，進行圍捕，槍殺了現場的八十一人，逮補一百多人，死傷慘重。日本派駐北埔的人數有二千人，日軍指揮官非常氣憤，通知當時北埔庄庄長徐泰新，如果不把那些抗日份子交出來，就要殺害全部的北埔村民。徐泰新多方請求，也請北浦公學校校長日人安部手作幫他們求情，同時也要求何麥榮等人出來投降。終於在十一月底，亂事終於平復。一九〇七年十二月，北埔還開臨時法院審理此案，此事件共有九人被台灣總督府判處死刑，有期徒刑或處分者有九十七人。

另外一件備受矚目的是苗栗事件「羅福星事件」。羅福星是廣東鎮平人，他原本就是同盟會會員，一九一一年還曾經參與過黃光崗之役。他來台後就讀過苗栗公學校，後來回到廣東家鄉，於一九一二年再度前來台灣時，組織團體，準備抗日。

羅福星來台灣，先在台灣成立同盟會支部，活動地點是大稻埕。同時他也往來台北和新竹苗栗，招攬更多抗日同志。他認識了一些台灣人如謝德香、傅清鳳、黃員敬、黃光樞、江亮能等。羅福星和黃光樞兩個人，組織「華民會」、「三點會」、「同盟會」、「革命會」等。除了募集人員，他也從大陸走私武器到台灣，主張能以革命的方式推翻日本。羅福星和他的支持者說，一旦起義，大陸地方會派兵支援。他所提出的口號「驅逐日人，收復台灣」相當誘人，沒多久就募集五百多名會員，密謀起義。羅福星在台灣籌畫了四次起義，想要推翻日本。

一九一三年九月，新竹聽大湖支聽有一批槍

一九二一年四月，畢業於醫學校的李應章、吳海水、何禮棟等人，在台灣組織了「全台灣青年會」，向林獻堂籌募資金，並且認識了蔣渭水和蔡培火等人。

台灣總督府在一九二一年六月公布《台灣總督府評議會官制》，主張：設置評議員二十五名，遴聘總督府高級官員七名、日本人九名、台灣人九名，做為日後台灣總督府施政的諮詢機構。當時辜顯榮、林熊徵、林獻堂等仕紳都獲選為任評議員，以此向台灣人表示友好。

一九二一—一九三二年之間，「台灣文化協會」在十四年之內提出多達十五次的聯署請願「台灣議會設置請願運動」，希望以和平的方式，在原有體制下爭取臺灣自治的權利。爭取台灣人參與的立法權，以削弱台灣總督大權。

枝遺失，警察循線查訪各地，破壞羅福星的組織。一九一三年十二月，羅福星逃到淡水準備前往大陸，卻被日本警察捕獲。當時羅福星帶有黨員名冊，日本警察便依照名冊逮補眾多人士。後來，日本總督府在苗栗成立臨時法院，審訊參與人士。一九一四年三月三日宣判，五百七十八人獲不起訴，有四人受到行政處分。起訴的人士當中有二十人被判死刑，二百八十五人被判有期徒刑。羅福星為首的二十位核心分子，判處死刑，從容就義。

賀田村、吉野村與灣生：日治時期出現的大量日本移民

十九世紀日本人口迅速成長，日本農村呈現農村人口暴增、耕地狹小的社會問題，這使得農民生活日趨貧困。日本政府為了解決農村問題，開始鼓勵農村人口移民海外，當時許多日本移民美國夏威夷、朝鮮、滿洲和台灣。

日本人移民到台灣可分為幾個階段。第一階段是一八九五—一九〇八年，這個階段大多是日本人自行前往台灣。第二階段是一九〇九—一九一七年，這個階段是政府主導的花蓮港廳移民。第三個階段是一九一七—一九四五年，日本人自行移民台東廳。第四階段是一九三二—一九四五年，日本人晚期移民與台灣拓殖株式會社的成立。在這幾期移民風潮中，尤其以「賀田村」和「吉野村」最為知名。

賀田村的形成，必須先談到賀田金三郎的「賀田組」。他原本是大倉組台北支店的店長，離開大倉組之後，另外籌組了賀田組，經營一些商品販賣、貨物運送和建築等業務，交遊廣闊，政商關係良好。他得知政府有意規劃台東廳的拓墾，採取私營移民的

西元	地點	時代	大事
1921	台灣	民國十年	一九二一年二月，賴和參加「台灣議會設置請願運動」。 一九二一年，蔣渭水結識林獻堂，參與「台灣議會設置請願運動」，經常從日本帶回《台灣青年》雜誌介紹給年輕人，啟蒙大家的自主意識。 一九二一年十月十七日，於台北市大稻埕靜修女子學校（今靜修高中）舉行「台灣文化協會」創立大會，並由蔣渭水報告創立經過。出席會議者有一千零三十一名，以醫師、地主、公學校畢業生、留學回國的學生為主，另外也有農民、工人、商人、律師、士紳等人參與。 一九二一年十二月，魯迅發表《阿Q正傳》。
1921	全球		倫敦會議召開，德國提出反對遭駁回。後發出倫敦最後通牒，要求德國實踐合約內容。

方式，發包給民間業者執行。賀田金三郎得到後籐新平的信賴，一八九九年，依照「關有林地預約賣渡規則」，向台灣總督府提出「台灣東部地區開發計畫書」，一八九九年十一月獲得核准。

他取得開墾東台灣的權利，主要拓墾地點是花蓮港口到台東加禮宛、吳全程、馬梨馬氣原野、加路蘭間原野之間開墾的承租權。這片土地非常大，大約有一千九百二十二公傾。而當時整個東台灣預計開發的土地總計三千七百公頃，由此可知，東台灣的土地開發大部分都掌握在賀田金三郎的手上。

賀田組先著手開墾加禮苑、吳城（志學）、鯉魚尾（壽豐）及鳳林等地的農田，種植甘蔗、薄荷、菸草等農作物，耕種方式採用美國式機械化的大片耕種法。除了農作之外，他們也採集當地的樟腦，設置樟腦油製作工廠。因為農地廣大，同時也經營畜牧業，放養水牛、洋牛、黃牛。

不過，這一大片區域原本是泰雅族部落的生活區，賀田組的開墾等於侵擾了泰雅族部落的生活，所以雙方衝突不斷。賀田組的開墾事業失敗，投入的資金無法回收，後來在一九〇九年將拓墾的經營權轉賣給「台東拓殖合資會社」，後來又被併入「鹽水港製糖株式會社」，賀田組的拓墾以失敗告終。

即便如此，賀田金三郎因為開墾需求，在一八九九年建立了「賀田村」，在日本本地招募願意前往台灣的移民。後來移居吳全城的有五十三戶三百六十四人，移居鯉魚尾的有二百七十八人。另外，賀田組也召募了日本移民四十三人，在今天的花蓮縣光復鄉大富村設立「大和移民村」，在今天花蓮縣壽豐鄉的平和、志學、壽豐及共和等村設立「賀田移民村」和「壽移民村」。這個移民村不但是台灣的

1922

中華民國 中國共產黨於上海成立。

蘇聯 共產國際大會決議，各國共產黨可與其他黨派組成「聯合陣線」，發展實力。

美國 與德國訂立合約。召開華盛頓裁武會議，主要討論軍備問題與亞洲問題，會後簽署四國公約與九國公約。

德國 與美國簽訂和約。希特勒成為納粹黨黨主席。著名德國行為藝術家波依斯出生。康丁斯基在一九一二年出版了《藝術裡的精神性》。

義大利 墨索里尼將義大利法西斯組織結合成為法西斯黨。

法國 杜象與攝影師曼雷合作，拍攝自己的女裝照片《蘿絲．賽拉薇》。

西班牙 墨西哥的壁畫三傑，發表《告美洲藝術家宣言》。

台灣 **民國十一年** 一九二二年二月，請願代表再次在東京展開第二次請運遊行活動。接到消息後，台灣總督撫對於林獻堂積極推動台灣議會設置請願運動非常不滿，開始對他施壓。後來林獻堂退出請願活動，受到許多東京留學生和台灣人的不滿。

第一座移民村，同時也是日本海外的第一座移民村。

「吉野村」是一九一〇年建立，面積差不多一千二百多甲，明治四十四年命名為「吉野村」。根據紀錄，到一九一五年為止，共有移民三百二十七戶，一千七百多人。吉野村裡有鐵路、道路、發電廠、學校、吉野圳、醫療所、神社、役場、農業改良場、派出所、畜牧養殖場、郵便局、消防對等，設備非常齊全。吉野村甚至可以說是當時全台灣最具規模的現代鄉村，後來日本採取移民滿洲政策時，吉野村還成為參考借鑑的楷模。

後來，我們通常指一八九五—一九四六年之間，在台灣出生的日本人為「灣生」。這群人出生在台灣，對台灣有感情，但後來因為移民政策的改變，戰爭結束而全數被遣返回日本。移民村也因為日人離開，而畫上終點。

噍吧哖事件：日治時期的宗教團體抗日活動

噍吧哖事件發生在一九一五年（大正四年），又稱為「安來庵事件」和「余清芳事件」。這起事件是日治時期規模最大的宗教團體抗日活動，參與人數眾多，持續時間最長，動員人數、被捕人數、被判刑人數也最多。余清芳帶領的抗議份子和日軍對抗，最主要的戰役地點在台南噍吧哖虎頭山一帶（今天的台南縣玉井鄉）。

一九一三—一九一四年，那時台灣遭遇兩次嚴重的颱風，為農民帶了嚴重的災情，農作物損害嚴重，甘蔗產量減少，米價飆漲，農民的生活變得相當困難。當時，余清芳因為個人私事，對於日本警察過於嚴格的管理方式非常不滿，和羅俊、江定等人，私下串連許多人，謀劃抗日活動。和其他抗日活動不同

單位：年

西元	地點	時代	大事
1922	台灣	民國十一年	台灣總督田健治郎公布了第二次《台灣教育令》。第二次《台灣教育令》是循著「同化政策」制定，主要方向是：實施台日共學，讓在台的台灣人和日本人一起就讀相同的學校，循著相同的教育體制升學。 一九二二年「台灣總督府醫學專門學校」改名為「台北醫學專門學校」，簡稱「台北醫專」， 一九二二年總督府公布律令第三號「台灣酒類專賣令」，嚴禁民間私自釀酒，由政府直營。 一九二二年，也同時公布了幾個重大的規定：「內地民商法」、「訴訟法」、「行政法」，隔年一九二三旋即實施。
1922	台灣	民國十一年	一九二二年，台灣文化協會刊物《台灣文化叢書》第一號，刊登署名「鷗」之〈可怕的沉默〉，為目前所知第一篇台灣新文學中文小說。 一九二二年，追風（謝春木）發表〈她要往何處去〉，為台灣人寫作之第一篇新文學日本小說。

的是，余清芳所領導的團體是一個宗教組織，參與者大多是他的信徒。余清芳自稱是明朝羅教羅思孚老祖的孫子，受到五福王爺的神示，擔任「征伐天下大元帥」，帶領台灣的信徒對抗日本人。只要能跟著他們反抗日本人，參加抗爭的人之後可以免賦稅，也能當官。對於當時農民來說，有極大的號召力。

余清芳同時善用宗教的靈符，宣稱只要配戴靈符，念誦真言，就可以免除瘟疫，也可以和日本人對抗，他的說法得到許多台灣人的信服。他時常在台南的「西來庵」王爺廟和信徒聚會，因此日本人大多稱呼這個事件為「西來庵事件」。余清芳原本訂在一九一五年國曆八月（農曆七月）發起活動，不過日本警察在清查其他案件時，查到他們而提前曝光，所以余清芳只好決定提前起義。

首先，余清芳和江定發動攻擊，先燒毀派出所，殺害日本員警和他們的眷屬。日本派了守備隊步兵、砲兵、憲兵進而攻擊，雙方在噍吧哖（現在的台南市玉井區）發生衝突。雖然余清芳等人有準備兩個舊式大砲和槍枝，但槍枝數量不多，難以和日軍火力抗衡，有數百人在這場戰役中喪失，死傷人數眾多，包括當地的老弱婦孺。余清芳只好和同伴逃離到虎頭山，另尋機會再起。日軍派人搜山，並利誘當地鄉人交出余清芳和其同夥。有一次，余清芳和當地鄉人聚餐，酒醉後被鄉人綑綁送交日本人。他的同夥江定，則在隔年帶著部署二百七十多人出面投降。

根據史料統計，當年被捕的人數有一千九百五十七人，被判處死刑者，除了余清芳、羅俊、江定之外，還有八百六十六人。因為人數眾多，在日本國內與國際輿論壓力下，一九一五年十一月十日，台灣總督安東貞美以大正天皇即位為由，赦免這些人，有一九二二年，陳進開始和美術教師鄉原古統學畫。
一九二二年，林玉山開始和伊坂旭江學畫。

義大利：法西斯黨發動「進軍羅馬」正片，莫所裡提被任命為總理，實施獨裁統治。

蘇聯：蘇維埃社會主義共和國聯盟正式成立。以俄羅斯、白俄羅斯、烏克蘭等蘇維埃社會主義共和國合併而成。

愛爾蘭：愛爾蘭自由幫成立，愛爾蘭宣告獨立。

法國：夏卡爾返回巴黎。

1922~1933 **德國**：康丁斯基接受包浩斯的教職。

1923 **台灣** 民國十二年：
一九二三年關東大地震。
一九二三年，末永仁發現了「幼苗插植法」。
一九二三年，台灣實施「治安警察法」。
一九二三年二月他們抵達東京，展開第三次請願活動。蔣渭水和林呈祿、鄭崧筠、蔡惠如討論，決定將在台灣被禁止成立的「台灣議會期成同盟會」，改為直接在東京成立，並且向東京早稻田警署申請，這樣就能避免受到台灣總督府的控制。這個計策果然奏效，他們的申請在東京獲准，「台灣議會期成同盟會」成立了。

四分之三的死刑犯改判無期徒刑。不過，後來根據考證，當年附近村莊被殺害的人數相當多，難以統計。死亡人數可能高達數千人——包括陣亡、被殺害、被處以死刑、獄中死亡、以及因生活環境惡化和逃亡而病死的老弱婦孺等。

這是台灣地區第一起緣於宗教而聚集的抗日活動，日本政府也因為這起事件，注意到台灣的民間宗教信仰，展開更多調查工作。

田健治郎與「內地延長政策」：台灣第一任文人總督

一九一九年十月二十九日，田健治郎成為台灣第八任總督，和前幾任總督相比，他沒有軍方背景，是第一任文人總督。為什麼會委任一位文官擔任台灣總督呢？那是因當時世界政治局勢和之前有很大的不同。

一九一四年—一九一八年，爆發了第一次世界大戰。經過了這場戰爭，改變了許多國家對於民族主義的看法。民主自由思想開始興起，民族自決主義的想法也取代原本的軍國思想。一九一八年一月，美國總統威爾遜倡議「民族自決原則」，認為殖民宗主國要尊重殖民地原本的民情，不該以武力鎮壓殖民地，應該要以更開明的態度包容與治理。

一九一九年三月亞洲朝鮮爆發了爭取獨立的「三一運動」，所以日本政府也開始修正他們對待殖民地的政策，以「內地延長主義」為主要原則。日本人修改了原本強硬的統治方式，同時也派任第一任文官田健治郎擔任台灣總督期間。

田健治郎擔任台灣總督時，以「內地延長主義」作為治理台灣的原則，也就是「同化政策」。以往幾

單位：年

西元 1923

地點	時代	大事
台灣	民國十二年	一九二三年十二月十六日，以《治安警察法》為名，在台灣逮捕了「台灣議會期成同盟會」成員四十一人。由於逮捕人數多，一時全台氣氛緊張，歷史上稱這為「治警事件」。判決結果出爐後，蔣渭水等十三人被判有罪。蔣渭水判四個月徒到刑，蔡惠如、林呈祿、石煥長、林幼春、陳逢源各有期徒刑三個月。 一九二三年的「台灣白話文運動」，又稱為「新舊文學論戰」或者第一次的新舊文學論戰。 一九二三年，「上海台灣青年會」成立。創辦人張我軍是台灣新文學運動的大將，介紹中國新文學不遺餘力。 一九二三年，李登輝出生。 一九二三年，李石樵進入台北師範大學，受教於石川欽一郎。
德國		法國和比利時軍隊進入魯爾區，斯特萊斯曼組成大聯合內閣，中止魯爾區的消極抵抗。

位武官總督，大多以軍事化嚴刑峻法的態度為主，田健治郎採用的方式，是以「內台融合」、「一視同仁」、「同化政策」為方針，不讓臺灣人反感，而讓臺灣人如日本人一樣受教育，讓他們認同自己的身分是日本人，和日本人一樣效忠天皇。

具體措施方面，以「逐漸在台灣實施與日本相同的制度」為準則，在一九二一年公布，以「法三號」取代「三一法」，隔年一九二二年開始實施。「法三號」的立法原則，是將台灣視為雖然與日本內地不同，但是可以視為日本內地的延伸，直接適用於日本法律，不需特別立法。除非日本法律和台灣民情相違，那台灣總督才有訂定適合台灣民情的規定。和之前法律相比，台灣納入了日本的法治體系，也逐漸享有和日本人一樣的權利。在歷史學界上，大多認定日治第二時期（約一九一五年—一九三六年）為「內地延長主義時期」。

一九二二年，也同時公布了幾個重大的規定：「內地民商法」、「訴訟法」、「行政法」，隔年一九二三旋即實施。而一九二三年，也在台灣實施「治安警察法」。

田健治郎擔任總督期間，還有幾項具體的措施。

一，將地方制度從西部十廳，改為五州二廳，外加花蓮與澎湖二廳。州下設市與郡，郡下設街、庄。從上到下的地方行政為：州、市、街、庄，同時也設有協議會，方便居民諮詢。

二，廢止笞刑、廢止小學教師配戴武士刀，同時也通過了日台共學制度，修訂「台灣教育令」。除了小學之外，其餘台灣學制都和日本一樣，台灣人也可以和日本人接受同樣的教育。同時，也鼓勵台日通婚，台灣人可以和日本人結婚。

	巴伐利亞漢中央政府間的關係緊張，德國宣布進入緊急狀態。
	希特勒在慕尼黑啤酒館，發動了所謂的「啤酒館政變」，失敗後入監服刑，期間完成《我的奮鬥》第一部分。
日本	關東發生大地震，太子裕仁遭到暗殺。
土耳其	解除蘇丹君主政體，簽訂《洛桑和約》，希臘放棄占領土耳其的區域。
	凱末爾出任體耳其共和國第一任總統。
	墨索里尼雞原本的法西斯戰鬥團改組為法西斯黨的民兵組織，為國家安全自願軍，成員不需向國王宣誓效忠。
	藉由《洛桑和約》，取得佐澤卡尼索斯群島。
	燦可夫發動政變，建立獨裁政權。
中華民國	孫中山再建軍政府，主張聯俄容共。
墨西哥	壁畫三傑回到墨西哥。
美國	普普藝術家李奇登斯坦出生。
法國	創造「原生藝術」的現代主義藝術家杜布菲，在一九二三年服兵役之前，自行研究文學與藝術。
德國	包浩斯師生舉辦第一次綜合性展覽，在當時十分成功。

自此，台灣人享有與日本人一樣的教育和結婚權利，也逐漸減少武力抗日的舉動，這個時期也被稱為「同化政策時期」。

《台灣教育令》的頒布與修定：確定了日治時期台灣的教育制度

在台的台灣人教育方式，和在台的日本人不同。日本人的教育依據日本法令辦理，而台灣人教育則依據總督府頒佈給台灣人的規定而行；主要以學習日文為主，沒有一個完整的升學體系。

一八九六年（明治二十九年）三月三十一日，台灣總督府先公布了「台灣總督府直轄諸學校官制」，開辦國語學校，提供台灣人學習國語（日語）的機會。修業年限剛開始是三年，後來修改為四年，是後來台灣中學教育的開端。

一八九八年（明治三十一年），台灣總督府又公布了《台灣公學校令》，將上學年紀往下延伸，規定八至十四歲的孩子都可以上學，可以申請公學校，修業年限為四年。公學校學制的建立，是後來台灣小學制度的前身。

之後，一九一九年（大正八年）一月四日，台灣第七任總督明石元二郎發布了第一次《台灣教育令》，這次公布的細則非常詳細，總共有六章三十二條和附則。《台灣教育令》的第一條，便定義了這個法源地適用性：「在臺灣之臺灣人之教育根據本令。」

《台灣教育令》也將台灣教育制度分成幾類：普通教育、實業教育、專門教育和師範教育，台灣各級教育系統的設立從此更為健全。在普通教育方面，「公學校」（小學）修業年限是六年，就學年齡規定

單位：年

西元	地點	時代	大事
1924	台灣	民國十三年	一九二四年，陳澄波赴日考入東京美術學校師範科。 一九二四年，台灣繪畫界成立許多社團，如「七星畫壇」（一九二四－一九二七）和「台灣水彩畫會」（一九二四－一九三二）。 一九二四年四月與十一月，作家張我軍在《台灣民報》發表《致台灣青年的一封信》與《糟糕的台灣文學界》，在這兩篇文章中抨擊台灣的舊文學與舊詩人。他認為古典文學和古典詩歌對於現實社會沒有幫助，舊文學沒有價值，這個看法得到當時一些作家的支持。 追風（謝春木）發表〈詩的模仿〉於《台灣》，為日據時代台灣人寫作的第一篇日文新詩。 一九二四年，廖繼春赴東京美術學校深造。

是七歲，同時也提到教育內容是要訓練學生具備「生活必須的知識技能」，除了日文之外，也同時學習其他生活技能。中學則改稱「高等普通學校」，入學資格必須是完成六年的「公學校」（小學）學生或同等學歷，中學修業年限是四年。

除了普通教育之外，「師範教育」體制也受到日本人重視。「高等普通學校」可以依據需要，另外加設一年制的「師範科」，招收想要當老師的學生，做為培養公學校師資的師培單位。同樣的道理，「公立實業學校」也可以增設一年制的「師範科」，培養「實業教育」學校所需要的教師。「實業教育」方面，設立了農業、工業、商業等科目，提供需要就學的學生人則。而「專門學校」方面，則是以「醫學校」為主。

一九二二年（大正十一年）二月四日，台灣總督田健治郎又公布了第二次《台灣教育令》。第二次《台灣教育令》是循著「同化政策」而制定，主要方向是：實施台日共學，讓在台的台灣人和日本人一起就讀相同的學校，循著相同的教育體制升學。

在小學方面，第一次規定以語言的使用狀況作為入學規定，而非以原籍為主（日本人或台灣人）。若是台灣人子弟在家是用日文溝通，日文程度足以應付上學所需，便可以日本內地的〈小學校令〉作為施教原則，循著日本教育課綱學習。若是台灣人子弟的日文程度不好，則以「非國語常用者」資格，進入公學校，依據台灣總督規定的「公學校」相關規則升學。與之前相比，這種規定更加人性化，也能符合每個學生的日文能力和學習需求。

中學方面，則是男女校制度。而且必須是就讀六年公學校畢業的學生，或以同等學力參加入學考試。

1924

台灣

民國十三年

一九二四年，末永仁更研究出一個新方式，他首先進行「龜治」與「神力」兩個稻米品種的雜交試驗。他意外發現，這兩個品種雖然各自都有「對日照敏感」的特色，但很神奇的是，這兩種品種所雜交產生出來的新品種，卻有「對日照不敏感」的特色。

一九二四年爆發「二林事件」，這是台灣歷史上第一次現代的農民運動。大批警察逮捕李應章，並在各地展開大規模搜捕，陸續又逮補超過四百人。

一九二四年，陳澄波完成畫作「枇杷樹」。

一九二四年，陳植棋完成畫作「淡水教堂」。

一九二四年，文壇爆發「新舊文學論戰」。張我軍在「台灣民報」發表文章，批評台灣傳統文學，和舊文學代表發聲論戰。

原則上，中學也是以日台共學為原則。基本上，台灣人和日本人子弟都可以進入國小、中學、大學與專科學校學習，並無分別。

從台灣同化會到新民會：由在日本的台灣留學生組成的專門從事政治活動的團體

自從一九一五年（大正四年）發生「西來庵事件」，造成重大死傷之後，台灣人開始轉變心態，不再武力抗爭，轉為以非暴力的請願和社團集會活動為主。這個風氣最早可上溯到一九一四年底，林獻堂、蔡培火、蔡惠如等人與日本伯爵坂原垣退助，在臺北創立的「台灣同化會」。

「台灣同化會」最初創立的宗旨是，希望通過努力，達到日台友好的關係。不僅能「同化」台灣人的異心，創造台灣人和日本人平等的關係，台灣人也能享有和日本人同樣的權利。不過這個組織的成立，受到台灣總督府的強烈反對，不到兩個月，一九一五年（大正四年）二月二十六日，臺灣總督府以「妨害治安」之名強制解散。

不過，林獻堂並不因此而氣餒，沉寂多年之後，一九一八年，赴日留學的蔡培火創立了「啟發會」，邀請林獻堂擔任會長。「啟發會」創立目的是廢除「六三法」，並組織了一連串的廢除六三法運動。沒想到後來「啟發會」因為經費問題，以及內部成員的想法不一致而解散。

林獻堂、蔡惠如和林呈祿等人，在總督田健治郎提倡同化政策，台灣進入文官統治時期之後，在一九二〇年（大正九年）一月十一日，成立了「新民會」。新民會的組織了台灣島內的知識份子、仕紳，以及留日的臺灣青年，大家一起同心協力，目的在於

單位：年

西元	地點	時代	大事
1924	蘇聯		史達林喊出「一國社會主義」的口號。 列寧過世，死前仍試圖阻止史達林掌權。史達林極力剷除政敵，與加米涅夫、季諾維也夫組成三頭統治。
	土耳其		廢止哈里發制度，關閉宗教法庭。
	義大利		法西斯黨人選舉獲勝。握有國會多數支持。
	中華民國		國共第一次合作，設立黃埔軍校。
	法國		布賀東發表第一次《超現實主義宣言》。
1925	台灣	民國十四年	一九二五年，陳植棋赴日就讀東京美術學校。 一九二五年，郭雪湖十六歲，母親帶他到當時著名的職業畫家蔡雪溪門下學習，他開始學習如何描繪觀音、帝君等神像及裱褙的技藝，開啟了郭雪湖走向藝術之路的大門。

從事政治社會的改革運動。

「新民會」的會長為林獻堂、副會長為蔡惠如，而會員中較為活躍的有彭華英、蔡培火、王敏川、林呈祿等。在「新民會」成立大會上，會員開會訂定了三個主要的發展方向：「為增進台灣同胞之幸福，開始政治改革運動」、「為擴大宣傳，發行機關雜誌」和「尋求與中國同志接觸之途徑」等，目標是開啟台灣民智。

「新民會」創立之後的第一個活動就是推動「六三法撤廢運動」的推動。這個活動的主要目的，是要求日本政府制定一套讓台灣人與日本人享有同等憲法的權利。不過針對這些請求，被林呈祿批評為不夠具體。他認為：台灣人和日本人不同，若只是要求與日本人享有同等權利，那和日本人提出的「內地延長主義」概念一樣，仍在「同化主義」的範疇內，模糊了台灣特殊的歷史與民族特性。所以，「六三法撤廢運動」後來更改成下一階段，第二個主要推行的活動：「台灣議會設置請願運動」。

第二項活動則是向日本帝國議會發起「台灣議會設置請願運動」，在一九二一－一九三二年之間，十四年之內提出多達十五次的聯署請願，希望以和平的方式，在原有體制下爭取臺灣自治的權利。爭取台灣人參與的立法權，以削弱台灣總督大權。

第三項活動則是透過發行機關刊物《台灣青年》月刊，提供一個文章發表的園地，向各地人士介紹平等自主的價值觀念，同時也能號召台灣人積極向日本政府爭取更多權益。

林獻堂、蔣渭水與蔡培火：日治時期台灣社會運動推動者

1925

義大利	墨索里尼頒布一連串的命令，把義大利由君主立憲國家轉變為一個法西斯主義獨裁統治的國家。
蘇聯	多洛茨基因主張不斷革命論，與史達林在第十四次黨大會上提出的「一國內可能建成社會主義」理論相牴觸，被戒除國防政治委員職務。
日本	與土耳其簽署互不侵犯條約。 與蘇聯簽訂條約，讓出北庫頁島，以獲得蘇聯承認《蒲茨茅斯》條約。
中華民國	上海租界的英國警察對示威學生開槍，引發「五州慘案」。 孫中山因肝癌於北京逝世。
英國	「電視之父」約翰·洛吉·貝爾德在倫敦的一次實驗中，使用半機械式模擬電視系統，「掃描」出木偶的圖像。
德國	包浩斯結束「威瑪時期」，遷往德紹。 包浩斯以葛羅佩斯為首，教師們編寫《包浩斯叢書》。
法國	超現實主義的畫家們活躍於皮耶藝廊。

日治時期台灣社會運動最重要的推動者有三個人：林獻堂、蔣渭水和蔡培火，林獻堂年紀最大，蔣渭水比他小七歲，蔡培火又比蔣渭水小一歲。

林獻堂出生於台中霧峰林家，他是歷經清朝、日治、和戰後三代的臺灣地方領袖。他的父親林文欽是清末秀才，一八九三年高中舉人後在霧峰修築萊園，林獻堂從小在自家開設的私塾接受教育。一八九八年父親病逝香港，林獻堂於十九歲接管家庭事業。因為他在台中擁有豐富人脈與地利，而日本人也想積極拉攏地方仕紳，所以台灣總督府於一九〇二年，委任他擔任霧峰參事和區長，並在一九〇五年授與紳章。

不過，一九〇七年林獻堂在日本和清末維新運動的領袖梁啟超會面之後，開啟了林獻堂參與近現代政治活動的新頁。梁啟超和林獻堂表示清代在三十年之內，必將忙碌於內政，無暇顧及台灣，台灣人得依靠自己的力量達城自治的目標，並鼓勵林獻堂以非暴力的方式和日本人對抗。林獻堂形容這個會面深深影響了他看待日本人的態度，回台後，他發動議會請願，創辦同化會、新民會等組織，團結台灣人抗日。

蔣渭水是宜蘭人，一九一〇年考進台灣總督府醫學校（今台大醫學院前身）。蔣渭水不僅成績優秀，更充滿才識，充滿民族意識。一九一一年辛亥革命爆發後，身在台灣的蔣渭水還發動台灣名眾捐款，支持中國革命。一九一四年（大正三年），他在學校內開始鼓吹醫學院學生加入「台灣同化會」。蔣渭水從醫學院畢業成為醫生後，積極參與政治活動。一九二一年，蔣渭水結識林獻堂，參與了「台灣議會設置請願運動」，經常從日本帶回《台灣青年》雜誌介紹給年輕人，啟蒙大家的自主意識。回台後，蔣渭水也成立第一個全台的文化組織「台灣文化協會」，第一份台

單位：年

西元	地點	時代	大事
1925~1934	德國		艾伯特過世，興登堡任總統，一九二九年經濟危機爆發，一九三〇年穆勒內閣倒台，是為議會共和制的終結。
1926	台灣	民國十五年	一九二六年九月，「台灣農民組合」成立，由簡吉擔任中央委員長，並將會址設於鳳山街縣口三百五十番地。 一九二六年，賴和主持《台灣民報》文藝欄，並開始發表白話小說。前兩篇白話文小說分別為〈鬥鬧熱〉、〈一桿「稱仔」〉 一九二六年，陳澄坡以畫作〈嘉義街外〉首次入選日本第七屆帝展。 一九二七年，林玉山前往日本，就讀於東京川端畫學校西畫科。
	日本		裕仁繼位為天皇，年號昭和。
	中華民國		國民政府開始北伐。
	德國		葛羅佩斯建成包浩斯學校的德紹校舍。 康丁斯基出版了他的教材摘要《點、線到面》。

灣人報紙《台灣民報》。正因為積極從事，一九二三年蔣渭水因為治警事件被判刑四個月，成為台灣因為政治請願而被拘捕的地一人。正因對於政治帶有理想，一九二七年（昭和二年），蔣渭水成立了台灣第一個政黨「台灣民眾黨」，提倡台灣人要爭取地方自治，要擁有言論自由。同時也創立了台灣第一個工會組織「台灣工友總聯盟」，提高民眾組織的集結力。

蔡培火是雲林人，一九〇六年進入台灣總督府國語學校師範部就讀，畢業後成為老師。一九一四年（大正三年），他加入「台灣同化會」，正因為加入這個組織，他丟了教師的工作。他在林獻堂的資助下前往日本留學，考上東京高等師範學校，也加入了「新民會」，擔任《台灣青年》的編輯。

一九二〇年，蔡培火在《台灣青年》一卷四號發表了重要的〈我島と我等〉一文，提出了「台灣是台灣人的台灣」這個重要主張，這個看法也成為台灣民族運動的中心概念。他在一九二一年加入了「台灣文化協會」，參與「台灣議會設置請願運動」。後來也和蔣渭水一樣被捕，判刑四個月。但蔡培火抱持大無畏的精神，出獄後與蔣渭水共組了「台灣民眾黨」。後來「台灣名眾黨」雖然被日本總督府強制解散，但林獻堂、蔣渭水和蔡培火對於台灣社會運動的付出，戮力極深。

台灣議會設置請願運動：台灣島內的事由台灣人自己決定

一九二〇年代是非武裝抗議社會運動興起的年代。第一次大戰結束後，日本社會掀起了一股追求民主的風潮，當時在東京的台灣留學生受到這思潮的刺激，開始關心台灣社會在日本人統治下的處境。

法國		柯比意提出「新建築五點」。 達利前往巴黎，作品深受畢卡索與米羅的影響。
1927 台灣	民國十六年	一九二七年一月三日，由連溫卿掌權的「台灣文化協會」，改名為「新台灣文化協會」，簡稱「新文協」。 一九二七年，成立「赤島社」畫社。 一九二七年，李石樵以「台北橋」入選第一回台展。 一九二七年，郭雪湖入選第一屆台灣美術展覽會東洋畫部，同時入選的人還有陳進和林玉山，三人被稱為「台展三少年」。
1927 台灣	民國十六年	石川欽一郎、鹽月桃甫、鄉原古統、及木下靜涯。他們仿照日本官辦展覽「帝展」的方式，成立了「台灣美術展覽會」（「簡稱台展」）。在一九二七年成立之後，每年舉辦展覽，直到一九三六年，總共舉辦十次。
1927 台灣	民國十六年	一九二七年三月，在連溫卿等人協助下，成立了「台北機械工會」，開啟另一波台灣工人社會運動的源頭。

一九二〇年一月，蔡惠如在東京成立了「台灣新民會」，林獻堂擔任會長，蔡惠如擔任副會長，東京的台灣留學生紛紛加入社團。「台灣新民會」成立有三個主要發展方向：一，推動台灣統治的改革運動。二，發行機關雜誌，向民眾宣傳民主思想。三，與中國同志取得聯繫。其中，第一項就是後來「台灣議會設置請願運動」的前身。

一九二一年一月三十日，林獻堂等一百七十八個人連署，第一次向日本帝國議會提出「台灣議會設置請願運動」，這個活動的精神是：設立台灣議會，制定適用於台灣本土、適合台灣本土民情的法律，保有台灣的民族性。雖然遭到日本議會駁回，但是消息傳回台灣，台灣許多人受到鼓勵，希望台灣總督田健治郎能接受。

為了緩和台灣人的情緒，避免有更多抗議出現，台灣總督府在一九二一年六月公布《台灣總督府評議會官制》，主張：設置評議員二十五名，遴聘總督府高級官員七名、日本人九名、台灣人九名，做為日後台灣總督府施政的諮詢機構。當時辜顯榮、林熊徵、林獻堂等仕紳都獲選為任評議員，以此向台灣人表示友好。

不過，台灣人並沒有因此受到攏絡，一九二二年二月請願代表再次在東京展開第二次請運遊行活動。接到消息後，台灣總督撫對於林獻堂積極推動台灣議會設置請願運動非常不滿，開始對他施壓。後來林獻堂退出請願活動，受到許多東京留學生和台灣人的不滿。

林獻堂退出後，蔣渭水成為主要推動台灣議會設置運動的負責人，他和石煥長、蔡培火等人籌組「台灣議會期成同盟會」。一九二三年二月他們抵達

單位：年

西元	地點	時代	大事
1927	台灣	民國十六年	一九二七年四月，「二林事件」案件審判終結，有二十五人被判刑，李應章被判刑八個月。 一九二七年五月二十九日，蔣渭水等人在台中市聚英樓宣布組成「台灣民黨」，發出宣言決議。同時，選出了蔡式穀、蔡培火、蔣渭水及邱德金等人，為臨時中央常務委員。不過，「台灣民黨」這個政黨很快被台灣總督府禁止解散。 一九二七年七月十日，蔣渭水、蔡培火、謝春木（後改名為謝南光）、廖進平、陳炘等二十五人，在台中市成立台灣第一個政黨「台灣民眾黨」，提倡台灣人要爭取地方自治，要擁有言論自由。 一九二七年，楊逵從日本返臺，參加農民運動，起草「台灣農民組合第一次全島大會宣言」而被捕，從此熱衷參與臺灣的社會運動。楊逵在台北文化協會認識了當時社會與政治運動領袖連溫卿、簡吉。

東京，展開第三次請願活動。蔣渭水和林呈祿、鄭崧筠、蔡惠如討論，決定將在台灣被禁止成立的「台灣議會期成同盟會」，改為直接在東京成立，並且向東京早稻田警署申請，這樣就能避免受到台灣總督府的控制。這個計策果然奏效，他們的申請在東京獲准，「台灣議會期成同盟會」成立了。

台灣總督府對於蔣渭水這些人逃避台灣法令，改在東京申請成立「台灣議會期成同盟會」，非常生氣。等他們回到台灣後，在一九二三年十二月十六日將他們逮補，以《治安警察法》為名，在台灣逮補了同伴四十一人。由於逮捕人數多，一時全台氣氛緊張，歷史上稱這一事件為「治警事件」。判決結果出爐後，蔣渭水等十三人被判有罪。蔣渭水判四個月徒到刑，蔡惠如、林呈祿、石煥長、林幼春、陳逢源各有期徒刑三個月。

台灣文化協會成立：推動台灣民族運動大本營

一九二〇年十一月，到日本學習飛行的謝文達學成歸國，回台進行台灣第一個訪鄉飛行活動，蔣渭水等人集結了全台各校學生，在總督府台北醫學校（今台大醫學院）舉辦歡迎會，與各界進行文化交流。一九二一年四月，畢業於醫學校的李應章、吳海水、何禮棟等人，在台灣組織了「全台灣青年會」，向林獻堂籌募資金，並且認識了蔣渭水和蔡培火等人。蔣渭水非常支持這群年輕人，認為要籌辦組織，就要認真執行，所以決定組成「台灣文化協會」。

而當時林獻堂在一九二一年後參加第二次「台灣議會設置請願運動」後，受到台灣總督府的親自召見，並提出嚴重抗議。總督府也透過台灣銀行向林家施壓，催討林家向銀行的貸款。當時因為經濟不景一九二七年，陳澄波完成畫作《自畫像》，《嘉義街外》。

一九二七年，陳進完成畫作《姿》，《罌粟》，《朝》。

一九二八年，余光中出生。

1928 民國十七年

蘇聯

托洛茨基與季諾維也夫被開除黨籍，托洛茨基遭流放。

前蘇聯藝術家、俄羅斯至上主義創始人馬列維奇馬列維奇被邀請至柏林展覽，因而被政府懷疑政治傾向，將他緊急召回莫斯科。

日本

田中義一提出「田中備忘錄」主張積極地擴張，計畫爭霸亞洲。

蘇聯

葛羅佩斯自包浩斯校長一職卸任，將職務交給漢斯．梅耶。

台灣

一九二八年，廖繼春以作品《芭蕉之庭》入選日本帝展。

一九二八年，廖繼春完成畫作《有香蕉樹的願子》。

一九二八年，林金水再度入圍第二屆台灣美術展覽會，並和嘉義與台南其他畫家共同成立春萌畫會。

氣，林家租地收入銳減，林家有龐大的經濟壓力，因此林獻堂退出了請願活動行列，轉為支持「台灣文化協會」。

「台灣文化協會」總理事是林獻堂，組織的目的是「提升台灣文化為目的」。在一九二一年（大正十年）十月十七日，於台北市大稻埕靜修女子學校（今靜修高中）舉行創立大會，並由蔣渭水報告創立經過。出席會議者有一千零三十一名，以醫師、地主、公學校畢業生、留學回國的學生為主，另外也有農民、工人、商人、律師、士紳等人參與。

該協會主要舉行的活動有：發行會報、設置讀報社（共十三處）、舉辦講習會、開辦夏季學校、舉辦巡迴講演、放映電影、開設書局、演出戲劇等。他們主要推展的方式，都是先以大都市為中心，然後再擴展到四周的村落。「台灣文化協會」成立之後，受到許多地方人士的支持，民眾參與熱烈，有時還有歡迎會。日本人相當警張，每次協會有演講活動，都會派警察現場監督和紀錄。若是演講詞有冒犯日本人的字眼，警察會前往取締。

根據統計，「台灣文化協會」舉辦的活動，在一九二三年時有三十六場，一九二四年有一百三十二場，一九二五年和一九二六年場次最多，每年都有三百多場。若計算一九二三—一九二六共四年，總共舉辦的活動有七百九十八次，聽眾總人數達到二九．六萬人，相當驚人。

「台灣文化協會」對於台灣社會的影響是：第一次有一個全面性、廣泛性的全台文化運動，這對於台灣人來說，無疑是一個文化啟蒙運動！意義深遠，影響巨大。

不過相當可惜的是，「台灣文化協會」因為人數

單位：年

西元 1928	地點	時代	大事
○	台灣	民國十七年	一九二八年，「台北帝國大學」正式成立。 在連溫卿領導下，一九二八年一月進而成立「台灣機械工會聯合會」。那次會議的出席者有各地工會代表七十八人，旁聽者一百五十人，以台北機械工會常務委員楊添杏為議長，黃麒麟、曹仁和、王江崑為書記，決議了十二項議案，也通過了聯合會綱領、規約和口號。 一九二八年二月十九日，在蔣渭水的領導下，各地二十九個工會組織代表一百三十人集結於台北蓬萊閣會場，以工友會的名義組織了勞動團體，名為「台灣工友總聯盟」。
	上海	民國十七年	「台灣共產黨」大會於一九二八年四月十五日召開，當時成立地點在上海法國租界。出席的人員有林木順、林日高、翁澤生、潘欽信、林來旺、張茂良、謝氏阿女（謝雪紅）及中共代表彭榮、朝鮮代表呂運亨。

眾多，內部人員慢慢地也發生意見不合。分成三派，第一派以連溫卿、王敏川為首，屬於激進派。第二是以蔣渭水為主，受中國革命影響的祖國派。第三則是以蔡培火為代表的改良派，主張溫和運動。本來各派系都還能相處融洽，不過第一派與第二派的衝突越來越多，後來「台灣文化協會」便分裂了。連溫卿、王敏川成為新的領導人。而舊成員蔣渭水、蔡培火、謝春木（後改名為謝南光）、廖進平、陳炘等二十五人，一九二七年七月十日在台中市成立「台灣民眾黨」。

分裂後的「台灣文化協會」仍然積極的在各地舉辦活動，但因為言行風格與思想越來越激進激烈，日本警察介入愈來愈多。除此之外，新的「台灣文化協會」也逐漸發展工農群眾運動，組織各種抗爭活動。一九二七年三月，在連溫卿等人協助下，也另外成立了「台北機械工會」，開啟另一波台灣工人社會運動的源頭。

磯永吉：蓬萊米成功的研育

你知道我們現在吃的米，是怎麼來的嗎？我們現在吃的米稱為「梗稻」，也稱為「蓬萊米」。蓬萊米的源頭可以上溯到日本人磯永吉，而蓬萊米的最早種植地則是台北的竹子湖。

一九〇四－一九〇五年之間發生了日俄戰爭，因為戰爭的關係，日本對於糧食的需求大增，當時他們希望台灣可以供給日本所需的食用白米。不過當時的台灣米是在來米，和日本米口感差異很大，於是日本人開始興起改良台灣稻作的念頭。改良方式有兩種，第一是全部改種日本米品種，第二是改良在來米，改良成適合日本人的口感。後來根據農業專家的意見：

台灣　民國十七年

一九二八年四月二十五日，發生了「讀書會事件」。謝雪紅、張茂良、楊金泉、林松水、劉守鴻等人被捕，林木順逃走。這件事使得初創黨的「台灣共產黨」蒙上了陰影。一九二八年十一月，於台北李國獻家中舉行「第一次台共中央會議」。

一九二八年十二月三十日「台灣農民組合」開會時，強制解散團體，並拘捕簡吉等八人。

全球

國際聯盟大會中，十五國代表在發黎簽署白里安凱洛格公約（非戰公約）。

中華民國

發生五三慘案，東北易幟。

蘇聯

開始五年計畫，蘇聯將轉變為現代化工業國家，農業上最大的變革是農民的集體化。

美國

普普藝術最知名開創者之一的安迪·沃荷出生。

1929

台灣　民國十八年

一九二九年，末永仁成功培育出了這個蓬萊米新品種：「台中六十五號」，開啟了台灣蓬萊米的新時代。

台灣天氣熱，不適合全部種植日本稻子，日本稻種在台灣容易得熱病，開後結穗後的米粒小，而且少，容易失敗。因此，農業專業認為應該以第二種方式比較可行，也就是改良台灣稻種。

一九一三年，當時的台北廳農務主任平澤龜一郎，和同北總督府農業試驗場的磯永吉技師，發現了台北大屯山山麓的竹子湖。磯永吉認為那邊土壤很適合種植稻子，於是就先選擇此地做為改良稻種的實驗區。

一九一四年，磯永吉擔任米質改良農務技師，由他主導整個台中州農事改良計畫。在他任內，他與末永仁合作，進行了台灣在來米稻種的改良研究。首先，他們採用「純系分離」的方式改良，分別栽種「短品種」、「長品種」稻種，使稻米純化。後來，他們也採用「雜交育種」的方式，將A品種與B品種交配，試圖綜合各種米種的優點，但效果都不如預期。

直到一九二三年，末永仁發現了「幼苗插植法」。簡單說，就是不要等秧苗長大才插秧，而是在秧苗還很小時，就插種到田中。因為台灣的日照時間比高緯度的日本來得長，所以日本稻都等秧苗長大了才插到田裡的方式，並不適合台灣。末永仁的這個發現非常重要，當年栽種的稻子，產量果然大增。

一九二四年，末永仁更研究出一個新方式，他首先進行「龜治」與「神力」兩個稻米品種的雜交試驗。他意外發現，這兩個品種雖然各自都有「對日照敏感」的特色，但很神奇的是，這兩種品種所雜交產生出來的新品種，卻有「對日照不敏感」的特色。所以，末永仁在一九二九年成功培育出了這個蓬萊米的新品種：「台中六十五號」，開啟了臺灣蓬萊米的新

單位：年

西元 1929		
地點	時代	大事
台灣	民國十八年	一九二九年三月，陳澄波自東京美術學校畢業，前往上海，參加上海第一次全國美術展覽會，擔任西畫評審員。他居住於上海期間，特別喜歡倪雲林與八大山人的作品。
		一九二九年，胡適發表《人權與約法》一文，開始參與「人權運動」。
		一九二九年，陳澄波完成畫作「清流」。
全球		世界經濟大衰退，發生經濟大恐慌。
美國		大蕭條時期，胡佛擔任總統。十月二十五日，紐約股市崩盤引發經濟危機，金融市場崩潰，被稱為「黑色星期五」。一九三一年，胡佛發布延期付款令，歐洲欠美國的戰時借款可延期償付。
英國		英國通過平等選舉法，二十歲以上男女皆有選舉權。
蘇聯		史達林清算右翼勢力、蘇聯境內實行嚴苛的集體化政策，將各勢力掃除後，史達林開始獨裁統治。

時代。在當年的新米發表會上，大家對於這個新品種稻米非常驚艷，米粒晶瑩，煮出來的白飯米質柔軟順口。而且重要的是，「台中六十五號」米種具有高產量、抗熱病、適應各種地質的特色，而且最大的優勢是「對日照鈍感」，不害怕台灣高溫的夏天型氣候。不會提早開花抽穗，適合台灣第一和第二期稻作時間，因此馬上推廣到全台農村耕種。

後來，一九三五年，「台中六十五號」稻米在稻米改良比賽中獲得了第一名，成為當年稻米栽培的主流品項，而這也是我們如今所吃的蓬萊米最總早期的品種。

米糖相剋：日治時期的稻米與甘蔗競爭農地問題

台灣農村最重要的農作物是甘蔗和稻米，以濁水溪（或大安溪）為南北界線，南部以甘蔗種植為主，北部則以稻米種植為主。到了日治時這個「南糖北米」的界線受到稻米、甘蔗產量的變化影響，以及總督府宣導製糖業的影響，這個界線開始發生改變。

一九〇二年台灣總督府發布「糖業獎勵規則」，確立了在台灣發展糖業的經濟政策。從此糖業成為台灣農村重要的產業，先後成立了許多製糖工廠和製糖株式會社。新式製糖廠興起之後，甘蔗的耕作面積在短時間內增加許多，甘蔗的價值也提高了，不少稻田因此轉為耕種甘蔗。甘蔗產量約在一九〇七年左右開始增產，也越來越多農人想要栽種甘蔗，甘蔗產量逐年增加，超過了稻米產量。

不過後來研發出了日本人喜愛的「台中六十五號米」，也就是後來我們稱呼的「蓬萊米」。蓬萊米改良成功之後，台灣農人開始大量種植稻米，稻作區逐年往南延伸，慢慢侵入原本的甘蔗田，而有了稻米與

法國

布賀東發表第二次《超現實主義宣言》。

達利與布努埃爾的超現實電影《安達魯之犬》完成。

1930 台灣 民國十九年

一九三〇年一月，賴和發表了長篇小說〈蛇先生〉，刊載於《臺灣民報》二九四號、二九五號、二九六號。

一九三〇年，陳澄波完成畫作《自畫像》。

一九三〇年，陳植棋完成畫作《風景》和《加糖的龍眼樹》。

一九三〇年一月，全台詩人於台中公會堂舉行聯吟大會。

1930 台灣 民國十九年

一九三〇年，《明日》、《洪水報》、《伍人報》、《台灣戰線》、《赤道報》等左翼刊物相繼創刊，出版後多被查禁。

一九三〇年，黃石輝、郭秋生等人掀起鄉土文學論戰。黃石輝於《伍人報》發表〈怎樣不提倡鄉土文學〉，引起熱烈的討論，次年郭秋生等人加入論戰。

甘蔗相互爭田地的「米糖相剋」之說。

「米糖相剋」表現在農人選擇要種植稻米或甘蔗這兩種農作的選擇上，也表現在這兩種作物爭奪農地的情形上。一種是維生作物，一種是經濟商品作品，農民得在兩者之間作出權衡，選擇收入較高的農作物。當甘蔗的收購價比稻米高，農人種植甘蔗的意願自然比較高。當稻米的收購價高於甘蔗，農人就會轉而種植稻米。這不只是兩種作物栽種選擇的不同，背後也隱含著糖業生產結構的各種問題，與農人生活的隱憂。

除此之外，「米糖相剋」現象，也會影響這兩種作物的市場價格。因為糖廠在訂定收購甘蔗的價格時，必須考慮到農人的種植意願。當稻米價格上漲時，收購的甘蔗價格也必須上漲，不然糖廠就收購不到足夠的甘蔗量。此時，稻米產量就會威脅到糖業的利潤，相反也是如此。也就是說，稻米和甘蔗的產量與價格都必須相互調整，以免影響當年兩者的生產力。

製糖會社為了解決「米糖相剋」現象，訂出了「米價比準法」和「預付金制度」，也就是隨著當年米價價錢，來調整甘蔗的採收價錢，來穩固甘蔗原料來源，提高農民種植甘蔗的意願。同時，他們也推行「三年輪作制度」，控制農民作物的選擇性。不過這些措施的成效都不好，甘蔗收購價格始終無法提高，蔗農的生活非常辛苦。

同時因為嘉南大圳的興建（一九二〇—一九三〇年），使得台灣南部許多原本種植甘蔗的田地，因為灌溉系統的解決，提高了供水的便利性，有愈來愈多農民想改種稻米，這也造成米糖相剋的情形愈來愈嚴重。

單位：年

西元 1930

地點	時代	大事
台灣	民國十九年	一九三〇年，郭雪湖完成畫作《南街殷賑》，描繪迪化街熱鬧的街景。 一九三〇年，林金水以《蓮池》參加第四屆台灣美術展覽會，並被選為特優。 一九三〇年八月，林獻堂成立「台灣地方自治聯盟」。 一九三〇年爆發「霧社事件」。 一九三〇年五月，整個嘉南大圳工程終於完成，這個工程在當時是亞洲最大的灌溉土木工程。 一九三〇年台灣總督府召開了「臨時產業調查會」，將幾項產業作為台灣工業未來的發展重心，分別是：紙漿、天然瓦斯、酒精、蘇打、肥料、苧麻、黃麻、罐頭製造等。
台灣	民國十九年	一九三〇年，重要文學刊物《詩報》創刊，持續發行到一九四四年。是後來研究台灣文學重要的文學史料，十年期間總共發行三一九期。 一九三〇年，陳澄波完成畫作「橋」。

「米糖相剋」也促使台灣農民開始思考：多角化經營農地，種植其他經濟作物。而製糖會社也為了成本考量，不再只執著於甘蔗種植與砂糖生產上，開始多角化經營。

二林蔗農事件：日治時期台灣農民運動

「米糖相剋」情形愈來愈嚴重，蔗農的生活也愈來愈辛苦。當時日本對於台灣甘蔗收購的管制相當嚴苛，採用「採收區域制度」。

蔗農種植的甘蔗只能賣給所在區域的糖廠，不能越區販賣。而糖廠收購甘蔗時，甘蔗秤重事宜全權由糖廠負責，蔗農不能私自秤重，也無權議價。糖廠收購甘蔗的價錢不是提前告知，而是等甘蔗製成糖並上市銷售後，才制定甘蔗收購價，蔗農也不能議價。除此之外，蔗農在種植甘蔗過程中所使用的肥料，只能和糖廠購買，不得私購。這些條件都讓蔗農淪為勞工，所有收購價錢都由糖廠決定，即使某個糖廠收購價錢高，蔗農也不能越區轉賣。久而久之，蔗農累積了許多怨恨和不平。

當時，二林地區有兩間糖廠，「林本源製糖株式會社」收購價比「明治製糖株式會社」低，而肥料價格又比較高，長年下來，引起二林蔗農不滿。一九二四年四月，二林庄長林爐向「林本源製糖株式會社」糖廠提出補償要求，當時北斗郡守認為農民要求有理，所以出面調解，十一月「林本源製糖株式會社」糖廠讓步，以每甲增加五圓臨時補給金的方式，解決此事。一九二五年六月，當時文協理事李應章醫師在彰化二林成立「二林蔗農組合」，此機構打算為當地蔗農福利做長期努力。他們持續和「林本源製糖株式會社」糖廠溝通，但都沒有得到善意回覆。

全球	英國	德國	美國	法國
歐洲經濟危機，奧地利金融機構解體，德國放棄付款、英國和美國先後放棄金本位制，各國政府採取各種措施克服危機。	印度發生第二次非暴力不合作運動，甘地再度被捕。 倫敦召開海軍會議，英美日法義一同參與，除英國外的其他參加國都希望擴充海軍軍備。	國家議會選舉，共產黨與納粹黨選票大增，內政走激化路線。	美國抽象表現主義領軍人物帕洛克前往紐約，結識希斯凱羅，並參與聯邦藝術計畫。	布賀東沉迷於共產革命，超現實主義畫家們開始分崩離析。 蒙德里安已成為法國抽象畫壇重要的一份子。 立體主義藝術家布拉克成為跨國的繪畫大師。 經濟大恐慌，索妮雅的同存工作室關閉。

一九二六年這些幹部向「林本源製糖株式會社」糖廠提出三點主要訴求。第一，先議定甘蔗價格後再讓廠方採收。第二，反對廠方單方面過磅甘蔗重量。第三，反對廠方強迫蔗農購買其肥料。沒想到，糖廠並不打算進行良善溝通。一九二六年十月二十一日，糖廠派北斗郡喜多特務和糖廠社員二十多人，到二林蔗田強行收割，蔗農也號召多人前來，雙方對峙緊張。糖廠原料主任矢島抓起鐮刀開始收割，圍觀的蔗農高喊「未發表蔗價不准割蔗」，開始拿起蔗節和土塊丟向矢島。遠藤等員警立即拔出佩刀，蔗農情緒愈來愈高昂，兩邊發生衝突。雖然後來員警和糖廠人員被趕走，蔗農也紛紛散去，並未演變成嚴重抗爭。

但是十月二十三日早上，大批警察逮捕李應章，並在各地展開大規模搜捕，總共逮捕九十三人，送到二林員警分室拷打，有許多人受不了用刑而喪生。陸續又逮補超過四百人，有許多人只是當天在場圍觀的群眾而已，並沒有參與衝突事件。後來日本勞動總同盟同情二林事件的蔗農和民眾，從日本派了布施辰治與麻生久兩位律師來台灣協助他們辯護。一九二七年四月案件審判終結，有二十五人被判刑，李應章被判刑八個月。

「二林事件」的重要性在於，這個事件深深影響了日後臺灣的農民運動，各地也紛紛成立地方性農民團體，和全台的組成了全台灣的「台灣農民組合」。這是台灣歷史上第一次現代的農民運動。

台灣民眾黨的成立：台灣人歷史上第一個具有現代性性質政黨

自從台灣議會設置請願運動開始，台灣各地便有許多人士想要籌組政治性政黨。在一九二七年五月

單位：年

西元	地點	時代	大事
1931	台灣	民國二十年	一九三一年日本關東軍攻佔中國東三省，建立傀儡政權「滿州國」。 一九三〇年代，因為電影《桃花泣血記》流行，台灣流行台語流行歌曲。 一九三一年，《南音》開闢「台灣話文討論欄」引起賴明弘、黃春成、黃石輝、莊遂性等人之筆戰。
	台灣	民國二十年	一九三一年，陳澄波完成畫作《我的家庭》。同時，他也獲選擔任「第一次全國美術展覽會」、「福建省美展」西畫評審委員。 一九三一年一月，民眾黨也向總部位在日內瓦之國際聯盟發電，抗議日本使用毒瓦斯屠殺台灣霧社人民，日本內閣終於正視這個問題。 一九三一年一月，台灣總督石塚英藏、總務長官人見次郎遭到日本內閣撤換，警務局長石井保、臺中州知事水越幸一也辭職表示負責。

二十九日下午三時，蔣渭水等人在臺中市聚英樓宣布組成「台灣民黨」，發出宣言決議。同時，選出了蔡式穀、蔡培火、蔣渭水及邱德金等人，為臨時中央常務委員。不過，「台灣民黨」這個政黨很快被台灣總督府禁止解散。

但是蔣渭水等人並不放棄，不斷轉換黨名和更改黨章，最後將黨名訂為「台灣民眾黨」。隨後，在一九二七年七月十日，在臺中市新富町聚英樓成立「台灣民眾黨」。「台灣民眾黨」是台灣人在日本統治下，第一個成立的政黨組織，

成立大會初期主要參與的人員有初期主要人物有李應章、蔣渭水、林獻堂、蔡培火、黃周等人。黨旗最早是模仿國民黨黨旗的「上青下紅中央白日」之黨旗，後來改為以中華民國國旗的三星黨旗為主。大會有代表六十二人參加，由蔡式穀為司儀，謝春木報告籌備經過，並推舉洪元煌為議長，黃周（早稻田大學畢，彰化人）、黃旺成任書記，把綱領等決議通過，並發表「台灣民眾黨宣言」，台灣的第一個政黨終於成立。

「台灣民眾黨」的黨綱大要有幾個方向：第一，確立民本政治：實現立憲政治，要求制定台灣憲法，反對總督府專制政治，而且台灣人要有立法的權利。第二，建立平等社會，反對人口買賣，提倡婚姻自由，普及女子教育，獎勵體育，嚴禁鴉片。

「台灣民眾黨」成立後，受到許多民眾支持，兩個月後，黨員人數已經上升到四百三十九人。一九二七年九月十六日，在台灣民報社召開「第一屆臨時中央委員會」，推舉中央委員二十人，中央常務委員十四人。一九二七年十一月六日，又在台北蓬萊閣召開「第二屆中央委員會」，聘請林獻堂、林

一九三一年二月十八日，「台灣民眾黨」第四次全體黨員大會進行時，台北警察署長到達會場，並提出「結社禁止命令」。「台灣民眾黨」就被解散了，同時逮補蔣渭水、陳其昌、許胡、盧丙丁等十六人（後來有釋放）。

一九三一年八月五日，蔣渭水感染傷寒病逝。蔣渭水舉行葬禮當天，大稻埕商店休市，有五千民群眾加入送葬行列。

「台灣共產黨」於一九三一年九月遭到瓦解。其中謝雪紅被判刑十三年，潘欽信被判刑十五年，翁澤生被判刑十三年，林日高被判刑五年。

一九三一年十二月，日月潭水力發電工程動工。

英國

內閣總辭，麥唐納重組包含保守黨與自由黨的國民聯合內閣。

內閣權利落在保守黨的張伯倫與鮑德溫手上。

美國

美國發布延期付款令，讓歐洲欠美國的戰時借款可以延期償還。

幼春、蔡式穀、蔡培火擔任黨顧問。一九二七年十二月，已經在全台：台北、桃園、新竹、大甲、南投、嘉義、台南等地設立分部十五個分部。

之後「台灣民眾黨」為了尋求農工階級朋友的支持，一九二八年二月在蔣渭水的領導下，另外成立了「台灣工友總聯盟」。不過後來因為「台灣工友總聯盟」團體勢力持續擴大，反而壓縮到「台灣民眾黨」的生存空間。再加上蔣渭水對工農運動的支持，使得黨內某部分人士的反感，所以「台灣民眾黨」黨內出現了分裂。使得原先的創黨元老林獻堂等人出走，帶走了一九三〇年八月成立「台灣地方自治聯盟」，於部分黨員。之後在一九三一年二月十八日，「台灣民眾黨」第四次全體黨員大會進行時，台北警察署長到達會場，並提出「結社禁止命令」。「台灣民眾黨」就被解散了，同時逮補蔣渭水、陳其昌、許胡、盧丙丁等十六人（後來有釋放）。

「台灣民眾黨」從創立到解散大約三年六個月，雖然後來遭到解散，但蔣渭水等人一直強調，「台灣民眾黨雖死，但台灣人依然存在，只要專制政治存在一天，解放運動也依然存在一天。」後來蔣渭水積極奔走，感染傷寒病逝。蔣渭水舉行葬禮當天，大稻埕商店休市，有五千民群眾加入送葬行列。在台灣近代政治史上，「台灣民眾黨」有其相當重要的特殊性。

新文協、台灣農民組合與台灣工友總聯盟：二十世紀初台灣的左派團體

一九二〇年代，台灣社會因為受到社會主義的影響，產生一些文化、農人、工人左派團體，較為著名的有「新文協」、「台灣農民組合」和「台灣工友總聯盟」，組織民眾，並籌畫多起抗爭事件。

單位：年

西元	地點	時代	大事
1931	中華民國		日本發動侵略中國東北的九一八事件，為日軍侵華戰爭的序幕。
	法國		發生經濟危機。
			雷捷與共產黨代表兼詩人柯圖希爾，創立了革命作家與藝術家學會，並替法國貿易公會效勞。
	西班牙		選舉共和派獲勝，阿方索十三世未放棄王位，離開西班牙。
			達利的《記憶的永恆》完成。
	巴勒斯坦		夏卡爾前往巴勒斯坦，作品出現宗教情懷。
1932	台灣	民國二十一年	一九三二年，賴和與葉榮鐘、郭秋生等人創辦《南音》雜誌，鼓勵以閩南語寫作文章。
			一九三二年，楊逵發表〈送報伕〉（日文原名〈新聞配達夫〉）。
			一九三二年，陳澄波完成畫作《上海碼頭》。

較早發生的是農民運動，一九二六年六月二十八日，簡吉和地方農人在鳳山開會，召開「各地方農民組合幹部合同協議會」，討論將台灣各地農民集結起來，成立一個全台農民組織。在簡吉和黃石順積極籌備下，一九二六年九月，「台灣農民組合」成立，由簡吉擔任中央委員長，並將會址設於鳳山街縣口三百零五番地。

「台灣農民組合」成立後，在一九二七年和一九二八年發起多次農民集體抗爭運動，南投郡山本農場抗爭、彰化郡新高製糖所有地抗爭、苗栗郡台灣拓殖製茶會社土地抗爭等。日本政府強力鎮壓，採取嚴厲的手段禁止農人集會，並在一九二八年十二月三十日「台灣農民組合」開會時，強制解散團體，並拘捕簡吉等八人。一九二九—一九三一年之間，日本政府大規模進行逮補和肅清，「台灣農民組合」等活動遭到嚴重遏止。

而「台灣文化協會」創立初期，舉辦過許多相當有意義的文化活動，不過因為會員越來越多，各方人士意見不同，逐漸分成「激進派」和「穩健派」。本來還能和平共處，不過激進派人士連溫卿等人逐漸佔上風，主導整個協會；蔡培火等人不願屈居其中，便退出協會。一九二七年一月三日，由連溫卿掌權的「台灣文化協會」，改名為「新台灣文化協會」，簡稱「新文協」；而蔡培火等人離開後，和舊成員蔣渭水、謝春木（後改名為謝南光）、廖進平、陳炘等二十五人，一九二七年七月十日在台中市成立「台灣民眾黨」。一九二七年成立的「新文協」積極在各地舉辦活動，創辦了《台灣大眾時報》，廣為宣傳理念。不過，「新文協」逐漸與上海成立的「台灣共產黨」合作，轉為政治性團體，並在謝雪紅的大力倡導

1933

民國二十二年

日本

犬養毅被殺，文人政府結束。

德國

興登堡贏得選戰，政府下令禁止納粹衝鋒隊的活動。但七月的國家議會選舉，納粹成為最大黨，興登堡拒絕任命希特勒為總理。

包浩斯被納粹政府歸為「非德國事物」，結束「德劭時期」，遷往柏林。

蘇聯

消滅富農，建立集體農場與國營農場。

與法國簽訂互不侵犯條約，德蘇關係淡化。

中華民國

日軍發動侵略中國的「一二八淞滬事變」與「五一五事件」，並於東北建立「偽滿洲國」。

台灣

一九三三年，鄭愁予出生。

一九三三年，顏水龍和陳澄波、廖繼春、李梅樹、楊三郎、李石樵等人創立了「台陽美術協會」。

一九三三年，陳澄波返台，參與「台陽美協」之創立與運作。

一九三三年，陳澄波以「林本源庭園」入選帝展。

下，將「新文協」轉為「台灣共產黨」之下的台灣島內分部。後來在日本政府忌憚謝雪紅，全力打壓台灣共產黨勢力，「新文協」的勢力也漸趨瓦解。

而台灣的工運起於一九二七年三月，連溫卿、王敏川等人成立的「台北機械工會」，開啟一波為台灣工人爭取權利的社會運動。在連溫卿領導下，一九二八年一月進而成立「台灣機械工會聯合會」。那次會議的出席者有各地工會代表七十八人，旁聽者一百五十人，以台北機械工會常務委員楊添杏為議長，黃麒麟、曹仁和、王江崑為書記，決議了十二項議案，也通過了聯合會綱領、規約和口號。

一九二八年二月十九日，各地二十九個工會組織代表一百三十人集結於台北蓬萊閣會場，以工友會的名義組織了勞動團體，名為「台灣工友總聯盟」。在蔣渭水的帶領下，積極為勞工謀福利。這個組織成立一年後，加盟的團體高達六十五個，人數多達一萬多人，總聯盟發起多許多起大規模的罷工運動。一九三〇年代之後，因為日本政府開始壓制各地抗議運動，隨著一九三一年蔣渭水過世，緊接著台灣民眾黨遭到解散，「台灣工友總聯盟」發起的抗爭也逐年減少。

謝雪紅、林木順與翁澤生：台灣共產黨創立

「台灣共產黨」創立是一九二八年，當時成立地點在上海法國租界。因為台灣當時是日本殖民地，所以台灣共產黨組織是隸屬於日本共產黨之下，正式名稱是「日本共產黨台灣民族支部」。由於日本共產黨在日本屬於非法組織，因此台灣總督府也將「台灣共產黨」視為非法，大力取締。

「台灣共產黨」大會於一九二八年四月十五日召開，出席的人員有林木順、林日高、翁澤生、潘欽

單位：年

西元	地點	時代	大事
1933	台灣	民國二十二年	一九三三年，司馬中原出生。 一九三三年開始推行啤酒專賣。
	日本		國際聯盟指出日本在滿州行為是違法的。日本因此退出國際聯盟。
	德國		國會通過《授權法案》，為希特勒專制獨裁政權提供合法的權利。 希特勒就職為國家總理。 一月組成「民族聯合」內閣，為了德國各邦與國家的一體化，希特勒廢除各邦議會，摧毀聯邦體制。 十二月納粹黨成為國家為一個合法政黨。退出裁武會和國際聯盟，陷入國際孤立。 設立「國家人民啟蒙與宣傳部」部長為戈培爾，取消大學自治、對學術機構嚴格壓制、國家力量深入文藝界。 抵制猶太人行動開始。發布「防止遺傳性疾病傳至後代法」。

信、林來旺、張茂良、謝氏阿女（謝雪紅）及中共代表彭榮、朝鮮代表呂運亨。當時成立的黨綱有：打倒總督專制政治——打倒日本帝國主義，台灣民族獨立，建設台灣共和國，廢除壓制工農的惡法，讓台灣人擁有罷工、集會、結社、言論、出版自由，土地歸於農民，制定失業保護法，擁護蘇維埃聯邦，擁護中國革命等。

「台灣共產黨」召開大會後，馬上發生了「讀書會事件」。一九二八年四月二十五日，被日本警察查獲組黨的秘密文件，謝雪紅、張茂良、楊金泉、林松水、劉守鴻等人被捕，林木順逃走。這件事使得初創黨的「台灣共產黨」蒙上了陰影。

謝雪紅被捕後，因罪證不足，被遣返台灣。原本在大陸和台灣的黨員也都紛紛躲避各地，「台灣共產黨」並沒有實際的活動。後來恢復自由的謝雪紅，和「新台協」與「台灣農民組合」兩個團體合作，重整「台灣共產黨」的組織。一九二八年十一月，於台北李國獻家中舉行「第一次台共中央會議」，出席者只有林日高與莊春火，會中達成幾個決議。第一，以日本共產黨的指令為基礎，謝雪紅擔任中央委員。第二，開除上海讀書會事件後，因恐懼而放棄工作並逃亡中國的蔡孝乾、洪朝宗、潘欽信、謝氏玉葉。吸收楊克培、楊春松為黨員。第三，為掩護黨的活動，決定在台北開設國際書局。

「台灣共產黨」成立後，黨內成員人數漸多，但他們的意見並不統一，可以分為「台灣意識派」和「中國意識派」。謝雪紅是「台灣意識派」代表人物，而翁澤生是「中國意識派」的代表人物，和中國大陸共產黨關係密切。日本政府在「台灣共產黨」成立後，一直密切關注他們的活動，在一次搜捕中

1934

中華民國

實施「廢元改兩」政策，統一使用銀元。

西班牙

右派選舉獲勝，內閣持續出現危機，國家發生嚴重騷亂；一九三六年，人民陣線獲勝，國家陷入內戰。

美國

羅斯福主政，為解決經濟危機，公布百日新政，實施農業改革、振興工業、解決失業問題，設立失業、傷殘、老年及喪偶保險。試圖拯救經濟危機，並推行「聯邦藝術計畫」。

台灣　民國二十三年

一九三四年，台灣地方自治聯盟轉換訴求方式，他們提出「放棄議會設置請願運動（一九二一—一九三四）」，並以此作為條件，希望台灣總督府能做出一定程度的讓步。

日月潭水力發電所完成。

一九三四年，何春喜於《台灣新民報》再次提倡鄉土文學，主張用「標準符號」（「羅馬字及漢字偏旁」）建設台灣話文，再引論戰。

獲得「致台灣共產主義者書」，取得黨員名冊，在一九三一年陸續逮補了陳德興、謝雪紅、楊克培、劉守鴻、王萬得、蕭來福、潘欽信等人，在大搜捕中，總共逮捕七十九人，被判刑的有四十九人，「台灣共產黨」於一九三一年九月遭到瓦解。其中謝雪紅被判刑十三年，潘欽信被判刑十五年，翁澤生被判刑十三年，林日高被判刑五年。

「台灣共產黨」是台灣史上第一個共產黨政黨，雖然存在時間不長，在台灣總督府的強力取締下，創黨時間只有從一九二八年—一九三一年，但是「台灣共產黨」是在日治時間，第一個提出「台灣獨立」口號的政治組織。而且「台灣共產黨」也結合了當時幾個重要組織「台灣農民組合」和「新台協」，積極參與台灣社會運動。

台北帝國大學的創立：台灣史上第一所大學

台灣歷史上的第一間大學，是現在國立台灣大學的前身，當時稱為「台北帝國大學」。

一九二二年頒布了「台灣教育令」，日本決定在台灣設立高等學校，希望能培養一批知識份子。一九二五年，第十任總督伊澤多喜男開始具體籌備相關事宜，在籌備階段原本選定的校名是「台灣大學」或「台灣帝國大學」，但後來為了與其他日本帝國大學命名原則一致，當時日本的帝國大學都以當地城市命名，所以後來定調為「台北帝國大學」。

「台北帝國大學」成立於一九二八年三月十六日，主要是配合台北高校第一期的畢業生所開設的第一間台灣的大學，被視為殖民地時期台灣的最高學府。當時的台灣總督上山滿之進發表了「宣明書」，提到台北帝國大學的設立目的，在於「發揮東洋及南

單位：年

西元 1934

地點	時代	大事
台灣	民國二十三年	一九三四年，楊逵〈送報伕〉（日文原名〈新聞配達夫〉）入選東京「文學評論」，是臺籍作家首次進軍日本中央文壇，也確立了楊逵小說家的地位。同年，楊逵也創立《臺灣文藝》，擔任日文編輯。 一九三四年，張深切、張星建等多位台灣人作家所籌組的「台灣文藝聯盟」成立，賴和被推舉為委員長，並在刊物《台灣文藝》上發表作品。 一九三四年，陳澄波完成畫作《西湖春色》，《嘉義街中心》。
台灣	民國二十三年	一九三四年，陳進以以大姊陳新為模特兒所繪製的《合奏》入選日本第十五回帝國美術展覽會，成為第一位入選帝展的台灣女畫家。 一九三四年，林玉山在台灣舉辦第一次個人展覽。

洋之特色，進而研究台灣之地位及沿革」，而「自然科學應以研究熱帶、亞熱帶之特異事象為其使命」。由這段聲明可以知道，日本政府是把台北帝國大學視為一個東南亞的學術研究大學。

當時台北帝國大學第一任校長幣原坦在「入學宣誓式典訓示」中，也提到相似的觀點。他說「本校不只是一般的帝國大學，而是要以台灣為中心，研究東洋、南洋的熱帶、亞熱帶文化」。也就是說，日本是把台灣當作前進南洋的前哨站。他們認為因為台灣地理位置的特殊，所以可以提供許多植物學、動物學、醫學、氣象學等自然科學研究的豐富數據。

「台北帝國大學」剛開始只設立了「文政」和「理學」兩個系所，然後併入當時的台北高等農林學校的「附屬農林專門部門」，作為農業系所。因為以南方研究作為主要發展目標，所以文政學部下轄南洋史學科、土俗學和人種學黨講座。而心理學課程和語言學課程之內也都必須研讀南洋語言。理學部則設有農業、熱帶農學、農藝化學等講座，並擴大至華南、東南亞的動物與植物研究。這些講座的教授都聘請東京大國大學講授。

一九三六年，進而設立了醫學部、附屬醫學專門部，然後也併入當時的台灣總督府醫學校（也就是一八九七年創立的台北病院醫療講習所）。研究的疾病也以熱帶地方疾病為主，例如：砂眼、甲狀腺腫、寄生蟲、瘧疾等。也納入許多結核病、熱帶皮膚病、熱帶衛生、東南亞體質人類學科目、熱帶病學科等，希望能改善台灣人罹患熱病和皮膚病的比例。

之後在一九四一年又設立了大學預科，一九四三年將原本的理農學部畫分為理學部、農學部，並且增設了工學部、南方人文研究和南方資源研究所。也將

1935

	民國二十四年	
蘇聯		加入國際聯盟。
德國		興登堡過世，希特勒接掌總統權力，國防軍隊希特勒宣誓效忠，所有德國人納入納粹黨體系及相關社團協會管理。
台灣		一九三五年，楊逵因選稿意見不合，退出台灣文藝聯盟，另創辦《台灣新文學》雜誌。 一九三五年六月，「風車詩社」成立，發行風車詩刊，共四期。主要成員有楊熾昌、林修二、李張瑞及日人戶田房子、島山鐵平等人。 一九三五年，黃春明出生。 一九三五年，陳鼓應出生。 一九三五年，李敖出生。 一九三五年，「台中六五號」稻米在稻米改良比賽中獲得了第一名，成為當年稻米栽培的主流品項，而這也是我們如今所吃的蓬萊米最總早期的品種。 一九三五年，在高雄港設置煉鋁工廠。

「附屬農林專門部門」從台北帝國大學中分立出來，改制為獨立的「台灣總督府台中高等農林學校」（也就是現在的國立中興大學前身）。一九四四年，台北帝國大學便擁有文政、理學、農學、醫學、工學等五個學部和預科，以及熱帶醫學、南方人文、南方資學科學研究所等幾個單位，學生也增加為三百九十四人，台灣人有一百一十七人。一直到一九四五年台灣由中國民國政府接收之後，改名為「國立台灣大學」。

台灣地方自治聯盟：日治時期台灣的右派社運團體

台灣民眾在一九二〇年代透過許多活動不斷爭取地方選舉，以蔣渭水為代表的「台灣民眾黨」，和林獻堂代表的「台灣地方自治聯盟」所號召的活動最為盛大。

一九三〇年八月十七日，「台灣地方自治聯盟」在台中成立，出席者有兩百二十七人，並推舉林獻堂作為顧問，所以「施行地方自治」作為主要訴求，希望能以合法的手段，爭取地方自治。當時他們提出的訴求是：第一，要求公民普選。第二，台灣各地方的議會改為議決機關。第三，各地方行政機關擁有自主權、財政權，而不是只聽從日本政府命令。這幾個團體透過各種請願活動和演講，向各方表達訴求。不過大部分都失敗，台灣民眾黨被迫解散，請願活動也都以失敗告終。

一九三四年，台灣地方自治聯盟轉換訴求方式，他們提出「放棄議會設置請願運動（一九二一—一九三四）」，並以此作為條件，希望台灣總督府能做出一定程度的讓步。這個方式果然奏效，後來台灣

單位：年

西元	地點	時代	大事
1935	台灣	民國二十四年	一九三五年十一月二十二日舉行的投票，是台灣史上第一次民主選舉活動，也是日治時期舉辦的兩次選舉活動之一。 一九三五年興建第二座日月潭發電所。 一九三五年台灣總督府舉辦了「施政四十年」紀念活動，在台灣總督府內召開第一次「高砂族青年團幹部懇親會」，有來自各族代表三十二名青年幹部參加，此後就將台灣的原住民賜名為「高砂族」。
	歐洲		第七次共產國際會議，共產主義者與社會民主黨人結盟，與「人民陣線」政黨合作，以對抗法西斯主義；但因納粹外交政策成功，使人民陣線政策遭挫、史達林消滅政敵，共產主義和反法西斯政府則在西班牙內戰中失敗。

總督府答應在一九三五年舉辦台灣的第一屆市會及街庄協議會員選舉。並且承諾這次選舉出的州市會議員，擁有部分的議決權，不過街庄協議會仍然只是諮詢機關，並沒有太多權利。而州市會議員與街庄協議的會員任期，皆為四年。

一九三五年十一月二十二日舉行的投票，是台灣史上第一次民主選舉活動，也是日治時期舉辦的兩次選舉活動之一。雖然是民主選舉，但和現在的選舉制度仍然不同，並不是每個人都有投票權，投票資格為：日本帝國之臣民、年滿二十五歲和住滿六個月以上的居民，並且還限制只有男性才有投票權，而且每年繳稅金五圓以上的人才能投票。女生並沒有投票權，年收入不到這個標準的也沒有投票權。根據數據統計，當時台灣四百多萬的人口中，合格的選民只有兩萬八千人，比例非常低。而且日本人數人大於台灣人數。而選舉所選的議會員，只占總名額的一半，另外一半仍是官派。

儘管如此，但各界對於這次台灣的第一次選舉，仍然抱有厚望。當時候選人的拜票方式和現在選舉也很相信，選前有十幾天的拜票活動，候選人到各地演講拉票，編選競選歌曲和發傳單。不過投票方式和現在不大一樣，選民投票時不是蓋章，而是要在選票上自己親筆寫下想要候選人的名字，寫漢字或是日文都可以。全台投票率高達九成（市會議員九二％、街庄協議員九七％），反映出民眾對於第一次選舉的期待。很多人都推崇台灣的第一次民主投票選舉，非常和平。

正因為如此，一九三五年上任的議員四年任期到期之後，第二次市會與街庄協議會選舉以及州會議員選舉則分別於一九三九年十一月二十二日舉行。這次

1935-1937

義大利	墨索里尼派兵入侵衣索比亞。因入侵行動遭到國際聯盟的反對，而退出國聯。
德國	德國收回薩爾區（Sarrland），並開始實施徵兵制。德國與英國簽訂海軍武裝協定。希特勒頒布《紐倫堡法令》，猶太人失去平等公民權。
中華民國	中共召開遵義會議，毛澤東正式確立領導地位。
菲律賓	頒布憲法，成立菲律賓共和國。
美國	聯邦藝術計畫的藝術家駐校方案，推行「公共藝術作品計畫」美國政府雇用了超過五千名藝術家為公共建築製作壁畫或雕塑，並在全美各地成立一百個聘請藝術家作為藝術教師的社區藝術教育中心。
英國	推行「綏靖政策」。希望透過協商，以避免戰爭。

選舉和第一次不同，因為人口增加，所選的議員名額也增加了。不過因為當時處於中日戰爭期間，日本人特別強調「肅正選舉」，所以第二次的選舉氣氛不如第一次熱烈，許多宣傳歌曲和逐戶拜訪的活動被取消了，大多只是舉辦政見演講會。

這次投票結果在某些區域，例如彰化、台南、高雄及屏東這四個城市的市會議員，日本人的當選率是一〇〇％，等於只要提名就能當選。綜觀所有選舉結果，以市會議員來說，台灣九個城市共有一百三十六名官派市會議員，日本人高達一百零一名，占七四．三％，台灣人僅有三十五名，佔二五．七％。再加上民選時，日本人的當選率都提高了，所以即便這是場民主選舉，但日本人對於議會的掌控權，其實仍舊是很強勢的。

霧社事件：原住民對日本「理蕃政策」不滿爆發的反抗

在一八九六年到一九二〇年間，雖然全台灣零星發生過多達一百五十多起原住民武裝抗日活動，但霧社事件是日治時期台灣原住民武裝抗日，最嚴重的一次戰役，發生在一九三〇年。發生地點在現在的南投縣仁愛鄉，發起人是賽德克族頭目莫那魯道。

賽德克族人居住在台灣中央山脈的霧社台地，那個地區原本很少漢人進入。但日治初期開始，台灣總督府看重中央山脈豐富的山林資源，所以將那裡視為開採重點。一八九六年在當地開路時，就遭遇到當地原住民的抗議，一八九七年、一九〇二年日本人試圖突破隘勇線向深山推進時，也和賽德克人發生衝突，當然賽德克族獲勝，但因為顧及生計問題，還是在一九一〇年代向日本人投降。日本人開始進入當地開墾，後來十幾年

單位：年

西元	地點	時代	大事
1936	台灣	民國二十五年	一九三六年，台灣總督再度由軍人擔任，海軍大將小林躋造擔任台灣第十七任總督，在台灣推行「皇民化運動」。 一九三五年，總督府成立「台灣拓殖株式會社」，執行經濟南進任務。高雄成為當時南方共榮圈中心。
1936	台灣	民國二十五年	一九三五年二月，「台北帝國大學」合併「台北醫專」，改制為「台北帝國大學醫學部」。 一九三六年，江文也以〈台灣舞曲〉獲得柏林奧運國際音樂大賽。 一九三六年，郁達夫應日政府之聘來台。《台灣日日新報》等相繼舉行演講會。 一九三六年，顏水龍開始從油畫轉向工藝美術。 一九三六年，陳澄波完成畫作《淡水中學》。

之間因為日本人發放原住民工資不實，以及各項工程和原住民起了紛爭，多年心結終於引爆。

莫納魯道率領當地族人三百多人，攻擊附近的警察駐所十三處，然後攻擊附近的日本人學校、郵政局、日本人官舍，當時霧社公學校正在舉辦秋天運動會，他們沿路殺死了日本警察一百三十六人，砍傷兩百一十五人。之後切斷通往外地的電話線，獲取當地日本人的武器彈藥後，退入馬赫坡溪上游馬赫坡大岩窟與日軍抗戰。

台北的第十三代總督石塚英藏聽到消息後，非常氣憤，馬上派遣兩千名軍人警察進入深山。不過那裡地勢險峻，日本軍隊派出的飛機無法發揮效用，後來日軍就利用飛機散布毒氣，先是毒害原住民，再派軍隊前進，先後殺害了原住民一千多人。一直到一九三〇年十月三十一日，莫納魯道發現他們已經沒有多少糧食，日軍又持續進攻，所以便和一家大小二十四人全部自盡身亡。後來許多原住民也相繼仿效，自殺者不計其數。

霧社原住民經過五十多天的武力抗爭，終告失敗。原先部落約有一千四百多人，後來只剩下五百多人，後來隔年，一九三一年日本警察又相繼屠殺遺族，造成原住民嚴重死傷。

在霧社事件發生之前，霧社這個地方是台灣總督府「理番政策」的重點地區，卻出了這麼大規模的武裝反抗事件。死傷慘重，日人屠殺原住民事件後來受到也日本本土民眾的抗議，因此台灣總督府修正了台灣原住民的種族歧視政策，並且加速皇民化教育。將將原住民強制遷移到平地定居，並且將他們的生活，由狩獵改為農耕。原來居住在霧社地區的賽德克族人，經過這第二次霧社事件後，全族人只剩

1936~1939

美國
羅斯福總統實施「睦鄰政策」，對中南美洲的控制鬆綁。並恢復與蘇聯間的外交關係。

義大利
正視併吞衣索比亞。

德國
德軍占領萊茵河非武裝區。
十月，德義雙方建立「羅馬─柏林軸心」。

日本
德簽訂反共協定，
發表廣田三原則包括：「中日親善；承認滿洲國及共同防止共產主義的傳播。」

中華民國
張學良發動西安事變，失敗遭到軟禁。

日本在台灣推行皇民化運動，並禁止漢文報紙發行。

法國
畢卡索的《佛朗哥之夢》完成。

西班牙
西班牙內戰。一九三七年，長槍黨與傳統派人士合併為西班牙傳統派長槍黨，佛朗哥以元首的名義統治，並獲得義、法、英、美等國承認。並在第二次世界大戰時保持中立。

下二百九十八名。一九三一年五月六日，日本官方強制將這些人遷到北港溪流域與眉原溪交會處之川中島，集中監視，改名為「川中島社」（今日的清流部落）。

霧社事件死傷慘重，當時以蔣渭水為首的民眾黨，在事件發生之後，馬上在《台灣新民報》報導當時總督府以毒氣屠殺原住民的消息。而當時的台灣自治聯盟也隨即提出指責，嚴重抗議，並要求台灣總督辭職。民眾黨也像日本內閣發布電報，也向日本大眾黨和勞農黨發送電報，請求他們派人來台調查霧社事件。

一九三一年一月，民眾黨也向總部位在日內瓦之國際聯盟發電，抗議日本使用毒瓦斯屠殺台灣霧社人民」，日本內閣終於正視這個問題。一九三一年一月，台灣總督石塚英藏、總務長官人見次郎遭到日本內閣撤換，警務局長石井保、台中州知事水越幸一也辭職表示負責。

嘉南大圳與八田與一：嘉南平原成為台灣的大穀倉

一九二〇年興建的嘉南大圳是台灣早期西岸的重大興建案，對於台灣早期農業有相當巨大的影響力。

在此之前，嘉南平原的農耕因為降雨量不足，有許多閒置的「看天田」和「鹽分地」，農作物產量始終無法提升。日本治台之後，為了解決糖米不足的問題，並且想要提升甘蔗產量，發展台灣製糖產業，首先要解決的就是「供水問題」。一九一〇年代，台灣總督府擬定了「官佃溪埤圳計畫」，想要在曾文溪的上游官佃溪附近修築水壩，灌溉附近嘉南平原數十萬甲的田地。一九一四年，台灣總督府選定東京帝國大

單位：年

西元	地點	時代	大事
1936~1942	蘇聯		史達林大整肅，八百萬人遭逮捕、五百到六百萬人被勞改，到一九四〇年時，人數加倍；重要政治人物紛紛被公審，紅軍內部被大量撤除指揮官與將領。
1937	日本		一九三七年日本發動了侵華戰爭。全台進入戰時體制。 台灣總督府禁止使用中文，廢止各中文欄，中文雜誌停刊，漢書房（私塾）被強制廢止，並且縮建寺廟，禁止表演中國語劇等。 一九三七年八月，蔣中正，胡適前往美國爭取美方對於中國的支持。
1937	台灣	民國二十六年	一九三七年，陳澄波完成畫作《嘉義公園》。 一九三七年，蔡瑞月赴日本學習現代舞。 推動第一次生產力擴充五年計畫，完成日月潭第二發電。

學土木科畢業的八田與一，任命為台灣總督府土木部技師，先參與台南水道計畫工程，然後赴菲律賓、新加坡、澳門和香港等地考察當地用水設施，之後設計了桃園埤圳工程後，接手嘉南大圳計畫。

八田與一接手嘉南大圳工程後，在一九一七年（大正六年）向臺灣總督府提出「官佃溪埤圳計畫」，一九一八年展開實地調查後，提出「官佃溪埤圳計畫」。不過因為興建費用太高，遭到駁回。但在一九一八年日本發生米騷動事件後，這個計畫獲得通過，嘉南大圳終於獲得經費興建。

一九一九年（大正八年），「公共埤圳官佃溪埤圳組合」成立，八田與一率領技術人員共八十人負責此專案。剛開始先興建烏山頭水庫，利用台南官田區、六甲區、大內區、東山區間的低窪地，做為儲水區，儲蓄官田溪附近的雨水資源。之後，在曾文溪上游大埔溪北岸興建取水閘門，命名為「烏山嶺引水隧道」，引導大埔溪水能匯流到官佃溪上游，這個水庫被命名為「珊瑚潭水庫」。

再來，八田與一繼續解決嘉南大圳下游的問題，他以以烏山頭水庫為中心，分成南和北兩條線，分別建立了許多水門，灌溉區域涵蓋了今天的台南市、嘉義市、嘉義縣、雲林縣等地。一九二〇年九月動工，八田與一率領藏成氏、白木原兩技師到美國、加拿大、墨西哥及日本調查。一九二四年邀請美國土石水壩權威 Joel D. Justin 到台灣評估興建工程。最後他採取半水力沖淤式土壩施工法（Semi-hydraulic Fill Method）興建大壩，壩體只使用〇．五%的混凝土，其他部分採用卵石、圓礫石、碎石、溪沙、黏土等混合土壤，興建方式是在堰堤中心建造微細粘土的中心羽金層，遮斷滲透水。這種想法非常特別，這是當時以「農業義勇軍」和「台灣特設農業團」等名義，招募台灣人加入戰場，也以「高砂義勇隊」和「高砂特別志願兵」名義，動員原住民投入戰場。

一九三七年九月，日本政府招募第一批台籍軍伕前往上海，這批招募人員的名稱是「台灣農業義勇團」，他們前往上海附近的農場，種植蔬菜，以備軍糧之所需。

一九三七年，陳映真出生。

一九三七年，白先勇出生。

一九三七年，楊三郎完成畫作《威尼斯》。

全球

德、義、日的軸心國成立。

中華民國

日軍發動七七盧溝橋事變，中國對日抗戰開始。

十二月五日，南京保衛戰開始。發生南京大屠殺

德國

納粹德國政府舉辦「墮落藝術展」，並到處巡迴。

亞洲唯一的溼式堤偃水庫。當時水庫的除水量是日本當時最大的農業工程——愛知事業的十倍之多，是當時世界唯一的工程創舉。一九三〇年五月，整個嘉南大圳工程終於完成，這個工程在當時是亞洲最大的灌溉土木工程。

完工後的嘉南大圳，使得旱田減少，嘉南平原的水田增加了三十倍。同時因為水量充足，也改善了土壤質地，解決乾旱和田地鹽害的問題，大幅提升農作物生產產量。正是因為嘉南大圳的興建，使得嘉南平原成為稻米產地，可種植蓬萊米，四年後的水稻產量增加了四倍之多。同時，也有利於甘蔗種植，有助於台灣總督府實施三年輪作制，提升土地的生產力，同時也能提高國家的財政收入。

南進政策下的台灣：工業化與南進基地化

一九二九年美國華爾街股市大崩盤，全世界經濟都發生困難，日本國內經濟也陷入「昭和恐慌」。在這種全球低迷的氣氛下，日本國內的氣氛也轉變了，文人內閣被打壓，武官文化抬頭，軍國主義當道。一九三一年日本關東軍攻佔中國東三省，建立傀儡政權「滿州國」。隨著軍國主義的抬頭，日本積極向外擴張他們的勢力，提出「大東亞共榮圈」的口號，極力發展「南進策略」。

在「南進策略」的政策下，一九三六年，台灣總督再度由軍人擔任，海軍大將小林躋造擔任台灣第十七任總督，在台灣推行「皇民化運動」。小林躋造是自一九一九年以後歷任文人總督之後的第一任武官總督，又回到日治初期武官總督的體制。小林躋造上台後，提出了三大施政方針：皇民化、工業化、南進基地化。為了配合大日本的「南進政策」，台灣總督

單位：年

西元 1938

地點	時代	大事
台灣	民國二十七年	一九三八年，胡適擔任中華民國駐美大使。 一九三八年，陳澄波完成畫作《椰林》。 一九三八年開始實施計畫有：鋁（提供飛機、汽車工業材料）、無水酒精、工業鹽、製紙、鑄鋼、合金鐵、水泥、石綿（船艦、飛機、戰車等電路材料）。 一九三八年一位泰雅族少女莎韻，協助日本老師田北正記警丁的故事後來被稱為〈莎韻之鐘〉。
英國 德國		放棄綏靖政策。 奧地利發生政變，德國進軍奧地利，宣布與奧地利合併。 九月，慕尼黑會議，希特勒、墨索里尼、張伯倫與達拉第，決議將蘇台德區讓給德國，但德軍仍於十月入侵捷克。 希特勒發動「破窗之夜」，攻擊猶太教堂及猶太人，全德發起有組織的猶太人迫害行動。

府積極發展工業。台灣因為地理位置的特殊，被視為「南進策略」的最佳跳板，希望能透過台灣，取得東南亞更豐富的自然資源或者土地。

一九三〇年台灣總督府召開了「臨時產業調查會」，將幾項產業作為台灣工業未來的發展重心，分別是：紙漿、天然瓦斯、酒精、蘇打、肥料、苧麻、黃麻、罐頭製造等。台灣總督府提出「台灣工業化」的口號，制定振興工業計畫，將一九三一－一九三七年視為準備階段，首先發展電力，因為電力是工業之母。

一九三一年十二月，日月潭水力發電工程動工，直至一九三四年七月完成，裝機容量是十萬千瓦。一九三五年又興建第二座日月潭發電所，一九三七年完工。緊接著在一九三七年二月又在北部基隆興建北部火力發電廠。這些電廠的運作，使得台灣在一九四三年時全台的發電總量是一九三一年的六．七倍之多。

一九三七年中日戰爭爆發之後，台灣總督府提倡「南進基地化」，再次提出了二十多項可發展的工業，希望能加速台灣軍事工業化，以提供日本戰爭之所需。一九三八年開始實施的計畫有：鋁（提供飛機、汽車工業材料）、無水酒精、工業鹽、製紙、鑄鋼、合金鐵、水泥、石綿（船艦、飛機、戰車等電路材料）。緊接著又持續開採煤礦、有色金屬，硫磺、鎳、鎂　丙酮、鹼姓蘇打等。除此之外，也在台灣開設許多工廠和工業株式會社，作為開採和工業工廠。

台灣總督府在一九四一年十月在總督府召開「臨時台灣經濟審議會」，提出幾個振興台灣工業的大方向。第一，以水力發電為中心，利用電力發展鐵合金工業、鎳工業、天然瓦斯工業、無水酒精工業。第

1939

歐洲

英國、法國、義大利和德國，簽訂了慕尼黑協定。

台灣

民國二十八年

一九三九年十一月二十二日舉行台灣史上第二次民主選舉活動，一九三九年，成立「台灣詩人協會」。

一九三九年，台灣詩人協會成立，發起人為西川滿，龍瑛宗任文化部委員。

德國

德國與蘇聯簽署《德蘇互不侵犯條約》，內容包括兩國共同瓜分波蘭，並約定互不侵犯。

德國發動「白色作戰，侵略波瀾，吞併捷克」。

全球

德國侵略波蘭後，應、法、澳大利亞和加拿大等國，相繼向德國宣戰。

二次世界大戰中的歐戰正式爆發。

二，開發基隆到大安溪的煤礦。第三，強化台北市、新竹市、高雄市的工業產業，並且開發新港口：新高港、台南港、花蓮港、蘇澳港。第四，加強工業勞工的組織，並提供補助。第五，提供工廠所需的資金。

經過這些計畫，戰爭時期的台灣逐漸從純粹的農業社會結構，轉型為工業社會結構，無形中也讓台灣產業更趨多元。

水力發電：日月潭水力發電廠的竣工

一九三〇年代台灣工業化發展最重要的計畫之一是日月潭水電工程。日月潭水電工程是當時東亞最大的水力發電工程，它的重要性和烏山頭水庫、嘉南大圳並列為一九三〇年代重要工程。

日月潭水力發電廠興建計畫由來已久。在那之前，台灣的第一座水力發電廠是一九〇五年設立在龜山的電廠，當時以供應臺北、大稻埕、艋舺地區用電。但後來因為用電需求大增，開始在各地興建發電廠，台灣總督府在一九一九年成立「台灣電力株式會社」，成立的目的即是興建日月潭水力發電廠。

當時施工使用最先進的機具，先從縱貫鐵路彰化二水站修建一條鐵路（現在的集集支線），將工程材料運送到南投水里，再建造索道（流籠）將所需要的器材吊掛到日月潭上方施工地區。為了施工用電，還在今天南投國姓鄉興建北山坑水力電廠，輸送電力到施工區。剛開始工程進行非常順利，只是一九一八年世界大戰後物價大漲，台灣總督府資金籌措不足，再加上一九二三年關東大地震，日本也沒辦法提供資金給台灣，所以一九二三年十二月工程被迫中斷。

雖然如此，負責的台灣電力株式會社仍然不放在，在一九二八年聘請美國水力發電工程師石威公

單位：年

西元	地點	時代	大事
1939	蘇聯		蘇聯出兵侵略波蘭，首都華沙被攻陷。波蘭投降，流亡政府在巴黎成立。
			蘇聯侵略芬蘭，是為「冬季戰爭」。翌年波蘭投降，簽署《莫斯科和平協定》。
	德國		簽訂《慕尼黑協定》，德國占領蘇台德區。
	英國		推行普遍徵兵，宣布保障宣言，以阻止納粹的侵略。
	中華民國		汪精衛在日本扶植下，於南京成立國民政府。
			日軍轟炸重慶、西安、成都。
	英國		英國全國的電視總數突破兩萬台。
	法國		總動員，對德宣戰。
	美國		第二次世界大戰，美國與英國禁止製造電視，至戰後才解禁。

司來台調查，進行技術支援，終於在一九二九年春天，當時的春天川村總督決定日月潭水電工程復工，並在十二月派任曾任東京市電器局長的松木幹一郎接任台電社長，負責這個計畫。松木幹一郎與許多專家研議，在一九三一年十月宣布再度動工。終於在一九三四年六月完成第一至第三號機，一九三四年九月完成第四、五號機，起出命名為「門牌潭發電所」，一九三五年更名為「日月潭第一發電所」。日月潭水力發電廠的供電量是當時亞洲電廠的最大量，裝機容量達十萬五千瓦，從一九一九年計畫到完工，整整歷時十五年，經歷了十位台灣總督和三任社長。

完工後的日月潭供電量大增二．九四倍，足以供應全台灣的電力。水力發電的原理是利用天然湖泊日月潭加高堰堤成為貯水湖，將湖水拉引至日月潭西側的門牌潭後，利用高度落差達到一千零五十七尺（三二〇公尺）之水力，來推動發電機。當時台電以日月潭發電廠為中心，架設了154KV的特高壓輸電線路貫穿全台。北部的線路經由霧峰變電所、新竹關閉所而傳送到台北變電所。南部路線經過嘉義變電所，而傳送到高雄變電所，形成一北一南，長達三五〇公里的兩條輸電系統。日月潭水力發電不只供應全台民眾用電，也足以供應全台工廠。所以日月潭水力發電廠的興建，也促使了後來許多煉鋼、治鋁等工廠的設立，協助台灣早期工業的發展。日月潭水力發電廠的全盛時期，一直延續到台灣七十年代，因為經濟發展用電需求大增，之後才開始興建核能與火力發電廠，不然在此之前，台灣民生與工廠用電都仰賴日月潭水力發電廠。

皇民奉公會成立：將台灣人徹底同化為日本皇民

台灣 **民國二十九年**

一九四〇年，成立「台灣文藝家協會」。

一九四〇年，西川滿等組織「台灣文藝家協會」，發行刊物《文藝台灣》（共三八號）。

一九四〇年，顏水龍完成畫作《池畔》和《懷古》。

一九四〇年，由戶長提出申請，可以更改姓名。

一九四〇年日本定位「南進計畫」，開始進攻南洋的印尼。

德國

德國入侵丹麥及挪威。兩國都以投降換取停戰。

英國

邱吉爾出任英國首相。

不列顛空戰爆發。

英國在美國的協助下，進行敦克爾克大撤退。

日、德、義簽訂了《三國同盟條約》，意指美國假若對任一軸心國宣戰，就等於和三國同時宣戰。

一九三六年小林躋造擔任台灣第第十七任總督，他上任後提出了新的施政方向：「皇民化運動」。

小林躋造擁有軍人背景，再加上他上任後隔年，一九三七年日本發動了侵華戰爭，在這個時空背景之下，小林躋造希望能把台灣人徹底改造為日本人，和本土日本人一樣擁有「皇國精神」。此時距離日本統治台灣已經四十二年了，雖然時間很長，但是日本政府仍然覺得沒有辦法同化台灣人，發生了不少台灣人和原住民的武裝抗議事件，因此提出了「皇民化運動」。

一九四一年四月十九日，第十八任總督長谷川清和台灣軍司令本間雅晴，成立了「皇民奉公會」，這是一個由總督府統籌各地機關的重要組織，從上至下，統籌和執行皇民化運動的主要組織。所謂「奉公」，是一切都以國家需求為上，始台灣人為日本帝國盡忠，徹底落實日本皇民思想。「皇民奉公會」成立的精神，是「要信仰絕對無上之國體，貫徹尊皇敬神、皇國臣民之榮譽，全島一致，以努力顯揚肇國之大道」。也就是說，期待台灣人能由內而外成為真正的皇國臣民，這是一種精神上的洗腦運動。

在「皇民奉公會」的統籌下，一九四三年的組織系統相當完整。中央之下，五州二廳都設立了支部。下屬的十一市五十一郡，也都分別設立支會而五十六街二〇九庄也都有下轄分會。每縣市下設有二五七個區會，各縣市的衛生分會下設五千四百零四個部落會，最下層則設六萬八千三百三十四個奉公班，數目非常驚人。在這個體系下，將台灣人納入系統，人人都是「皇民奉公會」的會員。

「皇民奉公會」推動的活動相方多元：宗教與社會風俗的改革、「國語」（日文）運動、改姓名，以

單位：年
西元
1940

地點	時代	大事
美國		日本占領了中南半島北部。美國決定凍結日本置放於美國的資產，全面停止供給石油、鋼鐵和其他機用油。
西歐		德國執行「黃色行動」，入侵荷蘭、比利時、盧森堡。數日後，三國紛紛投降。德國發動「紅色作戰」入侵法國。法國遷都波爾多，隨後，德軍攻佔巴黎。
		法軍領袖戴高樂于倫敦成立「自由法國」，號召有志之士進行抗德作戰。
		法國投降。維琪政府成立，並加入了軸心國聯盟。
全球		英國的邱吉爾組成聯合內閣，荷蘭王室和政府官員流亡倫敦。戴高樂在倫敦成立「自由法國臨時國民委員會」。
法國		第二次大戰中，馬諦斯遠離政治，休養罹患癌症的身體。
美國		抽象表現主義興起。

及志願兵制度等。

因為之前大量增設「國語講習所」，鼓勵台灣人講「國語」（日文），以普及日語能力。一九三七年四月，總督府全面禁止報紙的漢文版。學生在學校都以日文溝通，禁止講漢文。在日常生活之中，也獎勵說日文。根據統計，在一九四三年台灣人已有八〇％的比例，具有日常日文對話能力。

再者，為了獎勵台灣人說日文，日本政府推出許多獎勵「國語家庭」的辦法。對於全家大小都使用日語的家庭，提供「國語家庭」的優待。譬如：小孩擁有較高的機會進入小學校、中學念書、公家機關優先任用、食物配給較多等等。正因為有這些配套措施，講日文逐漸成為風氣。一九三七年到一九四三年間，台北州（包括今台北縣市、基隆市、宜蘭縣），根據統計有三千四百四十八戶被認定為「國語家庭」。

除了獎勵日文，將日文訂為官方語言之外，也獎勵更改姓名，將原本的漢名改為日本名，做一個真正的日本人。一九四一年年底，台灣改姓名的人，比例只有一％左右。但到了一九四三年年底，全台灣共有一萬七千五百二十六戶改姓名，人數在十二萬六千二百一十一人，比例提高到二％。不過，改姓名是獎勵制度，並非強制。

「皇民奉公會」推行活動的時間，因為是戰爭時期，所以實行戰時經濟統治，依照每戶人數配給食米，也強迫民眾參加「奉仕作業」（也就是戰爭時期的勞動服務）。同時，「皇民奉公會」也透過這種組織傳播他們的理想，例如組織農業義勇團、青年學生報國會、青年奉公會、女青年奉公會、產應奉公會等，從各個面向動員台灣人力。

太平洋戰爭爆發。

一九四一年，賴和再度被拘捕入獄，約五十日，在獄中以草紙撰述〈獄中日記〉，反映殖民地被統治者無可奈何的沈重心情。

一九四一年，張文環、王井泉、黃得時等組織「啟文社」，發行《台灣文學》。

一九四一年，施明德出生。

一九四一年四月十四日，長谷川總督於總督府親自接見莎韻的家屬，以及當天表演的少女青年團團員，頒贈一座刻有「愛國乙女サヨンの鐘」（愛國少女莎韻之鐘）字樣的銅鐘。從此以後，「莎韻之鐘」一事成為台灣和日本爭相報導的愛國事件。「莎韻之鐘」一詞，也就廣為流傳。

一九四一年，第十八任總督長谷川清和台灣軍司令本間雅晴成立「皇民奉公會」，提出「台灣一家」口號，標榜台灣人民也是皇民，以達到戰爭動員的目的。

高砂義勇隊：日本在台徵用原住民

高砂義勇隊是一群在第二次世界大戰期間，日本徵召台灣原住民所集結成的組織。是採志願、強迫或半徵召的方式募集，目前尚不得知。但可以確定的是在一九四二年—一九四四年之間，約有七次或八次，每次隊員在一千人到六百人之間，總數約四千人左右。

在霧社事件之後，日本人強化了對於原住民的管理。當時台灣總督府在「理蕃」的政策下，一九三五年台灣總督府舉辦了「施政四十年」紀念活動，在台灣總督府內召開第一次「高砂族青年團幹部懇親會」，有來自各族代表三十二名青年幹部參加，此後就將台灣的原住民賜名為「高砂族」。「高砂族」就是台灣的九族，約有十四萬人，「高砂族」的新命名，象徵著日本人「理蕃」的一個成績。

一九四〇年日本定位「南進計畫」，開始進攻南洋的印尼。日本人想要打開南洋新戰場，但對於南洋了解不夠。當時日軍和知鷹二參謀建議，若能徵召台灣原住民前往戰場，應該能對戰情大有幫助。因為台灣原住民本來就熟悉叢林氣候，也深知叢林中作戰的各種技巧，在許多對抗日本人的武力抗爭活動中，能以寡擊眾。所以「高砂義勇隊」是這系列募集活動的總稱，每一個梯次其實都另有命名，例如「薫空挺隊」等。

「高砂義勇隊」的原住民因為熟悉台灣山林中的生活，所以當他們在南洋叢林時，可以自由來去穿梭，善於躲藏，也擅於突擊，比日本軍人還厲害。除此之外，因為他們熟悉山林，也擅長狩獵，當糧食不足時，還可以狩獵，提供補給，深受日本軍人喜愛。

單位：年

西元 1941 地點	時代	大事
日本		台灣總督府在一九四一年十月在總督府召開「臨時台灣經濟審議會」，提出幾個振興台灣工業的大方向。 日俄戰爭停止。日、蘇兩國簽署互不侵犯條約。日本開始專心發展南進政策。
德國		海德里希負責「猶太問題的終極解決方案」，由帶人被牆致簽到集中營，約有五、六百萬歐洲猶太人遭殺害。 德國撕毀「德蘇互不侵犯條約」，發動「巴巴羅薩行動」入侵蘇聯。德軍攻陷基輔、克里米亞和烏克蘭。 德軍包圍莫斯科。
蘇聯		蘇聯外長莫洛托夫公開發表對得嚴厲譴責，正式對德宣戰。 史達林堅持在紅色廣場舉行「十月革命」週年紀念的閱兵典禮。典禮結束後，蘇聯軍直赴前線應戰。 十二月，德軍公式因氣候受阻，蘇聯得到反攻的機會。

根據目前資料統計，一九四二年三月第一批「高砂義勇隊」被稱為「高砂族挺身報國隊」，約有五百人，到菲律賓集合。這批隊伍因為參加五月七日戰役，成功擊退巴丹半島美軍而獲得眾人注意，之後就將台灣原住民出征的隊伍稱為「高砂義勇隊」。這批出征的高砂義勇隊有五百人，回台時接受了隆重的凱旋儀式，而且還在當局安排下出任警察，扮演後方支援前線的任務。因為這個原因，後續六月陸續派出一千人，十一月派出第三批四百一十四人，一九四三年六月派出第四批二百人，一九四三年七月派出第五批五百人，一九四三年六月派出第六批八百人，一九四四年五月派出第七批八百人等，都前往新幾內亞島作戰。目前我們無法知道以「高砂義勇隊」之名前往南洋的有多人，以及確切的死亡人數有多少。根據歷史資料顯示，「高砂義勇隊」出征的次數有七次或八次之說。

不過後來戰後，日本官方並沒有給予高砂義勇隊的遺族有任何補償，而他們的靈位被安置於日本靖國神社之內，有許多原住民遺族對此甚為不滿，希望可以歸還祖靈，而和日本有諸多交涉。目前在新北市烏來區設有一座「高砂義勇隊紀念碑」，募款是來自於日本的捐助者。

莎韻之鐘：做為宣傳皇民化運動的文案

「莎韻之鐘」的起源，要上溯到一九三八年（昭和十三年）一位泰雅族少女莎韻協助日本老師田北正記警丁的故事。

當時因為中日戰爭爆發，日本開始在各地徵召日本青年從軍，台灣的日籍警察也是被徵召的對象。當時田北正記收到徵召令，他依照命令離職，然後準

美洲

美國頒布《租借法》，放棄孤立主義，支援同盟國。

美國和英國發表《大西洋憲章》，成為日後聯合國的基礎。

東亞

日本軍機突襲珍珠港。

在三個小時間，八艘戰艦遭擊沉或燒燬，三千五百多名美軍瞬間喪生。

美、英對日宣戰。

全球

德、義對美宣戰。歐雅二大戰場合流，成為名符其實的世界大戰。

東亞

日本積極拓展南進政策。進攻菲律賓及荷屬東印度群島。

十二月十日，日軍展領關島。

十二月十二日，日軍對英國海軍停泊於印度洋港口的艦艇發動攻擊，將英國勢力逐退。

十二月二十日，日軍占領威克島。

備前往中國從軍。當時他從宜蘭山區南澳出發，而泰雅族少女莎韻協助他搬運行李。那時兩人行經宜蘭山區途中，遇到颱風，天氣非常不好，在經過武塔南溪時，碰到溪水暴漲，莎韻失足落水。田北正記順利離開宜蘭，通知當地警察前往營救，但並無莎韻的行蹤。

原本只是一件單純泰雅族少女失足落水事件，後來受到台灣報紙的報導，逐漸廣為人知。莎韻本來參加的女子青年團團體，也為她舉行盛大的「少女莎韻追悼會」，莎韻的行為開始被渲染為一個愛國事件。一九四一年，由全台高砂族青年代表領銜演出的「皇軍慰問學藝會」活動在台北公會堂演出，有一齣表演即是以少女莎韻的故事為底本。莎韻的同學ナミナ，以泰雅語和日文演唱，因為編曲優美，歌詞感人，獲得了現場許多來賓的讚賞，連坐在台下的台灣總督長谷川清都非常感動，他事後了解此事後，便表揚莎韻，並以這件事作為「皇民化教育」的宣導素材。

一九四一年四月十四日，長谷川總督於總督府親自接見莎韻的家屬，以及當天表演的少女青年團團員，頒贈一座刻有「愛國乙女サヨンの鐘」（愛國少女莎韻之鐘）字樣的銅鐘。從此以後，「莎韻之鐘」一事成為台灣和日本爭相報導的愛國事件。「莎韻之鐘」一詞，也就廣為流傳。

當時因為正值中日戰爭，「莎韻之鐘」成為廣為宣傳的愛國事件，台灣總督府舉辦了一系列相關的宣傳活動，有：立碑、畫像、話劇、演唱、作曲。日本人將這件事宣傳為台灣原住民少女的愛國行為，後來還被翻唱為日本歌曲，原唱為四十年代日本名歌星渡邊濱子的流行歌曲《莎韻之鐘》。同時也被翻唱為國語歌曲《月光小夜曲》和粵語歌曲《每當變幻時》。

單位：年

西元	1941	1942
地點	美國	台灣
時代		民國三十一年
大事	羅斯福發表「四大自由」：言論自由、信仰自由、免於匱乏的自由、免於恐懼的自由。通過租借法案，可讓盟國未付款便取得美國物資。十二月七日，日本突擊珍珠港；八日，美國對日宣戰；十一日，美國對德義宣戰。	推動第二次施產力擴充五年計畫，首次工業生產總值超越農業生產總值。 台灣總督府與台灣軍司令部正式宣布將從一九四二年實施志願兵制度。台灣人正式以軍人身份投入戰爭。 一九四二年—一九四四年之間，約有七次或八次，派遣「高砂義勇隊」支援戰爭，每次隊員在一千人到六百人之間，總數約四千人左右。 一九四二年，胡適辭去駐美大使一職，旅居紐約，從事學術研究。

畫家鹽月桃甫曾至流興社取材，創作一幅名為「莎韻之鐘」的油畫。一九四二年還被拍成電影，由李香蘭主演也被編入小學教科書，而成為當時台灣家喻戶曉的愛國故事。

不過後來《莎韻之鐘》故事，隨著日本戰敗，不再被流傳，《莎韻之鐘》目前只在武塔公墓入口留下殘存的紀念碑。直到民國八十六年（一九九七年），南澳鄉公所改在武塔派出所附近蘇花公路路旁，設置「莎韻紀念公園」，放置重鑄的莎韻之鐘，「莎韻之鐘」才逐漸又受到大家的重視。

開羅會議與波茲坦宣言：決定台灣在二戰後的命運

太平洋戰爭爆發之後，中國和英國、美國宣布結盟，一九四三年英國與美國和中國簽署新條約，正式放棄英美在中國境內的治外法權。一九四三年一月十一日，英國與美國也發表聯合聲明，宣布廢除了過去一切對華不平等條約，中國擺脫自滿清末年以來的頹勢，邁向一個新國家。即便如此，英國首相邱吉爾對於中國還是不抱好感，但美國總統羅斯福卻相當支持蔣中正，希望拉攏中國成為戰時的結盟國，希望戰後世界是由美、英、蘇、中四國一起掌舵。

珍珠港事件爆發之後，日本控制了東南亞，緬甸成為中國、英國、美國三國軍力與日軍接觸的唯一戰區。當時三個國家對於如何反攻緬甸，意見相左，幾個國家領袖希望能透過會議，商討戰略。

召開開羅會議的想法，源自一九四三年十月英美中蘇在莫斯科舉行的莫斯科會議。美國認為這次會談確認了四大國聯合行動的重要性，參與的四個國家也在會議後，共同簽署了繼續合作的聲明。之後，經

1942

台灣

民國三十一年

一九四二年，西川滿、演田隼雄、張文環、龍瑛宗到東京參加第一回「大東亞文學者大會」。

一九四二年，台中一中學生組成詩社「銀鈴會」，出版油印刊物《邊緣草》，共出十幾期。

一九四二年，楊逵發表《鵝媽媽出嫁》於「台灣時報」。

一九四二年，日本文學報國會派久米正雄、菊池寛等作家來台，召開「戰時文藝講演會」。

東亞

一月二日，日軍占領馬尼拉。

一月到三月，日軍在荷屬東印度群島中勝出，占領了西里伯斯、婆羅洲與安汶島。同時，日軍在望加錫海峽戰役中獲勝，逐步占領帝汶島、爪哇島嶼巽他群島。

過各國代表協調，在一九四三年十一月二十三日至二十六日，由英國、中國、美國在埃及王国首都開羅召開「開羅會議（Cairo Conference）」。參加者是英國首相邱吉爾、中國政府主席蔣中正、美國總統羅斯福，商討對日戰爭的戰略，以及戰後國際局勢的安排。會後公布了「開羅宣言」，要求日本無條件投降，歸還侵佔的土地，包括東四省、台灣、澎湖於中國等。交還日本歸還千島群島、庫頁島於蘇聯。要求日本將太平洋之託管管島嶼交由美國託管，並且要求讓朝鮮獨立。「開羅會議」的重要性，是確立了中國成為戰後世界四強的地位，並且決定了亞洲戰後的新走向。

一九四五年七月十七至八月二日，在第二次世界大戰中取得勝利的國家，在德國波茲坦開會，會後發布「波茲坦宣言」。參與會議的有美國總統杜魯門、英國首相邱吉爾、蘇聯領導人史大林，會後簽名的公告是以美國、英國、中國等三國領袖之名發布。「波茲坦宣言」的主要內容是：建議日本帝國必須立即投降，然後重申「開羅宣言」所提條件的強制性，日本主權限制於九州、本州、四國、北海道之內，其餘土地都必須歸還。

「開羅宣言」以國際協議的形式公布，成為日後第一份確認台灣是中國領土的國際文件。在法律層面上來說，它明確指出日本侵占台灣是非法的，也為戰後台灣的主權問題，提供了國際的法源依據。因此在第二次世界大戰之後，一九四五年十月二十五日，中國國民政府根據《開羅宣言》的約定，正式恢復對台灣、澎湖列島行使主權。當時是由台油省行政長官兼警備司令陳儀，在台北市接受日軍第十方面軍司令長官安膝利吉的投降降書。經過這個儀式，台灣的主權

單位：年

西元	地點	時代	大事
1942			二月，日軍於新加坡戰役中擊敗英國的殖民地政府，成功佔領新加坡。
			五月，珊瑚海戰役，日軍首度失利，暫停南進攻勢。
			六月，日軍于中途島戰役中慘敗，損失了四艘航空母艦，自此失去控海的優勢。
	蘇聯		蘇聯宣布莫斯科會戰得到勝利。
			德軍將目標轉移到高加索油田和史達林格勒。
			二次大戰中最為殘擾血腥的「史達林格勒戰役」開始。
			蘇聯死守史達林格勒市。
			十一月中，蘇聯發動「天王星行動」大舉展開反攻。
	全球		二十六個國家在華盛頓簽署了《聯合國家宣言》，組成反法西斯聯盟，共同對抗軸心國。
	東亞		日本和美國於太平洋展開「中途島戰役」。此役後美國取得太平洋戰爭之主導權。

也從日本手中，轉移至中國。

太平洋戰爭爆發：日本在台灣從募兵到全面徵兵

在台灣的台灣男人原本是不需要當兵的，這不是日本人對臺灣的優惠，而是對台灣人還懷有顧忌。不過自從日本開始發動侵華戰爭之後，因為需要支援在中國的戰爭補給需求，先是展開徵募不具備軍人身分的軍屬和軍伕。

一九三七年九月，日本政府招募第一批台籍軍伕前往上海，這批招募人員的名稱是「台灣農業義勇團」，他們前往上海附近的農場，種植蔬菜，以備軍糧之所需。而後隨著戰局逐漸擴大，台灣總督府又招募「農業指導挺身團」、「台灣特設勞務奉公團」、「台灣特設勤勞團」、「台灣特設建設團」等，派遣台灣籍軍伕到中國戰區擔任物資運輸、工業建設、農業種植等工作。

後來在一九四一年六月二十日太平洋戰爭爆發之後，台灣總督府與台灣軍司令部正式宣布將從一九四二年實施志願兵制度。根據當時統計，自從政策宣之後，受到很多台灣人響應，向台灣軍司令部與各地憲兵隊提交志願書的人數，在一九四一年八月底突破三千名。一九四二年一月十六日，總督府情報部正式對外發布「陸軍志願兵訓練所生徒募集要綱」，正式接受台灣人志願從軍的申請。只要年齡十七歲以上、無重大犯罪、符合體位標準者，都可以提出申請。從二月一日到三月十日，共有四百二十五萬五千九百二十一人提出申請，根據統計，這數字估計相當於當時全台成年男性人數的十四%。

這批志願役經過三個月的身家調查、學科筆試與口試的重重測驗後，在一九四二年六月九日，總督府一九三七年四月，總督府全面禁止報紙的漢文版。在一九四三年台灣人已有八〇%的比例，具有日常日文對話能力。

一九三七年四月，「日本文學報國會台灣支部」成立，宣揚皇民文化。《文藝台灣》、《台灣文學》停刊，改由台灣奉公會發行《台灣文藝》。十一月「台灣文學奉公會」在台北市公會舉行「台灣決戰文學會議」，日台作家六十餘人參加。

一九四三年「台北帝國大學」將原本的理農學部劃分為理學部、農學部，並且增設了工學部、南方人文研究和南方資源研究所。也將「附屬農林專門部門」從台北帝國大學中分立出來，改制為獨立的「台灣總督府台中高等農林學校」（也就是現在的國立中興大學前身）。

一九四三年英國與美國和中國簽署新條約，正式放棄英美在中國境內的治外法權。

發表陸軍特別志願兵第一期的合格名單，前期五百零八名，後期五百一十二名，分別在一九四二年七月與一九四三年一月入伍受訓，而在一九四三年四月與七月派遣至台灣軍所屬各部隊中服役，並在一九四三年底，前往東印度群島的東帝汶，加入當地戰事。

後來隨著戰局的演變，對於兵力的需求愈來愈高，一九四三年一月總督府又實施第二回陸軍志願兵，報名的人數也愈來愈多。在一九四三年五月，日本政府正式在台灣實施「海軍特別志願兵制度」，在七月一日開始在台募集海軍士兵。申請條件除了年齡限制是十六到二十五歲之外，其餘與陸軍志願兵相同。

不過志願軍人的招募人數還是不足以應付前線戰爭需求，一九四三年九月二十三日，台灣軍司令部、高雄警備府與台灣總督府共同發表聲明，將從一九四五年起正式在台施行「徵兵制度」。從宣布到真正實施徵兵制的這三年，還是維持志願兵募兵制度，這三年內總共招募了約四千二百名漢族陸軍志願兵，和一萬一千名海軍志願兵。

一九四五年「徵兵制」實施之後，據說到戰爭結束之前總共有約二十萬人，曾接受徵召。軍人有八〇四三三人，軍屬有一二六七五〇人，總數共二〇七一八三人，但這數目仍舊不明確，不包含臨時徵募的人。除此之外，戰時還有許多在校讀書的青年學生，必須參加學徒兵擔任預備隊，民間也有許多防衛隊、國民義勇隊（防禦工事）等組織，所以廣義上的台籍日本兵，數量應該更多。

日治時期的新文學與新美術

日治時期的台灣新文學，有幾件比較重要的事

單位：年

西元	地點	時代	大事
1943	台灣	民國三十二年	一九四三年一月十一日，英國與美國也發表聯合聲明，宣佈廢除了過去一切對華不平等條約，中國擺脫自滿清末年以來的頹勢，邁向一個新國家。 一九四三年九月二十三日，台灣軍司令部、高雄警備府與台灣總督府共同發表聲明，將從一九四五年起正式在台施行「徵兵制度」。 一九四三年十一月二十三日至二十六日，由英國、中國、美國在埃及王国首都開羅召開「開羅會議」（Cairo Conference）。參加者是英國首相邱吉爾、中國政府主席蔣中正、美國總統羅斯福，商討對日戰爭的戰略，以及戰後國際局勢的安排。會後公布了「開羅宣言」。 一九四三年，賴和病逝，鄉里人士悲痛，沿路擺設香案路祭。

件，首先就是「台灣白話文運動」。

一九二三年（大正十二年）的「台灣白話文運動」，又稱為「新舊文學論戰」或者第一次的新舊文學論戰。一九二四年四月與十一月，作家張我軍在《台灣民報》發表〈致台灣青年的一封信〉與〈糟糕的台灣文學界〉，在這兩篇文章中抨擊台灣的舊文學與舊詩人。他認為古典文學和古典詩歌對於現實社會沒有幫助，舊文學沒有價值，這個看法得到當時一些作家的支持。

除此之外，賴和、張梗、蔡孝乾等人，也支持提倡新文學，希望能像五四運動「我手寫我口」，倡導新文學運動。不過這些看法受到舊文學作家如：連橫、鄭坤五、黃文虎等人的反對，雙方論戰自一九二四年四月張我軍發表文章起一直到一九二六年三月才平息。一九二六年九月，新文學支持者陳虛谷、陳逢源與葉榮鐘，又再次發起該「新舊文學」的第二階段論戰，雙方爭論一直到一九三二年才停止。

其實，閩南語與日語是日治時期台灣比較流行的語言，這些作家對於中國北方的白話文不熟，「我手寫我口」的目標是很難達成。再加上，當時中國官方的白話文在台灣不易推行，在日本政府強力推行日語為國語的政策下，台灣作家要以哪種語言作為表述和書寫主體，的確是很複雜的問題。

一九二六—一九三〇年，也是台灣新文學的成長時期。這時新文學刊物紛紛成立，比較重要的有《台灣新民報》、《大眾時報》，以及一些刊物，《人人》、《七音聯彈》、《榕樹》、《少年先鋒》、《伍人報》、《台灣戰線》。另外這時期也有許多文學作品，根據統計，一九二五年以前的小說作品只有八篇，但一九二六—一九三〇年代卻有多達四十七

1944	民國三十三年	
○台灣		美軍轟炸台灣，台灣成為戰場，各項生產事業停頓。中國國民政府在一九四四年三月成立「台灣調查委員會」（台調會），作為收復台灣的機構，隨後任命陳儀擔任台灣的行政長官兼警備總司令。

篇以上。這時期的作品有幾個重要主題，第一是揭發日警壓迫，如賴和〈一桿「秤仔」〉、〈不如意的過年〉等。第二是表現殖民資本家對農工群眾的經濟剝削，如楊雲萍〈黃昏的蔗園〉、楊守愚〈囚年不免於死亡〉等。第三是描寫傳統禮教的家庭悲劇，如張我軍〈白太太的哀史〉、楊雲萍〈秋菊的半生〉、賴和〈可憐她死了〉。第四是諷刺傳統士紳的醜態，如楊雲萍〈光臨〉、涵虛〈鄭秀才的客廳〉等。

除了新文學之外，這時期的美術風格也和以前不同。在日本治台之前，台灣早期的美術發展，主要是延續中國傳統文人畫的畫風。不過，在日本統治台灣這時期，逐漸將洋畫、膠彩畫帶入了台灣社會。膠彩畫和洋畫和傳統文人寫意畫風差別很大，膠彩畫重視的是「寫生」觀念，畫家開始有了寫生的概念和新經驗，作畫時不是隨意的，而是必須觀摩人像和景物。而西洋油畫重視的是「印象主義」的畫風，這也和之前傳統的筆墨寫意畫風差別很大。這些新觀點和新畫風的輸入，都替台灣的美術界帶來許多新的刺激。

在當時台灣總督府的支持下，有四位畫家一起籌辦畫展。這四位畫家分別是：在台的日籍美術老師石川欽一郎、鹽月桃甫、鄉原古統、及木下靜涯。他們仿照日本官辦展覽「帝展」的方式，成立了「台灣美術展覽會」（簡稱「台展」）。在一九二七年成立之後，每年舉辦展覽，直到一九三六年，總共舉辦十次。（其中一九三七年因為中日戰爭的關係，停辦一次）而一九三八年之後，這個展覽改為台灣總督府文教局主辦，稱為「台灣總督府美術展覽會」（簡稱「府展」），舉辦過六次。

雖然在日本統治台灣期間，官辦展覽雖然只有短短的十六年，但卻對台灣的美術史影響巨大。

戰後台灣

戰後台灣是指第二次世界大戰結束後開始的這段時期，從1945年10月25日開始。當時中華民國國民政府從日本手中，接手台灣與澎湖群島。隨著日治時期的結束，從這個時候開始，開始進入戰後台灣時期。

1945年8月15日，日本宣告投降。9月2日，盟軍最高統帥麥克阿瑟發布《一般命令第一號》指示各地日本軍向同盟國投降，並且規定日本必須歸還台灣與澎湖給中國政府。隨後，蔣中正委派中國陸軍總司令何應欽將軍，擔任代表，在台灣接受日本政府的投降書。台灣總督安藤利吉將軍，10月25日在台北公會堂（今台北中山堂），向當時的受降主官陳儀投降，並簽署文件。

中華民國接管台灣後，由陳儀出任台灣省行政長官，兼台灣省警備總司令部總司令。1946年1月12日，中華民國行政院宣佈「原有我國國籍」之臺灣人民於一九四五年10月25日起恢復中華民國國籍。

戰後台灣可以依照時間先後分成幾個時期，第一個是「兩蔣及台灣戒嚴時期」（1949-1987年），第二個是「李登輝政府時期」（1988-2000年），第三個是「陳水扁政府時期」（2000-2008年），第四個是「馬英九政府時期」（2008-2016年），第四個是「蔡英文政府時期」（2016-）。

「兩蔣及台灣戒嚴時期」，因為1949年中國大陸易主，中華民國政府撤退台灣，中國共產黨在中國大陸另外成立中華人民共和國。中華民國政府剛遷台時，主張反攻大陸，但因為缺乏國際援助，兩岸之間有發生一些小規模戰役，但至今維持兩地不同政府的局勢。正因為當時情勢緊張，中華民國政府於1949年起，在台灣發布「戒嚴令」和《動員戡亂時期臨時條款》，以軍事統治方式掌控社會。當時有許多人因為被指控為「匪諜」，而沒收財產，遭到監禁或者處決，這被稱為「台灣白色恐怖」。

1950年起，台灣實行地方自治，省、直轄市議會議員及縣、市以下行政首長與民意代表由公民直選產生，不過過程並不順利。1960年，雷震等人士籌組「中國民主黨」，但很快被政府解散。當時的台灣大學政治系教授兼系主任彭明敏，和學生謝聰敏和魏廷朝於1964年共同起草《台灣自救運動宣言》，主張要民選國家總統，實行真正民主政治，三人也隨後被遭逮捕。後來經過長時期台灣黨外運動團體的努力，1975年蔣中正逝世， 1978年由蔣經國出任總統及國民黨主席來接掌政權，隨著蔣經國在1988年1月去世，蔣家父子兩代的統治隨之結束，台灣終於開始朝向民主政治發展。1988年，副總統李登輝依照憲法繼任總統。

1990年，李登輝當選最後一任由國代選出的總統，同年1991年5月1日，李登輝宣布「終止動員戡亂時期」。李登輝在任內推動民主化，與台灣本土化政策，陸續推動了六次修憲。1996年3月，中華民國在台澎金馬舉行首次總統直選，李登輝當選，成為中華民國首位民選總統，這也是台灣首位民選領導人。隨後依照民主程序，陸續擔任總統的是陳水扁、馬英九和蔡英文。

單位：年

西元	地點	時代	大事
1945	台灣	民國三十四年	台灣總督府情報課編《決戰台灣小說集》，收錄戰時作品。 胡適擔任「中華民國政府代表團代表」，在美國舊金山出席聯合國制憲會議。 台灣全面實施徵兵制度。 一九四五年七月十七至八月二日，在第二次世界大戰中取得勝利的國家，在德國波茲坦開會，會後發布「波茲坦宣言」。 台灣籍慰安婦被派任到日軍所到之處。 一九四五年八月，美國在廣島和長崎投下原子彈，八月十五日日本宣布無條件投降。 一九四五年十月十六日，第一批來台的國軍，從基隆港上岸，民眾沿路歡呼迎接。 一九四五年十月二十五日，日本受降典禮在台北公會堂（今天的台北中山堂）舉行，由陳儀代表，接受台灣總督府總督安藤利吉，代表日本政府所簽署的降書。十月二十五日這一天後來也被中國國民政府命名為「台灣光復節」。

台灣光復：國民政府接收台灣

一九四五年八月六日，美軍在日本廣島和長崎分別投下原子彈，造成了日本慘烈的傷亡。一九四五年八月十五日，日本天皇向全國廣播並且發布了投降詔文。日本投降後，當時的英美盟軍最高統帥麥克阿瑟將軍，宣布日本必須將台灣與澎湖歸還中國國民政府，並向中國戰區最高統帥蔣介石將軍投降。中國國民政府在一九四四年三月成立「台灣調查委員會」（台調會），做為收復台灣的機構，隨後任命陳儀擔任台灣的行政長官兼警備總司令。

「台灣調查委員會」成立之後，先是搜集有關台灣資料，然後調查了台灣實際的民生和經濟狀況。接著，著手研究有關台灣問題的處理方案等。陳儀為主任委員，沈仲九、王芸生、錢宗起、周一鶚、夏濤聲為委員，之後也聘請了一些台灣本省人委員加入，如：李友邦、謝南光、黃朝琴、游彌堅、丘念台等。這批委員，成為戰後台灣受降，和政府行政的主要核心。

台灣歸屬中國的消息傳進台灣之後，有部分台灣人非常興奮，在民間組成了「歡迎國民政府籌備會」，並組成「光復致敬團」，派遣人士前往南京向中國中央政府表達謝意。從發布消息到第一批國民政府接收人員抵達台灣之前，從一九四五年八月十五日到十月十五日這兩個月期間，其實台灣是無政府狀態，但當時因為台灣民情純樸，地方領袖和里長也彼此幫忙，在這段中日政權移交的過渡階段，非常順利，並無失序事件發生。

一九四五年十月十六日，第一批來台的國軍部隊在美國軍隊的護航下，分別搭乘三十餘艘美軍軍艦

1945

歐洲

二月四日，美、英、蘇三國舉行雅爾達會議，討論戰後部分領土安排韓聯合國的組織原則。

美軍登陸硫磺島。

同年，美軍加強對日本東京等大城的轟炸行動。

德國

四月，蘇聯軍調動兩百五十萬人準備攻打柏林。

蘇聯軍自奧德河、尼斯河向柏林發動進攻，五月二日下午，德軍停止開火。其他的國軍團陸續投降。

盟軍攻入柏林，希特勒自殺，德國投降。

全球

五月八日，德意志對同盟國無條件投降。

六月二十六日，五十個國家簽署《聯合國憲章》。

日本

美軍在廣島投下第一顆原子彈。

美軍在長崎投下第二顆原子彈。

南韓

大韓民國成立。

裕仁天皇於八月十五日宣布日本國戰敗投降。

一九四五年隨著日本戰敗，「台北帝國大學」也改名為「國立台灣大學」，「台北帝國大學醫學部」更名為「國立台灣大學醫學院」。

抵達基隆港。當軍隊從基隆港上岸之後，民眾非常高興，沿路歡呼迎接。一九四五年十月二十五日，日本受降典禮在今天的台北市中山堂舉行，由陳儀代表接受台灣總督府總督安藤利吉，代表日本政府所簽署的降書。十月二十五日這一天後來也被中國國民政府命名為「台灣光復節」。

之後，「台灣省行政長官公署」正式接手，成立了「台灣省接收委員會」，這個團隊分成十一個小組。不過因為後來在接收日本人公有和私有財產的過程中，有部分接收人員並不公正，中飽私囊，將部分財產那為己有，這是後來造成後來各地居民不滿的遠因之一。

再加上，後來因為農作物收成不佳，出現了米荒，以及各地物價上漲的民生問題，剛接手的行政官員因為缺乏經驗，處理不恰當。原本台灣人期待的新政府能帶來新氣象，但見到行政官員多是中國地區遷居而來的外省人，而非重用台灣當地人士，也引發了很多台灣本省籍知識菁英份子的失望。「台灣調查委員會」主要的工作時間）一九四四年四月－一九四五年四月），聘任人員大約有五十名左右，台籍人士只佔四分之一，而且都不是主要核心人員。這些原因都造成國民政府接受之後，民間不滿的情緒。

二二八事件（一）：查私菸引發大民變

中國國民政府接收台灣之後，台灣人以為和日本政府相比，台灣人這時可以擁有更多的參政機會，有更多決定地方事務的自治機會，但是當時的行政長官陳儀將行政、立法、司法都攬在身上，而且還掌握軍事大權，和日本政府並無差別。

再加上這時在台灣的官員，貪污事件頻傳，官

單位：年

西元	地點	時代	大事
1945	北越		胡志明領導越南共產黨在河內建立「越南民主共和國」（稱「北越」）。
	北韓		金日成在蘇聯支持下成立朝鮮民主主義人民共和國。
	越南		越南末代皇帝保大皇帝在法國支持下於西貢建國。越南南北政權開始長達十年的法越戰爭。
	全球		聯合國成立。
1946	台灣	民國三十五年	一九四六年，國共停戰協定。 一九四六年，陳澄波完成畫作《碧潭》。 一九四六年，楊三郎完成畫作《迪化街》。 一九四六年，廖文毅先後參選「國民參政會」參政員，和「制憲國大代表」，但都落選。 一九四六年，由台灣銀行發行「台幣」。一九四六年九月至十一月間完成民間「台灣銀行券」兌換「台幣」。 一九四六年，政府開始取締日語書籍。一九四六年四月，成立「國語推行委員會」。

員也勾結商人，從中套利。貿易局長于百溪變賣接收到的的日方物資，得款數千萬元。這件事被《民報》揭發，陳儀竟然派人警告《民報》，不得再報導。當時的專賣局長任維鈞也侵吞鴉片七十公斤，並且運到香港變賣獲利。貪污案件不僅出現在高官，各個層級官員都有涉入。根據《民報》報導，從一九四五年到一九四七年二二八事件發生之前，已經曝光的貪污案件就高達五十多件，遑論未曝光的案件。這些都讓許多台灣人感到失望，對國民政府官員相當反感。

除了官員貪污之外，國民政府的軍隊紀律也相當敗壞，造成嚴重的治安問題。許多軍人會偷竊，還會詐欺、恐嚇、搶劫、殺人，也會調戲良家婦女，甚至強暴婦人，引起相當多糾紛，也挑起台灣人的憤怒。日治時期的日本人雖然讓台灣人感到沒有安全感，但日本軍隊紀律嚴謹，官員也不貪污，這些事件都是造成二二八事件的遠因之一。

除此之外，當時的人民生活也不好過，物價狂飆，民生用品一直缺貨。這都歸咎於國民政府接管台灣後，採取全面性的統制經濟。日治時期，日本人留下的二百三十七家公司企業，六百多個單位，全被納入長官公署所屬各處室。而且日治時期最重要的專賣事業，也都全歸公家。連許多民生物資，也都被納入公家。一般台灣人很難做小本生意，生活並不容易。再加上公家單位又不懂得經營，收賄者又多，這些問題都導致了嚴重的通貨膨脹，物價上漲。

二二八事件的起火線，是在一九四七年二月二十七日，當時台灣省專賣局台北分局查緝員到台北市的天馬茶房前查緝私菸，他們發現一名四十多歲的林姓婦人在賣私菸，所以沒收香菸和他身上所有的錢。林姓婦人表示她的生活困難，還有養育一子

1946

◎歐洲

一九四六年，楊逵發表〈壓不扁的玫瑰花〉於《新生月刊》。

一九四六年，吳濁流發表〈亞細亞的孤兒〉。

四月十八日，國際法庭在海牙成立。

菲律賓

菲律賓脫離美國獨立建國。

義大利

總理加斯貝利，在國會大選和公投後，宣布義大利成為共和國。

1947

◎台灣

民國三十六年

一九四七年一月一日，蔣中正簽署了「國民政府令」，頒布了新的《中華民國憲法》，將原本的中央政府，改組為「中華民國政府」，從此國民政府時期正式走入歷史。

一九四七年二月二十七日，台灣省專賣局臺北分局查緝員到台北市的天馬茶房前查緝私菸，爆發「二二八事件」。三月一日起，爆發了全台的反抗事件，衝突不斷擴大，延燒為台灣民眾大規模反抗國民政府的抗議事件。國民政府覺得事情嚴重，發布戒嚴令，以武力鎮壓民眾。二二八事件造成當時各地民眾嚴重傷亡，不計其數。

一女，請求查緝員不要扣押，但查緝員不願意，憤怒之下以手槍槍柄敲擊林婦頭部，林婦滿臉是血昏迷倒地。圍觀民眾目睹，非常生氣，蜂擁而上怒打查緝員。有警察開槍，不慎打到旁邊的市民，造成死亡。激憤群眾六、七百人包圍警察局，要求警方懲凶。警方不願回覆，兩方交涉得不到結果。

一九四七年二月二十八日，台北市很多商家罷工，許多市民前往抗議，要求公賣局分局長歐陽正宅下台負責。後來，抗議群眾還到台灣省行政長官公署門口請願示威，公署衛兵對市民開槍並造成傷亡，所以使得民眾情緒更為激昂。當時他們繼續轉向台北新公園（今天的二二八和平公園）繼續抗議。長期累積對於國民政府的不滿，終於爆發。警備總司令部眼見情事危急，趕快發布「台北市臨時戒嚴令」，許多民眾受到射殺，整個台北陷入暴動中。

三月一日起，爆發了全台的反抗事件，衝突不斷擴大。先是基隆，後來台中市民於臺中戲院召開市民大會，推舉謝雪紅作為市民大會主席，在會議中強烈批評陳儀政府的暴政。在謝雪紅的帶領下，他們包圍警察局、專賣局台中分局。同時，彰化市、嘉義市、台南市、高雄市各地也都發生抗議事件。

二二八事件（二）：陳儀處理失當，台籍菁英遇難

二二八事件的導火線是起源於一九四七年二月二十七在台北市的查緝私菸一事，二月二十八日起一直到五月十六日，全台灣發生許多武力抗爭事件，原本的單一事件，延燒為台灣民眾大規模反抗國民政府的抗議事件，各地民眾佔據地方地方官署，本省人對

單位：年

西元	地點	時代	大事
1947	台灣	民國三十六年	一九四七年四月二十二日，行政院改制為「台灣省政府」，由立法院副院長魏道明擔任首屆「台灣省政府主席」。五月十六日，「台灣省政府」正式成立。 一九四七年二二八事件後，廖文毅於三月四日代表「台灣革新協會」，組成「台灣二二八慘案聯合後援會」。陳儀於四月十八日發佈「二二八事變首謀叛亂犯在逃主犯名冊」三十人，廖文毅名列其中，成為通緝犯，他只好逃難到上海。 一九四七年七月，政府通過了「全國總動員案」，蔣中正宣布進入全國總動員，國務會議通過《動員勘亂完成憲政實施綱要》。七月五日開始，全國進入「動員戡亂時期」。 一九四七年，楊逵因二二八事件和葉陶雙雙被捕，被判死刑，槍決前一天還好因為「非軍人改由司法審判」的命令，撿回一命，三個月後獲釋。 一九四七年，陳澄波因二二八事件身亡。

外省人展開報復攻擊，國民政府覺得事情益發嚴重，各縣市發布戒嚴令，也開始派遣軍隊逮捕，以及武力鎮壓民眾。二二八事件造成當時各地民眾嚴重傷亡，不計其數。

初期衝突階段，各地居民包圍縣市政府和倉庫，開倉搬運出牛奶和米糧，分送給民眾，並奪取槍械彈藥。各地警察局和憲兵為了控制秩序，與市民產生不少衝突。一九四七年三月一日，許多地方人士和民意代表出面與政府交涉，提出改革要求，希望能平復亂象。台北市參議會邀請國民大會代表、台灣省參議員、國民參政會參政員，在中山堂成立「緝菸血案調查委員會」，提出解除戒嚴、禁止軍警開槍、共組處理委員會等請求。隨後，陳儀也在台灣廣播電臺發表談話，同意參議員與政府合組處理委員會的要求，也承諾會解除戒嚴。不過此時，在高雄、嘉義、雲林、台南等地區的武裝抗議活動，仍舊仍在進行中。

不過，陳儀在安撫台灣民眾的同時，他也和中國國民政府求援，他指出台灣正發生叛亂，希望國民政府能派遣武裝部隊前來台灣鎮壓。一九四七年三月六日，台灣省參政員緊急致電蔣中正，指出台灣民眾並非叛亂，而是持續以來的官員疏失造成民怨，也呼籲國民政府不要以武力鎮壓，以免事態嚴重。當時，蔣渭川也曾多次與陳儀商討解決方法，他們也尋求台北美國領事館轉發消息到南京美國大使館，尋求幫忙。不過後來蔣中正還是接受陳儀請求，派軍隊前來台灣。

軍隊後來進駐高雄車站，以武力鎮壓高雄的民眾集會，造成多人傷亡。繼而軍隊前往台灣各地，進行鎮壓。由於各地民眾組成的抗爭組織，都是臨時也無完善訓練，所以無法與正規軍隊相抗衡，只在少數地

1947 美國

馬歇爾在中國調解失敗後，反美支持希臘與土耳其的援助，提出援歐的馬歇爾計畫。

十二月二十日，二十三國在日內瓦簽訂《關稅及貿易總協定》，協議降低關稅和促進自由貿易。

1948 台灣 民國三十七年

一九四八年，廖文毅和謝雪紅在香港組織「台灣再解放聯盟」。

一九四八年四月十八日，國民大會三讀通過《動員戡亂時期臨時條款》，宣告中華民國正處於緊急時期，宣告全台進入「動員戡亂期間」，在這段時間，總統擁有為了保護國家安全，發布和實施緊急程序的權利，不受《中華民國憲法》限制。

一九四八年十一月四日，殷海光在《中央日報》上發表《趕快收拾人心》的社論，猛烈抨擊國共內戰中中國國民黨的內外政策。

一九四八年，詩人林亨泰發表詩刊《潮流》，《潮流》這本詩刊可以刊登中文詩，也登登日文詩。

區有短暫抗爭，大多數地方都被警察與憲兵以武力鎮壓。

一九四七年三月十三日，台北市公布《戒嚴期間民眾行動應注意事項》，陳儀並向蔣中正提交共計二十人的《辦理人犯姓名調查表》，隔天警備總司令宣布展開肅奸工作。陳儀於三月二十六日發布《陳兼總司令為實施清鄉告全省民眾書》，提出戶口清查、搜捕可疑成員的清鄉計畫，並鼓勵檢舉密報，大量逮捕或殺害曾參與反抗行動或嫌疑者。警察和憲兵開始大規模拘捕嫌疑犯，展開清查戶口、恢復秩序、懲罰犯人等工作。台灣開始進入「清鄉工作」，也就是進入白色恐怖時期。

三月三十日，行政長官公署編印《台灣省二二八暴動事件紀要》，將處理委員會視為非法團體，列出二百多名參與叛亂行動的的成員。四月一日，行政長官公署向各縣市頒布《台灣省縣市分區清鄉計畫》，要求各地訂定清鄉辦法。四月十八日，警備總司令部發布《二二八事變首謀叛亂在逃主犯名冊》，要求憲兵團盡速緝捕犯人。

在清鄉期間，國民政府為了平撫民眾恐慌和反抗，也從中國派遣官員前來慰問。三月八日，監察院閩台區監察使楊亮功前往臺灣調查。三月十日，蔣中正對二二八事件發表首次談話，將事件歸為中國共產黨所為。三月十七日，蔣中正派遣國防部部長白崇禧、三民主義青年團中央團部處長蔣經國等十四人，來台灣視察。雖然白崇禧等人到達台灣後，宣誓將恢復秩序，不准軍人亂開槍，降低台籍民眾傷亡，但效果有限。

當時美國駐華大使司徒雷登，向蔣中正提出勸解，他批評陳儀的鎮壓行為造成民眾死傷慘重，要求

單位：年

西元	地點	時代	大事
1948	台灣	民國三十七年	一九四八年，吳濁流發表〈波茨坦科長〉一文來諷刺來台官員的腐敗。一九四八年，楊逵因為起草因同儕起草「和平宣言」，再度被捕，經軍法審判，處十二年有期徒刑。
1948	全球		聯合國發表世界人權宣言
	捷克		捷克發生二月事件，民主政府被推翻。
	歐洲		西歐五國簽訂《布魯塞爾條約》。四月，西歐各國成立歐洲經濟合作組織。
			六月，日內瓦舉行第一屆世界衛生大會，「世界衛生組織」成立。
	朝鮮半島		大韓民國與朝鮮民主主義人民共和國分別成立。
	以色列		以色列建國，魏茲曼為第一任以色列總統。埃及、黎巴嫩、約旦、敘利亞、伊拉克等阿拉伯國家攻擊以色列，發生第一次中東戰爭。
	南非		總理馬蘭為保護南非境內的三百萬白人，決定實施「種族隔離政策」。
	法國		眼鏡蛇畫派成立。

撤換她。蔣中正擔心美國的態度，所以最後批准陳儀辭職，並同意改制台灣的行政體系。

三月二十二日，中國國民黨中央執行委員會將陳儀撤職查辦，四月二十二日，行政院院撤銷行政長官公署，改制為「台灣省政府」，由立法院副院長魏道明擔任首屆「台灣省政府主席」。四月二十九日，行政院核定的臺灣省政府委員、和各處室長官，全部二十二個職位中共有十二名台籍人士。五月十五日，魏道明抵達台灣，與行政長官公署進行交接。五月十六日，「台灣省政府」正式成立，解除各地的戒嚴令，同時也正式結束各地的清鄉工作。停止新聞、圖書和郵政檢查，廢除交通管制，也開始釋放被捕的人員。

不過，即便如此，台灣各地還是籠罩在二二八事件的陰影中。接著一九四九年八月國民政府遷台之後，實施長達三十八年的戒嚴統治，台灣實際上長期處於白色恐怖時期。

廖文毅與彭明敏：海外台灣獨立運動的開展

二二八事件除了造成台灣民眾死傷之外，當時有些台灣的知識份子開始萌生體制外抗爭運動的念頭，廖文毅和彭明敏就是兩位最有名的代表。

廖文毅自幼聰穎，才華洋溢，他在中國南京金陵大學求學期間，便展露擅長交際的能力。廖文毅因為有留學中國與美國的經驗，再加上中華民國政府接管台灣之後，廖文毅先後擔任台北市政府工務局長、台北市公共事業管理處處長，他擁有高學歷，又精通中文、日文、英文，他對於政治有高度的興趣。

在二次大戰結束那一年，廖文毅創立了「台灣民

1948~1949 德國

第一次柏林危機，直到一九四九年五月才解除封鎖，東柏林成為東德首都，西柏林則依循歐洲重建計畫的規定。

1949 台灣

民國三十八年

一九四九年四月六日，發生台大和台灣省立師範學院的學生抗議事件「四六事件」。四六事件標誌著台灣進入一九五〇年代白色恐怖，而台灣省警備總司令部之後更可以直接行文各級學校，命令交出哪些滋事學生，也可以隨時進入校園拘捕。

一九四九年四月十四日，台灣省政府主席陳誠公布《台灣省私有耕地租用辦法》，開始實施「三七五減租」。

一九四九年五月，「臺幣」兌換金圓券匯率從當初的一：三變為一：二〇〇〇，非常嚇人，金圓卷如同廢紙一般不值錢。

中華民國臺灣省政府主席陳誠於一九四九年五月十九日頒佈《台灣省戒嚴令》，宣布自一九四九年五月二十日開始在台灣實施戒嚴。

族精神振興會」，自任會長。之後又組織「台灣憲政會」，並且創立《前鋒》雜誌，在雜誌中發表許多對於時政的批評。一九四六年，廖文毅先後參選「國民參政會」參政員，和「制憲國大代表」，但都落選。

一九四七年二二八事件後，廖文毅於三月四日代表「台灣革新協會」，組成「台灣二二八慘案聯合後援會」。陳儀於四月十八日發佈「二二八事變首謀叛亂犯在逃主犯名冊」三十人，廖文毅名列其中，成為通緝犯，他只好逃難到上海。

一九四八年，廖文毅和謝雪紅在香港組織「台灣再解放聯盟」。一九四九年十二月，廖文毅赴日，於一九五〇年二月二十八日在京都召開「二二八事件三周年紀念日」，發表台獨主張，之後遭到美軍以「非法入境」逮捕。即便如此，他還在在一九五〇年五月十七日在東京神田ＹＭＣＡ組成「台灣民主獨立黨」（ＦＤＩＰ），成為海外台灣獨立運動的重要黨派。一九五六年，廖文毅成立「台灣共和國臨時政府」，並於同年二月二十八日就任為臨時政府的大統領。一直到一九五六年五月四日，受到蔣經國等人的招撫，才聲明放棄台灣獨立運動回到台灣。

而台灣獨立運動領袖的早期代表之一，則是彭明敏。他畢業於台大後，之後申請中央研究院補助出國深造，取得法學碩士文憑，之後在法國巴黎大學取得政治博士學位。三十八歲時，出任台大政治系主任，是戰後台大最年輕的系主任。

一九六四年，他與謝聰敏和魏廷朝共同起草著名的「台灣自救運動宣言」。宣言主要的內容是提到「反攻大陸」不可行，希望台灣政府能制定新的憲法，實施民主，並且以新的國家身份加入聯合國。這份宣言在當時想法非常前衛。事發後，三人於

單位：年

西元	地點	時代	大事
1948	台灣	民國三十八年	一九四九年的六月，也實施「懲治叛亂條例」和「肅清匪諜條例」，監視各地的叛亂者，同時情治單位也進行人口整編。
1949	台灣	民國三十八年	一九四九年六月十五日，台灣省政府行政院評估要實施幣制改革，公布〈台灣省幣制改革方案〉，發行「新臺幣」。 一九四九年十月一日，毛澤東在北京宣佈成立中華人民共和國。 一九四九年十月二十四-二十七下之間，發生「古寧頭戰役」是發生在一九四九年十月二十四—二十七日下之間，在金門的一場國共戰役。因為中華民國政府在第二次國共內戰期間屢次戰敗，這是長時間戰敗後的第一場勝仗，台灣局勢也因此穩定。
1949	台灣	民國三十八年	一九四九年十一月，《自由中國》雜誌發行，由胡適擔任發行人，主要編輯是雷震和殷海光。

一九六四年九月二十日被捕，一九五六年二月三人被正式起訴，彭明敏被判八年有期徒刑。但是由於國際和美國的支援，蔣中正於十一月三日特赦彭明敏，但是彭明敏的生活持續遭到監控。

一九七〇年，彭明敏在友人的協助下，逃至瑞典。一九七〇年九月，轉赴美國密西根大學中國研究中心擔任研究員。在一九七二年，彭明敏出任「台灣獨立建國聯盟主席」，一九七八年，彭明敏成為「台美協會」的董事，並於一九七九年《台灣關係法》的立法過程中，在美國眾議院公聽會作證。一九八二年，彭明敏與其他台籍美國人組成「台灣人公共事務協會」，出任台灣人公共事務協會會長，在海外推行台灣獨立理念。一直到一九九〇年，台灣最高法院撤銷對彭明敏的通緝令後，彭明敏於一九九二年十一月返台，結束二十三年流亡生涯。

動員戡亂時期臨時條款與台灣戒嚴令：台灣進入威權統治時期

一九四七年一月一日，蔣中正簽署了「國民政府令」，頒布了新的《中華民國憲法》，將原本的中央政府，改組為「中華民國政府」，從此國民政府時期正式走入歷史。改組後的中華民國政府遇到的第一個難題，就是和中國共產黨的內戰。因為內鬥愈來愈嚴重，一九四七年七月，政府通過了「全國總動員案」，蔣中正宣布進入全國總動員，國務會議通過《動員勘亂完成憲政實施綱要》。七月五日開始，全國進入「動員戡亂時期」。儘管如此，但由於中華民國政府在與中國共產黨的內戰中，處於劣勢，迫於情勢所逼，終於在一九四九年十二月將政府遷到台灣，

年份	地區	事件
1949	蘇聯	
	全球	中華民國政府在與中國共產黨的內戰中，處於劣勢，迫於情勢所逼，終於在一九四九年十二月將政府遷到台灣，而中國大陸的領土從此被中國共產黨控制，兩岸從此分裂。
		一九四九年底，有一批國軍從雲南地區撤退到緬甸北部，被命名為「雲南反共救國軍」。
		蘇聯成功試爆原子彈。
		西方各盟國在華盛頓簽訂《北大西洋公約》，八月成立具軍事性質的「北大西洋公約組織」。
		十二月，聯合國通過《世界人權宣言》。
	中國	十月一日，中華人民共和國成立。
	美國	發表美國對華政策白皮書。
1950 民國三十九年	台灣	一九五○年二月二十八日，廖文毅在京都召開「二二八事件三週年紀念日」，發表台獨主張。他在一九五○年五月十七日在東京神田YMCA組成「台灣民主獨立黨」（FDIP），成為海外台灣獨立運動的重要黨派。

而中國大陸的領土從此被中國共產黨控制，兩岸從此分裂。

遷居來台的中華民國政府，因為情勢緊急，也為了在台灣建立穩定的政權，一九四八年四月，第一屆國民大會召開在台灣的第一屆會議，會議中達成共識，擴大總統權力。一九四八年四月十八日，國民大會三讀通過《動員戡亂時期臨時條款》，宣告中華民國正處於緊急時期，宣告全台進入「動員戡亂期間」，在這段時間，總統擁有為了保護國家安全，發布和實施緊急程序的權利，不受《中華民國憲法》限制。一九四八年五月十四日，《動員戡亂時期臨時條款》正式施行，原本規定有效期為兩年半。不過後來一直持續到一九九一年五月一日，才由李登輝總統公布廢止《動員戡亂時期臨時條款》。一九九一年十二月三十一日，擔任四十三年之久的立法院、監察院、國民大會的第一屆委員才全體退職，號稱「萬年國會」才終於結束。

另外，也因為實施《動員戡亂時期臨時條款》的關係，中華民國臺灣省政府主席陳誠於一九四九年五月十九日頒布《台灣省戒嚴令》，宣布自一九四九年五月二十日開始在台灣實施戒嚴。《台灣省戒嚴令》實施的地區，包括臺灣本島、周邊島嶼、和澎湖群島。這次戒嚴令實行又被稱為「戒嚴時代」。戒嚴時期一直持續到一九八七年七月十五日，總統蔣經國宣佈解除戒嚴令為止，一共持續了三十八年五十六天。

進入戒嚴時期，對於台灣的影響是進入一個黨國控制的威權時代。因為依照《戒嚴法》的規定，在戒嚴期間，總統擁有掌管行政事務及司法事務的無上權力，政府組織內無人能與之抗衡。而且，政府為了控管，還可以禁止人民的自由以及許多基本人權，包括

單位：年

西元	地點	時代	大事
1950	台灣	民國三十九年	一九五〇年成立「國安局」，更有制度的監看監聽各地的情報，是台灣最高的情治系統機關。 一九五〇年六月二十五日，韓戰爆發，美國宣布第七艦隊協防台灣。 一九五〇年到一九六五年，總共援助了台灣十四點八億美元，為當時的台灣經濟發展提供非常大的助力。 一九五〇年起，顏水龍的繪畫主題開始以台灣風景為主，重視環境保護，反應出人文關懷的一面。
1950	法國		外長舒曼提議法國雨稀得聯合生產煤與鐵，此組織開放西歐國家參與，並由超國家的機構加以監督，被成為是「舒曼計畫」。
	美國		正式下令製造氫彈。 抽象表現主義在引領美國藝壇。 麥卡錫擔任常設調查委員的主席，在外交部官員和知識界、藝文界造成恐怖氣氛。
	英國		宣布承認越南、寮國、柬埔寨三國獨立。

集會、結社、言論、出版、旅遊等。除此之外，還有一連串的黨禁、報禁、海禁、出國旅遊禁等。更而嚴重的是，政府為了嚴禁匪諜，可以搜捕許多他們懷疑的政治異議人士，並進行軍法審判或處決。當時的台灣警備總司令部直接下轄於總統蔣中正之下，執行所有任務，讓許多台灣人非常害怕。很多人都聽聞某些人無故失蹤，或者蒙受冤獄或處刑，這段戒嚴時期也被稱為「臺灣白色恐怖時期」。

蔣中正：國民政府遷台

蔣中正擔任中華民國自從實施《中華民國憲法》以來，第一任到第五任的總統，並且連續當選中國國民黨總裁。從一九四八年十二月十日從成都敗退到台北之後，蔣中正統治台灣，一直到一九七五年他去世為止。在他任內，主張反攻大陸，反共復國。

在國民政府剛開始遷台那幾年，蔣中正認為解放軍有攻台打算，所以加強軍事訓練，並努力消除國軍各種長期存在的弊端。他認為政府遷台的失敗原因，是軍事監察制度沒有發揮功效，所以開始整肅黨務。蔣中正先進行了國民黨的改造，將國民黨改造為以他自己為領袖的一個政黨。從此以後，蔣中正的意見就是國民黨的意見，他以黨領政、以黨領軍，建構了一個以蔣中正為名的強人威權體制。

一九四九年的六月，也實施「懲治叛亂條例」和「肅清匪諜條例」，監視各地的叛亂者，同時情治單位也進行人口整編，並在一九五〇改組為「國安局」，更有制度的監看監聽各地的情報，是台灣最高的情治系統機關。

在這個階段，首先有幾名比較重要的反動政治人

朝鮮半島

南北韓軍對於北緯三十八度線開始交戰，開啟韓戰。
七月三日，美國派軍參戰。
九月十五日，美軍在仁川一地登陸。
十月二十五日，毛澤東組成中國人民志願軍，跨過鴨綠江參戰，幫助北韓。

美國與英國

電視普及，成為家庭不可或缺的家電。
白南准一家逃至香港。

○ **美國**

後現代主義的建築觀念興起。

○ **台灣** 民國四〇年

一九五一年起，顏水龍開始繪製油彩畫作品《睡蓮》，一直到一九六四年才完成。
一九五〇—一九六〇年帶，五月畫會和東方畫會先後成立，努力讓畫風走出傳統風格，追求創新。
一九五一年五月二十五日，立法院正式通過《耕地三七五減租條例》，六月七日以總統令公布施行。
一九五一年六月，開始實施公地放領，放領耕地由政府委託台灣土地銀行徵收，使無地的農民可以透過這種方式，取得所有權。

物，包括吳國楨、王世杰、孫立人、雷震。蔣中正開始進行排除異己的動作，將吳國楨、王世杰及孫立人解職，同時《自由中國》的負責人雷震也逐漸失去威勢。所以後來有人說，一九五五年是蔣中正強人威權體制，排除異己的重要年代。

後來在一九六〇年代，對岸的中華人民共和國在國際上取得愈來愈多國家的支持，而在一九六〇年代末期，美國與中華人民共和國關係也愈來愈好，終於在一九七一年中華民國政府失去了聯合國的席位。正因為這樣的國際情勢，當時的總統蔣經國採取的是有限度的政治改革，持續對黨外人士和台灣本土文化，進行壓制。因此，愈來愈多的黨外人士，透過參加各種地方選舉，以及各種自辦雜誌，持續在社會提出抗議，要求政府進行政治改革。

蔣中正同時積極栽培自己的兒子蔣經國，蔣經國先是擔任青年反共救國團主任，擴大招募國民黨元，並對黨員實施政治教育。當時統計，在一九五〇年，中國國民黨黨員只有約五千人，但在一九五二年已經增加到二十八萬人，短短兩年，增長快速。

同時，蔣中正也授權蔣經國掌管台灣內政、情報和準軍事組織。一九四九年，蔣經國在高雄成立一個政治行動委員會，統籌所有從中國遷台之情報和警察系統。監視、逮補、偵訊所有可疑份子。光是一九五〇年上半年，就破獲三百件匪諜案，涉案逾三千人，相當驚人。

根據統計，在一九四九—一九九二年實施《動員戡亂時期臨時條款》這幾年之間，台灣有好幾萬的民眾，被扣以「匪諜」和「叛亂」等罪名，遭到拘捕、審問和判刑。對於台灣人來說，這是一種長期的恐怖氛圍。這些政治事件，其實都和「蔣中正」的強人

單位：年

西元	地點	時代	大事
1951	台灣	民國四〇年	一九五一年一月十三日，聯合國提出停戰協議，一直到一九五一年七月，美國接受停戰談判，蘇聯也主張停火，中國隨後也贊成停止戰爭。 一九五一年，美國開始對台灣提供軍事和經濟協助。 一九五一年，楊逵入獄服刑。 一九五一年，鄭愁予以「愁予」為筆名在《野風雜誌》上發表〈老水手〉，這也是他第一篇在台灣正式發表的詩作。
1951	朝鮮半島		南北韓雙方進行和談，但和談陷入僵局。
	中華人民共和國		西藏與北京當局簽訂《關於和平解放西藏辦法的協議》。
	菲律賓		美國與菲律賓簽訂軍事同盟性質的《美菲共同防禦條約》。
	美國		進行第一次地下原子彈試爆。

政治有關。蔣中正以整個黨國體制作為核心，將「國民黨」無限上綱，和國家相連，形成一個「黨國政治」。在這個風潮下，蔣介石、以及隨後的蔣經國、和國民黨，扮演著長期影響台灣威權政治的角色。

「自由中國」雜誌創刊：黨外勢力興起

《自由中國》是一本五〇年代在台灣的重要刊物，標記著台灣當時自由派學者的意見與發聲空間。

《自由中國》這本雜誌的緣起可以上溯到中華民國政府遷台之前。當時台灣有一群知識份子，他們的主張是反共，想要創辦一個刊物宣傳他們崇尚自由的理念，最初是由胡適、雷震、杭立武、張佛泉等人為主。當他們在研擬發刊事宜時，中華民國政府遷台，《自由中國》雜誌便無法在大陸地區發行了，後來便改在台灣發行，於一九四九年十一月創刊，由胡適擔任發行人，主要編輯是雷震和殷海光。

《自由中國》剛創辦時，胡適和蔣中正的私人關係良好，這份刊物反共的立場也和政府的理念一樣，所以早期並無問題。但後來隨著中國國民黨改造後，蔣中正豎立了強人體制，逐漸無法接受自由派人士的意見。再加上，《自由中國》這時的文章風格也改變了，從批判共產主義，轉為檢討台灣內部的政治和社會議題，有些文章更批評了國民黨政府的處理方式，因此兩方關係逐漸惡化。

遠因是發生在一九五四年五月，當時雷震在《自由中國》刊登〈搶救教育危機〉這篇文章，批評黨國制度干擾了當時的學校教育，蔣中正知道後非常生氣，對於這份刊物埋下不滿的種子。

至於起火點，則是發生在從一九五七年七月開

1952 台灣 民國四十一年

一九五二年，嚴禁日語、台語教學。

一九五二年，許石在台北三重設立「中國唱片公司」唱片製造工廠，開啟台灣唱片公司成立之始。

一九五二年四月二十八日，中華民國與日本簽訂「中日台北和約」。

一九五二年十二月，在行政院院長陳誠的指示下通過「實施耕者有其田條例草案」。

1952 歐洲

正式成立「歐洲煤鋼共同體」。

英、法、美、西德、等西方國家於巴黎簽署成立了歐洲防禦共同體。

法國

有「機械美學藝術大師」之稱的雷捷回到法國，並為聯合國建築作壁畫。

1953 台灣 民國四十二年

一九五三年一月二十八日，西螺大橋通車。

一九五三年，《現代詩》季刊在台北創刊（一九六四年二月停刊，共四十五期），紀弦任發行人兼主編。

始，《自由中國》的新主題：「今日問題」，這個企劃案連續發表了十五篇社論，從不同角度批評政府，批評蔣中正的行為。一九五八年殷海光在《自由中國》上發表《我們的教育》和《學術教育應獨立於政治》兩篇文章響應雷震。而後，一九五九年三月，胡適撰寫〈自由與容忍〉，表達「容忍比自由更重要」，他主張台灣必須出現一個反對黨，給予執政黨制衡。這個想法得到不少人贊成，但這個想法觸怒了政府當局。

一九五九年六月起，《自由中國》連續發表多篇文章，反對蔣中正繼續連任總統。《自由中國》認為「民主政治是今天的普遍要求，沒有健全的政黨政治，就不會有健全的民主，沒有強大的反對黨也不會有健全的政黨政治」。在這種情況下，雷震試圖結合臺政治人物，組成一個反對黨。六月二十六日，雷震宣布李萬居、高玉樹、雷震三人為發言人；雷震、李萬居、夏濤聲、吳三連、郭雨新、齊世英、郭國基、黃玉嬌等十七人為召集委員，由雷任新黨秘書長。這個大動作的舉動，終於引起國民黨當局的反彈。

國民黨反擊雷震等人，並且宣稱他們的舉動是配合中國共產黨的統戰政策，意圖造成台灣混亂。在一九六〇年九月四日逮捕雷震，罪名是「包庇匪諜」，十月八日宣判，蔣中正更明確指示雷震的刑期不得少於十年，《自由中國》也遭到停刊。

《自由中國》是第二次世界大戰之後，在台灣的一份重要刊物，他是整個一九五〇年代在檯面上唯一可以聽到異議聲響的刊物。具有啟蒙作用，領導當時台灣的知識份子，也影響到日後台灣的黨外民主運動。

西元	地點	時代	大事
1953	台灣	民國四十二年	一九五三年「雲南反共救國軍」一九三師部隊與眷屬分批撤往臺灣，來臺的國軍部隊與眷屬共一萬多人，重新整編成軍官三大隊、步兵三營，並設立指揮部在新竹。國防部命名為「忠貞部隊」，象徵這群軍人和軍眷對於國家忠貞不渝的精神。軍人與軍眷居住於「忠貞新村」。
1953	台灣	民國四十二年	一九五三年一月二十六日，蔣中正明令公布「實施耕者有其田」。規定每一個地主只可以保留水田三甲或旱田六甲，其餘田地都必須通過政府徵收，轉交給其他佃農承租耕種。 一九五三年四月十日，吳國楨辭去台灣省主席一職，以赴美演講開會為由，舉家遷美。吳國禎在美國公開批評國民黨政府一黨獨大，一黨統治，是為「吳國禎事件」。 一九五三年七月二十七日，中國人民志願軍、朝鮮人民

發行新台幣：戰後經濟重建

日本投降之後，中華民國政府接收台灣，台灣在一九四五年下半年開始，一直到一九五〇年之間，經歷了嚴重的物價膨脹。

日本統治台灣時，在台灣流通的貨幣是「台灣銀行券」，那是以圓為單位，和日圓匯率大概是一：一左右。在第二次世界大戰期間，日本因為戰爭緣故需要大筆資金，所以將在台灣準備發行貨幣所儲存的黃金與白銀，都運回日本。後來因為日本急需資金，在台灣大量發行「台灣銀行券」，這導致了臺灣的物價上漲，大家都擔心民生問題。

日本戰敗後，台灣省行政長官公署接管台灣，為維持幣制穩定，先讓「台灣銀行券」繼續流通，一直到隔年一九四六年由台灣銀行發行「台幣」，並且在一九四六年九月至十一月間完成民間「台灣銀行券」兌換「台幣」。從那時起，台灣民間流通的貨幣轉為「台幣」。「台幣」發行初期，和中國大陸流通的「法幣」，維持一：三〇的匯率。不過隨著戰爭愈來愈嚴重，中國政府大量印製法幣，法幣不斷貶值，「台幣」與法幣匯率變成一：一六三五。因為法幣貶值過快，後來中國政府只好印製金圓卷，金圓券以一：三〇〇萬的匯率取代法幣，儘管如此，依舊無法抵抗通貨膨脹的速度。到了一九四九年五月，「臺幣」兌換金圓券匯率從當初的一：三變為一：二〇〇〇，非常嚇人，金圓卷如同廢紙一般不值錢。

中華民國政府遷台之後，因為當時局勢不穩定，台灣社會也瀰漫了通貨膨脹的危機。台灣省政府為了支付各項公務開支，超額發行了「台幣」，大量印製台幣的結果，只得台幣面額從最初一元、五元、十

1954

軍、聯合國軍隊在板門店簽署「朝鮮停戰協定」，宣布停戰，南北雙方以北緯三十八度線為界，南北雙方各有政府，持續分裂至今。

一九五三年，開始實施第一期經濟建設計劃，先發展輕工業，奠定國內基礎工業，期待能逐漸降低進口品的數量。同時，也提高進口關稅，也限制進口產品的種類與數量，也管制外匯金額，以擴大與保護民間企業的成長空間。在這個時期，台灣工業以紡織業為主。

蘇聯

蘇聯開始布置核子武器，美國汗蘇聯此後進入白熱化的核武時代。

越南

七月在日內瓦協議中，確立南北越間的分界線為北緯十七度線，南越正式脫離法國獨立。

美國

聯邦最高法院做出反對人種歧視的判決案，遭南部各州抵制，政府以聯邦軍隊鎮壓種族暴動。

英國

藝評家勞倫斯·阿洛威在藝評中提出「普普藝術」這個名詞。

元，轉變為到五十元、一百元、五百元、一千元、一萬元，造成臺幣大幅貶值。根據當時統計，一九四九年五月，台灣的米價每百斤，要臺幣一六〇萬元至一七〇萬元。肉每斤要台幣七萬五千元，鴨蛋每顆要台幣五千元。物價高漲，民眾的生活非常辛苦。

因為發生嚴重的惡性通貨膨脹，一九四九年六月十五日，台灣省政府行政院評估要實施幣制改革，公布〈台灣省幣制改革方案〉，發行「新台幣」。此後，之前的「台幣」被稱之為「舊台幣」。依據〈新台幣發行辦法〉，這時的「新台幣」一元兌換美金二角，也就是一元美金可兌換新台幣五元左右。持有舊台幣者，可以在一九四〇年十一月十四日之前，以舊台幣四萬換一元新台幣的原則換算。新台幣以元為單位，幣券最初發行面額分為一元、五元、十元三種。

從一九四九年六月十五日起，「新台幣」發行至今都還算是一個相對穩定的貨幣。之後一九六一年六月三十日，行政院令發布《中央銀行在台灣地區委託台灣銀行發行新台幣辦法》，「新台幣」由中央銀行委託「台灣銀行」發行。並且在紙幣上印「台灣銀行」字樣，成為中華民國的法定貨幣。從一九七〇年十二月二十一日開始，之後的新台幣鈔券上也有印上「中華民國」字樣。

三七五減租、公地放領與耕者有其田：戰後的土地改革

中華民國政府遷台之後，因為政治轉型的關係，隨即對於農村土地進行了土地改革。土地改革第一階段工作的工作室「三七五減租」。

一九四九年四月十四日，台灣省政府主席陳誠公布《台灣省私有耕地租用辦法》，開始實施「三七五

單位：年

西元	地點	時代	大事
1954	台灣	民國四十三年	一九五四年五月，當時雷震在《自由中國》刊登〈搶救教育危機〉這篇文章，批評黨國制度干擾了當時的學校教育，蔣中正知道後非常生氣，對於這份刊物埋下不滿的種子。 一九五四年五月，殷海光從哈佛大學講學歸國，回到台灣大學任教，開始為為《自由中國》和香港《祖國週刊》撰寫了大量的政論文章。殷海光批判黨化教育、反攻大陸問題等時政，為臺灣第一代自由主義代表之一。 一九五四年，創世紀詩社創立，《創世紀》於左營創刊（一九六九年一月停刊），張默、洛夫主編，自第二期起亞弦加入編輯行列。 一九五四年十二月三日，中華民國與美國雙方簽訂《中美共同防禦條約》。

減租」。一九五一年五月二十五日，立法院正式通過《耕地三七五減租條例》，六月七日以總統令公布施行。

在日治時期，台灣許多農民是佃農，必須向地主承租土地來耕種。地主的權力很大，可以憑喜好選擇要將土地租給誰，同時佃農只能保留部分穀物留存作種，其他一律都要繳交給地主，佃農的生活很辛苦。

三七五減租的想法，源於國民政府在中國大陸地區實施的「二五減租」。中國當時佃農繳給地主的佃租，比例是收穫總量的五〇％。「二五減租」實施之後，是將繳納給地主的五〇的佃租，減少為二五％。在這個原則下，「三七五減租」的意思是說，將佃租調為最高三七．五％。陳誠要求地主不得強迫全繳，佃農只須繳交三七．五％給地主，一五％作種，其餘可以自用。從此以後，佃農的生活獲得改善，至少不會挨餓。而且，土地租期一律改為六年，在租期中除非因為法定事故，地主不得終止租約，保障佃農權利。

除此之外，中華民國政府也在一九五一年六月，開始實施公地放領，放領耕地由政府委託台灣土地銀行徵收，使無地的農民可以透過這種方式，取得所有權。公地放領的工作，委託各縣市政府機關辦理。透過「公地放領」政策，主要目的是這些公地轉為現耕農承領，每一戶不超過水田二甲或旱田四甲。

之後中華民國政府於一九五二年十一月，在行政院院長陳誠的指示下通過「實施耕者有其田條例草案」，並且在一九五三年一月二十六日，蔣中正明令公佈「實施耕者有其田」。規定每一個地主只可以保留水田三甲或旱田六甲，其餘田地都必須通過政府徵收，轉交給其他佃農承租耕種。在徵收的過程中，政

1955

台灣

民國四十四年

一九五五年，中美簽訂《一九五五年台灣決議案》。

一九五五年，浙江省大陳義胞從大陳撤退到台灣，政府安置來台的大陳義胞住在「大陳新村」。

一九五五年五月二十五日，孫立人舊部屬郭廷亮被捕，軍統局長毛人鳳逼迫郭廷亮誣陷孫立人為匪諜，而引發了著名的「郭廷亮匪諜案」。一九五五年五月二十八日，蔣中正召見孫立人，解除了他的職務，從此將他軟禁在家。

一九五五年，廖繼春完成畫作《小南門》。

一九五五年，頒布「動員戡亂時期無線電廣播管制辦法」，開始禁唱台語歌，電台也成為查禁單位。

府透過強制徵收的方式，也徵收了地主超額之其他耕地、房舍、曬場、果樹、竹木等土地。所有的土地徵收手續在一九五三年十二月順利完成，計徵收放領耕地一三九二四九公頃，創設自耕農戶一九四八二三戶。徵收時，補償地主七〇% 政府所發行的「實物土地債券」，分十年均等償付，並加給年息四%。另外也發放三〇%的公營事業股票，例如：台灣水泥、台灣紙業、台灣工礦、台灣農林的股票。

戰後的土地改革政策是環環相扣。首先實施的「三七五減租」，解決了農地的租佃問題。後來分階段實施的「公地放領」，提高了自耕農比例。爾後實施的「耕者有其田」，則徹底改變了台灣原本的農村結構。後來有許多經濟學家認為，相較於拉丁美洲國家，台灣因為通過了土地改革，減少了貧富差距，而且刺激了經濟發展，這是奠定後來台灣經濟發展起飛的主要原因之一。

白色恐怖時期：出現各種假案、錯案、冤案

台灣白色恐怖時期，是指中華民國政府遷台之後，在一九四九年五月二十日宣布台灣實施戒嚴開始。在這段時間，因為立法院通過《懲治叛亂條例》，提供了行政院台灣警備總司令等情治單位無上的權力，可以逮補批評者，並且進行整肅動作，很多人因此被扣上顛覆政權的罪名。因為並非循著民主自由的方式進行，刑罰範圍無限上綱，全台灣產生不少冤死、傷殘、冤獄的假案，比較知名的案件有：四六事件、吳國楨案、和孫立人案。

四六事件，是指一九四九年發生在臺大和台灣省立師範學院的學生抗議事件。當時兩名學生共乘腳踏車，被警察因為違反交通規則攔下，後來學生被警察

單位：年

西元	地點	時代	大事
1955	台灣	民國四十四年	一九五五年開始，台灣製造許多上海或香港時代的翻版上片，很多受眷村人士喜愛的歌開始大受歡迎，如〈魂縈舊夢〉、〈何日君再來〉、〈蘇州河邊〉、〈天涯歌女〉、〈不變的心〉、〈等著你回來〉、〈岷江夜曲〉、〈西子姑娘〉等歌。
1956	台灣	民國四十五年	一九五六年，廖繼春完成畫作《觀音山》。 一九五六年，愼芝開始將台語流行歌曲填上國語歌詞。而台語歌壇也流行以台語詞填日本歌的風氣。 一九五六年，廖文毅成立「台灣共和國臨時政府」，並於同年二月二十八日就任為臨時政府的大統領。 一九五六年，由紀弦領導的「現代派」成立於台北，提出「領導新詩的再革命，推行新詩的現代化」的口號。加盟者八十三人，後增至一百一十五人，包括方思、鄭愁予、林亨泰 、白萩、羊令野、葉泥、林泠、商禽、辛鬱等等。

毆打。台大與獅院學生群起聲援，請願學生與民眾超過一千人，包圍警局。爾後，一九四九年三月二十九日，台大法學院由葉城松主持舉辦營火晚會，晚會中演唱《你是燈塔》、《團結就是力量》等歌曲，想要組成全台學生大會，表達訴求。當時台灣省主席兼警備總司令陳誠擔憂事情擴大，也害怕台灣學生有共產黨背景，決定鎮壓學生運動，下令警備副總司令彭孟緝緝拿學生。

一九四九年四月六日，警備總司令部指名要逮補「周慎源、鄭鴻溪、莊輝彰、方啟明、趙制陽、朱商彝」等六人，遭到學生抵抗拒捕。當時台大校長傅斯年，對於不經法律程序進入校園逮捕師生，表達強烈不滿。傅斯年要求軍警不得上手銬，並保留他們學籍，希望他們將來有機會復學。師範學院院長謝東閔，則高度配合政府。一九四九年四月八日，雖然警總釋放部分遭逮捕的學生，但最後仍有十九人遭到羈押審判。

一般歷史學界認為，四六事件標誌著台灣進入一九五〇年代白色恐怖，而台灣省警備總司令部之後更可以直接行文各級學校，命令交出哪些滋事學生，也可以隨時進入校園拘捕。

除了四六事件之外，吳國禎事件也是當時另外一起重要社會案件。吳國禎本來是蔣中正親近的重要幕僚，在中國時擔任是上海市長，後來隨國民政府遷台，接替軍人出身的陳誠，擔任台灣省主席。蔣中正希望能以吳國楨「民主清廉」的形象，爭取美國支援。吳國禎在擔任台灣省主席期間，推動了不少台灣地方自治和農業改革的工作，讓某些地方官職透過普選產生，並且努力減少警察權力。正因為這個緣故，後來吳國楨和軍警交惡，他也和特務系統、以及蔣經

1957

台灣

民國四十六年

一九五七年七月開始，《自由中國》的新主題：「今日問題」，這個企劃案連續發表了十五篇社論，從不同角度批評政府，批評蔣中正的行為。

一九五七年五月二十四日，民眾不滿劉自然案的判決，攻擊美國駐臺北大使館，稱為「五二四事件」。

一九五七年，夏曼藍坡安出生。

1957

台灣

民國四十六年

一九五七年，美軍在台灣成立電台，是後來ICRT的前身，青年朋友開始熱愛西洋流行歌曲。

一九五七年十一月，胡適擔任中央研究院院長，回台定居。

一九五七年，文夏推出台灣流行歌壇第一張長時間唱片，有八首新歌，包括〈夏威夷之夜〉、〈男性的復仇〉等，造成全省轟動流行。走紅後的文夏開始密集製作新專輯，但是卻經常被以東洋味過重，或詞意不雅等理由被禁止在電台播送和演唱。

國交惡後來

一九五三年四月十日，吳國楨辭去台灣省主席一職，以赴美演講開會為由，舉家遷美。吳國禎後來在美國公開批評國民黨政府一黨獨大，一黨統治，而且還是國庫通黨庫。針對吳國楨公開批評，國民黨也列舉吳國楨非法亂紀等十三條罪狀，後來吳國楨寫了三封信給蔣介石，逐條駁斥對他的誣蔑。蔣中正後來發布「總統命令」，稱吳國禎背叛國家、污蔑政府、妄圖分化國軍，離間人民與政府及僑胞與祖國之關係，予以撤免，並開除吳國楨的中國國民黨籍。

吳國禎事件發生後，國民黨擔心吳國楨案會導致美國中斷美援，而美國方面確實有部分親蔣的議員開始動搖。因此後來，國民黨也動員各種力量來反擊吳國禎，更在臺北、駐美大使館成立專案小組，處理此事。

孫立人將軍受到中國國民黨打壓也是類似案件。當時蔣中正任職陸軍總司令，孫立人擔任台灣防衛總司令，後來晉升二級上將與陸軍總司令。孫立人致力於國軍現代化，整編了撤退來臺之國軍，建立了完整的兵役制度與預備軍官制度。不過後來一九五四年六月二十四日，蔣中正任命黃杰為陸軍總司令，將孫立人調任至無實權之總統府參軍長，十二月三日中華民國與美國雙方簽訂《中美共同防禦條約》，蔣中正政權在獲得美國充分保障後，已不再需要依靠孫立人來維繫台美關係。

一九五五年五月二十五日，孫立人舊部屬郭廷亮被捕，軍統局長毛人鳳逼迫郭廷亮誣陷孫立人為匪諜，而引發了著名的「郭廷亮匪諜案」。一九五五年五月二十八日，蔣中正召見孫立人，解除了他的職務，從此將他軟禁在家。後來更以郭廷亮準備發動兵

單位：年

西元	地點	時代	大事
1958	台灣	民國四十七年	一九五八年，白先勇在《文學雜誌》發表了第一篇短篇小說〈金大奶奶〉。 一九五八年，顏水龍完成油彩畫《高雄港》。 一九五八年，頒布「出版法加強管制法」。 一九五八年，「台灣省保安司令部」和「台灣省軍管區司令部」等單位合併之後改名為「台灣警備總司令部」，負責警備、民防和和戒嚴任務。 一九五八年殷海光在《自由中國》上發表〈我們的教育〉和〈學術教育應獨立於政治〉兩篇文章響應雷震。 一九五八年八月二時三日至十月五日之間，發生兩岸軍事衝突，稱為「八二三炮戰」。「八二三砲戰」發生後，美國國防部也派遣第七艦隊，在台灣海域協防。

變為理由，誣陷孫立人，開除他一切職務，並判處「長期拘禁」在台中市居所。孫立人被拘禁後，所有的親信和部署都被調離原職查辦，據說有三百多人受到牽連。直到一九八八年一月十三日蔣經國過世後，一九八八年五月接任總統的李登輝，下令解除了孫立人長達三十三年的軟禁，讓他恢復自由。

古寧頭戰役與八二三炮戰：台海兩戰軍事對立

「古寧頭戰役」是發生在一九四九年十月二十四—二十七下之間，在金門的一場國共戰役。因為中華民國政府在第二次國共內戰期間屢次戰敗，這是長時間戰敗後的第一場勝仗，台灣局勢也因此穩定，所以「古寧頭戰役」非常著名。

當時，中國解放軍在一九四九年七月派遣第三野戰軍第十兵團進駐福建，第十兵團司令是葉飛。一九四九年十月一日，毛澤東在北京宣布成立中華人民共和國。十月十五日，中國解放軍趁著優勢，先攻打鼓浪嶼，之後分批登陸廈門，攻擊國軍。十月十七日，國軍福州綏靖公署代主任湯恩伯決定棄守廈門，轉為固守金門。國軍為固守金門，陸續將潮汕地區之第十二兵團所率國民革命軍第十八軍、國民革命軍第十九軍撤至金門。一直到十月二十四日，金門國軍總兵力已經增加到四萬多人。

解放軍第十兵團佔領廈門後，繼而佔領金門以北的石井、蓮河、大嶝、小嶝、澳頭等地。葉飛原以為可以趁著這攻勢，大舉進攻金門。在十月二十四日晚上渡海，進攻金門，結果沒想到中國解放軍和中華民國國軍戰鬥三天後，中國解放軍潰散。後來蔣中正認為正因為「古寧頭戰役」的獲勝，保住了金門，也保住了台灣。

1959

台灣

民國四十八年

一九五九年三月，胡適撰寫〈自由與容忍〉，表達「容忍比自由更重要」，他主張台灣必須出現一個反對黨，給予執政黨制衡。這個想法得到不少人贊成，但這個想法觸怒了政府當局。

一九五九年六月二十六日，雷震宣布李萬居、高玉樹、雷震三人為發言人；雷震、李萬居、夏濤聲、吳三連、郭雨新、齊世英、郭國基、黃玉嬌等十七人為召集委員，由雷任新黨秘書長。這個大動作的舉動，終於引起國民黨當局的反彈。

1959

台灣

民國四十八年

一九五九年年底，官員尹仲容、嚴家淦等人，制定了「十九點財經改革措施」。決定採取自由開放、鼓勵出口等政策，降低關稅、放寬進口、單一匯率等改革，以出口帶動生產。

一九五九年八月七日，台灣中南部發生八七水災。

而「八二三炮戰」則是指發生在一九五八年至一九五九年之間的一連串戰役，尤其以一九五八年八月二十三日至十月五日之間的一連串衝突最為緊張。這次戰役是由中國人民解放軍發起，起初中國解放軍攻擊金門島上的軍事目標，之後開始封鎖金門外圍。人民解放軍在一九五八年八月二十三日當日下午五點三十分，同時向大小金門大擔、小擔等島，進行密集性的砲擊，在短短八十五分鐘內共發射了三萬多發砲彈。由於砲戰始於八月二十三日，史稱「八二三砲戰」。這是一九四九年以後，台海第二次大規模的軍事對抗，也被稱為「第二次台海危機」。

中華民國國軍在九月二十六日利用八吋榴炮反擊，雙方海軍艦艇和空軍，進行多日戰鬥。一直到十月初，中國解放軍宣布改變戰略，放棄封鎖，改為單日砲擊、雙日不砲擊的「單打雙不打」策略。金門當時遭受密集地炮轟，一百五十平方公里的金門島，受到四十七萬發中國解放軍的炮彈轟擊，這場炮戰也在當年造成大量傷亡。

「八二三砲戰」發生後，美國國防部也派遣第七艦隊，在台灣海域協防。同時協助我國海軍補給團赴金門補給，與我國空軍、海軍陸戰隊、陸軍舉行一連串防空兩棲作戰聯合演習，美國也提供火力強大的新型「巨砲」到金門，並在台灣成立作戰指揮中心。

在美國協調下，中華人民共和國思考如何解決台灣問題，出現政策上的大轉變。之後，一九七九年一月一日中華人民共和國和美國建交。此後兩岸維持穩定，中華民國也成功守衛住台灣和金門馬祖等地區。「八二三炮戰」是捍衛台澎金馬的指標戰役，也是國共雙方陸海空三軍，最後一次大型軍事衝突。

單位：年

西元	地點	時代	大事
1960	台灣	民國四十九年	一九六〇年，殷海光被《中國季刊》推崇為台灣自由主義思想的領袖，為台灣自由主義的開山人物與啟蒙者。 一九六〇年，「台灣省唱片工業同業公會」成立，塑膠黑膠唱片開始流行。警總查禁流行歌曲也達到最高潮，唱片業開始要向警總辦理註冊登記。 一九六〇年，廖繼春完成畫作《花》。 一九六〇年，是台灣國語歌曲創作的第一個黃金時代，紫薇以〈回想曲〉和〈綠島小夜曲〉風靡全國，成為台灣首位國語歌曲唱片紅歌星。 一九六〇年，《現代文學》雙月刊創刊（一九七三年九月停刊，共五十一期），白先勇任發行人，王文興、陳若曦任主編。撰稿者有歐陽子、葉維廉、叢甦、王禎和、杜國清、林耀福、李歐梵等。現代主義文學由此進入全盛期。

韓戰爆發：出現台灣地位未定論爭議

韓戰是指第二次世界大戰之後，發生在一九五〇年六月二十五日開始到一九五三年七月二十七日，主要是朝鮮半島上的大韓民國政府和朝鮮民主主義人民共和國政權之間的戰爭。

朝鮮半島從一九一〇年開始就被日本統治，一直到一九四五年第二次世界大戰結束之後，之後因為美國與蘇俄的聯繫，韓國以北緯三十八度以北歸於蘇聯政府。因此一九四八年後，朝鮮半島分為南北兩區，成立兩個政府，南北兩區的政府都覺得自己擁有朝鮮半島的主權。

一九四九年，蘇聯與美國相繼撤軍，將南北兩區政權移交給南北兩地政府。南北雙方試圖以武力想要贏得勝利，在北緯三十八度線兩邊駐兵，希望能派軍隊前進，取得對方的土地。最大規模的戰役，始於一九五〇年六月二十五日凌晨四點，北方的韓國人民軍越過北緯三十八度線，向南進攻。

韓戰爆發後，美國介入，想要透過聯合國的力量協調。聯合國安全理事會發表聲明，希望北朝鮮部隊能停止對於大韓民國武裝攻擊的行為，並撤回北緯三十八度線。不過北韓不願意，美國於六月二十七日也正式宣戰，加入韓戰。聯合國成員國的十六個國家提供軍隊和醫療協助，其中以美國提供的軍人與物資最多。

朝鮮人民軍在戰爭初期攻勢強勁，兩個月後攻陷南韓首都漢城，南韓遭受巨大威脅，不斷撤退。直到九月十五日，美軍在仁川登陸，才扭轉頹勢，切斷北韓人民軍的退路，北韓開始領受敗勢。北韓向蘇聯與中華人民共和國尋求幫忙，蘇聯加入戰局，中華人一九六〇年，陳鼓應於一九六〇年考取國立台灣大學哲學研究所，師從殷海光、方東美。陳鼓應與哲學系講師王曉波常批評時政，主張校內設立民主牆，並鼓勵學生運動，引發政府單位注意。

一九六〇年九月六日，楊傳廣獲得羅馬奧運田徑十項全能銀牌。

一九六〇年九月四日逮捕雷震，罪名是「包庇匪諜」，十月八日宣判，蔣中正更明確指示雷震的刑期不得少於十年，《自由中國》也遭到停刊。一九六〇年，「雷震案」發生後，殷海光的大部分作品成為禁書，以後不斷受到中國國民黨政府打壓。

一九六〇年公布「獎勵投資條例」，以減免租稅方式吸引外資來台投資。

民共和國抱持觀望態度，但也不拒絕與其合作的可能性。十月，南韓在美軍協助下，終於將北韓人民軍隊驅趕到北緯三十八度線，此時中國也加入戰局，協助北韓。

一九五一年一月十三日，聯合國提出停戰協議，一直到一九五一年七月，美國接受停戰談判，蘇聯也主張停火，中國隨後也贊成停止戰爭。一九五三年七月二十七日，中國人民志願軍、朝鮮人民軍、聯合國軍隊在板門店簽署「朝鮮停戰協定」，宣布停戰，南北雙方以北緯三十八度線為界，南北雙方各有政府，持續分裂至今。

韓戰對於台灣的影響非常複雜。第一，因為韓戰爆發，中國人民解放軍加入戰爭，一定程度上降低中國政府攻台的可能性。第二，因為美軍加入韓戰的關係，美國總統杜魯門派遣「第七艦隊」巡邏台灣海峽，防止中國人民解放軍趁著戰事進攻台灣。同時，美國也認識到中華人民共和國的危險性，因此改變之前親中政策，覺得也要支持中華民國，以牽制中華人民共和國。因此，將台灣重新納入防禦體系，這也造成了日後美國與台灣簽訂《中美共同防禦條約》和《一九五五年台灣決議案》。美國也承認中華民國政府為唯一合法的中國政府，也支持中華民國在聯合國的席位。台灣在聯合國的席位，一直到七十年代美國與中華人民共和國關係升溫之後才改變。

台灣為亞洲四小龍之一：從進口替代到出口導向

一九五〇年代韓戰爆發，美國意識到共產黨的可怕，決心要防止中國解放軍擴張勢力，開始對台灣展開大規模的援助。從一九五〇年到一九五六年，總共援助了台灣一四．八億美元，為當時的台灣經濟發展

單位：年

西元	地點	時代	大事
1961	台灣	民國五〇年	一九六一年六月三〇日，行政院令發布《中央銀行在台灣地區委託台灣銀行發行新台幣辦法》，「新台幣」由中央銀行委託「台灣銀行」發行。並且在紙幣上印「台灣銀行」字樣，成為中華民國的法定貨幣。 一九六一年一月，黃信介參選第五屆台北市議員選舉，三十三歲的黃信介以新人之姿投入第三選區（大同、延平、建成區），結果以該區最高票當選第五屆台北市議會議員。 一九六一年，廖繼春完成畫作《淡江風景》，《靜物》。
1962	台灣	民國五十一年	一九六二年十月十日，台灣電視公司開播，台灣從此進入電視時代。關華石與慎芝夫婦兩人在台視開闢《群星會》電視歌唱節目，歌壇進入電視歌星時代。 一九六二年，台灣文壇發生中西文化論戰。外省籍年輕知識份子批評傳統文學，引發保守人士不滿。

提供非常大的助力。

一九五〇年代，台灣地區農產品出口佔總出口八〇％以上，主要以農業發展為主。中華民國政府透過肥料換穀、擴大農工差價的方式，希望能逐漸將產業由農業轉為工業。一九五三年，開始實施第一期經濟建設計劃，先發展輕工業，奠定國內基礎工業，期待能逐漸降低進口品的數量。同時，也提高進口關稅，也限制進口產品的種類與數量，也管制外匯金額，以擴大與保護民間企業的成長空間。在這個時期，台灣工業以紡織業為主。

在這些政策的輔助下，一九五九年開始紡織業不只能供應國內市場所需，也能出口外銷。一九五九年台灣百姓生活已經獲得很大改善，工業以每年一〇％以上的成長率快速發展。一九五九年年底，官員尹仲容、嚴家淦等人，制定了「十九點財經改革措施」。決定採取自由開放、鼓勵出口等政策，降低關稅、放寬進口、單一匯率等改革，以出口帶動生產。隔年，一九六〇年公布「獎勵投資條例」，以減免租稅方式吸引外資來台投資。

一九六六年，在高雄成立加工區，外人投資大幅增加，臺灣成為美國和日本兩國許多企業的加工產地，兩個國家在台灣的投資額佔總投資額六〇％以上。一九六三年至一九九六年平均經濟成長率超過九％。一九六三年台灣對外貿易首次出超，開始有了外匯累積。台灣也逐漸由農業社會轉為工業社會，電器、紡織、塑膠等輕工業快速成長。

一九七四年，蔣經國擔任行政院院長期間，大刀闊斧推動十大建設，先後發展了重工業、化工業，建立台灣從上游到下游的經濟體系。除此之外，也大規模進行公共投資，包括交通、電力、鋼鐵、石化、

1963

台灣

民國五十二年

一九六二年初，美黛演唱〈意難忘〉，銷路超過百萬張，美黛也因此而一舉成名。

一九六二年，胡適病逝。

一九六二年，施明德在小金門當兵，因為「台灣獨立聯盟案」被捕，之後被政府視為危險份子。

一九六二年六月，廖繼春受到美國國務院邀請，赴美參觀。在美國國務院安排下，他參觀美國各大都市的美術館。這次經驗影響了他的繪畫觀。

一九六三年八月十一日，桃園石門水庫開始蓄水。

一九六三年台灣對外貿易首次出超，開始有了外匯累積。台灣也逐漸由農業社會轉為工業社會，電器、紡織、塑膠等輕工業快速成長。

一九六四年一月，黃信介繼續參加第六屆臺北市議員選舉，連任第六屆台北市議員。

造船工業。在這些經濟政策的推動下，為台灣的石化業和重工業打下穩固的基礎。台灣所得持續成長，一九七〇年代末期開始受到其他國家重視。

一九八四年，繼續推動下一期「十四項建設」，一九九〇年又推動「國家建設六年計畫」，加強更多基礎建設。一九九〇年，政府意識到不能只發展重工業，逐漸將觸角轉向高科技，進一步公布了「促進產業升級條例」，開始發展通訊、資訊等十大新興行業。這也促成台灣日後高科技人才倍增，以及陸續興建晶圓廠的遠因。

一九八三年，因應國際情勢的不同，以及國內廠商需要外資，竹間放寬進出口與投資限制。一九八七年，重新調整匯率政策，台灣人民可以更自由持有及運用外匯，放寬資金流動的限制。隔兩年，在一九八九年也開始開放民間設立新銀行，逐步推動公營企業民營化。這些政策促使台灣民間企業更加蓬勃，中小企業逐漸增多，台灣人民所得也不斷提高，創造難得的台灣奇蹟；也因為如此，一九八〇年代末台灣晉身亞洲四小龍之列。

雷震案：黨外勢力的興起與受挫

「雷震案」是發生在台灣一九六〇年代一件重大的政治案件。

雷震在第二次事件大戰期間開始受到蔣中正的信任，擔任國民參政會副秘書長，一九四九年起開始擔任京滬杭警備司部經濟委員會主任委員，和中國國民黨設計委員會委員等職務。一九四九年隨著蔣中正搬遷來台，起初他和胡適、杭立武、張佛泉等人創辦《自由中國》，宣揚自由民主的思想。《自由中國》在一九四九年十一月創刊，主要編輯是雷震和台大哲

單位：年

西元	地點	時代	大事
1964	台灣	民國五十三年	一九六四年，彭明敏與謝聰敏和魏廷朝共同起草著名的「台灣自救運動宣言」。這份宣言在當時想法非常前衛，於一九六四年九月二十日被捕。 一九六四年，《笠詩刊》創刊，發起人包括林亨泰等大部分笠詩社成員。這是一份台籍詩人為跨越從日文過渡到中文的語言障礙而成立創辦的刊物。 一九六四年，吳濁流創辦《臺灣文藝》雜誌，培養了許多鄉土文學作家，如：陳映真、黃春明、王禎和、王拓、楊青矗等人。 一九六四年，國語歌星人數漸多，一些在電台演唱受歡迎的歌星，或是在電台歌唱比賽脫穎而出的人才，都開始投入電視綜藝節目行列。 一九六五年二月，彭明敏被判八年有期徒刑。由於國際和美國的支援，蔣中正於十一月三日特赦彭明敏，但是彭明敏的生活持續遭到監控。

學系教授殷海光。創辦初期，因為《自由中國》的立場是「擁蔣反共」，和蔣中正的關係良好，雷震在一九五〇和一九五一年兩次都代表蔣中正赴香港宣慰反共人士，是國民黨權力核心人物。

不過，後來韓戰爆發後，美國為了圍堵共產主義的擴張，和台灣的國民黨政府訂定了「台美共同防禦協定」，並派遣第七艦隊協防台灣海峽。蔣中正等人的國民黨政府覺得重新獲得美國的援助和支持，不再需要利用胡適、雷震等人的《自由中國》，來塑造台灣的民主形象，因此對於他們的支持大幅減少。再加上，國民黨內部逐漸朝著蔣中正父子的威權統治風格前進，《自由中國》的方向也逐漸改變，從批評對岸的共產主義，轉為檢討台灣內部的政治問題，批評國民黨政府的弊端。正是如此，和國民黨的關係愈來愈差。

一九五六年十月《自由中國》出版的「祝壽專號」，因為在社論中批評蔣中正已經連任兩任台灣總統，希望蔣中正能效法美國國父華盛頓那樣，只任兩期就不要再連任。這一系列文章觸怒了蔣中正父子，他們看到後非常生氣，開始策劃反擊。

蔣經國當時主持「反共救國團」的《幼獅月刊》，先在雜誌內發文批評雷震等人是共產黨思想的附庸，呼籲台灣人要嚴加防範。之後，國民黨也禁止印刷廠列印《自由中國》，雷震前後換了七家印刷廠，還變賣房產，以維持雜誌能正常運作。同時，《自由中國》還是堅持新聞自由、言論自由等基本人權，繼續在國民黨戒嚴體制內，尋求可以突破的空間。殷海光甚至提到短期內反攻大陸不可能，建議政府不該把要做的事都推託要等反攻大陸再來執行。這篇文章後來後國民黨政府指控為「散佈反攻無望

1965

台灣

民國五十四年

一九六五年五月四日，廖文毅受到蔣經國等人的招撫，才聲明放棄台灣獨立運動回到台灣。

一九六五年，美援停止。

一九六五年，廖繼春完成畫作《野柳風景》、《靜物》和《船》。

1966

台灣

民國五十五年

一九六六年，在高雄成立加工區，外人投資大幅增加，臺灣成為美國和日本兩國許多企業的加工產地，兩個國家在台灣的投資額佔總投資額六十%以上。

一九六六年，吳濁流發表《無花果》一書。

一九六六年，李敖發表《歷史與人像》、《教育與臉譜》、《上下古今談》、《烏鴉又叫了》、《孫悟空和我》等書，被國民黨當局查禁。

一九六六年四月八日，殷海光應政治大學之邀，發表題為《人生的意義》演講，非常受學生歡迎，這是他最後一次公開演講。此後該篇演講文稿被收錄於香港的中學語文課本之中。

論」，成為後來雷震被捕的理由之一。

一九六〇年，雷震和一些台灣香港的在野人士，共同連署反對蔣中正連任第三任總統。一九六〇年五月四日，他們發表了文章「我們為什麼迫切需要一個強有力的反對黨」，積極籌畫成立反對黨參與選舉，以制衡一黨獨大的國民黨。五月十八日，舉行了選舉改進檢討會，主張成立新黨，要求實現真正的民主，並且決議要組織「中國民主黨」，由雷震擔任地方選舉改進座談會召集委員。這一次由自由派外省精英人士和台灣本土士紳組合的團體，使國民黨高層甚為震怒，引起許多台灣外省人的戒心。九月一日，《自由中國》第二十三卷第五期發表了由殷海光執筆的文章「大江東流擋不住」，表示組織反對黨的潮流就將大江東流的河水是無法阻擋的，這篇文章是徹底壓垮駱駝的最後一根稻草。九月四日，國民黨逮補雷震、劉子英等人，罪名是「知匪不報」和「為匪宣傳」。

十月八日，蔣中正召開內部會議，明確指示雷震的刑期不得少於十年，並且撤銷《自由中國》的登記。最後情治單位脅迫劉子英自己承認是匪諜，再由軍事法庭以「包庇匪諜、煽動叛亂」的罪名判處雷震十年徒刑。

雷震案爆發後，胡適特地從美國返回台灣，和蔣中正求情，但仍未果。後來雷震入獄後，胡適特地寫了手書餽贈。直至一九七〇年九月四日，雷震才刑滿出獄，他仍舊不畏懼強權，在一九七一年十二月撰寫「救亡圖存獻議」，提出十點改革建議，建議要更改國名為「中華臺灣民主國」。

《大學》雜誌創刊：台灣民主政治進入新階段

台灣在白色恐怖時期有許多雜誌遭禁，例如

單位：年

西元	地點	時代	大事
1967	台灣	民國五十六年	一九六七年，廖繼春完成畫作《愛河》。 一九六七年，台北市升格為直轄市。 一九六七年十一月，康寧祥高票當選台北市市議員。 一九六七年，孫運璿在嚴家淦擔任行政院長時，擔任交通部長。
1968	台灣	民國五十七年	一九六八年，義務教育延長為九年，初級中學全面改制為國民中學。 一九六八年，推動石油化學工業。 一九六八年，興建核能發電廠。 一九六八年，《大學雜誌》創刊，創立者是張俊宏和陳鼓應，總編輯是何步正。剛開始是一本在台灣大學內流動的內部刊物，以和青年學生傳達文化思想為主。

一九五〇年代的《自由中國》，一九六〇年代的《文星雜誌》。這股黨外人士尋求自由發聲的渴望，在一九七〇年代終於站穩腳步，《大學雜誌》是這個時期的代表性刊物。

一九七〇年代是台灣的重大轉折期，一方面是因為蔣經國準備接班，需要吸納知識份子和年輕人的好感，不大能再繼續以強勢方式鎮壓民意。另外一方面是因為爆發了釣魚台事件，當時海內外的年輕學生紛紛表示愛國心，積極參與政治。

《大學雜誌》創刊於一九六八年，創立者是張俊宏和陳鼓應，總編輯是何步正。剛開始是一本在台灣大學內流動的內部刊物，以和青年學生傳達文化思想為主。《大學雜誌》英文名稱是：The Intellectual，這單字的意思是「知識份子」，是一種面對現實政治提出建言的一種角色定位。由此可知在當初創刊時，他們便希望可以監督公共事務。

《大學雜誌》後來在一九七〇年代重新改組，成為一份集政治改革論述的刊物。一九七一年元月出版的《大學雜誌》，劉福增、陳鼓應、張紹文聯名發表「給蔣經國先生的信」，由此而後，雜誌內政論性文章開始增加，結合了當時各界人士對於政情的關注。

一九七一年四月，《大學雜誌》由九十三名學者、中小企業家等共同署名的文章〈我們對釣魚台問題的看法〉，提出了各界對於釣魚台事件的看法。當時，台灣有許多大學掀起保釣運動，大學青年走出校門，發表自己對於政局的意見。為什麼釣魚台事件會引起這麼大的波瀾？那是因為當時國際情勢對於台灣不利，隨著外交困境的惡化，許多知識青年更加關注國內改革，紛紛提出建言，希望台灣能越來越好。其中以一九七一年十月當期雜誌發表「國是諍言」最

1969

台灣

民國五十八年

一九六八年，發生「民主台灣聯盟案」，政府以「組織聚讀馬列共黨主義、魯迅等左翼書冊及為共產黨宣傳等罪名」，逮捕包括陳映真、李作成、吳耀忠等三十六人。陳映真被判處十年有期徒刑並移送臺東縣泰源監獄與綠島山莊。

一九六九年，柏楊被捕，並依匪諜罪，被判處十二年有期徒刑。

一九六九年姚蘇蓉因為在高雄金都樂府歌廳，應歌迷要求演唱禁歌〈負心的人〉，後被告密，歌唱演員證被沒收，最後她只好轉往海外去發展，消失在國內歌壇。

一九六九年，吳濁流以退休金設立了「吳濁流文學獎」，後來成為台灣文壇著名獎項。

一九六九年，殷海光病逝。

一九六九年，林玉山獲得中國書畫學會金爵獎。

具代表性，由楊國樞等十五人聯名發表，從經濟、監察、立法、司法等角度，提出許多批評和建言。一九七二年元旦，《大學雜誌》慶祝四週年紀念，推出了〈國是九論〉，這是當時知識分子提出多面性批評的長篇建言。

不過《大學雜誌》後來在一九七三年一月因為內部人士意見不一，開始出現分裂，經過多次轉型，影響力漸弱，一直發刊到一九八七年才停刊。儘管如此，但《大學雜誌》所開啟的這個新契機，非常重大。因為知識份子的共同參與，台灣民主政治進入了一個新階段，開啟了一個能夠容納各方意見的論述空間。《大學雜誌》即使分裂改組，在成員各自努力下，後來持續創立許多優秀的刊物，例如：一九七五年八月創刊《台灣政論》，一九七五年十月創刊《中國論壇》，一九七六年七月改版《夏潮》。這幾份刊物是當時的知識份子走出校園，介入公共事務的開始，他們相信正義，也期待能為國家找出新的價值觀。這是後來台灣解嚴之前的一段百花齊放的階段，也是後來黨外雜誌最早的原型。

黃信介與康寧祥：黨外人士進入國會殿堂

在進入一九七〇年代之後，「黨外」的意思已經和以前不同。在一九六〇年代，像郭國基、吳三連等省議會的代表，經常自稱是無黨無派或無黨陣營，那是指他們不是國民黨員。而一九七〇年代之後，「黨外人士」的意義擴大了，逐漸成為「反對國民黨」的一種代表。在當時那個十年，黨外的意義是指那些被排拒在國民黨以外的異議人士，代表一種反對國民黨的聲音。在當時黨外運動中，最早獲得注意的是黃信介和康寧祥兩個人。

單位：年

西元	地點	時代	大事
1969	台灣	民國五十八年	一九六九年，國民黨政府舉行遷臺以來第一屆立法委員增補選，黃信介以黨外身分投入台北市選區。當時台北市應選四席，國民黨提名兩席、並重點支持無黨籍的洪炎秋，剩下一席黨外則是由黃信介與張詩經爭取。後來黃信介獲得黨外的臺北市議員康寧祥支持，並幫忙演講，最後黃信介脫穎而出當選立法委員。
1970	台灣	民國五十九年	一九七〇年四月二十四日，黃文雄等三人在美國紐約刺殺蔣經國未遂。 一九七〇年，彭明敏在友人的協助下，逃至瑞典。 一九七〇年九月，轉赴美國密西根大學中國研究中心擔任研究員。 一九七〇年九月四日，雷震刑滿出獄，他仍舊不畏懼強權。

黃信介出生於一九二八年，他從小在台北市大龍峒長大，他的舅舅是日治時代台灣文化協會與新聞中的重要領導者連溫卿，這使得他從小就政治就有種熱情。黃信介與政治的起源，可以追溯到一九五四年第二屆臺北市長選舉時，黃信介為國民黨提名的王民寧助選，沒想到王民寧竟然落選了。在這次助選中，黃信介萌生參選的意念。父親黃火炎建議黃信介尋找當時有「高玉樹五虎將」之稱的黨外健將李福春的幫忙，並向他學習。之後黃信介先後擔任，李福春和高玉樹參加台北市長選舉的競選幹事。在這些助選會上，黃信介的演講很有吸引力，黃信介被推為高玉樹五虎將之一。

一九六一年一月，黃信介參選第五屆台北市議員選舉，三十三歲的黃信介以新人之姿投入第三選區（大同、延平、建成區），結果以該區最高票當選第五屆台北市議會議員。一九六四年一月，黃信介繼續參加第六屆台北市議員選舉，連任第六屆台北市議員。

一九六九年，國民黨政府舉行遷台以來第一屆立法委員增補選，黃信介以黨外身分投入台北市選區。當時臺北市應選四席，國民黨提名兩席、並重點支持無黨籍的洪炎秋，剩下一席黨外則是由黃信介與張詩經爭取。後來黃信介獲得黨外的台北市議員康寧祥支持，並幫忙演講，最後黃信介脫穎而出當選立法委員。之後隨著一九七〇年黨外立委前輩郭國基，因大腸癌去世後，黃信介成為唯一一個持有黨外立場的萬年立委。所以，黃信介也被許多人視為黨外公職的代表性人物。另一個受到重視的則是一九六九年當選台北市議員的康寧祥，康寧祥被視為黨外後起之秀。

一九七〇年十二月二十一日開始，之後的新台幣鈔券上也有印上「中華民國」字樣。

一九七〇年，林玉山獲得教育部文化繪畫獎。

一九七〇年，林懷民開辦「雲門舞集」。

一九七〇年，顏水龍完成油彩畫《排灣族小孩》。

一九七〇年，廖繼春完成畫作《威尼斯》。

一九七〇年，楊三郎完成畫作《美濃風景》。

一九七一年，白先勇出版《台北人》。

一九七一年三月十九日，李敖被捕，以「內亂罪」判處十年徒刑，後來遇到蔣中正逝世大赦，改判八年六個月。

一九七一年，中視推出《金曲獎》音樂節目，主持人洪小喬喊出『創作我們自己的歌、演唱我們自己的歌』。

康寧祥是一九三八年出生，他從小在台北市萬華區長大，他與政治的緣起是起於一九六七年，他擔任台北市議員周得福的助理。當時因為提名人選有學歷要求，康寧祥因為口才好、又有大學學歷，所以得到無黨籍人士陳益勝、張詩經等人的青睞，一九六九年以無黨籍身分參選第五選區（龍山、雙園、古亭、中正）。康寧祥以在舊報紙上書寫大字報、台語四句聯的方式打開知名度。在公辦政見會上，無黨派前輩郭雨新、黃玉嬌、李秋遠、黃信介，都專程前來為他加油。後來一九六七年十一月，康寧祥高票當選台北市市議員。

康寧祥當選台北市議員後不久，幫忙黃信介輔選，協助他參選國民黨政府遷台後首屆增額立法委員選舉。在市議員時期，康寧祥認識了曾任林獻堂秘書的葉榮鐘，透過葉榮鐘介紹，又認識了日治時期的社會運動要角陳逢源、巫永福、黃得時等人。

一九七一年十月，中美斷交，國內外情勢緊張。一九七二年六月，蔣經國擔任行政院長，開啟一連串改革。蔣經國為了安撫民心，於年底安排「增額立委國代選舉」。康寧祥投入增額立委選舉，在選戰中挑戰國民黨政權的正當性，質疑國民黨欺壓台灣人，有如「乞丐趕廟公」，台北選情為之沸騰。後來康寧祥以第二高票當選，當時他才三十四歲，被視為最年輕的台籍政治人物。黃信介和康寧祥能順利進入政界，是當時台灣民主政治轉向的新開始。

台灣退出聯合國：台灣艱困外交的開始

一九七〇年代最重要的一件事，就是一九七一年十月二十五日，年台灣退出聯合國，那標誌著台灣國際處境的新開始。

單位：年

西元	地點	時代	大事
1971	台灣	民國六〇年	一九七一年中鋼公司成立，由趙耀東出任總經理。 一九七〇年一月，《大學雜誌》改組，成為一份集政治改革論述的刊物。劉福增、陳鼓應、張紹文聯名發表「給蔣經國先生的信」，結合了當時各界人士對於政情的關注。 一九七一年，發生「釣魚台事件」。 一九七一年四月，《大學雜誌》由九十三名學者、中小企業家等共同署名的文章〈我們對釣魚台問題的看法〉，提出了各界對於釣魚台事件的看法。
1971	台灣	民國六〇年	一九七一年十二月，雷震撰寫「救亡圖存獻議」，提出十點改革建議，建議要更改國名為「中華台灣民主國」。 一九七一年十月二十五日，中華民國退出聯合國。 一九七一年，澎湖跨海大橋通車。 一九七一年陸續興建南北高速公路、台中港、大鋼鐵廠。

一九六〇年代，非洲阿爾巴尼亞等國持續提案，提出由「中華人民共和國」取代「中華民國」在聯合國代表中國的提案。這個提案背後的意義：是指退居台灣的中華民國舊政府應該交出中國代表權，而轉給在大陸的「中華人民共和國」。這個提案多年來都被否決，美國也阻止中國進入聯合國。

不過這個趨勢在一九七〇—一九七一年間發生變化，美國經過一九六〇年代在越戰上的耗費軍力，美國國內反戰聲音崛起，美國積極尋求外交力量抗衡蘇聯的崛起。美國總統尼克森為了與蘇聯對抗，決定與當時與蘇聯交惡的「中華人民共和國」交往。一九七一年，當時「中華人民共和國」最高領導人毛澤東，開始與美國政府進行交涉，雙方關係迅速升溫。於是美國向「中華人民共和國」退讓，接受讓他們進入聯合國，並取得代表權。蔣中正清楚認知到美國外交政策的變化，臺灣沒有辦法阻止美國與「中華人民共和國」的關係，所以開始與美國進行多方交涉。

一九七〇年十二月十六日，蔣中正指示外交部要維護我們在聯合國合法地位，但也要做退出聯合國的最壞打算。在此後半年中，台灣外交官與美日外交官分別在台北、東京及華府等地舉行多次會商。

一九七一年四月二十三日，蔣介石接見尼克森特使墨菲，墨菲表示美國想用「雙重代表權案」取代「重要問題案」，指明「中國」有「雙重代表權」，但不說明何者是「中國」的唯一代表。而蔣中正關心的安理會席次問題，墨菲說會使「中華民國保留安理會席次」。蔣中正並不滿意這安排，他認為必須保持中華民國在聯大及安理會的席次，如果安理會席次被剝奪，那他別無選擇，「寧為玉碎，毋為瓦全」，只

1972

○台灣

民國六十一年

中華民國與日本斷交。

一九七二年二月十八日，美國總統尼克森前往中華人民共和國訪問，並在一九七二年二月二十八日發表「上海公報」，宣示「中美關係正常化」。

一九七二年，蔣經國擔任中華民國行政院長，陸續推行一連串的改革政策，被稱為「催台青」和「吹台青」，亦即「本土化政策」。

一九七二年，廖繼春完成畫作《淡江風景》。

一九七二年，關傑明於中國時報人間副刊發表〈中國現代詩的幻境〉及〈中國現代詩的困境〉二文，針砭葉維廉編 譯《中國現代詩選》、張默主編《中國現代詩論選》、洛夫主編《中國現代文學大系》（詩部分）等三書缺乏現實意識，使當時詩壇陷入「困境」和「幻境」，隨後引發一場現代詩論戰。

能退出聯合國。

後在一九七一年九月，蔣中正接受了美國「複雜雙重代表權案」，把安理會席位給中華人民共和國。至於要不要退出聯合國，當時仍多所考量。九月十六日尼克森公開宣布，美國支持中華人民共和國加入聯合國，並取得安理會席位，但美國反對驅除中華民國。不過後來在十月二十二日，外交部長周書楷在聯合國開會時，周書楷聲明「因為當前聯合國正籠罩在不理性的情緒與程序之下，中華民國代表團從現在開始，不再參與任何聯合國的會議」，正式宣稱台灣退出聯合國。

退出聯合國對於台灣的影響非常巨大。在此之前，獲得世界上多數國家的承認，但退出聯合國之後，台灣外交陷入極大的困境。美國在現實考量上希望中華人民共和國能進入聯合國，但在一方面，因為邦交情感考量上，也不希望台灣退出。一九七一年四月提出了「台灣地位未定論」的說法，亦即「兩個中國」的理論，但這個想法不被蔣中正接受。後來一九七二年二月十八日，美國總統尼克森前往中華人民共和國訪問，並在一九七二年二月二十八日發表「上海公報」，宣示「中美關係正常化」，並在宣言中提到「台灣是中國的一部分」。爾後在一九七八年美國與中華人民共和國建交，並在一九七九年訂定「台灣關係法」為台美關係定調。

蔣經國：開明治台

蔣經國在一九七二年擔任中華民國行政院長之後，陸續推行一連串的改革政策，因為這些政策聚焦於：任用台灣省籍青年菁英擔任政府重要職務，所以這一連串改革工作又被稱為「催台青」和「吹台

西元 單位：年	地點	時代	大事
1972	台灣	民國六十一年	一九七二年十二月到一九七五年六月之間，台灣大學校內以「反共」之名，對哲學系內中國自由派學者進行整肅。陸續解聘臺大哲學系教職員包括陳鼓應、王曉波、楊斐華、胡基峻、李日章、陳明玉、梁振生、黃天成、郭實瑜、鍾友聯、黃慶明、趙天儀及美國籍客座教授馬樂伯等人。這個事件被認為是中國國民黨壓制因保釣運動而起的學生風潮，警備總部曾介入此事。
1973	台灣	民國六十二年	一九七三年，文壇發生「唐文標事件」。唐文標陸續發表〈什麼時代什麼地方什麼人〉、〈僵斃的現代詩〉、〈詩的沒落〉，言論激烈並指明 批評《文學雜誌》、《藍星》、《創世紀》等刊物，以及洛夫、周夢蝶、葉珊、余光中等人的詩作。

青」，亦即「本土化政策」。

「催台青」政策不僅在國民黨政府內推行，也在中國國民黨黨內持續推動，這個這政策推動後，栽培了許多本省籍青年，例如：李登輝、林洋港、邱創煥、許水德、趙守博、孫運璿、李國鼎、趙耀東、許信良、吳敦義、吳伯雄等人。其中，以李國鼎、孫運璿、趙耀東等幾位技術官員受到諸多重視。

李國鼎大學念的是物理，他在南京大學畢業後，考取庚子賠款獎學金，到英國劍橋大學攻讀博士，那是當時全世界最先進的原子物理實驗室。後來因為中日戰爭爆發，放棄了博士學位，回到中國為國家效力。他被稱為早年台灣財經內閣當中，最早一位「海歸派」官員，也被視為是「戰後經建計畫的總工程師」尹仲容的接班人。

在尹仲容和李國鼎的聯手合作下，兩人在美援時期，制訂了許多重要的經貿政策，奠定了台灣今日以製造業外銷為主力的產業模式。爾後，李國鼎也與當時的行政院長孫運璿，共同推動了台灣發展高科技產業。

孫運璿起初在一九四六年時，擔任台灣電力公司的機電處長，負責修復台灣電力系統。台灣在經過盟軍的轟炸之後，孫運璿在一九四七在五個月內復原了台灣八〇%的供電系統，非常有工作幹勁。戰後孫運璿決定了台電未來「火主水從」的電力政策，大力發展火力發電。此後二十年，孫運璿由處長、總工程師、一路升至台電的總經理，並在他的任內爭取美國對大甲溪綜合開發計畫的支援，規劃德基水庫，也執行鄉村電氣化，在鄉村鋪設電力網路，使台灣電力普及率超越當時的日本和南韓。

一九六七年，孫運璿以技術官僚身份受到中華一九七三年全球發生第一次石油危機，因為原能不足，造成各地油價上漲，物資短缺，各國因為產能不足而發生嚴重的通貨膨脹，進而導致經濟不景氣。

一九七三年，興建大造船廠、北迴鐵路。

一九七三年，廖繼春完成畫作《雲海》和《玉山》。

一九七三年十一月，審查禁歌政策移交到行政院新聞局來執行，新聞局成立『行政院新聞局出版品出版小組』，並廣為收集流行歌曲審查，第一次共計約收集八千首左右。

民國政府高層的重視，在嚴家淦擔任行政院長時，擔任交通部長。孫運璿上任後，推行了農村「村村有道路」的政策，在全台廣建道路，奠立了台灣汽車交通的重要基礎建設。之後也主導台灣十大建設，負責：北迴鐵路、桃園中正國際機場（現台灣桃園國際機場）、台中港、蘇澳港、鐵路電氣化、南北高速公路等規劃。可以說孫運璿是整個十大建設的靈魂人物，在一九六九年經濟部長陶聲洋突然罹癌過世後，蔣中正指示孫運璿轉任經濟部長，繼續負責經濟建設。

而在台灣退出聯合國，處境十分艱難時，趙耀東接受行政院院長蔣經國徵召，承擔起創辦十大建設中「大煉鋼廠」之使命，可以說是為台灣開創了「鋼鐵傳奇」。一九六一年臺灣經濟起飛後，政府認為應該轉換經濟結構，朝著重工業型態發展，所以在一九六八年成立經濟部鋼鐵廠籌備處，並借重趙耀東其經營管理長才，指派他擔任籌備處主任。一九七一年中鋼公司成立，由趙耀東出任總經理，一九七七年建廠順利完成。趙耀東親力親為，重用人才，所以將中鋼打造成台灣的第一國營企業，也是十項建設暨國際鋼鐵業的領航標竿。

蔣經國政府中有的許多官員大員，如李國鼎、孫運璿、趙耀東等人，都對建設台灣貢獻卓著，被認為是台灣經濟起飛的重要推手。

推動十大建設：台灣渡過石油危機

一九七四年到一九七九年之間，在蔣經國擔任行政院長任內，開始推動國家級的重要基礎建設，稱之為「十大建設」。這些內容包括：南北高速公路（今天中山高速公路）、北迴鐵路、台中港、蘇澳港、中正國際機場（今天臺灣桃園國際機場）、鐵路

單位：年

西元	地點	時代	大事
1974	台灣	民國六十三年	一九七四年七月，新聞局長在年度施政報告中說，在上半年六個月中，新聞局查禁了五十三萬多件出版作品，數量之多創歷史新高峰。 一九七四年，中正國際機場和全台鐵路電氣化。 一九七四年，蔣經國擔任行政院院長期間，大刀闊斧推動十大建設，先後發展了重工業、化工業，建立台灣從上游到下游的經濟體系。 一九七四年，孫運璿決定將「半導體產業」訂為台灣一九七〇年代的經濟發展重心，並且成立「工研院技術顧問委員會」，並從美國無線電公司（RCA）技術移轉，取得積體電路的技術。

電氣化，中國鋼鐵廠、大造船廠（今天台灣國際造船公司）、石油化學工業、核能發電廠等。前面六種是交通建設，大幅改善台灣對內和對外的交通聯繫；後面三種是重工業建設，改變了台灣的工業結構，朝著重化工業的方向努力。而最後一個核能發電廠，則為後來台灣工業和民生用電提供重要的電力支援。「十大建設」帶領了台灣走出石油能源危機，提升經濟潛能，促進台灣經濟起飛。

在一九六〇年代初期，台灣工業開始穩定發展，但是交通公共設施已經無法滿足需求，沒有高速道路、港口、機場等建設。同時台灣也沒有重工業基礎、沒有辦法提供足夠工業用電的發電廠，經濟發展面臨瓶頸。蔣經國決定為了提升台灣未來經濟產能，開始推行十項大型基礎建設計畫。總花費預估達到了新台幣二千億至三千億元之間。

一九六八年先推動石油化學工業，一九六八年興建核能發電廠，一九七一年陸續興建南北高速公路、台中港、大鋼鐵廠，一九七三年則是興建大造船廠、北迴鐵路，一九七四年是中正國際機場和全台鐵路電氣化。

十大建設對台灣當時經濟影響極大，因為在一九七三年全球發生第一次石油危機，因為原能不足，造成各地油價上漲，物資短缺，各國因為產能不足而發生嚴重的通貨膨脹，進而導致經濟不景氣。當時台灣因為正在推行十大建設，提供了許多就業機會，並且吸引了許多民間公共投資，緩解了經濟危機。同時因為台中港、蘇澳港、中山高速公路、鐵路電氣化的建設，紓解了港口外銷時運量壅塞的問題，也同時解決台灣島內貨物運送的難題，提升台灣經濟產能。

1975 台灣 民國六十四年

一九七五年，蔣中正逝世。

一九七五年，美國總統福特再次訪問中國，也表明兩國建立外交關係的可能。

一九七五年，陳映真因蔣介石去世特赦而提早三年出獄，出獄後從事寫作，轉向現實主義。在台灣鄉土文學論戰中發表〈建立民族文學的風格〉、〈文學來自社會反映社會〉、〈鄉土文學的盲點〉，反擊余光中。

1975 台灣 民國六十四年

一九七五年，顏水龍完成油彩畫《蘭嶼印象》，《西班牙風景》。

一九七五年，廖繼春完成畫作《新公園》。

一九七五年，楊三郎完成油彩畫《街景》。

一九七五年，楊弦在台北市中山堂舉辦「現代民謠創作演唱會」，發表了八首創作作品，正式掀起了民歌運動，使當時的現代詩和流行歌有了首度結合。演唱會後不久，楊弦出版了《中國現代民歌專輯》唱片。

而大煉鋼廠、中國造船廠、石油化學工業、核能電廠的完工，不只在短期內提供台灣島內工業產能，長期來說，改善台灣的產業結構，鋼鐵、造船和石化重工業不再仰賴外國能源，完全可以自給自足，也成為日後工業轉型的基礎。在十大建設的基礎上，政府同時推廣加速中下游產業發展，從下到上，全面提高工業升級，加速工業經濟發展。

如果我們說，土地改革影響了台灣農業結構，消除了土地分配不均的問題，為台灣農村帶來穩定。那十大建設則是奠定台灣工業化基礎，促使台灣經濟起飛，向新興工作國家邁進，造就了台灣日後的經濟奇蹟。正因為推動十大建設，台灣並沒有受到太大的石油危機衝擊。十大建設的計畫帶領台灣走出全球性的經濟衰退，對於台灣經濟起飛有巨大的貢獻。

反共懷鄉文學、現代文學以及鄉土文學：鄉土文學論戰

台灣文學因為台灣長期在政治方面歷經不同政府的管轄，所以顯現出書寫系統不連貫的現象。在日治時期，台灣文學顯現出日文、古典漢文（台灣傳統漢文）、華語白話文參雜的情形，而在進入國民政府遷台後，台灣文學也呈現出日文、台語白話文、客語白話文、華語白話文混雜的新面貌。

從大方向來說，台灣文學在一九七〇年代之後，大致可分為反共懷鄉文學、鄉土文學、現代文學、女性文學等幾個時期。

首先，因為國民政府遷台之後發生二二八事件，在政治環境充滿壓力的情況下，許多知名作家如呂赫若、張文環、楊逵及王白淵等，遭到不同程度的政治迫害，台灣文學作品產量大幅減少。在進入戒嚴初期

單位：年

西元	地點	時代	大事
1976	台灣	民國六十五年	一九七六年，楊三郎完成油彩畫《水都所見》。 一九七六年一月，政府頒布「廣播電視法」，嚴格管理廣電媒介內容，而為配合推行國語政策，納入語言限制規定，來打壓方言節目的演出空間。 一九七六年十一月十九日，李敖出獄，實際被監禁的時間長達五年八個月。 一九七六年，林二為一些被禁的老歌申請解禁，如〈農村曲〉、〈補破網〉、〈望你早歸〉、〈雨夜花〉、〈四季謠〉（原名四季紅）、〈心酸酸〉等歌。他重新填詞，讓歌曲得以問世，透過電視、電台的傳播介紹，再度盛行於民間。

後，台灣本土文學家不再寫作，當時流行的是國民政府鼓吹的「反共文學」，以及從大陸遷台的外省籍作家的「懷鄉文學」。

「反共文學」和「懷鄉文學」是台灣一九五〇年代特殊的文學型態，受到戰後國民政府的支持，主要作家也都是一九五〇年代以中文為母語的外省族群。第一類是軍人作家，如朱西甯、司馬中原、段彩華、尼洛等。第二類雖然不是軍人，但都深諳中文創作，例如鄧克保（柏楊）、陳紀瀅、王藍、姜貴和潘人木。

除此之外，當時因為台灣接受美國援助，和美國式生活相關的美國文學、現代文學理論也隨之進入台灣，許多知識份子和作家閱讀了這些文學理論，採用了和西方相近的「意識流小說、現代詩、荒謬文學」等表現手法來書寫，以此表現他們對於政府推動的「反共文學」的抗議。這股風潮以一九六〇年代末到一九七〇年代中「現代主義文學」為為大宗，代表作家有：白先勇、王文興、歐陽子、七等生等。他們的作品不描寫台灣社會的外在變化，主要是專注於描寫人內心世界的情緒，和內在困境。

不過，「現代文學」過於耽溺於人的內在，這種文學風格後來在一九七〇年代，逐漸被民眾批評不關心台灣土地上的現實生活。再加上一九七〇年發生釣魚台事件、中美斷交、台灣退出聯合國等重大事件，民族主義高漲，許多知識份子開始走出「反共」和「美國」的風潮，開始關心我們生活的土地：台灣，這時在文學上的反應便是「鄉土文學」的產生。許多人和作家開始認為文學應該反映現實社會的一切，作家應該具體書寫這塊土地上的人事物，關心在台灣生活的民眾，一九七〇年代的「鄉土文學」便應運而

民國六十六年

一九七七年，發生中壢事件。

一九七七年六月，施明德在監獄囚滿十五年被釋放。施明德也成為後來美麗島事件發生後，唯一一個經歷過台灣「白色恐怖時期」和「美麗島時期」而兩次入獄的政治人物。

一九七七年，楊三郎完成油彩畫《日出》。

一九七七年，新格唱片公司主辦「第一屆金韻獎」決賽，並為得獎作品出版合輯唱片。專輯中的歌曲〈如果〉和〈小茉莉〉很受學生喜愛，此後校園民歌成為新的流行音樂文化，也在台灣開始影響著年輕人的生活。許多歌〈風告訴我〉、〈捉泥鰍〉、〈龍的傳人〉、〈橄欖樹〉、〈蘭花草〉、〈月琴〉等，在校園都很流行。

生。代表作家是王禎和、鍾理和、鍾肇政、吳濁流、李喬、黃春明等人。他們的作品核心都是表現台灣城市中的小老百姓生活、農村經濟方式、和價值觀念的轉變等等。

另外，當時在台灣文化界仍有「統獨之爭」的爭議，也就是「鄉土文學論戰」（一九七七－一九七八）。代表「台灣意識」的是葉石濤，代表「中國意識」的是陳映真，他們兩派在報紙上展開了嚴肅的論戰。他們主要的觀點是聚焦於：所謂的「鄉土」，是指台灣還是中國？這個論戰貫串了整個一九七〇年代鄉土文學的發展。

中壢事件：黨外運動逐漸形成「政團」雛形

中壢事件是指發生在一九七七年桃園縣長選舉之後的民眾集會事件。當時因為中壢市民發現選舉作票和買票事件，因而發動民眾包圍桃園縣警察長，展開一連串抗議活動。「中壢事件」後來也被稱為「民眾上街」的第一次社會抗議運動，開啟後來民眾抗議的序幕。

一九七七年，當時台灣正在舉行「五合一公職選舉」（縣市長、縣市議員、台灣省議員、台北市議員與各縣的鄉鎮市長），這是國民黨在台實施地方自治以來規模最大的一次，所以選戰非常激烈。許信良原本是國民黨培養的台灣本土政治人物，本來應該會代表國民黨參選桃園縣長，不過因為他發表了一本描寫台灣省議會生態的書《風雨之聲》，而被國民黨排除於提名之外。當時國民黨提名歐憲瑜參選桃園縣長，當時身任臺灣省議員的許信良也有意參選桃園縣長，但因為不被國民黨提名，所以他自行宣布參選，而被國民黨開除黨籍。

單位：年

西元	地點	時代	大事
1977	台灣	民國六十六年	一九七七年左右，瓊瑤的電影開始流行，電影插曲如〈我是一片雲〉、〈月滿西樓〉、〈楓葉情〉等也流行一時。 一九七七年，發生「鄉土文學論戰」。葉石濤於《夏潮》發表〈台灣鄉土文學史導論〉，闡明台灣鄉土文學的歷史淵源和特性。
1978	台灣	民國六十七年	一九七八年十月三十一日，中山高速公路全線通車。 一九七八年，顏水龍完成油彩畫《海邊》。
1979	台灣	民國六十八年	一九七九年一月一日，中華人民共和國和美國建交。 彭明敏於一九七九年《台灣關係法》的立法過程中，在美國眾議院公聽會作證。 一九七九年，美國訂定《台灣關係法》，為台灣關係定調。 一九七九年二月二十六日，桃園中正國際機場正式啟用。

許信良並不沮喪，帶領了一群大學生，如林正杰、范巽綠、陳國祥等人選戰，許多大學生都自發為許信良助選。當時因為盛傳國民黨或做票和買票，所以許信良提前部署，派了一千多人前往各地投票所監票，但這些監票人員都被警察帶去問話。

一九七七年十一月十九日投票日當天，桃園縣中壢市的開票所：中壢國小二一三號投開票所的監察員范姜新林校長，被民眾檢舉以沾有印泥的手指按於選票上造成廢票。警察未處理，反而將范姜新林帶回去警察局保護。消息傳出後，民眾陸續包圍中壢分局，引起警民衝突。當時其他地方國民黨做票的消息也不斷傳來，各地民眾更為氣憤。後來中壢分局外面聚集了一萬多名民眾，終於在下午衝突升溫，中壢分局玻璃被民眾以石頭砸破，群眾推倒警車，警察棄車逃走。晚上衝突更為嚴重，警察退守附近消防局，警方朝民眾發射催淚瓦斯，警方開槍射擊民眾，造成民眾重傷和傷亡。

由於爆發中壢事件，桃園縣投票所全部重新開票，最後許信良以二十二萬票對十三萬票，贏得選舉，高票當選桃園縣長，事件才慢慢平復。不過後來許信良在擔任縣長時，因為聲援在一九七九年一月發生高雄橋頭事件時被政府逮捕的余登發父子，而在一九七九年四月二十日遭監察院以擅離職守、參與非法遊行活動等理由彈劾，而遭到停職處分，失去桃園縣長職務。

當時的台灣仍然處於戒嚴狀態，「中壢事件」的爆發，對於民風純樸的台灣來說是一重大的民眾抗議事件。

受到許信良桃園縣長選舉大勝的鼓舞，後來一九七八年的國大代表和立委選舉，都有更多地方青

1979

台灣

民國六十八年

一九七九年五月，黃信介申請創辦新雜誌《美麗島》。七月九日，正式確定許信良為社長，呂秀蓮、黃天福擔任副社長，張俊宏為總編輯，施明德為總經理。《美麗島》雜誌網羅了當時台灣各派的黨外人士。

一九七九年七月一日，高雄升格為直轄市。

一九七九年十月三日，陳映真又被以涉嫌叛亂的理由，帶往調查局拘留。但在施明德、陳鼓應、白先勇、鄭愁予等人的聯署抗議下，於三十六小時後獲釋。

一九七九年，楊三郎完成油彩畫《巴黎街頭》。

一九七九年，新聞局開始實施歌曲審查制度，規定廣播電台播歌（公開播送）和唱片歌曲出版（出版發行）均需事先送審。

一九七九年十二月十九日，高雄發生「美麗島事件」。

年願意投入。當時黃信介等人還組成了「黨外助選團」全省助選，逐漸形成一個黨外運動的政團。正因如此，所以許多人都說「中壢事件」是促成一九七九年底「美麗島事件」的遠因。

台美斷交：台灣外交上的重大挫折

中華人民共和國在剛開始建立時，沒有獲得西方國家承認。蔣中正將國民政府遷台時，美國也把駐華大使館撤往台北。之後隨著韓戰、越戰爆發，美國國內反共情緒高漲，美國對共產主義採取圍堵和冷戰的態度，所以相當支持台灣，雙方維持友好關係。

不過，中華人民共和國和蘇俄在一九六九年爆發珍寶島衝突，改變了中、蘇、美的外交關係。美國總統尼克森促想要聯合中國的力量，牽制蘇俄，所以下令放寬對中國的貿易制裁。一九七一年，中美透過乒乓球外交策略，先以體育交流的名，兩國打開了封閉多年的外交大門。之後尼克森總統第一次訪問中國，雙方也簽署了《上海公報》，承諾會為外交關係正常化努力。一九七五年，美國總統福特再次訪問中國，也表明兩國建立外交關係的可能。終於基於外交考量，美國政府一九七八年十二月十六日通知台灣外交部，美國將在一九七九年一月一日起，與北京當局建交，並與中華民國斷交，且廢止共同防禦條約。這是台灣繼退出聯合國之後的另外一次重大的外交挫敗。

台北斷交時，身任台灣總統的蔣經國，在十二月十六日發表談話，對美國表達強烈抗議，得知消息當天，台灣民眾非常憤怒，各地爆發反美示威活動，支持政府譴責美國。為了安撫台灣人，美國總統派遣國務卿克里斯托弗在十二月二十七日訪問台灣，他也遭到示威群眾抗議。中美斷交，比退出聯合國更讓民眾

單位：年

西元	地點	時代	大事
1980	台灣	民國六十九年	一九八〇年，黃春明獲「吳三連文藝獎」。 一九八〇年，楊三郎完成油彩畫《聖母連峰》、《巴黎河畔》和《聖母寺遠望》。 一九八〇年陽光合唱團的主唱吳盛智和呂金守，推出台灣第一張客家搖滾樂專輯。結果送審不通過。 一九八〇年二月一日，北迴鐵路全線通車。 一九八〇年二月二十八日，林義雄家發生滅門血案。 一九八〇年三月二十七日，施明德於美麗島事件軍法審判庭上，主張「中華民國模式的台灣獨立」，表示台灣應該獨立。 一九八〇年四月，美國國會通過「台灣關係法」。 一九八〇年十二月十五日，新竹科學工業園區正式成立，台灣成為當時全世界可以生產積體電路的少數地區之一。

激動。

美國與台灣斷交後，關係轉為「非官方化」，並未真的斷絕關係。斷交後，駐台美軍離開了，原本的台北駐美大使館變成「美國在台協會」（ＡＩＴ）。台灣當局則在美國設立「北美事務協調委員會」，屬於台灣行政院特設單位。

同時為了彌補台美斷交後所造成的國防安全漏洞，美國國會通過了《台灣關係法》，一九七九年四月十日卡特簽署《台灣關係法》。這個法案主要目的是維護西太平洋地區維持和平、安定與穩定。也就是說，若是有台海危機，美國總統可以依照這個法源提供台灣自衛武器，維持台海安全。《台灣關係法》這則法案，確保了兩地依然維持著實質關係，例如經貿合作、免簽證等措施，促進了兩地人民交流。另外，也因為《台灣關係法》的設定，這也間接影響了台灣人的身份認同，有部分台灣人在台美斷交、中美建交後，會覺得我們不是中國人，又或是更認同台灣這塊土地。

不過自從台美斷交後，台灣的外交處境相當艱辛，參加各種國際組織或運動賽事，只能以「中華台北」的名稱加入。同時，台北斷交之後，與其他邦交國也陸續斷交，台灣還被許多國際組織如世界衛生大會（ＷＴＡ）拒之門外。當時台灣社會瀰漫著一股不安恐慌的心情，有人說正如暴風雨中前進的船，國際情緒上孤立，而國內也動蕩不安。

美麗島事件：黨外人士失去參政機會，爆發的抗議活動

台美斷交的後續發酵，不僅牽動了中美台三地關係，同時也開啟了台灣內部的政治危機。在此之前，

1981

台灣

民國七十年

一九八一年七月三日，旅美學者陳文成被發現陳屍於國立台灣大學研究生圖館旁，是為「陳文成事件」。

一九八一年，滾石唱片成立，隔年羅大佑專輯《之乎者也》掀起一股黑色旋風的搖滾熱潮，他以一曲〈鹿港小鎮〉引起轟動，流行歌壇開始出現反省批判類新風潮。

一九八一年，楊三郎完成油彩畫《崎頂古屋》。

1982

台灣

民國七十一年

一九八二年，邱晨主持的「丘丘合唱團」出版《就在今夜》專輯，強烈搖滾樂風震撼國語歌壇。

一九八二年，吳楚楚成立「飛碟唱片公司」，出版蘇芮演唱的〈一樣的月光〉，掀起高潮。

一九八二年，顏水龍完成油彩畫《蘭嶼所見》和《夏綠》。

一九八二年，楊三郎完成油彩畫《地中海假日》和《冬》。

地方和中央選舉都能如常舉行，台北斷交後，蔣經國總統以「台美斷交」令國家陷入危機為理由，取消了即將舉辦的民意代表選舉，這舉動引發了黨外人士的不滿，進而引發了後來的美麗島事件。

美麗島事件是在一九七九年十二月十日發生在高雄的一場重大衝突事件。當時在國民黨一黨獨大的時期，台灣人民沒有組織黨派的自由，一群非國民黨籍的黨外人士，透過了創辦雜誌宣傳爭取民主的想法。

這群黨外人士，第一次比較有組織的活動是一九七八年中央民意代表增額選舉時的集結。以黃信介、林義雄和施明德為中心，成立「台灣黨外人士助選團」，參加人士有：康寧祥、張春男、黃天福、姚嘉文、呂秀蓮等人。他們舉辦各種座談會，發表共同政見，透過印製傳單和海報，獲得許多民眾支持。但在台美斷交後，蔣經國行使《動員戡亂時期臨時條款》的緊急權力，宣布馬上停止一切選舉活動。這項決定引起黨外人士的不滿，許信良和余登發等人在十二月二十五日發表《黨外人士國是聲明》，要求恢復選舉，主張由台灣人民自己決定自己的前途和平統一。

一九七九年一月二十一日，黨外運動的領袖余登發，主張台灣和中國未來可以在民主化的基礎上和平統一。這種聲明觸怒了當時國民黨保守的想法，余登發被以叛亂罪逮捕。當時擔任桃園縣縣長的許信良，領導了二十多名黨外人士遊行，要求政府釋放余登發。同時，施明德也組織一個六十人的「人權保護委員會」，在三月九日開庭時，由姚嘉文擔任余登發的辯護律師。正是因為余登發事件，凝聚了黨外人士反抗政府的心意，他們動念開始籌畫黨外雜誌。

一九七九年五月，黃信介申請創辦新雜誌《美麗島》。七月九日，正式確定許信良為社長，呂秀

單位：年

西元	地點	時代	大事
1982	台灣	民國七十一年	一九八二年，蔡振南的作品在屢被新聞局退件後，他決定不再送審，開始走地下出版模式，他轉往中南部夜市或歌廳宣傳。他的成名作品〈心事誰人知〉就是這樣流行起來的。 一九八二年，彭明敏與其他台籍美國人組成「台灣人公共事務協會」，出任台灣人公共事務協會會長，在海外推行台灣獨立理念，一直到一九九〇年。 一九八二年九月，台灣首座國家公園「墾丁國家公園」正式成立。
1983	台灣	民國七十二年	一九八三年，因應國際情勢的不同，以及國內廠商需要外資，逐漸放寬進出口與投資限制。 一九八三年，張大千逝世。 一九八三年，楊逵獲吳三連文藝獎和臺美基金會人文科學獎。 一九八三年，施明德因為「陳文成命案」，絕食一個月抗議國民黨政府的恐怖暗

蓮、黃天福擔任副社長，張俊宏為總編輯，施明德為總經理。《美麗島》雜誌網羅了當時台灣各派的黨外人士。十一月十四日，施明德參加台中縣梧棲的聯合祈禱會，聽從幾位台灣長老教會牧師的建議，決定在十二月十日國際人權日當天舉辦大規模紀念活動。

一九七九年十二月十日國際人權日時當天，《美麗島》雜誌社成員組織群眾進行遊行，訴求民主自由，希望政府能終結黨禁和戒嚴。在活動中，因為有民眾失控投擲雞蛋，鎮暴部隊將群眾包圍，並往裡面投擲催淚彈，引發了警民衝突。後來台灣警備總司令部逮捕黨外人士，進行軍事審判。這是二二八事件後，規模最大的一場衝突事件。

美麗島事件發生後，許多重要黨外人士遭到逮捕，涉案人數總計一百五十二名。這些人士被逮捕後遭遇刑求，並且最後被求以有期徒刑。其中施明德原先被以叛亂罪判處死刑，後來在美國和各界壓力下，改判無期徒刑。

美麗島事件對於台灣社會的影響巨大，從此台灣民眾開始關心台灣政治。再加上後來台灣又陸續發生許多重大案件，一九八〇年的林宅血、一九八一年的陳文成命案、一九八四年的劉江南命案，這些事件使得國民黨飽受台灣社會與國際壓力的批評。因此蔣經國才逐漸改變他的領導風格，不再堅持一黨專政，並在幾年之後解除了長達三十八年之久的「戒嚴令」，並同時開放黨禁和報禁，逐漸走向民主。

竹科的設立：台灣科技產業的演進

一九七一年台灣退出聯合國，台灣人充滿憂患恐懼的情緒，蔣經國為了重建國人信心，從一九七二年

1984

○台灣

殺政策。一九八三年，李喬、高天生共編《台灣政治小說選》。其中王拓以《牛肚港的故事》記錄七〇年代的社會運動。李喬的《寒夜》三部曲具歷史大河小說特質。黃凡的《傷心城》、《反對者》等著作則是拓展八〇年代政治小說的議論層面。其他尚有林雙不的《黃素小編年》、李喬的《告密者》、陳映真的《趙南棟》等。

一九八三年，呂秀蓮出版《這三個女人》。

民國七十三年

一九八四年，宋冬陽於「台灣文藝」八十六期發表〈現階段台灣文學本土化的問題〉，三月號「夏潮論壇」推出「台灣結的大解剖」專題加以反駁，引發一場意識形態的台灣文學論戰。

一九八四年，顏水龍完成油彩畫《花團錦簇》。

一九八四年，薛岳〈搖滾舞台〉、文章〈三百六十五里路〉、蔡琴〈最後一夜〉、黃鶯鶯〈只有分離〉都很流行。

一九八四年，繼續推動「十四項建設」。

開始推行一連串的經濟計畫。

一九七三年，擔任經濟部長的孫運璿參考韓國「科技研究院」計畫，認為台灣也應該成立一個工業技術研究院。當時孫運璿的構想是：以財團法人方式，突破政府法規限制，能以高薪聘請歸國學人來從事產業研發。這個概想因為史無前例，受到許多立委反對。還好在孫運璿多方奔走之下，獲得立法院通過，孫運璿也因此被稱為「工研院之父」。

一九七四年，孫運璿決定將「半導體產業」訂為台灣一九七〇年代的經濟發展重心，並且成立「工研院技術顧問委員會」，並從美國無線電公司（RCA）技術移轉，取得積體電路的技術。一九七七年，孫運璿協調國防部，徵用位於新竹的國家用地，以此作為「新竹科學園區」用地，並在一九八〇年代初順利完工。正因為孫運璿的遠見和堅持，「新竹科學園區」成立後，使得台灣成為當時全世界可以生產積體電路的少數地區之一。

「新竹科學園區」設立於一九八〇年，總面積起初約六百八十六公頃。「新竹科學園區」剛開始的發展方向，定調為：積體電路、電腦及周邊設備、通訊、光電、精密機械和生物技術等。「新竹科學園區」是台灣第一座科學園區，從此改變了台灣經濟發展的方向。在一九七〇年代以前，台灣經濟以勞力密集為主，但在一九七三和一九七八年兩次全球能源危機之後，台灣政府發現經濟不能只依賴輕工業，必須朝向高科技發展，才能帶領台灣走出一番局面。

「新竹科學園區」設立後，因為剛好正值台灣退出聯合國和釣魚台事件，很多國外的留學生都滿懷愛國之心，返國投入積體電路的發展。例如：楊丁元、史欽泰、章青駒、曹興誠、陳碧灣、曾繁

單位：年

西元	地點	時代	大事
1984	台灣	民國七十三年	一九八四年二月二十四日，行政院長孫運璿因腦溢血被送醫急救。 一九八四年六-七月，台北縣陸續發生煤礦坑爸炸，有將近兩百名礦工罹難。 一九八四年七月三十日，台灣立法院也通過了「勞動基準法」，保障員工福利。 一九八四年，中華民國重返奧運會場，以「中華台北」名稱參加冬季奧運。 一九八四年十月十五日，作家劉宜良（筆名江南）在美國舊金山遭槍擊身亡，稱為「江南案」。 一九八五年，施明德因江南案宣佈無限期絕食抗議，移囚至景美看守所五十九號押房。他要求「解除戒嚴、停止恐怖暗殺政策、實施民主、釋放其他美麗島事件政治犯」，後來被軍方送到台北三軍總醫院強迫灌食。

城、蔡明介等人。他們回台後展開了RCA計畫，大家都充滿熱情，想要為國內電子業貢獻一份心力。

「新竹科學園區」不只吸引國外高科技人才回流，更引進了高科技技術，促進台灣產業整體升級。例如當時張忠謀原本在美國的德州儀器公司工作，後來轉任到通用器材公司擔任總裁兼營運長，一九八五年張忠謀接受工研院院長一職，回台服務，引進許多高科技技術。正因如此，後來也產生了「專業晶圓代工」的模式，在一九八七年創立台灣「台灣積體電路公司」。

所以很多人都說，沒有「新竹科學園區」的創立，就沒有今天台灣的高科技產業榮景。「新竹科學園區」也成功帶動了台灣國內的經濟成長，並持續吸引許多國內外廠商設立電子公司。「新竹科學園區」不只是台灣高科技產業的典範，也使得台灣的半導體及光電產業均在世界上佔有重要地位。

民進黨成立：台灣進入政黨政治

民進黨成立於一九八六年九月二十八日，這是一群由黨外運動各團體中的人士，所組合集結的團體。民進黨也是台灣第一個本土政黨，在此之前，台灣並沒有一個和國民黨相抗衡的反對黨。

民進黨的成立是台灣歷史上的大事，台灣人終於有一個屬於本土自己人的政黨。在此之前，台灣人曾經在一九二八年成立過「台灣民眾黨」，但受到日治時期台灣總督府的刁難，後來在蔣渭水過世後，一九三一年遭到解散，之後台灣便沒有一個合法的政黨。

國民黨政府統治台灣時，除了國民黨之外，雖然

民國七十四年

一九八五年，張忠謀接受工研院院長一職，回台服務，引進許多高科技技術。

一九八五年，《中外文學》第十四卷第十期推出「女性主義文學專號」。女作家的創作如雨後春筍出現。著名作家有：廖輝英、李昂、蘇偉貞、蕭麗紅、蕭颯、蔣曉雲、袁瓊瓊、席慕蓉、鄭寶娟、夏宇、張曼娟、吳淡如、朱天心、朱天文等。

一九八五年，王芷蕾以〈台北的天空〉獲金鼎獎演唱獎。齊秦〈狼的專輯〉、紅螞蟻合唱團〈愛情釀的酒〉、張清芳〈激情過後〉、薛岳〈機場〉、張艾嘉〈忙與盲〉等專輯都非常流行。

龍應台《野火集》和柏楊《醜陋的中國人》，對於社會提出許多批判。

一九八五年，楊逵逝世。

一九八五年十一月，陳映真創辦以弱勢者為主題之報導文學刊物《人間》。

一九八五年，顏水龍完成油彩畫「睡蓮」。

一九八五年，楊三郎完成油彩畫《燈下少女》。

也有青年黨、民社黨的存在，但這兩個政黨都不是台灣人本土政黨，而是從中國移入，他們也都仰賴國民黨給予經費，在政治情勢上，不屬於獨立的政黨。而一九六〇年當雷震準備籌備「中國民主黨」時，在準備階段就被國民黨以匪諜罪名逮補。因此長久以來，台灣都沒有成立一個完整組織的政黨。

「民進黨」之所以能順利成立，那是因為在一九七〇年代黨外人士已經透過選舉和各種活動，形成一股巨大的黨外運動力量。這群人也在一九七九年成立美麗島雜誌社，發行雜誌，並在各地辦活動，凝聚力量。雖然當時並沒有一個固定的黨名，但抽象來說，已經是一股正在凝結的趨勢。民進黨早期許多政治人物，都和美麗島事件有關，例如施明德、黃信介、林義雄、呂秀蓮、陳菊、張俊宏、姚嘉文。除此之外，當時也有許多年輕律師參與辯論，為美麗島事件努力，例如許信良、陳水扁、王拓、蘇貞昌、謝長廷、游錫堃等人，這些人也都成為後來台灣重要的政治人物。

進入一九八〇年代後，這股聲音持續發酵，當時有許多黨外雜誌紛紛成立。宣傳自由民主的理念，發文批判蔣家一黨獨大。一九八二年五月，《深耕》雜誌舉辦過「黨外運動的路線與目標」座談會，許多黨外人士參加，討論未來活動路線。一九八三年九月，進而成立「黨外編輯作家聯誼會」，一九八四年五月也成立「黨外公職人員公共政策研究會」，民主運動的勢力越來越大。

除了政治勢力愈來愈擴大，民間各種族群的聲音也愈來愈強，環保、原住民、婦女、勞工、農民、客家、人權、台語文等社會運動逐漸興起，每個群體都有自己的聲音想要表達，想要追求各自權益，台灣社

單位：年

西元	地點	時代	大事
1986	台灣	民國七十五年	一九八六年，顏水龍完成油彩畫《盧森堡公園》、《泰雅族新屋祭》。 一九八六年，台灣筆會舉行「二二八文學會議」，李敏勇、彭瑞金、李喬、張恆豪分別發表論文。 一九八六年，《台灣文藝》第九十八期刊登宋澤來的〈呼喚台灣黎明的喇叭手—世介台灣新一代小說家林雙不並檢討台灣的老弱文學〉對文壇人士及文藝政策多所批評，引起文壇矚目。 一九八六年，楊三郎完成油彩畫《浮世繪與瓶花》、《龍洞風浪》和《背影》。 一九八六年，創作藝人開始流行成立個人工作室。李宗盛〈生命中的精靈〉、李壽全〈八又二分之一〉都很有創作型藝人特色，深受學生族群喜愛。解嚴前創作人文化和本土化已然蔚為風潮。

會越來越多元。這時候國民黨政府已經無法用強制鎮壓的手段來鎮壓，只得慢慢採取逐步放寬的方式，民進黨的成立也就是處於這種社會氛圍之中。

一九八三年九月，黨外人士組成了「黨外中央後援會」，起初的構想是要協助黨外人士參與選舉。一九八六年九月二十八日，黨外人士在台北圓山飯店舉行會議，參與人有一百三十二位，會議中創立了「民主進步黨」。「民進黨」的英文名稱為Democratic Progressive Party of Taiwan，縮寫成DPP。民進黨隨後在一九八六年十一月十日，舉行民進黨第一屆全國黨員代表大會，並通過了黨章、黨綱，也決定了黨旗，並推舉江鵬堅作為第一屆黨主席。民進黨主要的基本綱領是，在政治上主張民主自由，希望台灣能落實真正的政黨政治，而不是一黨獨大。並且希望台灣能通過選舉，建立符合程序的法政社會。

解除戒嚴令：封閉了將近四十年的台灣政治解凍

一九四九年五月十九日台灣頒布了「戒嚴令」，當時中華民國台灣省政府主席陳誠宣告從五月二十日零時開始，全台灣實施戒嚴。戒嚴令的頒布，是因為當時政府剛播遷來台，鑑於海峽兩岸處於對峙狀態，國家處於危機的緊急時期，必須有一套在動員戡亂時期保衛台澎金馬的法律，因而宣布台灣進入「戒嚴時期」。

「戒嚴令」的實施，對台灣來說影響非常大。因為依照《戒嚴法》的規定，戒嚴時期的最高司令官可以掌管一切行政、司法事務，也就是說，總統權限無限上綱。政府可以因為戰時管理和情報搜集等需求，控管人民自由，以及限縮許多憲法本來保障人民的基

1987

〇台灣

民國七十六年

一九八六年五月十九日，黨外人士群聚台北舉行「五一九綠色行動」，要求解除戒嚴。

一九八六年六月，西德召開「中國現代文學大同世界」會議，李昂提出「台灣作家的定位」的問題。

一九八六年，《聯合文學》月刊舉辦「文學、藝術與同性戀」座談。

一九八六年，楊三郎完成油彩畫《旭》。

一九八六年九月二十八日，民主進步黨成立。這是台灣第一個本土政黨，在此之前，台灣並沒有一個和國民黨相抗衡的反對黨。

一九八六年十月十五日，李遠哲獲得諾貝爾化學獎。

一九八七年三月，中國時報推出「女性作家作品聯展」專輯，有關一系列當代優秀女作家的散文、小說及批評女性主義文學的評述文章。

一九八七年，顏水龍完成油彩畫《金針花》。

本人權，譬如：集會、結社、言論、出版、旅遊等權利。除此之外，也有黨禁、報禁、海禁、出國旅遊禁令等等。更為嚴重的是，政府可以因為懷疑某人是匪諜，而進行逮補、軍法審判或判決。因此戒嚴時期也被稱為「白色恐怖時期」，很多人時常因為不明原因被逮補或消失，人心恐懼。

後來上任的蔣中正與蔣經國總統，在處理兩岸關係時採取不接觸、不談判、不妥協的三不政策，兩岸大致上維持了幾十年的平和狀態。而在一九八〇年代之後，國際情勢轉變，台灣島內的黨外人士陸續發出要求解嚴的聲音，抗議民眾高舉「只要解嚴、不要國安法」、「百分之百解嚴」等標語。國民政府開始思考是否要繼續維持戒嚴令。

終於在一九八七年七月十四日，國防部部長鄭為元和行政院長俞國華共同副署，頒布總統令，宣告台灣從一九八七年七月十五日凌晨零時起解嚴，解除在台灣本島、澎湖與其它附屬島嶼實施的戒嚴令，宣告台灣進入「解嚴」同時實施「動員戡亂時期國家安全法」。在台灣實施長達三十八年又兩個月的「戒嚴令」，終於走入歷史，而《戒嚴法》也同時廢止；二百三十七位於戒嚴時期遭軍法審判的民眾，也予以減刑或釋放。

「解嚴」後對台灣社會的影響有幾個方面。

第一，自一九八八年一月一日起，開放報禁。報禁開放之後，台灣能成立民營報社和民營電視台，台灣媒體生態進入百家爭鳴的局面。以前民眾沒辦法深知「二二八事件」或「白色恐怖」的細節，現在民眾可以公開討論。

第二，出入境及管理，由國防部移交內政部警政署。而出版刊物也不再需要檢查，出版物由行政院新

單位：年

西元	地點	時代	大事
1987	台灣	民國七十六年	一九八七年，楊三郎完成油彩畫《塔山遠眺》。從一九七九年到一九八七年十二月，一共審查了三百二十期，受審的歌曲超過二萬首，而沒有通過的歌曲佔了六分之一，並有九百三十餘首歌曲遭禁唱。
1987	台灣	民國七十六年	一九八七年七月十五日，總統蔣經國宣佈解除戒嚴令。一九八七年解除戒嚴後，蔣經國總統原擬對施採取減刑、假釋，但施明德宣稱自己無罪，不接受當局特赦與假釋，一再堅持「寧要尊嚴，不要赦免」。一九八七年七月十五日政府正式宣布解除戒嚴之後，滾石唱片發行許多專輯，如〈快樂天堂〉、許景淳〈睡吧！我的愛〉、蔡藍欽〈這個世界〉、張洪量〈祭文〉、王傑〈一場遊戲一場夢〉都是很受歡迎的專輯。

聞局負責。

第三，一九八七年十一月二日，戒嚴令解除之後三個月，蔣經國宣布開放民眾前往中國大陸探親，實質的開啟兩岸民眾交流的可能。許多因戰爭分隔三十八年的家人終於能相見，台灣老兵赴大陸探親成為熱潮，據統計開放探親第一年，申請大陸探親的老兵就多達數十萬人。

「解嚴」對台灣社會影響甚大，是台灣邁向改革化、自由化、民主化重要的一步。自此而後，台灣政治朝向兩黨制衡方向前進，一九八七年「解嚴」對於台灣來說是重要的轉捩點。

開放大陸探親：開啟台海兩岸民間交流

一九八七年是個重要的年代，蔣經國先是在一九八七年七月十五日宣布解除長達三十八年的戒嚴。之後幾個月，一九八七年十一月二日，蔣經國有感於台海兩岸親人分離四十年，決定「開放大陸探親」，讓在中國有三親等內血親、姻親或配偶的民眾，可以登記赴大陸探親。這個政策，開啟了台海兩岸民間交流之始。

在開放兩岸探親之前，台灣的政策是「三不政策」，不接觸，不談判，不妥協。但一直以來，立法委員等民間代表都一直在立法院表達意見，要求開放老兵返鄉探親。「外省人返鄉探親促進會」在一九八七年四月十五日成立，大批榮民展開抗議，向政府要求准許老兵回大陸探親。大批老兵走上街頭，舉辦數萬人集會，聚集在退輔會門口和警察發生衝突。上萬老兵上街以「母親節遙祝母親」的名義，在國父紀念館舉行集會，和政府表達想返鄉探望母親的一九八七年八月一日成立了「勞工委員會」，替勞工權利把關。

一九八七年「台灣原住民族權利促進會」發起了「台灣原住民族權利宣言」，要求政府要重視原住民的權利。

一九八七年，張忠謀創立台灣「台灣積體電路公司」。

一九八七年十一月二日，開放台灣人民前往大陸探親，開啟兩岸民眾交流的可能。

許多因戰爭分隔三十八年的家人終於能相見，台灣老兵赴大陸探親成為熱潮，據統計開放探親第一年，申請大陸探親的老兵就多達數十萬人。

一九八七年，重新調整匯率政策，台灣人民可以更自由持有及運用外匯，放寬資金流動的限制。

一九八七年「華西街反雛妓大遊行」。

心聲。

上萬老兵上街頭抗議的活動，在當時的威權社會是非常少見的。這些隨國民政府來台的老兵，是國民黨最大的支持者，連他們都抗議，令國民黨高層中央相當震撼。老兵們的訴求也很簡單，他們認為已經分離四十年，我們也會思念父母，想知道家人近況，為何不能返鄉？

行政院原先態度強硬，不改變實施將近四十年的禁止兩岸往來探親貿易政策。但是當時身體已經不大如前的蔣經國，想到這群老兵當年隨著蔣中正來台，非常感慨，交代絕對不能強硬對待示威的老兵，並且主動關心退伍老兵的需求。一九八七年八月，政府立場鬆動，開始朝著考慮開放的角度研議政策。

蔣經國先是在一九八七年九月十六日，在國民黨中常會宣布將開放大陸探親，打破台海冷戰僵局。之後，終於在一九八七年十一月二日，蔣經國正式宣布開放返鄉探親，准許在中國大陸有三親等內血親、姻親或配偶的民眾，登記赴中國大陸探親。每年一次為限，每一次最多可以停留三個月時間，台灣紅十字總會負責辦理此事項。且必須通過香港往返，以間接的方式前往大陸。

「開放探親」，結束兩岸三十八年的隔絕。許多當年因為戰爭退居台灣的外省人，得以返回大陸探訪親人。一九八七年十一月二日開放接受各界受理，登記的人潮超乎政府想像，不到一週就有三萬人登記，到一九八七年底更達到了數十萬人以上，返鄉人流每天不間斷地出現在桃園中正機場。而中國方面也非常配合，宣布從十一月三日起，由香港的中國旅行社代理簽發《台灣同胞旅行證明》，兩岸從此開放民眾進行民間交流。

單位：年

西元	地點	時代	大事
1988	台灣	民國七十七年	自一九八八年一月一日起，開放報禁。 一九八八年一月十三日蔣經國過世，李登輝五月接任總統。 一九八八年接任總統的李登輝，下令解除孫立人長達三十三年的軟禁，讓他恢復自由。 一九八八年，始終堅持「中國統一主張」的陳胤禎，與胡秋原等人成立「中國統一聯盟」，但擔任首屆主席，開始頻繁往來中國與台灣之間。 一九八八年，顏水龍完成油彩畫《日月潭》。
1989	台灣	民國七十八年	一九八九年，顏水龍完成油彩畫《鹿港龍山寺》和《山地姑娘》。 一九八九年，開始開放民間設立新銀行。 一九八九年一月二十四日，吳清友創立「誠品書店」。

推動「開放探親」政策後，使得不少台灣人更加支持蔣經國，覺得總統有體會民眾的需求，不過也就在開放探親三個月後，蔣經國身體狀況急轉直下，一九八八年一月十三日突然去世，開放探親是他人生晚年重要的一項政策。

李登輝：第一位台灣人總統

一九八八年一月十三日中華民國總統的蔣經國逝世，李登輝以副總統身分繼任總統。並在一月二十七日，李登輝成為國民黨代理黨主席，一九八八年七月正式出任國民黨黨主席。李燈會是第一位台灣籍的國民黨主席，同時也是第一位台灣本省人擔任中華民國總統。

李登輝學歷高，是虔誠的基督徒，他行事低調謹慎，沒有太多個人班底，深受蔣經國的賞識。不過正因為李登輝的出身不是外省人，引起了國民黨內保守外省派系的不滿。在李登輝擔任總統後，他逐步推動改革，打破許多戒嚴時期的規定。

一九八九年四月七日，支持台灣獨立的異議人士鄭南榕為抗議政府而自焚，這件事對李登輝打擊很大，後來李登輝持續推動修法，讓人民有更多的言論自由、新聞自由和學術自由。同時，李登輝也是放了許多之前因為政治因素而被軟禁的人，如張學良、孫立人。一九八九年六月四日，對岸發生六四天安門事件，李登輝也發表嚴厲譴責，呼籲要重視人權。

一九九〇年在總統選舉之前，國民黨內部爆發了二月政爭，李登輝面臨許多考驗。一九九〇年五月二十日，李登輝終於排除萬難，獲得第一屆國民大會選舉為中華民國第八屆總統，開始他擔任總統的第一次完整任期，成為台灣第一個台灣出生的正式總統。

一九九一年五月，李登輝更進一步宣布終止「動員戡亂時期」，廢止「動員戡亂時期臨時條款」，並更大規模的開展第一次修憲，從法源上著手，加速台灣民主化的進程。一九九〇年七月李登輝召開國是會議，徵詢社會和學生各界的意見，開始思考憲政改革，處理第一屆國民大會代表及立法委員退職的問題。

經過這次修憲，一九九二年「萬年國會」終於結束，並進入四年一次的改選。一九九四年實現了台灣省省長、台北市市長、高雄市市長的選舉，並在一九九六年舉行第一次的總統直選。在李登輝任內，完成了許多台灣民主選舉的第一次，因而李登輝被認為是臺灣民主化的重要推手。

李登輝除了推動憲政改革，他也推翻過去的「三不政策」，開始展開務實外交。開始與其他國家建立邦交，也以總統身份出訪新加坡、菲律賓、泰國、印尼、約旦、阿拉伯聯合大公國、南非、巴拿馬等國家，為台灣爭取實質的外交空間。李登輝後來在一九九五年回返母校康乃爾大學演講時，更直接提出「中華民國在台灣」的說法，首次以總統身分定位國家的屬性，提到台灣已經是一個主權在民的獨立國家。

一九九六年，國民黨提名李登輝競選總統，李登輝以五四%的得票率，當選中華民國第九任總統，也是中華民國歷史上「第一位」公民直選的國家元首，奠基了亞洲民主國家的一個新的里程碑。

終止動員戡亂時期與野百合學運：修憲與國會全面改選

《自由時代》雜誌負責人鄭南榕，在國民黨政府的逮補行動中，自焚身亡。

一九八九年四月，文學界開始探討女性文學議題，如「第十三屆比較文學會議」會議主題是「性別、權力、正文——文學的女性／女性的文學」。

一九八九年，出現反映都會單身女郎專輯出現，例如：陳淑樺《跟你說聽你說（夢醒時分）》、潘越雲《我是不是你最疼愛的人》、黃舒駿《馬不停蹄的憂傷》、陳昇《擁擠的樂園》、伍思凱《愛，要怎麼說》、趙傳《我很醜可是我很溫柔》、羅大佑《愛人同志》、鄭智化《老么的故事》等。

一九八九年，推出解嚴後第一張自由創作的新台語流行歌代表作，黑名單工作室《捉狂歌》專輯。

一九八九年六月四日，發生「六四天安門事件」。

一九八九年六月四日，李登輝也發表嚴厲譴責，呼籲要重視人權。

單位：年

西元	地點	時代	大事
1989	台灣	民國七十八年	一九八九年七月，陳映真成立「人間出版社」並擔任發行人。 在一九八九年天安門事件發生後，陳映真代表台灣文化界訪問北京，表達支持平亂的立場，獲得江澤民接見。 一九八九年，林玉山和陳慧坤、陳進再台北國立歷史博物館舉行聯合展覽。
1990	台灣	民國七十九年	一九九〇年，林玉山獲得第十五屆國家文藝特別貢獻獎。 一九九〇年，顏水龍完成油彩畫《阿里山雲海》，《排灣族母女》。 一九九〇年，台灣最高法院撤銷對彭明敏的通緝令。 一九九〇年，推動「國家建設六年計畫」，加強更多基礎建設。
1990	台灣	民國七十九年	一九九〇年三月，台灣發生三月學運。 一九九〇年三月，中華職棒元年開幕戰。

一九四八年國民黨爆發第二次國共內戰，

一九四八年四月十八日，第一屆國民大會為了擴大總統權力，制定並通過《動員戡亂時期臨時條款》，賦予總統緊急處分權，可以不受憲法約束。一九四八年七月，蔣中正宣布全國進入「動員戡亂時期」，後來因為國民政府播遷來台，持續施行，一直到一九九〇年三月爆發野百合學運。

蔣經國在一九八七年解除戒嚴，台灣社會運動蓬勃發展，各界對於政治改革的要求愈來愈強烈。雖然李登輝登任總統後持續推動改革，但是國民黨內部的保守派（非主流派）勢力仍然很大，一九九〇年三月十三日，政府遷台四十年來都沒有改選過的國民大會代表，還自行通過「臨時條款修正案」，將一九八六年新選出的增額代表任期自行延長為九年。這件事造成輿論譁然，激起各界反感。

一九九〇年三月十六日到三月二十二日，來自全台灣六千多名大學生，在中正紀念堂廣場靜坐，展開抗議。他們提出幾項訴求：「解散國民大會」、「廢除臨時條款」、「召開國是會議」、以及「政經改革時間表」。這是中華民國政府遷臺後發生最大規模的一次學生抗議行動。

野百合學運發生後，總統府發出新聞稿，李登輝總統表示會廣納學生意見，三月二十一日當選總統的李登輝表示會召開國是會議，並且馬上在總統府接見五十三名學運學生代表。野百合學運在台灣歷史上的特殊性在於，這是官方統治者總統第一次正面回覆學生、民間的聲音，而且主政者也承諾會召開國是會議，加速政治改革。

一九九〇年六月二十八日，李登輝於台北市圓山大飯店舉行「國是會議」，總共有一百四十一人參一九九〇年五月二十日，李登輝終於排除萬難，獲得第一屆國民大會選舉為中華民國第八屆總統，開始他擔任總統的第一次完整任期，成為台灣第一個台灣出生的正式總統。

一九九〇年李登輝擔任總統後，對美麗島事件政治犯頒佈特赦令；施明德撕毀特赦令，堅持無條件釋放。李登輝總統宣布美麗島事件判決無效，施明德才在囚禁二十五年半後，以無罪之身恢復自由。

一九九〇年六月二十八日，李登輝於台北市圓山大飯店舉行「國是會議」，總共有一百四十一人參加，除了國民黨高層之外，還包括：美麗島事件受刑者、民進黨領導人和海外黑名單人士，非常多元。國是會議討論項目是：「國會改革」、「地方制度」、「中央政府體制」、「大陸政策與兩岸關係」、「憲法與臨時條款修正方式」等五大議題。

加，除了國民黨高層之外，還包括：美麗島事件受刑者、民進黨領導人和海外黑名單人士，非常多元。國是會議討論項目是：「國會改革」、「地方制度」、「中央政府體制」、「大陸政策與兩岸關係」、「憲法與臨時條款修正方式」等五大議題。最後雙方達成幾項共識：第一，「終止動員戡亂時期」，並且「回歸憲法」。第二，「廢止《動員戡亂時期臨時條款》」。第三，「修憲採取一機關兩階段方式」、「修憲以《中華民國憲法增修條文》名之」，透過修法加速政治改革。

一九九一年終於廢除《動員戡亂時期臨時條款》，並結束「萬年國會」，使台灣民主化進入一個全新階段。《動員戡亂時期臨時條款》從一九四八年五月十日公布，一直一九九一年五月一日廢止，總共施行四十三年。廢除《動員戡亂時期臨時條款》之後，因為原有憲法和現行台灣體制仍有不合，為因應憲政運作，必須制定《中華民國憲法增修條文》。

第一屆國民大會第二次臨時會於民一九九一年四月議決通過，一九九一年五月一日由總統公布「第一次憲法增修條文」。之後李登輝在總統任內通過國民大會憲法增修條文六次。「中華民國憲法增修條文」非常重要，因為涉及原本憲法內對於省制、領土變更等內容，需要因應現實狀況調整。另外在憲法增修條文中，也規劃了幾個重要制度：將省虛級化（精省）、正副總統直選、中央公職人員僅由自由地區國民選出，這些調整使得中華民國憲法在台灣實施更為順利。

民選省長、凍省與精省：解決地方自治中的省級問題

單位：年

西元 1990

地點：台灣

時代：民國七十九年

大事：
一九九〇年七月，中華民國與沙烏地阿拉伯斷交。

一九九〇年七月李登輝召開國是會議，徵詢社會和學生各界的意見，開始思考憲政改革，處理第一屆國民大會代表及立法委員退職的問題。

一九九〇年，政府意識到不能只發展重工業，逐漸將觸角轉向高科技，進一步公布了「促進產業升級條例」，開始發展通訊、資訊等十大新興行業。這也促成台灣日後高科技人才倍增，以及陸續興建晶圓廠的遠因。

台灣在一九九〇年十一月二十一日，成立了「財團法人海峽交流基金會」（簡稱海基會），並在一九九一年三月九日正式掛牌展開運作。

一九九四年十二月三日投票選出地方首長。第一任民選台灣省省長是宋楚瑜，第一任民選台北市市長是陳水扁，第一任民選高雄市長是吳敦義。這是臺灣歷年來第一次第一級行政區首長進行民選，意義重大，地方首長不再是官派，由民意產生，更加落實地方自治。在一九九四年台灣實施《省縣自治法》，台灣人民

不過，也因為實施《省縣自治法》，各級地方首長由人民直選之後，很多司法官員方線中央所管轄的土地有九八%以上都是台灣省，如此一來，台灣省政府的管轄權和台灣中央政府的管轄權多所重疊。為了避免行政資源浪費，各方在一九九六年總統直選選舉之後，開始思考台灣省長和總統職權重複的問題，因而有精省和凍省的想法。

為了解決這個職權重疊的問題，一九九七年李登輝召開「國家發展會議」，國民黨與民進黨協議推動「第四次修憲」。李登輝於是召開「國家發展會議」，國、民兩黨決定合作推動第四次修憲。國民黨中央於一九九七年一月二十九日成立「修憲策畫小組」，由副主席連戰擔任召集人，成員二十一位，另各聘請國代、立委、黨政首長、學者專家五十九人為諮詢顧問。這次修憲引起最大的爭議，就是「精省」。

民進黨一直主張「廢省」，因為他們認為，如果將台灣省廢了，不僅行政層級減少，行政效率提高，國際間提到台灣時就是獨立國家。李總統「凍省」主張與民進黨原本想法接近，所以獲得民進黨大力支持。最後在多方考量之下，通過了終結「省長」和「省議會」兩個單位。並於一九九七年七月二十一日總統令修正公布，將省虛級化，也就是後來稱呼的

1991

台灣

民國八十年

一九九一年五月一日，才由李登輝總統公布廢止《動員戡亂時期臨時條款》。

一九九一年十二月十六日，中國成立了「海峽兩岸關係協會」（簡稱海協會）。

一九九一年十二月三十一日，擔任四十三年之久的立法院、監察院、國民大會的第一屆委員才全體退職，號稱「萬年國會」才終於結束。

1992

台灣

民國八十一年

一九九二年四月十九日，施明德與黃信介、許信良、林義雄率領數萬群眾遊行與靜坐，台北大遊行，要求總統直選。

一九九二年八月六日，中華隊奪得巴賽隆納奧運棒球銀牌。

一九九二年八月二十二日，中華民國與南韓斷交、斷航。

一九九二年十月五日，南迴鐵運正式營運，台灣環島鐵路網完成。

「凍省」。將省政府改為行政院的機關，移除省政府原有的地方自治功能，轉為只有行政功能。原本省府機關，改為成立「各部會中部辦公室」，或者成立「區域聯合服務中心」。

一九九八年十月九日，立法院進而三讀通過了《臺灣省政府功能業務與組織調整暫行條例》，並於一九九八年十二月二十一日施行「凍省」，精簡台灣省組織。大部分的省政府官員都被裁撤，而台灣省省長宋楚瑜在一九九八年十二月二十日卸任後，也不再設置民選的省長職位，宋楚瑜是中華民國史上唯一一任民選省長。之後省長職務再度改回省主席，改由總統指派。二〇〇七年以後，中央政府官員兼任省主席漸成慣例。

精省後，除了省政府單位受到影響之外，台灣省議會也改制為台灣省諮議會，沒有監督施政的權力。除此之外，原本的省立學校也在一九九九年開始改制為國立，例如省立高中改制為國立高中。而原本的省立醫院，也改制為行政院衛生署附屬醫院。至於原本一些省立公營事業機構，股權也轉為中央所屬，或者直接民營化。

至於要不要進一步「廢省」，司法各界人士尚在討論。因為廢省需經修憲才能執行，雖然立委持續在立法院提出啟動修憲的法案，認為應該廢除台灣省政府、省諮議會與福建省政府等三個虛級化機關，才能一勞永逸。但因為事關憲法，仍需進一步商議。

忠貞新村、大陳新村：外省人在台灣落地生根

一九四九年十二月中華民國政府遷台之後，有許多反共救國軍和眷屬分批撤往台灣，這些軍人和軍眷在台灣各地居住，形成特殊的眷村部落，從此在台灣

單位：年

西元	地點	時代	大事
1992	台灣	民國八十一年	一九九二年十一月七日，金門馬祖解除戰地政務，回歸地方自治。 一九九二年十月二十六日至十月三十日。「海基會」在香港和「海協會」針對兩岸的「文書驗證」及「掛號函件」事宜，進行會談。同時，兩會也針對未來舉行的「辜汪會談」舉行事務性的協商。 一九九二年十一月，彭明敏返台，結束二十三年流亡生涯。
1993	台灣	民國八十二年	一九九三年，全年共有十假中國民航機，遭挾持飛往台灣，被稱為中國劫機潮。 一九九三年四月二十七日，辜振甫、汪道涵於新加坡展開第一次辜汪會談。 一九九三年八月十日，新黨成立。 一九九三年，黃春明回到家鄉宜蘭，創立「吉祥巷工作室」，搶救日漸流失的本土文化，鄉土語言教材、田野採訪記錄、編導創新歌仔戲等。

落地生根。最有名的眷村，是「忠貞新村」和「大陳新村」。

「忠貞新村」是源於國民政府軍隊於一九四九年底，從雲南地區撤退到緬甸北部的「雲南反共救國軍」。當時由於雲南省政府主席盧漢投奔共軍，當時其他國軍將領建立「雲南反共救國軍」，撤退到緬甸北部。後來因為緬甸政府向聯合國提出控訴，認為軍隊佔領了緬甸國土，後來中華民國政府與美、泰、緬等國家討論，決定撤回在緬甸的軍隊。一九五三年「雲南反共救國軍」一九三師部隊與眷屬分批撤往臺灣，來台的國軍部隊與眷屬共一萬多人，重新整編成軍官三大隊、步兵三營，並設立指揮部在新竹。國防部命名為「忠貞部隊」，象徵這群軍人和軍眷對於國家忠貞不渝的精神。

「忠貞部隊」的軍眷，被分配到桃園中壢市和平鎮市交界處的龍崗地區興建眷村，這個眷村被命名為「忠貞新村」，總共有五百三十四戶。眷村房子都不大，每戶只有十坪左右，前後都有院子。因為這群軍眷都來自雲南、泰、緬等地，所以他們的起居生活和飲食都充滿雲南和泰緬風味，和台灣人很不一樣。若是走訪當地，可以隨處可見雲南和泰緬小吃，例如雲南米干、米線、粑粑。

一九八〇年代國防部訂定「國軍老舊眷村重建試辦期間作業要點」，率續改建眷村。忠貞新村於二〇〇四年進行拆遷，居民遷往大溪、龜山、大楠、內壢的國民住宅。二〇一三年六月，忠貞新村原址改建為「臺灣第一座雲南文化公園」，裡面有許多雲南少數民族特色的設施。

至於「大陳新村」則是一九五五年浙江省大陳義胞從大陳撤退到台灣，政府安置來台的大陳義胞

1994

台灣

民國八十三年

一九九四年，黃春明創立「黃大魚兒童劇團」，巡迴全台各地，演出多部寓教於樂的兒童劇。

一九九四年八月一日，國民大會修憲增修條文，將「山胞」修正為「原住民」。

一九九四年十二月三日，省長和直轄市長第一次民選，分別由宋楚瑜、陳水扁、吳敦義當選。

1995

台灣

民國八十四年

一九九五年二月二十八日，李登輝總統代表政府正式為二二八事件道歉。

一九九五年三月一日，全民健康保險正式開辦。

一九九五年六月，李登輝總統伉儷訪問美國，在母校康乃爾大學演說，成為第一位訪問美國的現任國家元首，美國國會議員稱呼他是台灣總統。

所興建的住宅。一九五一年大陳居民在浙江成立「江浙反共救國軍」，總部設在浙江大陳島，並將漁山島、大陳島、披山島、南麂島劃設為「大陳地區」。一九五四年十月，中共軍隊對大陳列島進行攻擊，這是第一次台海危機，後來中華民國決定自大陳島撤守，在美國協助下，在一九五五年二月八日展開四天的撤退行動，撤退大陳島上二萬八千人。

一九五五年一月二十八日成立「大陳地區反共義胞來台輔導委員會」，安置大陳義胞，由中央政府輔導工作和生活。政府先是選定「大陳新村」的位置，將居民安置在全台三十五個大陳新村，有：宜蘭縣、花蓮縣、台東縣、高雄縣、屏東縣、台北縣、基隆市、桃園縣、新竹市、南投縣、台南市、高雄市等十二個縣市。

「大陳新村」房屋大小也不大，約五—七坪左右，除了住宅之外，大陳新村內有公共廁所、水井、道路和學校，以符合村民生活需求。後來，每個大陳新村的發展不一，到目前為止比較完整的「大陳新村」村落有：永和區的五和新村、花蓮縣的大陳一村、高雄市林園區的力行新村、與屏東縣新園鄉的中興新村。除此之外，其他的村落都已經沒落了。

陳水扁、馬英九與蔡英文：台灣實現政黨輪替的民主政治

民主國家難能可貴之處在於「政權輪替」，所謂政權輪替是指一個國家內由在野黨，接替前一個執政黨，重新執掌國家行政立法和司法的行為。在民主國家內由公民投票，在選舉中由票數多的那個政黨擔任執政黨。並且在政黨輪替的過程中，是以平和的方式完成政權轉移，不是用暴力、革命的方式。台灣民主

單位：年

西元	地點	時代	大事
1996	台灣	民國八十五年	一九九六年二月至三月，中國向台灣海面試射飛彈，引爆台海飛彈危機，美國派出航空母艦協防台灣海峽。 一九九六年三月二十三日，台灣舉行首次的總統直選，由李登輝、連戰當選。 一九九六年三月二十八日，台灣第一條都會區捷運「台北捷運木柵線」全線通車。
1997	台灣	民國八十六年	全台灣爆發嚴重豬隻口蹄疫疫情。 一九九七年李登輝召開「國家發展會議」，國民黨與民進黨協議推動「第四次修憲」。國民黨中央於一九九七年一月二十九日成立「修憲策劃小組」，由副主席連戰擔任召集人，成員二十一位，另各聘請國代、立委、黨政首長、學者專家五十九人為諮詢顧問。這次修憲引起最大的爭議，就是「精省」。

政治自從一九九六年實施總統民選之後，順利的經過了三次的政黨輪替，先後分別由陳水扁、馬英九和蔡英文擔任中華民國的民選總統。

一九九六年，台灣進行第一次人民直選的總統選舉，由李登輝當選第一任民選總統。雖然延續了國民黨作為執政黨的傳統，但李登輝在總統任期內推動了許多政治改革。二〇〇〇年的第二次總統直選，宋楚瑜脫黨參選，引起國民黨內部分裂，由民進黨的陳水扁擔任第二任民選總統。這是台灣第一次和平的政黨輪替，執政黨由國民黨轉換為民進黨，結束中國國民黨長達五十五年一黨獨大的執政局面。但當時立法院的多數黨，仍然是以國民黨為首的泛藍陣營，所以陳水扁政府的行政能力受到限制。

陳水扁總統任期有八年，擔任第十、十一任中華民國總統（二〇〇〇年—二〇〇八年）。他是中華民國自一九四八年行憲後首次政黨輪替的直接民選總統，他在就職演說上提出「四不一沒有」的主張。他提到「只要中共無意對台動武」，他保證在任期之內，「不會宣佈獨立，不會更改國號，不會推動兩國論入憲，不會推動改變現狀的統獨議題公投，也沒有廢除國統綱領與國統會的問題」。這是台灣總統第一次針對台海兩岸發表的重要表態。後來在陳水扁總統任內，推動一邊一國、台灣正名運動以及台灣入聯運動。

不過後來陳水扁在卸任前爆發弊案，引起台灣人對於民進黨的反感，所以二〇〇八年由國民黨的馬英九，當選第四任的民選總統，這是台灣第二次和平的政黨輪替。二〇一二年順利連任總統，馬英九在任內推動兩岸直航，民眾往來兩岸不必再赴香港轉機。同時也擴大兩岸金融機構往來，放寬小三通政客，加強

1997

◯ 台灣

民國八十六年

一九九七年七月二十一日總統令修正公布，將省虛級化，也就是後來稱呼的「凍省」。將省政府改為行政院的機關，移除省政府原有的地方自治功能，轉為只有行政功能。原本省府機關，改為成立「各部會中部辦公室」，或者成立「區域聯合服務中心」。

一九九七年十一月二十九日，民主進步黨在縣市長選舉中取得十二席，首次超越國民黨。

一九九七年，鄭愁予「錯誤」編入台灣高中國文課本，後來港、星、馬、中國大陸等地區選也曾選鄭愁予的作品入華文教材。

兩岸農產品合作，也開放直航。台灣與中國朝著民間往來更頻繁的方向前進，也接受中國大陸學生來台求學。更為重要的是，二〇一五年十一月七日，馬英九在新加坡與中國共產黨中央委員會總書記習近平進行會面，這是兩岸多年來第一次最高領袖的面談。

二〇一六年台灣政壇再次政黨輪替，由民進黨蔡英文當選第六任的民選總統，她是台灣第一位女性總統，這也是台灣的第三次政黨輪替。二〇一六年的立委選舉，民進黨在國會中終於取得超過半數的席次，完成國會首次和平的政黨輪替，這也是民進黨第一次完全執政。

蔡英文在任內公開表示，處理海峽兩岸關係基本原則是「維持兩岸現狀」，他幾台灣視為一個民主國家。除了兩岸問題，她也推動「促進轉型正義委員會」計畫，也提出「五加二產業創新計畫」，和「同性婚姻」議題，從各個面向推動台灣朝著更多元的民主國家邁進。

集集大地震、高雄美濃大地震：位於地震帶下的台灣

台中霧峰區前光復國中的現址，現為地震博物館，這個博物館展現的是集集大地震後，出現的斷層錯動、校舍倒塌的地震樣貌。

集集大地震就是我們俗稱的九二一大地震，這個名稱的由來，是因為它發生於一九九九年九月二十一日。那天凌晨一點四十七分全台突然一陣地動山搖，將人們從睡夢中搖醒，發生了震央位於南投縣集集鎮的淺層地震，為芮氏規模七．三強震（美國測得規模七．六）。這場地震肇因於車籠埔斷層的錯動（也有專家認為是車籠埔斷層與大茅埔－雙冬斷層

單位：年

西元	地點	時代	大事
1998	台灣	民國八十七年	一九九八年十月九日，立法院進而三讀通過了《台灣省政府功能業務與組織調整暫行條例》，並於一九九八年十二月二十一日施行「凍省」，精簡台灣省組織。大部分的省政府官員都被裁撤，而台灣省省長宋楚瑜在一九九八年十二月二十日卸任後，也不再設置民選的省長職位，宋楚瑜是中華民國史上唯一一任民選省長。 一九九八年十月，在中國上海舉行「第二次辜汪會談」。 一九九八年，女畫家陳進逝世。 一九九八年，時報出版社出版「珍藏美麗島」書系，完整記錄台灣民主發展過程。

的活動），由於地震的震源離地面僅有八公里，因而在全台各地引發不少災情。台北盆地因為地形易聚集能量，因而讓結構有問題的房子倒塌，發生傷亡，至於震央周圍的台中與南投傷亡更加慘重，造成二千四百一十五人喪生、一萬一千三百零五人受傷、二十九人失蹤，近十一萬戶的房屋全倒或半倒。

九二一大地震雖僅搖一〇二秒，但它也造成台灣的地貌改變，像是九份二山的山坡地大面積滑落與崩塌，綠樹成蔭的九九峰瞬間土石崩落光禿一片。車籠埔斷層沿線造成地表劇烈的變化，產生了一道長達一百公里斷層崖，也是就斷層的一側地表被抬升，最明顯的是在石岡的大甲溪河床出現高約六．五公尺的瀑布，斷層經過的台中光復國中操場處，產生了高低落差約二至三公尺的隆起跑道。

繼九二一大地震後，在台灣發生嚴重傷亡的地震，是發生於二〇一六年二月六日高雄美濃地震，這場地震對台灣人也造成難以抹滅的傷痛。這是一場雙主震的地震，不過第一主震在高雄美濃，因而稱為高雄美濃地震。高雄美濃大地震之所以會出現雙主震，主因在於台灣西南部的地層相當複雜，密集的斷層帶讓發生在高雄美濃的第一主震，因地質差異因素觸發了台南地區的斷層，使得四秒後的台南也出現另一主震。由於地震強度達芮氏規模六．六，再加上第二主震所在的台南位於嘉南平原是一個由沖積平原，由於土質較鬆軟，地震時不僅擺盪的時間會較久、震盪也容易被放大，所以較容易搖晃，因而造成台南死傷較高雄嚴重許多。這個地震造成一百一十七人死亡，其中一百一十五人在台南，台南市永康區維冠金龍大樓因地震倒塌共造成一百一十五人死亡，受傷人數也多達五百五十一人，創下台灣史上單一大樓倒塌傷亡最

1999

台灣

民國八十八年

一九九九年七月，李登輝總統接受德國之聲訪問，提到兩岸是「特殊的國與國關係」。

一九九九年七月，香港回歸中國，陳映真受邀參加香港主權移交大典。

一九九九年九月二十一日，台灣中部發生九二一大地震，造成全台兩千四百一十五人死亡，超過八千人受傷。

一九九九年七月，陳映真參與「中華人民共和國建國五十週年大典」。

2000

台灣

民國八十九年

二〇〇〇年的第二次總統直選，宋楚瑜脫黨參選，引起國民黨內部分裂，由民進黨的陳水扁擔任第二任民選總統。這是台灣第一次和平的政黨輪替，執政黨由國民黨轉換為民進黨，結束中國國民黨長達五十五年一黨獨大的執政局面。

二〇〇〇年八月二十七日，高屏大橋斷裂。

二〇〇〇年十月二十七日，行政院宣布停建核四廠。

嚴重紀錄。

如果將時間回溯，台灣在日治與清領時期都發生過多次的大地震，一九三五年四月二十一日在新竹州與台中州的地震，一八四八年發生於彰化與嘉義地區的地震，都是造成數千人傷亡的大地震，數萬棟房屋倒塌的大地震。台灣之所發生傷亡無數的大地震，實在是因為台灣位於歐亞大陸板塊與菲律賓海板塊交界處，屬於環太平洋地震帶的一部分，地震頻繁。根據台灣地震中心的統計資料，台灣每年發生的地震上萬次，其中就有數百次是讓人們有感地地震，因此地震對台灣人們來說並不陌生。雖然只要談到近二十年來於台灣發生的地震，九二一大地震與〇二〇六高雄美濃大地震，是讓許多台灣人無法從記憶中忘記的夢魘。不過自從九二一大地震後，台灣人就開始以積極態度面對地震所帶來的傷害，將原本僅關注於人、物受創的重建，提升為災難記憶的傳承。

九年國教與十二年國教：台灣教育的發展

國民政府遷台之後，台灣義務教育維持六年制，六歲到十二歲的學齡孩子以學區制的方式，進入國民學校就讀。國民學校畢業之後，沒有強制入學，學生可以參加初級中學、初級職業學校和五年製職業學校的招生考試繼續升學，也可直接進入職場工作。不過隨著一九六〇年代台灣社會經濟水準提升後，越來越多人覺得所學不符需求，學生學歷應該提升，因此台灣的教育制度發生了重大改變。

一九六三年蔣中正先指示金門地區「試辦九年國民義務教育」，創辦「金門縣立金城初級中學」，並於一九六四年秋天招收當時金門縣應屆小學畢業生入學。這群學生在三年後畢業，成效非常好，所以蔣

單位：年

西元	地點	時代	大事
2001	台灣	民國九十年	二〇〇一年六月二十八日，立法院三讀通過「金融控股公司法」，自十一月一日起實施。開啟台灣金融控股時代，以及民進黨政府一次與二次金改。二〇〇一年十一月十日，台灣獲准於二〇〇二年加入世界貿易組織。二〇〇一年，台灣文學館出版《楊逵全集》。二〇〇一年，洪範書店集結六冊《陳映真小說集》出版。
2002	台灣	民國九十一年	陳水扁表示「台灣跟對岸中國是一邊一國，要分清楚。」
2003	台灣	民國九十二年	SARS疫情爆發。兩岸春節包機直航，分隔五十四年後，中華民國民航包機首次合法降落中國。台北一〇一開幕。

中正在一九六七年六月二十七日於總統府國父紀念月會發表言論，表示要「加速推行九年義務教育」。一九六七年六月三十日，蔣中正召集教育部部長閻振興、台灣省主席黃杰、台灣省政府教育廳廳長潘振球及台北市政府教育局局長劉先雲，指示籌畫延長國民教育。一九六七年八月十七日，發布總統令，將國民教育之年限延長為九年。

教育部成立「九年義務教育策劃小組」，審核所需經費、法令、學制、課程、學區劃分、和學生分發入學等措施，送行政院專案教育部訂定後，送立法院審議通過《九年國民教育實施條例》。主要內容規劃：自五十七學年度（一九六八年九月九日）起，實施「九年國民教育」。前六年為國民小學，後三年為國民中學，兩個階段的課程、教材、教法、師資不同，但課程要符合九年一貫之精神。

「九年國民教育」實施後，原本的「初中、初職及五年制職業學校」，都停止招生。國民學校改制為「國民小學」，各地區重新劃分學區，當年國民學校的畢業生一律不用考試，直接分發入學。國中學生免收學費，也補助家境清寒學生入學。國中課程除了原本學科，也加強職業科目，兼顧升學就業的需求。另外一方面，教育部也趕緊加強師資訓練，以及提高師資培育教制度。

一九六八年台灣全面實施「九年國民義務教育」，是學制上的重大改革。實施九年國民教育的前三年（一九六八－一九七〇學年度），新設國民中學一百九十六所，國中學生人數，由一九六七學年度的四十九萬餘人，增加為一九七〇學年度的八十萬餘人。短期來說，普遍提升了國民教育素質，為一九七〇年代台灣經濟起飛奠定了穩固的人力資源基礎，提

2004 ○ 台灣 民國九十三年

國道三號全線通車。

在第十一屆總統投票之前，發生三一九槍擊案，後來陳水扁和呂秀蓮以些微票數之差當選總統與副總統。

連戰、宋楚瑜提出當選無效之訴及選舉無效之訴，法院進行全國性驗票。

二〇〇四年，林玉山逝世。

二〇〇四年，中國廣西師範大學出版社出版白先勇《青春．念想——白先勇自選集》。

2005 ○ 台灣 民國九十四年

二〇〇五年，黃春明創辦宜蘭人的文學雜誌《九彎十八拐》雙月刊。

立法院則於二〇〇五年一月通過《原住民族基本法》，確認了原住民在各自生活區域中的自治權。

二〇〇五年，兩岸春節包機直航，兩岸分隔五十六年後，中國民航包機首次合法降落台灣。

二〇〇五年，連戰與宋楚瑜相繼訪問中國大陸。

二〇〇五年，「楊逵文學紀念館」於台南市新化落成正式啟用。

供業界源源不絕的人才。

不過，後來因為台灣逐漸發展高科技產業，台灣家長對於子女的學力越來越要求，高中聯考、高職聯考、五專聯考帶給學生的壓力越來越大，產業界對於員工的要求也提高了，所以台灣各界開始呼籲政府要推動「十二年國民教育」。

最早在二〇〇七年，蘇貞昌院長及突出台灣應該逐年度推動十二年國教，但後來教育界和家長提出許多爭議。歷年來經歷許多調整，在二〇一〇年教育部長吳清基表示，努力目標在二〇一四年能全面廢除基測，完全免試入學，推動十二年國民教育。

二〇一一年六月，教育部初步決定，預計在二〇一四年免試入學、十二年國教實施時，完全不採計國中在校表現，採取登記入學、抽籤入學、輔導入學三種模式，二〇一二年三月二十二日，行政院先會通過「高級中等教育法」草案與「專科學校法」部分條文修正草案，為實施十二年國教賦予法源依據。二〇一四年發布「十二年國民基本教育課程綱要總綱發布」，終於在歷經多年爭議後，台灣在二〇一四年正式實施十二年國民教育。

從辜汪會談到特殊國與國關係：兩岸協商與危機

台灣與中國兩岸在經歷長久冷戰之後，國內和國際情勢紛紛轉變。台灣在蔣經國逝世後進入李登輝年代，廢棄了過去的「三不政策」，而需要重新定位兩岸關係。而中國方面因為處理「八九民運」上台的江澤民，在鞏固民生之餘，想要營造對於台灣的友好形象，所以也想釋出善意。

台灣在一九九〇年十一月二十一日，成立了「財團法人海峽交流基金會」（簡稱海基會），並在

單位：年

西元	地點	時代	大事
2006	台灣	民國九十五年	二〇〇六年，廢除國統綱領。 二〇〇六年，國立台灣歷史博物館舉行「林玉山百歲紀念展」。 二〇〇六年一月，針對《冰點》雜誌被中國中宣部查禁一事，龍應台發表致中國國家領導人胡錦濤的公開信〈請用文明來說服我〉。 二〇〇六年，施明德發動「百萬人民倒扁運動」，國務機要費案起訴吳淑珍貪污。 二〇〇六年，李安獲得奧斯卡最佳導演。 二〇〇六年，王建民在美國職棒大聯盟創單季十九勝紀錄。

一九九一年三月九日正式掛牌展開運作。而中國方面，則是在一九九一年十二月十六日，成立了「海峽兩岸關係協會」（簡稱海協會）。雙方第一次的互動，是在一九九二年十月二十六日至十月三十日。「海基會」在香港和「海協會」針對兩岸的「文書驗證」及「掛號函件」事宜，進行會談。同時，兩會也針對未來舉行的「辜汪會談」舉行事務性的協商。

一九九二年，「海協會」先致函邀請「海基會」理事長辜振甫訪問中國，雙方經過多次協商後，確定先將會議定位在「民間性、事務性、經濟性與功能性」，所以傾向選擇在第三地舉行會談。剛好當時新加坡資政李光耀表達意願，所以兩岸代表選擇第一次「辜汪會談」訂於新加坡舉行。

一九九三年，海峽兩岸舉行「第一次辜汪會談」，台灣和大陸分別派出辜振甫（海基會董事長）和汪道涵（海協會會長）進行會談。經過三天密集協商，雙方在一九九三年四月二十九日上午簽署「兩岸公證書查證協議」、「兩岸掛號函件查詢補償事宜協議」、「兩會聯繫與會談制度協議」，和「汪辜會談共同協議」等四項協議。這是兩岸多年來第一次進行會談，對於未來關係意義重大。各方人士都持肯定意見，希望兩岸能在政治、軍事對抗之外，進入和解的時代，「以談判代地對抗」。同時，「辜汪會談」也開啟了兩岸民間機構境期協商的管道。

不過，原本預期兩岸固定的會談機制，在李登輝推動「務實外交」政策下生變。李登輝在一九九五年訪問美國，中國為了表達抗議，停止原本排定的第二次辜汪會談。另外，也由於台灣在一九九五年舉行台灣的第一次人民直選總統，中國陸續發射飛彈演習，影響了兩岸會談的舉行。「第二次辜汪會談」一直延

2007
台灣
民國九十六年
二〇〇七年，郭雪湖以九十九歲高齡獲得第二十七屆行政院文化獎。同年，策畫了「郭雪湖百歲回顧展」，展出重要作品。民進黨及國民黨分別提名謝長廷、馬英九角逐總統選舉。

2008
台灣
民國九十七年
二〇〇八年，由國民黨的馬英九，當選第四任的民選總統，這是台灣第二次和平的政黨輪替。大熊貓「團團」與「圓圓」定居台北。二〇〇八年九月，由趨勢科技捐贈一百萬美金，在台灣大學成立「白先勇文學講座」。

2009
台灣
民國九十八年
二〇〇九年，黃土水的浮雕《水牛群像》被文化部認定為國寶。前總統陳水扁家庭密帳案一審宣判。

遲到一九九八年十月，才在中國上海舉行。

再來，因為李登輝在一九九九年發表著名的「特殊國與國關係」（也就是兩國論），兩岸關係一度緊張，所以原本訂於一九九九年的「第三次的辜汪會談」至今仍未舉行。二〇〇〇年，台灣民進黨開始推動「台獨黨綱」和「反中路線」，所以兩岸對於會談的內容尚未形成共識。

不過整體來說，「辜汪會談」在歷史上的意義重大，是兩岸政府嘗試建立新關係的一種互動。「辜汪會談」也打開了一種對話的可能性，可以視為兩岸雙方未來談判的一種可能的機制或模式。

婦女運動、勞工運動、原住民相關運動、居住正義運動：多元訴求的社會運動

台灣的社會運動在進入一九八〇年代之後，進入多元發展的階段。除了幾次重要的政治活動，譬如一九九〇年野百合學運、二〇〇六年百萬人民倒扁運動、二〇一四年太陽花學運、二〇一五年反高中課綱微調運動之外，台灣在婦女運動、勞工運動、原住民運動、居住正義活動方面，都有不少長足進展。

台灣婦女運動，可以從一九七六年呂秀蓮和李元貞創辦「拓荒者雜誌社」談起，他們後來在一九八二年成立「婦女新知雜誌社」，透過雜誌宣傳女性主義思想，至今有三十八年歷史，是台灣最具代表的婦女團體之一。而在解嚴後，婦女運動從靜態轉為街頭抗爭路線，例如：一九八七年「華西街反雛妓大遊行」。而在九十年代末期，行政院也成立了「性別平等委員會」，關注社區婦女團體的權益。最為重要的是在二〇一九年通過了「同志婚姻專法」，是台灣近期性別相關議題的重大勝利。

單位：年

西元	地點	時代	大事
2010	台灣	民國九十九年	二〇一〇年，海峽兩岸經濟合作架構協議（ＥＣＦＡ）正式簽訂。
	中國		二〇一〇年六月，中國作家協會通過讓陳映真加入，給予中國作家協會第七屆全國委員會名譽副主席之職位。陳映真是繼金庸之後，第二位非中國大陸籍的名譽副主席，也是首位加入此協會的臺籍人士。二〇一〇年，台北至善藝文中心策畫「台展三少年——陳進．林玉山．郭雪湖」展覽。
2011	台灣	民國一〇〇年	二〇一一年，「中華民國」建國一百年。

台灣戰後的第一個體制外勞工團體，是一九八四年五月一日成立的「台灣勞工法律支援會」。同年，一九八四年七月三十日，台灣立法院也通過了「勞動基準法」，保障員工福利。後來因為一九八六年新竹發生玻璃公司老闆捲款潛逃美國的重大勞資雙方糾紛，行政院火速在一九八七年八月一日成立了「勞工委員會」，替勞工權利把關。這幾十年比較重大的勞工抗議事件，是一九八八年桃園汽車客運公司發動的「第一次台灣客運業罷工運動」，一九八九年新竹發生的「遠化事件」，以及一九九〇年「台灣塑膠工業股份有限公司」和「大同股份有限公司」的非法解僱員工事件。當時勞工為了表達抗議，發動靜坐抗爭，正因為這幾次事件影響，終於在一九九五年成立「台北縣產業總工會」。此後，各縣市陸續成立各地工會，為當地勞工福利把關。

而台灣晚近幾年，原住民自治運動也逐漸受到重視。一九八四年先成立了「台灣原住民權利促進會」，在一九八七年「台灣原住民族權利促進會」發起了「台灣原住民族權利宣言」，要求政府要重視原住民的權利。針對每一民族文化習俗和居住地的不同，給予文化、宗教、教育、資訊、媒體、健康、住宅、就業、社會福利、經濟活動等各項輔助和輔導。一九九九年，陳水扁在競選總統時提出「原住民族與台灣新政府新的夥伴關係條約」，並在陳水扁當選總統後，立法院則於二〇〇五年一月通過《原住民族基本法》，確認了原住民在各自生活區域中的自治權。之後原住民運動的幾項重大成果，有：增編原住民保留地，成立「行政院原住民委員會」，成立「原住民電視台」，以及讓原住民保有自己族群的姓名、身分等權益，促進台灣多元族群關係的建立。

2012

台灣

民國一〇一年

馬英九連任第十三屆總統，馬英九在任內推動兩岸直航，民眾往來兩岸不必再赴香港轉機。同時也擴大兩岸金融機構往來，放寬小三通政客，加強兩岸農產品合作，也開放直航。

二〇一二年，郭雪湖逝世。

2013

台灣

民國一〇二年

二〇一三年，李安再次獲得奧斯卡金像獎最佳導演。

2014

台灣

民國一〇三年

二〇一四年，正式實施十二年國民教育。

二〇一四年，發生太陽花學運，兩岸服務貿易協定先訂暫緩。

另外近幾年來，大家也開始關注居住正義的問題。有許多人靠著買房投資，不只賺取暴利，更造成房價暴漲，使得許多青年世代沒有足夠的金錢購屋，成為無殼蝸牛。高空屋率、高房價的問題，使得許多官員開始思考「實價登錄」、「社會住宅」、「囤房稅」等具體措施，來改善居住不正義的情況。居住正義的目標，是讓有需要的人都有地方居住，並且讓多餘的空房釋出，平穩房價市場。希望未來政府能真正提出方案，落實居住正義，解決高房價的困難。

二〇一四年高雄氣爆事件：敲響公安警鐘

二〇一四年七月三十日的深夜，在高雄前鎮區與苓雅區發生了多起的石化氣爆炸事件，震耳欲聾的爆炸聲和從地下水道衝出的火光，十足讓高雄人一夜難眠。這場由李長榮化工所運送的丙烯外洩而引發爆炸的公安意外，炸翻了凱旋三路、二聖路、三多一路，幾百公尺的路段。據了解，氣爆發生時，爆炸的火焰上衝，高度足足有十五樓，產生的火球直徑更有十五公尺，造成氣爆現場約二十多名警消與義消嚴重的傷亡，有民眾在爆炸發生時，被氣爆從路面上拋至四樓樓頂，一部汽車更從地面被炸上三層樓頂，由此可知氣爆時爆炸威力的可怕。事件後經過調查，認定氣爆的主因，是丙烯管線遭到不恰當的包覆於排水箱涵內，導致管壁由外向內腐蝕等，由於腐蝕的管線無法負荷輸送管內之壓力，便讓運送中液態丙烯外洩，因而引起的爆炸事故。

在這次的調查，民眾意外發現整個高雄市的精華區地底下布滿了石化產業的管線。這是因為高雄是台灣重工業城市，石化產業的重鎮。台灣的石化產業的重心之所以會在高雄，起於日治時期。在高雄港興

單位：年

西元	地點	時代	大事
2015	台灣	民國一〇四年	二〇一五年十一月七日，馬英九在新加坡與中國共產黨中央委員會總書記習近平進行會面，這是兩岸多年來第一次最高領袖的面談。 二〇一五年五月七日，林玉山《蓮池》被文化部登錄為中華民國國寶，是台灣近代化畫家首見國寶級作品。
2016	台灣	民國一〇五年	二〇一六年，蔡英文當選第十四屆總統，她是台灣第一位女性總統，這也是台灣的第三次政黨輪替。
	中國		二〇一六年，陳映真病逝中國北京。
	台灣		二〇一六年起，鄭愁予受邀為東海大學駐校詩人，二〇一七年榮聘為東海大學終身榮譽講座教授，長駐於東海校內，參加多場海內外文學活動及公益活動。

建後，日本政府就利用當地的原料，開啟了高雄的水泥與石油等工業，而且當日本政府決定推動南進政策時，需要大量的軍需物資，高雄因地理位置使其重要性凸顯，發展了煉鋁、化學與石油工業，就在高雄的後勁地區設置「日本海軍第六燃料廠」，化學工業設在南高雄，奠定了高雄的重工業基礎。因此，戰後政府就在這基礎上繼續發展，出現台灣第一座煉油工廠，尤其在政府推動十大建設時，高雄的石化、鋼鐵與造船工業等發展更加明確，這些工業需要大量的就業人口，讓高雄一躍成為台灣第二大城市，整個高雄可說是在石化產業之下發展起來。

不過，台灣從一九八〇年代起環保意識抬頭，與高雄的城市發展規畫等因素，政府決定將石化產業的重要管線地下化。因此高雄市區的地底下，早在一九九三年之前就埋設了至少十六條的石化重要管線，而且這些管線都貫穿了高雄市的黃金地段。但台灣人民長期以來對公安問題都輕忽態度，政府更以少做少錯為原則，採取視而不見的態度，即便知道問題的存在，還是以漠視的方式面對。因此管線擁有者中油公司未確實做到管理管理與維護管線安全，高雄市政府也未盡到應盡的監督責任，讓這些有安全疑慮的管線，交由使用的業者自主管理。就在各方輕忽，與救難人員缺乏相關經驗與危機意識之下，未能及時關閉管線，與盡早疏散附近的居民等，因而釀成如此重大的傷亡事件，所以高雄氣爆事件可說是敲響了台灣長久以來忽視的公安問題。

台灣是亞洲第一個承認同性婚姻合法

二〇一九年五月二十四日，中華民國同性婚姻經

2017

台灣

民國一〇六年

二〇一七年，台北舉辦二〇一七年夏季世界大學運動會。

2018

台灣

民國一〇七年

二〇一七年，美國參議院和眾議院通過「台灣旅行法」。

2019

台灣

民國一〇八年

二〇一九年通過了「同志婚姻專法」，是台灣近期性別相關議題的重大勝利。

由司法院大法官判決，其後國會通過專法，接著由總統公布後生效，台灣正式承認同性婚姻是合法的，時至今日（二〇二一年）仍是亞洲唯一一個承認同性婚姻的國家。其實，在台灣同性婚姻被承認之前也遭到許多阻力，這議題經過二十多年的討論、抗爭與請願才獲得如此的結果。

一九八〇年代晚期，祈家威提出同性婚姻立法的請願與抗爭，讓這個議題浮起檯面，因此從一九九〇年代起，性別平等相關議題在台灣開始受到重視，其中的婚姻平權議題也是在這時期獲得進展。所謂的「婚姻平權」，指的是所有人，在不區分性傾向或性別之下，皆可享有彼此締結法定婚姻的權利。換句話說，婚姻關係並非僅能存在於「男與女」異性之間，同性間（男男或女女）亦可締結為婚姻關係。

台灣雖從二〇〇三年開始，每年都會舉辦同志遊行，平權相關議題也常被討論，但婚姻相關的議題皆未在媒體上討論。婚姻平權議題，在二〇〇六年時，民進黨立委蕭美琴首次提出同性婚姻法後，才正式浮上檯面，同年舉辦的一場以「一同去家遊Go Together」為主軸議題的同志遊行，才讓這個議題不斷地在主流媒體上曝光與討論。

為了使同性婚姻在中華民國法制化，從二〇一二年起，台灣伴侶權益推動聯盟發動「多元成家，我支持」聯署行動，積極推動《多元成家立法草案》，並將此草案送進立法院，與此同時更在立法院舉行公聽會，期間雖遭到多方的反對，不過在支持者的努力下，二〇一四年時立法院終於將此「法案」排入審查，只可惜在那次會期中未得到具體結論。不過，台北市政府民政局在二〇一五年開放同性伴侶得向戶政事務所申請所內註記後，就草擬釋憲文聲請大法官解釋有關現行民法親屬編等相關法令限制婚姻制度是否違憲。經過一年多大法官終於宣布現行《民法》未保障同性的婚姻自由及平等權已屬違憲，並要求立法院須在兩年內完成相關法律之修正或制定，以保障同性婚姻的權利，這可說是亞洲首例。至於世界第一個承認同性婚姻合法的國家是荷蘭，二〇〇一年荷蘭就立法通過同性婚姻。

其實，同性婚姻並不是在現代才被提起，根據文獻記載，早在羅馬帝國時期就已存在，埃拉伽巴路斯這位羅馬皇帝不僅稱一位來自利亞的金髮碧眼奴隸希洛克勒斯為丈夫，還與名為左迪卡斯的運動員，在一場公開的儀式中成婚。十一世紀的西班牙也有同性婚姻的紀錄，在加利西亞有兩位男子於一間小教堂由神職人員舉行他們的婚禮。日治時期的台灣也有同性婚姻紀錄，據《台灣日日新報》，一九一二年時，在台南廳安平街有位外表很像男子的二十八歲女性蕭氏錦，在兄長的主導下，明媒正娶地將同住在安平的二十一歲歐氏葉娶入門。

單位：年

西元	地點	時代	大事
2020	台灣	民國一〇九年	二〇二〇年三月，發生全球性Covid-19武漢肺炎。 二〇二〇年七月，李登輝病逝。

縱橫歷史 19

用年表讀通台灣史

作　　者／劉瑋琦、廖珮芸
責任編輯／陳思帆

版　　權／黃淑敏、吳亭儀
行銷業務／周丹蘋、賴晏汝
總 編 輯／楊如玉
總 經 理／彭之琬
事業群總經理／黃淑貞
發 行 人／何飛鵬
法律顧問／元禾法律事務所　王子文律師
出　　版／商周出版
城邦文化事業股份有限公司
台北市104民生東路二段141號9樓
電話：(02) 2500-7008　傳真：(02)2500-7759
E-mail:bwp.service@cite.com.tw
發　　行／英屬蓋曼群島商家庭傳媒股份有限公司城邦分公司
台北市中山區民生東路二段141號2樓
書虫客服服務專線：02-25007718；25007719
24小時傳真專線：02-25001990；25001991
服務時間：週一至週五上午09:30-12:00；下午13:30-17:00
劃撥帳號：19863813；戶名：書虫股份有限公司
讀者服務信箱：service@readingclub.com.tw
歡迎光臨城邦讀書花園 網址：www.cite.com.tw
香港發行所／城邦（香港）出版集團有限公司
香港灣仔駱克道193號東超商業中心1樓
電話：(852) 25086231　傳真：(852) 25789337
E-mail：hkcite@biznetvigator.com
馬新發行所／城邦（馬新）出版集團【Cité (M) Sdn. Bhd.】
41, Jalan Radin Anum, Bandar Baru Sri Petaling,
57000 Kuala Lumpur, Malaysia.
電話：(603) 90578822　傳真：(603) 90576622
E-mail：cite@cite.com.my

封面設計／徐璽工作室
排　　版／唯翔工作室
印　　刷／韋懋實業有限公司
經 銷 商／聯合發行股份有限公司
地址：新北市231新店區寶橋路235巷6弄6號2樓
電話：(02)2917-8022 傳真：(02)2911-0053

■2021年（民110）7月13日初版1刷
ISBN　978-626-7012-08-6

城邦讀書花園
www.cite.com.tw

定價／399元

國家圖書館出版品預行編目資料

用年表讀通台灣史/劉瑋琦, 廖珮芸著. -- 初版. -- 臺北市：商周出版, 城邦文化事業股份有限公司出版：英屬蓋曼群島商家庭傳媒股份有限公司城邦分公司發行, 民110.07
面；　公分

ISBN　978-626-7012-08-6（平裝）

1. 臺灣史　2.年表

733.21　　110009905

廣告回函
北區郵政管理登記證
北臺字第10158號
郵資已付，免貼郵票

104　台北市民生東路二段141號2樓

英屬蓋曼群島商家庭傳媒股份有限公司城邦分公司　收

請沿虛線對摺，謝謝！

書號：BH3019　　書名：用年表讀通台灣史

請於此處用膠水黏貼

讀者回函卡

不定期好禮相贈！
立即加入：商周出版
Facebook 粉絲團

感謝您購買我們出版的書籍！請費心填寫此回函卡，我們將不定期寄上城邦集團最新的出版訊息。

姓名：________________　性別：☐男　☐女

生日：西元________年________月________日

地址：________________

聯絡電話：________________　傳真：________________

E-mail：

學歷：☐ 1. 小學 ☐ 2. 國中 ☐ 3. 高中 ☐ 4. 大學 ☐ 5. 研究所以上

職業：☐ 1. 學生 ☐ 2. 軍公教 ☐ 3. 服務 ☐ 4. 金融 ☐ 5. 製造 ☐ 6. 資訊
☐ 7. 傳播 ☐ 8. 自由業 ☐ 9. 農漁牧 ☐ 10. 家管 ☐ 11. 退休
☐ 12. 其他________________

您從何種方式得知本書消息？

☐ 1. 書店 ☐ 2. 網路 ☐ 3. 報紙 ☐ 4. 雜誌 ☐ 5. 廣播 ☐ 6. 電視
☐ 7. 親友推薦 ☐ 8. 其他________________

您通常以何種方式購書？

☐ 1. 書店 ☐ 2. 網路 ☐ 3. 傳真訂購 ☐ 4. 郵局劃撥 ☐ 5. 其他______

您喜歡閱讀那些類別的書籍？

☐ 1. 財經商業 ☐ 2. 自然科學 ☐ 3. 歷史 ☐ 4. 法律 ☐ 5. 文學
☐ 6. 休閒旅遊 ☐ 7. 小說 ☐ 8. 人物傳記 ☐ 9. 生活、勵志 ☐ 10. 其他

對我們的建議：________________

____

____

【為提供訂購、行銷、客戶管理或其他合於營業登記項目或章程所定業務之目的，城邦出版人集團（即英屬蓋曼群島商家庭傳媒（股）公司城邦分公司、城邦文化事業（股）公司），於本集團之營運期間及地區內，將以電郵、傳真、電話、簡訊、郵寄或其他公告方式利用您提供之資料（資料類別：C001、C002、C003、C011 等）。利用對象除本集團外，亦可能包括相關服務的協力機構。如您有依個資法第三條或其他需服務之處，得致電本公司客服中心電話 02-25007718 請求協助。相關資料如為非必要項目，不提供亦不影響您的權益。】

1.C001 辨識個人者：如消費者之姓名、地址、電話、電子郵件等資訊。　2.C002 辨識財務者：如信用卡或轉帳帳戶資訊。
3.C003 政府資料中之辨識者：如身分證字號或護照號碼（外國人）。　4.C011 個人描述：如性別、國籍、出生年月日。

請於此處用膠水黏貼